湖南省船山学研究基地/湖南省哲学社会科学基金项目《王船山经济伦理思想及其当代价值研究》（16YBA044）/湖南省社会科学成果评审委员会项目《王船山义利观研究》（XSP18YBC282）共同资助

王夫之经济伦理思想研究

谢芳 ◎ 著

中国社会科学出版社

图书在版编目（CIP）数据

王夫之经济伦理思想研究/谢芳著. —北京：中国社会科学出版社，2018.11（2025.1 重印）
ISBN 978-7-5203-3476-1

Ⅰ.①王… Ⅱ.①谢… Ⅲ.①王夫之(1619—1692)—经济伦理学—研究 Ⅳ.①B249.25

中国版本图书馆 CIP 数据核字（2018）第 248434 号

出 版 人	赵剑英
责任编辑	郭晓鸿
特约编辑	席建海
责任校对	周　昊
责任印制	戴　宽

出　　版	中国社会科学出版社
社　　址	北京鼓楼西大街甲 158 号
邮　　编	100720
网　　址	http://www.csspw.cn
发 行 部	010-84083685
门 市 部	010-84029450
经　　销	新华书店及其他书店
印　　刷	北京明恒达印务有限公司
装　　订	廊坊市广阳区广增装订厂
版　　次	2018 年 11 月第 1 版
印　　次	2025 年 1 月第 2 次印刷

开　　本	710×1000　1/16
印　　张	27.25
插　　页	2
字　　数	328 千字
定　　价	108.00 元

凡购买中国社会科学出版社图书，如有质量问题请与本社营销中心联系调换
电话：010-84083683
版权所有　侵权必究

理欲合性　义利共生
——谢芳《王夫之经济伦理思想研究》序

王夫之是明清之际伟大的思想家，美国学者裴士锋称之为"湖南人的精神领袖"，他不仅是湖湘学派的重要代表，也是中华优秀传统文化的杰出人物，是中国文化的名片，堪比德国哲学大师黑格尔，故有"东方黑格尔"之称。党的十八大以来，习近平总书记先后在公开讲话中至少"三次"提及王夫之及其名言，如"名非天造，必从其实""新故相推，日生不滞""理者，物之固然，事之所以然也"，足见船山思想的理论活力和价值神韵。2017 年 2 月 7 日，中共中央办公厅、国务院办公厅印发的《关于实施中华优秀传统文化传承发展工程的意见》明确提出："实施中华优秀传统文化传承发展工程，是建设社会主义强国的重大战略任务。"在这样的背景下，研究王夫之的优秀思想文化及其现代价值既具有重要性，亦具有必要性。

船山思想的特质之一是"立乎其大、着眼于远"，可谓宏博渊奥，因此能具有穿越时空的精神魅力。他的思想在他的时代湮没不彰，但自 1862 年曾国藩、曾国荃兄弟着手刊刻《船山遗书》以来，王夫之及其博大精深的思想便得到了国内外广大学者的青睐，涌现出一大批优秀的船山学研究者，推出了一批船山思想研究的名作佳篇。船山哲学、史学、文学、美学、政治学等都得到了国内外学者的高度关注，尤其是船山哲学和史学思想更是得到了学人们的高度重视，"唯物主义和辩证法是王夫之的哲学思想的主要的一面"，其哲学体系是"后期道学的高峰"（冯友兰，1988），船山庞大的思想体系足以使之成为这一时代的代表，"从而在思想史的历史标尺上具有这样的典型意义"（陈来，2004）。前辈学人的丰硕成果，为当前船山学研究提供了非常宝贵的思想资源。

谢芳在全面梳理船山学已有的研究成果过程中，发现船山思想还有新的领地可以开掘。她选择船山的经济伦理思想进行系统研究，发表了多篇专题学术论文，并积数年之功，推出了此一颇具创新意义的论著。在谢芳看来，王夫之史学和哲学理论上的成就绕不开他的经济思想理论，王夫之常常把他的哲学观点、史学观点运用到对中国经济问题的考察上，形成了他具有一定科学因素和进步意义的经济思想。船山经济伦理思想是船山经济思想和伦理思想交融互摄的产物，代表着船山对一系列经济伦理问题、经济伦理现象等的深度思考及其所形成的精湛智慧，同样是中华民族价值思维、文明觉解的杰出理论成果，堪与英国近代经济学家和伦理学家亚当·斯密媲美。1906 年勇立在《东方杂志》上撰文，题目为"王夫之多与斯密学说暗合说"，指出王夫之"奖自由而恶干涉"的经济思想，竟与斯密《原富》中的生计自由之论不谋而合，从而形成"东西辉映"。遗憾的是中国学人并未对船山生计自由思想有所发现和推进，使其认识成果处于长期湮没不彰的状况。好在近现代以来，这种状况有了相当的改进和拓展。船山经济思想以及经济伦理思想日渐引起学人们的关注与研究热情。

谢芳的《王夫之经济伦理思想研究》一书是在她的博士论文基础

上经过反复修改而成的，得到了诸多博士学位论文评审专家和答辩委员会成员的指正与教导，也凝聚和沉淀着她本人对船山伦理思想、经济伦理思想的深度思考和求索智慧。该著同以往研究成果相比具有如下三大创新价值。

首先，该著弥补了当前船山经济伦理思想研究不足的缺陷，初步建立了一个船山经济伦理思想的研究框架。事实上，自《船山遗书》刊刻以来，学界针对船山"经济伦理思想"方面的研究成果非常少，而针对其"经济思想"方面的研究成果也"为数不多"，主要是国内学者，且呈现出鲜明的"时代特色"。为数甚少的研究成果均立足于不同的时代背景，试图解答时代问题。清末民初，以勇立和郑行巽两位学人为代表，其研究之重点在于：船山生产理论领域内的"自由"与"民主主义"思想，勇立首次提出船山"生计自由之论"与斯密"暗合"之处在于"皆奖自由而恶干涉"。而郑行巽则主要突出研究了船山的"民主主义平均地权"的思想。20世纪80年代，研究船山经济思想的学人相对多了一些，为了回应当时中国改革开放、全面推进经济建设的时代要求，有一些学者回归传统，全面介绍船山关于土地、赋税、商品货币思想等，重点关注船山的商业、贸易思想。其中尤以李守庸为代表，其代表作《王夫之经济思想研究》可谓近代以来第一本较为系统地研究船山经济思想的专著，探讨了船山社会经济发展观、土地思想、赋役政策及其他财政政策、商品货币思想、义利观等思想观点。20世纪90年代，随着改革开放取得巨大成就，人们生活水平得到大幅度提高，学界开始关注船山的消费理论。而自20世纪90年代以来，王夫之的经济理念以及义利思想也是我一直重点关注的领域。但从伦理视域全面展开对船山经济思想的研究可算谢芳对船山学研究的一次研究视域创新，具有十分重要的学术开掘意义。

其次，该书由以往对船山经济思想的碎片化研究转向系统化研究，首次全面地探讨船山经济伦理思想的主要内容、基本特征以及范畴系统，开拓了船山经济伦理思想研究的新局面。自清末民初以来，学界已有的船山经济思想研究基本上是碎片化的，并未构建一个有机的理论体系，不同时期研究和挖掘的是船山经济思想的不同方面。谢芳《王夫之经济伦理思想研究》一书则第一次以一种"有机系统"的研究方式构建了王夫之的经济伦理思想体系。事实上，王夫之并没有系统的经济伦理思想著述，但是其著述中有丰富的经济伦理思想命题、观点和论述。深入发掘、整理和再现王夫之经济伦理思想的风骨、神韵和魅力，是当代伦理学人应有的学术抱负和价值追求。船山作为明清之际三大杰出思想家之一，有着比同时代其他儒家学人更为高远而深刻的学术建构，诚如钱穆所言：

> 明末诸老，其在江南，究心理学者，浙有梨洲，湘有船山，皆卓然为大家。然梨洲贡献在学案，而自所创获者并不大。船山则理趣甚深，持论甚卓，不徒近三百年所未有，即列之宋明诸儒，其博大闳括，幽微精警，盖无多让。①

王夫之站在他那个时代的高点，俯视中国历史发展的兴衰繁荣，怀揣"为天地立心，为生民立命，为往圣继绝学，为万世开太平"的家国情怀，注六经，解历史，为他那个时代甚至万世提出了诸多幽深警策的学术思想和观点。在经济伦理思想方面，他不但"坐集千古之智"，对于他之前的经济伦理思想作出了全面系统的总结，而且以"六经责我开生面"的学术品质及其胆识，对社会经济生活中的诸多

---

① 钱穆：《中国近三百年学术史》（一），九州出版社2011年版，第103页。

矛盾运动进行了"会其参伍，通其错综"的辩证考察，"特别是按'依人建极'的原则，高度重视人类史观的研究，使朴素唯物辩证法的理论形态发展到顶峰，并落足到天人、理欲等关系问题上的明确的人文主义思想"[①]，为建设"破块启蒙，灿然皆有"的经济伦理思想奠定了基础。谢芳的《王夫之经济伦理思想研究》从生产伦理、交换伦理、分配伦理以及消费伦理四个方面，系统论述和精深阐发了王夫之的经济伦理思想，揭示出了船山经济伦理思想的内在逻辑联系。

最后，该书以唯物史观为指导，实事求是地全面展现船山经济伦理思想的诸多观点与论题，并对之做出了科学的总结与评价。王夫之思考的很多问题都源于他强烈的爱国情感和民族意识，这导致了他对很多经济伦理问题的分析并不是仅仅从社会经济发展的角度，更多的是从维护社会稳定和民族存在之视角而开展的。这就决定了在王夫之的经济伦理思想中存在的新与旧交织、创新与落后并存的状态是不可避免的。要客观地、实事求是地评价王夫之经济伦理思想，就不能因为其中的某些观点契合了新兴市民阶级，就说他是市民阶级的代表；也不能因为其中一些落后守旧思想，而把他当作一个封建落后的地主阶级代表，而看不到他的开明、与时俱进的进步面。该书认为王夫之在对社会政治经济之现实问题的思考上，尚未以新兴社会阶级的面貌出现，这既是一个现实，也是一个时代之必然，但是其在形而上层面的理论思考特别是民族未来之精神建构中，却体现了卓越的超越意识和前瞻眼光。应该说该书的此种认识非常有见地，亦是非常有价值的，也对王夫之经济伦理思想的近代启蒙性质作了较好的证实。

总之，该著着眼于学界关注不足的王夫之经济伦理思想，不仅选

---

① 萧萐父：《王夫之辩证法思想引论》，湖北人民出版社1984年版，第11页。

题具有重要的学术价值和现实意义，而且本质上也是对船山"六经责我开生面"治学精神的传承，是一部具有开拓性和创新性的船山思想研究力作。该著以唯物史观为指导，运用文献研究、比较研究、多学科综合分析等方法，对王夫之的经济伦理思想作出了"筚路蓝缕，以启山林"的创造性开掘，为以后船山经济伦理思想的全面研究和持续研究奠定了基础。从现实意义上看，研究王夫之经济伦理思想并从中得出相关启示，对于我国当前建构有中国特色的社会主义市场经济伦理体系，从而推动社会主义市场经济体制建设和改革，振兴中华优秀传统文化，从而推动中华民族伟大复兴的中国梦也具有积极的意义。

谢芳的《王夫之经济伦理思想研究》即将由中国社会科学出版社出版。该书的成功面世，理应而且必将引起对船山思想感兴趣以及有志于对中华优秀传统文化予以创造性转化、创新性发展的学人们的关注。这既是谢芳长期从事船山学研究的一个成果总结和展示，亦将是她开启船山学更进一步纵深研究的又一个开端。我坚信并期待着：她将有更多更好的船山思想研究成果面世！

王泽应

2017 年 9 月 24 日

于长沙岳麓山下景德楼

目　　录

绪　论 ………………………………………………………………… 1

第一章　王夫之经济伦理思想形成的背景与渊源 ……………… 24
第一节　时代环境与时代课题 ……………………………………… 25
第二节　学术渊源 …………………………………………………… 44

第二章　王夫之经济伦理思想的理论基石 ………………………… 80
第一节　"理势合一"的历史发展观：哲学基础 ………………… 80
第二节　"理欲合性说"：逻辑起点 ……………………………… 99

第三章　王夫之"尊民重农"的生产伦理思想 …………………… 120
第一节　"农事至重"：对"重农务本"的价值论证 …………… 121
第二节　"土地民有"：对土地"私有制"的合法性辩护 ……… 131
第三节　王夫之生产伦理的自由向度 …………………………… 174

第四章 王夫之"裕国富民"的交换伦理思想·················195
第一节 "金粟之死生,民之大命也":论商业伦理·············196
第二节 "大贾富民者,国之司命也":论商贾伦理·············211
第三节 "致厚生之利而通之":论货币伦理·················229

第五章 王夫之"均天下"的分配伦理思想·················253
第一节 "天子不独富,农民不独贫"的辩证贫富观···········256
第二节 "均天下"的理想图谱························265
第三节 "山外乃地之不足,可增而不可损":王夫之分配正义观的价值维度····················288

第六章 王夫之"俭奢有度"的消费伦理思想···············306
第一节 "俭以恭己"与"奢不违礼":个体消费的伦理维度·····307
第二节 "财聚"与"财散":国家消费伦理维度·············320
第三节 "絜矩之道":通向"适度消费"之路·············330

第七章 王夫之经济伦理思想的历史地位及现实启示··········339
第一节 "六经责我开生面":王夫之经济伦理思想的理论特质····························340
第二节 王夫之经济伦理思想的历史地位和作用············374
第三节 王夫之经济伦理思想的现代启示·················388

结 语···405
参考文献··410
后 记···422

绪 论

一 选题背景和意义

(一) 选题背景和依据

21世纪,对于中国来说是一个不平凡的世纪,国家综合实力的大力增强,为中国在国际上赢得了近代以来前所未有的声誉,也赢得了各个领域的国际话语权。如果说自20世纪80年代以来,中国主要是一个学习西方技术与文化以发展落后的国内经济的过程,那么到了21世纪,随着中国成为世界第二大经济实体,而西方技术与文化精神却出现了诸多的困惑并因此带来全球性难题的状况下,中国要寻求新的发展,要有新的突破,就有必要重新回归中国固有的源远流长的民族传统文化。这既是我国政治经济文化新的增长点,也是一个国家彰显其民族特色所在。传统文化始终是中国梦的"根"与"魂",正所谓"欲求木之长者,必固其根本;欲流之远者,必浚其泉源"。

王夫之(1619—1692),湖广省衡州府衡阳(今属湖南)人,是中国明清之际经天纬地的思想巨人。他在哲学、史学、伦理、政治、宗教等方面，均做出了别开生面的理论贡献，从而在中国思想史上矗立起了一座不朽的丰碑。其生活的时代正处于中国历史上又一个"天崩地解"的历史阶段，这是一个各个方面均处于急剧动荡和需要变革的阶段。王夫之是应时代召唤而起的具有独立批判精神的思想家，美国学者裴士锋称之为"湖南人的精神领袖"，他不仅是湖湘学派的重要代表，也是中华优秀传统文化的杰出人物，是中国文化的名片，"是中国哲学史、思想史、学术史上最重要的人物之一……甚至在整个人类思想史上也应占有一定的地位"（方克立，2003）。党的十八大以来，习近平总书记先后在公开讲话中至少"三次"提及王夫之及其名言。2017年2月7日，中共中央办公厅、国务院办公厅印发的《关于实施中华优秀传统文化传承发展工程的意见》明确提出："实施中华优秀传统文化传承发展工程，是建设社会主义强国的重大战略任务。"在这样的背景下，研究王夫之的优秀思想文化及其现代价值既具有重要性，亦具有必要性。自1862年（同治元年）曾氏着手刊刻《船山遗书》以来，王夫之及其博大精深的思想便得到了国内外广大学者的青睐，硕果累累，涌现出一大批优秀的船山学研究者，船山哲学、史学、文学、美学、政治学等都得到了国内外学者的高度关注，尤其是船山哲学和史学思想更是得到了学界泰斗的高度重视，"唯物主义和辩证法是王夫之的哲学思想的主要的一面"，其哲学体系是"后期道学的高峰"（冯友兰，1988），船山的庞大的思想体系足以成为他那个时代的代表，"从而在思想史的历史标尺上具有这样的典型意义"（陈来，2004）。前辈学人的丰硕成果，为当前船山学研究提供了非常宝贵的思想资源。但在梳理船山学研究成果的过程中，发现船山思想还有新的宝藏可以深入挖掘，船山的经济伦理思想即其中之一。事实上，他的史学和哲学理论上的成就亦绕不开他的经济思想，有学者指出，"王夫之把他的……哲学观点运用到对中国历史问题的考察上，形成了他具有一定科学因素和进步意义的社会经济发展观"（李守庸，1987）。王夫之站在他那个时代的高点，俯视中国历史发展的兴衰繁荣，怀揣"为天地立心，为生民立命，为往圣继绝学，为万世开太平"的家国情怀，他注六经，解历史，为他那个时代甚至以后的万世提出了诸多有价值的思想，特别是在社会经济思想方面，他不但全面批判继承了历史上各派的思想观点，而且提出了诸多绝对高于他那个时代的思想。因此，在我国社会经济发展出现新常态的21世纪，研究王夫之的经济伦理思想，挖掘其中的优秀资源，对于我国当前正确分析和处理极其复杂的国内外经济形势和纷繁多样的经济现象及经济问题，具有极大的理论和实践意义。

本书研究的是王夫之经济伦理思想。经济伦理学是20世纪70年代美国兴起的一门应用伦理学，是一门经济学与伦理学的交叉学科，主要是从伦理道德角度在理论层面上考察、规范经济活动，而经济伦理思想在中外历史上很早就有，传统儒家很早就有对义利问题、生产、分配、交换及消费中的伦理道德等问题的相关论述。经济伦理学作为一门学科体系正是建立在前人经济伦理思想的基础上，是体系化和规律化经济领域中表现出来的道德现象。从这个意义上讲，事实上，王夫之并没有系统地论述过经济或者经济伦理问题，他的经济思想主要散见于他的哲学、政治学、史学等论著当中，如《读通鉴论》《宋论》《噩梦》《黄书》等。但是，这些分散、零碎的经济思想是其思想经世致用特征的显著体现，因此，可以说，加强对其经济或经济伦理思想的研究是船山学研究的一个必不可少的内容。鉴于时代背景和王夫之自身知识结构的限制，其研究社会经济现象的方法主要是伦理学的视域，所以本书主要研究王夫之对社会经济现象的伦理考量。而对社会经济现象更多地进行伦理的考量，也是我国当前社会经济获得可持续发展必须关注的一个重要课题，王夫之经济伦理思想在一定程度上对思考当前我国经济发展问题有借鉴意义。就目前所能查阅的文献资料显示，对王夫之经济伦理思想系统研究的成果还比较少见。这些就构成了本书的选题依据。

(二) 选题意义

研究王夫之的经济伦理思想具有如下四点理论和实践意义。

第一，从伦理的角度深入研究王夫之经济思想的理论体系，有助于挖掘我国传统经济伦理思想史中的宝贵资源，深化我国经济伦理思想史研究。

王夫之立足于明末清初的社会现实，通过对宋明理学空疏学风的批判总结，实现了对中国传统儒家经济伦理思想的承继、开拓与创新，并直接为中国近代经济伦理思想的产生和发展提供了重要的理论依据和理论雏形。船山经济伦理思想在中国经济伦理思想史上具有重要的承前启后的桥梁作用，甚至可以说，中国近现代社会经济发展中出现的伦理问题在船山思想里面都有其雏形。

第二，从伦理的视角深入研究王夫之经济思想相关理论判断的现代价值（如"大贾富民，国之司命"），对进一步深化我国转型时期经济伦理理论研究、建设和完善具有中国特色的社会主义经济伦理学理论体系具有重要启示意义。

从经济伦理学的学科建设来看，构建中国特色社会主义经济伦理学理论体系，既需要有国际性、时代性视野，更需要有民族性、特色性视域，因此，离不开对中国传统经济伦理思想资源的挖掘，并从中发现中国经济伦理思想发展的一般规律。相对于船山所处的那个时代，他在所有制问题上的创新认识、对农商本末关系的辨正、对货币财富以及财政政策等一系列经济问题上的前瞻性见解，对于丰富和发展中国特色的社会主义经济伦理学理论具有十分重要的理论启示意义。

第三，从伦理的视域深入研究王夫之经济思想中关于理欲、义利、公私、贫富、俭奢等范畴的辩证阐释，有助于夯实社会主义核心价值观的传统文化基础。

中华民族伟大复兴——中国梦的实现，不仅要在经济发展效率上创造奇迹，也要在伦理精神文化的延续与发展上书写辉煌。习近平总书记在多次会议和多个场合均提出"培育和弘扬社会主义核心价值观必须立足中华优秀传统文化"。研究王夫之经济伦理思想不仅对于证成社会主义核心价值观有作用，而且对于使社会主义核心价值观落实于国家社会经济发展过程具有重要的借鉴作用。

第四，从伦理的视角研究王夫之经济思想中的大局意识、整体意识、民生意识等，在实践上为我国正在进行的社会主义经济建设和经济改革提供方法论上的借鉴与指导。

"经世致用"是船山学术思想的根本价值取向。我国社会经济建设正处于改革转型的关键时期，诸多改革试验都步入深水区，经济改革的壁垒与障碍前所未有，经济的形而上层面和形而下层面迫切需要进行新突破。如何重新构建社会经济转型期的伦理道德体系？如何选择既有经济合理性又有伦理合理性的经济行为和经济决策？这些都是需要我们深入思考的现代问题。深入研究王夫之对待社会经济转型及改革的态度和处理问题方法，对当前我国社会经济改革的顺利开展具有重要借鉴和指导意义。

二 国内外文献综述

（一）国内外研究综述

王夫之一生著述等身，涉猎经史子集等众多科目，其理究天人之际，事通古今之分，探道德性命之原，明得丧兴亡之故。穷居40余年，著书300余卷，以绵邈旷远之词，写沈菀隐幽之志，其言足以名山川（清代学者唐鉴语）。但王夫之思想销声匿迹170余年，直至19世纪60年代曾国藩、曾国荃兄弟重刻《船山遗书》，王夫之思想才开始为世人所重视。自近代以来，国外学者一直有零星的船山学研究成果面世，这些学者主要集中于日本、韩国等亚洲国家。另外，苏联及美国、英国等也有少数船山学的研究者。国外学者对船山学的关注主要集中于船山哲学、历史学、政治学、社会学等领域，而对船山经济学研究的成果较为少见，就目前所能查阅的相关资料显示，20世纪初，日本的中国学研究者小岛裕马在1918年和1922年分别在《经济论丛》和日本中国学研究的重要杂志《支那学》杂志上发表的研究论文中有论及船山经济学说，但内容相对简单。

对王夫之思想研究成果较多的主要是国内学者。在中华人民共和国成立之前，国内对王夫之思想的研究主要集中在政治领域，清末维新派与革命派对船山政治思想主要采取拿来主义的态度，用以对抗封建专制。中华人民共和国成立之后至改革开放之前，船山学研究主要集中在哲学领域，出现了以西学格船山学的研究学风。直至改革开放之后，顺应时代的经世致用的要求，船山的经济学思想才开始陆续受到学人的关注，出版了一批有分量和价值的学术论文和学术著作。下面按时间线索分四个阶段对已有研究成果作一综述。

绪 论

第一，比较早涉猎王夫之经济思想领域的是清末民初的两位学者：勇立和郑行巽。主要深挖王夫之经济思想中主张"自由"与"平均"两个思想特色，研究成果具有明显的政治自觉性，带有浓厚的反封建的资产阶级革命气息。

勇立在1906年11月11日出版的《东方杂志》第三卷第十期"社说"栏发表《王夫之学说多与斯密暗合说》一文，就笔者所能查阅到的资料显示，这是近代以来我国第一篇研究王夫之经济思想的文章，开了系统运用比较方法将船山思想与西方一位学者的思想进行比较研究之先河。勇立认为，王夫之"其殆我国最大之计学家，而与斯密东西辉映者乎！"作者认为王夫之与斯密由于所处的"时势"类同，故在经济学理论上至少有五个方面是契合的。其一，两者皆认同"富不在金之理"。斯密称国家之富"在岁殖不金银"，王夫之则认为"五谷丝苎材木鱼盐蔬果，可以为利；金玉珠宝只以权万物聚散"。其二，两者皆持有"任物自己"的少行政干预的经济思想，斯密认为"任物自己，则物价常趋于平"，王夫之亦说"当其贵不能使贱，上禁之勿贵，而积粟者闭籴则愈益其贵；上禁之弗贱，而怀金者不售则愈益其贱。故上禁之，不如其勿禁也。"其三，两者对俭的解释均具有历史的创见，即都认同"将用为母财以生利也""俭则国之母财增"。其四，两者都赞成通商互市之利。其五，两者都主张农业生产应由民各用其智力之所及而无所阻扰。总而言之，王夫之与斯密经济思想的一个共同特点就是"皆奖自由而恶干涉"。文章还指出，两者时势和观点多有暗合，但在社会上的影响却迥异，"欧西有斯密，而生计界乃揭启新幕。"可"我国有船山，而经济上仍日虞匮乏"。究其原因，王夫之的学说被埋没的主要原因就在于"我国士大夫于船山学说，读之者百无一焉，读之而解其理者千无一焉，读之而能措诸政事者为万无一焉"。

民国时期学人郑行巽撰写了《王夫之之经济思想研究》(《民铎》1910年第3期)一文,主要研究王夫之的生产理论中一系列思想,包括土地权思想、国营生产事业(包括国营生产食盐、森林、牧马和屯田等)、分配思想中民主主义平均地权的思想以及货币(包括良币多铸等思想)和财政政策[包括量入为出、行政费(船山主张厚给其俸,以养廉耻)、皇室经费、财务行政(反对截解)]等方面思想。

第二,王夫之经济思想的研究成果在20世纪80年代开始繁荣起来,学者们不再局限于某一个方面,而是开展了对其经济思想较为全面的研究,包括经济社会发展思想、土地政策、财政政策,特别是商品经济发展观,成果较为丰硕的学者主要有李守庸、邓潭洲、蔡尚思、彭大成、陶懋炳等。

邓潭洲、彭大成、陶懋炳等学人对王氏经济思想的研究表现为两个特点:或把王氏经济思想作为更大系统的一部分略为论及,或者只是论述王氏经济思想的某一个方面的问题。前者如邓潭洲的《王夫之传论》(湖南人民出版社1982年版)中的第四章第三小节专门论述了王夫之的经济思想,主要分析了王夫之的土地思想(要求有其力者治其地,缓和社会不均的现象),主张扶持商贸的思想,以及一系列的财政改革主张等。又如,蔡尚思的《王夫之思想体系》(湖南人民出版社1985年版)的第二章中把王夫之的经济思想作为一个问题来讲,内容比较浅显,主要分析了产是心之本,主张均之而非齐之等思想,并把王夫之的思想同颜元、王源、黄宗羲等人的思想进行了对比。蔡著认为王夫之的经济思想有某些可取或值得注意之处,但也存在三个错误。其一,王夫之在土地问题上的主张自相矛盾。其二,王夫之在财政问题上主张量入为出,的确有其抵制封建统治者向农民无限制地征敛赋税的作用，但作为一种财政理论存在片面性。其三，王夫之攻击一条鞭法和崇本抑末都存在一些问题。后者如彭大成的《资本主义萌芽在王夫之经济思想中的反映》[《求索》（1982年增刊）]主要分析王氏经济思想的阶级属性。又如，陶懋炳的《王夫之经济思想浅探》一文（《王夫之学术思想讨论集·长沙》，湖南人民出版社1984年版，第502—517页）主要就王夫之的崇本抑末思想进行了深入的分析。陶文认为，王夫之的经济思想不是代表自耕农利益，更不能说是代表市民阶层的利益，准确地说它体现了地主阶级变革派的要求与愿望。陶氏认为王夫之的经济思想较之东南沿海的黄宗羲、顾炎武要逊色一筹，主要是因为王夫之处于穷乡僻壤之地。

在这些学者中，研究深入、自成体系的当数李守庸。李守庸的《王夫之经济思想研究》（湖南人民出版社1987年版）一书，是第一部较为系统研究王夫之经济思想的专著，全书共六章，有选择地探讨了船山的社会经济发展观、土地思想、赋役政策及其他财政政策、商品货币思想、义利观等思想观点。主要论旨：船山经济思想的某些观点在某种程度上反映了中国资本主义萌芽的时代要求，在客观上促进了商品贸易的发展，但其保守落后的一面也是显而易见的。李守庸的《略论王夫之在中国经济思想史上的地位》（《船山学刊》1993年第2期）主要探讨了王夫之在中国经济思想史上的地位，从纵向和横向两个层面进行探讨。从纵向讲，王夫之对前人的思想可谓兼收并蓄，既有固守传统的一面，亦有传统优秀思想的一面，也有破旧和创新，并提出了一些反映时代背景的新的见解。从横向看，把他的思想与同时期的黄宗羲和顾炎武的经济思想放在一起考察，可谓瑕瑜互见。相对来说，船山经济思想要丰富一些，尤其在土地民有论和对商品流通与货币的作用问题上的认识是相当卓越的。李氏认为，王夫之是中国经济思想史上明清之际最具时代特色的杰出思想家之一。李守庸的《王夫之经济思想中的近代特点评议》(《经济研究》1983年第9期)一文指出，学界对王夫之经济思想是否具有近代启蒙特色的评价上有一定的分歧：有的认为王夫之的近代特色可与亚当·斯密和魁奈媲美；有学者认为王夫之仍是重农抑商的范围，他没有意识到资本主义萌芽的问题。而李守庸则认为，王夫之经济理论中具有明显的近代特色，但还不够突出。

这一时期对船山经济思想研究的特色主要体现在以下三个方面：首先，研究方式不一，或把王氏经济思想作为更大系统的一部分略为论及，或者只是论述王氏经济思想的某一个方面的问题。其次，研究范式主要是一种同情式的解释，缺乏批判的眼光和实事求是的态度。最后，学者们在对王夫之经济思想广泛研究的基础上，产生了两个争论焦点：如何评价王夫之经济思想的历史地位；如何定位王夫之经济思想的阶级属性。其中，李守庸在此问题上的观点比较受后来学者关注：李守庸认为船山经济思想有继承传统和创新两个层面的特性，在某种程度上契合了近代经济发展需要；从经济思想史角度看，李氏认为王夫之是地主阶级中较为远见的进步思想家。

第三，20世纪90年代，随着改革开放的进一步深入，人们生活水平的不断提高，学者更加关注王夫之关于消费方面的理论。这一时期对王夫之经济思想的研究主要集中在对待农商的辩证关系和财富的态度上，也就是消费伦理思想方面。该阶段的研究是不成系统的、零散的，主要学人有唐凯麟、宋小庄、宦再等。

例如，唐凯麟等撰写的《中国古代经济伦理思想史》(人民出版社2004年版)一书的第十三章和第十四章对明末清初的经济发展新趋势进行了深入的分析。香港地学学者宋小庄撰写的《读〈读通鉴论〉》（云南人民出版社 1991 年版）一书将王夫之的治国理念分为政治、军事、民族、伦理、经济、法律等方面。此书的第二部分专门用了一章的篇幅论述了王夫之的经济思想，主要内容有土地农业、商贸货币、财政税收等。主要强调其思想的重农特色，对商贸有扶有抑、富国富民等进步观点，也深刻剖析了其思想的不足之处：不敢触及土地所有制，其经济思想并不代表某一个特定进步或落后阶级，不能因为他反对均田就代表了地主阶级，重视农耕就代表农民，主张贸易自由就意味着代表商人等；其学术思想的目的主要是匡时救弊，维护封建统治的稳定。

又如，宦再的《王夫之的贫富、聚散和侈吝》（《船山学刊》1994 年第 2 期）中认为王夫之总结了我国古代在识财、聚财和用财思想上的正反两方面的经验教训，提出了一套适合封建统治者利益和对人民有一定好处的理论，其核心是正确处理人和财的关系，其经济思想对我们今天仍有所启迪。

第四，21 世纪以来，萧萐父、许苏民、唐凯麟、王泽应、张怀承、朱贻庭等学人主要聚焦于王氏的理欲之辨和义利之辨等伦理领域研究。这个阶段研究成果的特点就在于为社会主义核心价值观架构传统文化之根基。

例如，萧萐父、许苏民撰写的《王夫之评传》（南京大学出版社 2002 年版）是一本王夫之思想综合研究著作。在此书的第六章专门论述了王夫之的政治经济思想，包括王夫之对君主专制体制的批判、对社会经济生活自然规律"上之谋之不如其自谋"的揭示、对商品经济的重要性"大贾富民，国之司命"的阐述、对均天下的社会理想的论述等。

王泽应教授《船山伦理与西方近代伦理比论》（湖南人民出版社

1991年版）一书是比较早的把船山伦理思想与西方思想家进行全面比较论述的一部著作，书中将船山的理欲观与康德的理欲观进行比较，将船山的义利思想与斯宾诺莎的义利思想进行比较研究。陈来的《注释与重建——王夫之的哲学精神》、张怀承《王夫之评传——民族自立自强之魂》，这些著作有论及王氏的理欲之辨及义利之辨。另外，王泽应的《论王夫之的理欲观》（《哲学研究》2013年第6期）一文主要对王夫之理欲观的理论特色、理论贡献及现实意义进行了鞭辟入里的分析与总结，其基本结论是，"王夫之的理欲观既继承了传统理欲观的合理因素，又反映了走向近代的开新特质，具有继往开来的意义，包含了许多在今天看来仍不失其合理性的价值元素"。王泽应《王夫之义利思想的特点和意义》（《哲学研究》2009年第8期）一文认为："从整体上看，王夫之的义利思想同其哲学思想一样，具有承前启后、综合创新的特点：一方面，他对中国历史上各家各派的义利学说予以总结，成为传统义利思想的集大成者；另一方面，他又在继承的基础上予以批判性的超越，创造性地提出并建构了自己独特的义利思想，其中包含了不少与近代义利学说相契合的活性因素。"

（二）对王夫之经济思想的已有研究有以下三个特点和不足

第一，已有研究成果都是立于"经世致用"的原则，根据思想界面临的具体时代问题，而有所侧重地关注船山经济思想中不同的问题域。这一方面源于现实的需要，另一方面也是因为船山经济思想中蕴含着"如此多样以致各派皆可以从自身的思想角度对船山之学有所阐发"（A. H. Black，1996）。这就意味着船山经济思想具有对话或回应当今时代问题之可能，这也是本书研究的一个重要现实观照。

第二，已有研究成果采取的研究范式，基本上是对船山经济思想进行同情式的诠释，缺乏深度批判的眼光和客观实事求是的态度。本书将把经济伦理思想放在中国传统经济思想史的长河进行深入比较研究，探究其理论的是非得失。

第三，已有研究成果主要集中于对船山经济思想主要内容的简单陈述，而本书认为船山经济思想与其背后的内在理论逻辑及其当时社会大背景之间的关系是深刻了解船山经济伦理思想的命脉。因此，本书将把王夫之经济伦理思想置于其所处的时代大背景下来研究，即从王夫之自身的问题意识出发来研究其经济伦理思想。

已有研究成果的以上特点为本书开展研究既提供了理论起点，也为其留下了广阔的空间。

综上所述，对王夫之经济思想研究曾经在80年代得到学人的重视，后逐渐淡化。随着我国社会经济发展和社会主义精神文明建设以及社会主义核心价值观建设不断强化，学人针对王夫之经济伦理思想某一个方面的研究正在逐步展开和深入。而把王夫之的经济伦理思想作为一个专题给予理性的关照和反思，则比较缺乏。笔者希望通过精心研读王夫之原著，并参考前人的研究成果，梳理王夫之经济伦理思想发展脉络，分析其基本内容，揭示其现实意义，为我国的现代化建设输入传统文化的血液。

（三）本书相对于已有研究的独到学术价值和应用价值

由以上综述可见，既往的相关研究有两个特点：首先，已有研究的学科视角主要是经济学的而非伦理学的；其次，已有研究立于"经世致用"的原则，根据思想界面临的具体时代问题，有所侧重地展开研究船山经济思想中不同的问题域。相对于已有研究，本书具有如下四点独特的理论和实践意义。

（1）弥补学术界对于船山经济伦理思想研究的不足，拓展船山学研究的领域和深度，进一步丰富中国经济伦理思想史系统研究。

（2）在已有研究提供的理论和方法参照基础上，从"伦理学"的学科视角，对船山经济思想理论进行"系统的"研究（主要从生产伦理、交换伦理、分配伦理及消费伦理等四个方面），试图构建船山经济伦理的理论体系。

（3）运用纵向（与其前后经济伦理）和横向（与同时代经济伦理及西方经济伦理）对比的方法，深度剖析船山经济伦理思想的传承和创新及其内在逻辑，为进一步界定船山经济伦理思想的理论定位和历史价值提供翔实的素材。

（4）通过研究船山在社会转型时期对社会经济伦理问题的系列思考，可以为当前我国经济新常态下的经济建设和经济改革提供方法论上的借鉴。

三　研究方法与基本思路

（一）研究方法

研究方法有以下四种。

（1）通过文献研究法和文化诠释相结合的方法梳理和掌握船山经济思想的第一手和第二手资料，为进一步深入理论研究提供素材。

（2）以辩证唯物史观为指导，综合运用经济学、伦理学、社会学、政治学等多学科研究方法分析船山对生产、交换、分配、消费等领域中应该遵循的价值准则和伦理规范的新见解。

（3）在前面研究的基础上，运用比较研究法揭示船山经济伦理思想中超越于传统和同时代的理论特质。

(4) 理论联系实际，挖掘现代价值，将船山先进的经济伦理思想、观点和方法借鉴于当代社会经济问题的解决当中。

(二) 研究的基本思路

本书主要对王夫之经济伦理思想进行系统考察。当前，伦理学界对经济伦理学研究的对象及方法颇有争论。有学者沿袭西方划分经济学科的方法，将经济伦理学研究的对象划分为宏观、中观及微观；也有的学者根据经济活动的不同环节，主张将经济伦理学研究对象划分为生产、分配、交换及消费等四个方面，因此在构建经济伦理学的时候，应该从生产伦理、分配伦理、交换伦理及消费伦理四个环节进行。本书选择的是后一种研究方式，即主要从生产伦理、分配伦理、交换伦理及消费伦理四个角度来架构王夫之的经济伦理思想体系，主要原因有二：其一，任何的经济活动，无论是宏观领域、中观领域还是微观经济领域（以下简称"三观"）其具体的研究对象终究是要回归到生产、分配、交换及消费等四个环节上来，因此研究经济活动的"四个环节"可以涵盖经济领域里的"三观"。其二，从对中国古代经济活动的实际考察，我国古代的经济活动主要是以自给自足的农耕经济活动为主，基本不存在中观层面的经济主体，也就不存在中观层面的经济伦理问题。在王夫之生活的明末清初时代亦是如此，一些工商业活动基本是在微观层面进行。因此，采取从"三观"领域架构王夫之的经济伦理思想体系不合理。

本书主要分为经绪论和正文两个部分。其中，绪论部分主要是概述王夫之经济伦理思想研究的理论与现实意义以及国内外文献和本书的基本研究方法、研究思路。第一章主要研究王夫之经济伦理思想形成的历史动因，包括明末清初的社会大背景及其学术渊源。

第二章主要研究王夫之经济伦理思想的基本理论基础。第三章至第六章是本书的主体部分，主要研究王夫之在生产、分配、交换、消费四个领域的伦理思想。第七章主要研究王夫之经济伦理思想的历史地位和现实启示。

四 本书的界定与说明

要研究王夫之经济伦理思想，首先要探究一个基础问题：王夫之有没有经济伦理思想？这是开展本课题研究必须回答的一个逻辑前提问题，它是直接关系到文章接下来的议论是否有价值的重要命题，否则，本课题的所有论述将成为无本之木、无源之水。关于这个问题，本部分将从以下三个方面来说明：如何界定经济伦理；王夫之有没有经济伦理思想；本书研究王夫之的经济伦理思想是按照怎样的逻辑线路。

第一，什么是经济伦理？这个问题是至今为止学界仍在热烈讨论的基本理论问题。"经济伦理"这个概念是由韦伯在《世界宗教的经济伦理》一文中首先提出来的。当前我国对"经济伦理"范畴内涵的理解大致存在三种类型[①]：一是经济的伦理，代表人物如万俊人，他认为"经济伦理实际上是一种以人类社会实践中某一特殊类型的道德伦理问题——经济生活中的道德伦理问题——为主题对象的伦理价值研究，它关注的首先是人类经济活动本身的道德基础、道德规范、道德秩序和道德意义问题，其次才是为人们寻求合理有效的经济伦理策略或决策提供必要的伦理咨询或伦理参考，从而最终为人类及其社会的经济生活或行为达于既正当合理又合法有效的状态，提供独特而具

---

① 龚天平等：《经济伦理内涵的反思意识、规范和实践的统一》，《中南财政政法大学学报》2013年第1期。

体的伦理价值解释"①。这就是说，把"经济伦理"理解为对经济活动、经济体制、经济运行机制的道德追问和价值要求。二是伦理的经济，代表人物如许崇正，他认为伦理经济是人们以一定的伦理道德观念评判、制约和指导人们的现实的社会经济活动。②这种理解是强调伦理规则对经济活动的规约。三是经济与伦理，代表人物如章海山，他认为"经济伦理，简单说来就是要研究和解决经济活动与道德行为之间的关系，或者说研究和解决道德行为与经济活动的关系"③。诚然，以上诸种理解"经济伦理"的方式都能成立，但根据王夫之思考社会经济伦理问题的特点，本书主要根据第一种逻辑结构——经济的伦理——论述分析王夫之的经济伦理思想，主要分析王夫之对社会经济活动、经济体制、经济运行机制的伦理判断和道德评价。

第二，王夫之有没有经济伦理思想？其一，从理论上讲，王夫之作为中国传统哲学思想的集大成者，或者说宋明理学的终结者之一，毋庸置疑，他有丰富的伦理思想。那么，从一般意义上讲，伦理思想与经济思想之间存在一种怎样的关联呢？正如唐凯麟先生所言，"经济伦理学作为一门科学，无疑是近代以来的产物，但经济思想与伦理思想所具有的内在关联性则早已存在于古代中外思想家的思想中"④。一方面，根据马克思主义唯物史观，"经济问题"是人们面临和思考的基本问题。在人类进入文明社会之后，面临着阶级的分野，这就意味着人们对经济现象的思考中内生地含有价值诉求的因子，或者说人们理性地思考经济问题从一开始就不可能是纯粹经济学式的，而是"一种与物质利益的分配密切相涉的政治经济学式的"，因而"公平问

---

① 卢风、肖巍：《应用伦理学概论》，中国人民大学出版社2008年版，第124页。
② 许崇正：《人的发展经济学概论》，人民出版社2010年版，第601页。
③ 章海山：《经济伦理论》，中山大学出版社2001年版，第2页。
④ 唐凯麟、陈科华：《中国古代经济伦理思想史》，人民出版社2004年版，第5页。

题"必然是经济思想中的一个重要命题。另一方面，人们的伦理思想作为一种上层建筑形态的存在，必然产生于一定的社会经济基础，是在处理社会经济问题、分析经济现象中产生的。恩格斯权威地指出："人们自觉或不自觉地，归根到底总是从他们阶级地位所依据的实际关系中——从他们进行生产和交换的经济关系中。"从以上两个方面来看，经济思想与伦理思想或者说伦理思想与经济思想之间存在内生的关联，从来不可分割。恩格斯在《论未来的联合体》一文中指出："迄今存在过的联合体，不论是自然地形成的，或者是人为地造成的，实质上都是为经济目的服务的，但是这些目的被意识形态的附带物掩饰和遮盖了。古代的巴力斯、中世纪的城市或行会、封建的土地贵族联盟——这一切都有意识形态的附带目的，它们是奉为神圣的，而在城市望族的血族团体和行会中，则来源于氏族社会的回忆、传统和象征，同古代的巴力斯的情况差不多。"① 这说明，自古以来，经济生活就实质而言是社会生活的中心议题，不同社会的共同体都是为经济生活服务的，不同意识形态的伦理思想都是经济伦理思想。如果从这个角度上讲，王夫之有伦理思想就必然有经济伦理思想，有经济思想也必然有经济伦理思想，这是肯定的。正如著名伦理学前辈唐凯麟所言，尽管传统中国的经济思想未能如西方传统经济思想那样"从知识谱系的角度"与政治学、伦理学区分开来，"但我们不能以这种形式上的差异性来否认这样一个中西经济思想史发展的共性，即经济、政治与伦理三者是同宗而共源的。因此，只要我们不否认中国古代存在经济思想这一事实，就必然同样承认有中国经济伦理思想的存在"②。

---

① [德]马克思、恩格斯著，中共中央马克思恩格斯列宁斯大林著作编译局译：《马克思恩格斯全集》第21卷，人民出版社1995年版，第447页。
② 唐凯麟、陈科华：《中国古代经济伦理思想史》，人民出版社2004年版，第5页。

王夫之作为中国传统儒家思想的集大成者，对于他是否具有经济伦理思想问题的考量同样适用于这个原则，即要考察王夫之有没有经济伦理思想首先考量其有没有经济思想。

第三，王夫之有没有经济思想，是否有对社会经济活动、经济体制、经济运行机制等方面的思考？

从王夫之是否使用过现代意义上的"经济"一词来看，他虽极少使用，但具有现代意义。"经济"这个词是一个外来词，在中国古代社会很少将"经"与"济"合在一起用，而是分开使用，而且其原意与今天也有不同。根据《说文解字》，经是指纺织；济是河川名，济水源于常山郡房子县的赞皇山，向东流入泜河。清代段玉裁把"经"解释为一个与纬相对应的名词，把"济"解释为济渡之意思。《古代汉语字典》解释"经"为织物的纵线，与"纬"相对，意为经络、经脉、经典；"渡"为渡水、成功、成就。《新华字典》解释"经"为织布时用梭穿织的竖纱，编织物的纵线，与"纬"相对，经纱、经线、经纶，喻为政规；"济"为渡、过，对困苦的人加以帮助：济世、救济、赈济、周济。由以上字典的解释可知，经与济在古代社会几乎很少放到一起使用，"经"主要是引申为用一定的规则治理国家，而"济"则主要是指救济，最为主要的成语表达则是"经邦济世"，意思是治理国家，救济人世，主要是指国家的一切管理事物。比如，明代洪应明《菜根谭》："济世经邦，要段云水的趣味，若一有贪着，便坠危机。"在中国古代文化中，东晋时期也曾出现过"经济"一词，不过其含义就是经邦救世之意，包括国家的一切治理事物，因而最开始"经济"是一个政治学概念。而我们今天使用的"经济"一词则主要指社会物质生产、流通、交换等社会经济活动。王夫之是否有现代意义上的经济伦理思想？可以从这些方面去考察：首先要考

· 19 ·

察其是否使用过经济之概念；其次考察他是否有关于生产、分配、消费等经济活动的论述；最后考察其这些论述是否有是具有伦理的视角。

那么，王夫之是否使用过"经济"一词？根据对王夫之涉及经济方面的主要论著，如《读通鉴论》《宋论》《黄书》《噩梦》《俟解》《思问录》等书籍的阅读查询，发现他几乎很少使用"经济"这一词语，仅仅在《宋论》卷七有这么一段话：

> 乃若术疏而不逮，则虽博练如温公，吾不能信其不然矣。天子之不能周知出入之数、畜积之实者有故……即及于天下之务，亦上推往古数千年兴废得失之数，而当世出纳之经制，积聚之盈歉，未有过而问者。故亿其有，而不知其未必有也；亿其无，而不知其未尝无也；知其出，而不知其出之何所支也；知其入，而不知其入之何所藏也；知其散，而不知合其散者之几何也；知其合，而不知合之散者几何也。虽以温公经济之实学，上溯威烈，下迄柴氏，井井条条，一若目击而身与之，然至于此，则有茫然若群川之赴海，徒见其东流，而不知归墟者何天之池矣。①

在这段话中，王夫之主要批判历史上大臣们为了不让君王沉迷于奢侈败德，于是对君王隐瞒国家财富实力，君王对国家经济现状、国库收入支出等一概不知，最终导致国家出现君臣上下互相欺骗隐瞒的不道德现象，此种不道德现象长期积累的结果，便是君臣竞相争利，置国家于内外交困的危难之中。这里上下文中主要涉及的问题是"所入""所出""出入之数""畜积之实"等领域，根据对这段话上下文

---

① （明）王夫之：《船山全书》第11册，岳麓书社2011年版，第181页。

的理解以及司马光的主要学术贡献,此处的"经济"应该很明显具有现代意义上的"经济"之义,主要是指国民经济活动中的生产、分配、交换、消费等活动。另外,王夫之思想体系中,有大量关于社会经济方面的论述,而且他把司马光经济思想称为"实学",以他专注于实学的思想风格,可见对社会的经济现象及规律的论述在他整个学说体系中的核心地位。

从王夫之的生平经历来看,王夫之的人生历程与明王朝的衰落、覆灭紧紧联系在一起,他批判理学、心学等空疏学误国误民,立志专注于与社会发展、国家民族富强息息相关的经济实学问题。4岁与次兄同入私塾从长兄受读,7岁就熟读十三经,直至24岁,王夫之一直在书斋里接受传统的诗书经义的教育。而伴随着他成长的是明王朝此起彼伏的农民战争导致的动荡不安的社会现实。由于国难,本一心读书求功名的王夫之及其兄长屡遭磨难而深受打击,仕途梦一再破灭。26岁时,国破家亡的残酷现实,"先生始闻国变,悲愤不食者数日"(张西堂语),也就是从这个时候起,王夫之开始走出书斋,关注社会的现实问题。28岁,始注周易,思考社会变易之理,并开始了"我注六经"的学路历程,之后相继有《宋论》《读通鉴论》等大部头史论面世。

从著书来看,在王夫之800余万字的著述之中,有相当多的篇幅对历史或现实经济问题进行过理性的思考、批判或者构想。在农业生产方面,他思考了传统社会农业生产的重要地位、农业生产中最重要的生产资料土地所有制问题,行政干预与农业生产的问题等;在商业领域,他对社会商贸活动的重要性进行了论证,对商人的社会地位和社会作用进行了辩证的剖析;在分配领域,极力主张"公平与效率"兼顾并倾向于"公平"的原则,试图构建一个有先有后、逐步实现的

"均天下"理想社会模式；在消费领域，主张适当消费，反对过度节俭或者过度奢侈，以絜矩之道作为社会的消费伦理理念，把百姓的消费要求置于"正当"的伦理地位。

那么，王夫之的经济思想是否具有伦理的向度呢？所谓"经济思想的伦理向度"，是指"经济伦理学研究必须从人的全面需求和社会的全面发展出发，将经济生活视为个人生活以及社会生活的一个组成部分，视为实现个人目的和社会目的的一个重要手段，从而为经济生活提供更高的目的，以保证经济生活的合伦理性，使其不会越出应有的界线之外"。① 王夫之关于经济方面的论述是否具有伦理经济的特性呢？这要考察其思想是否以"人的需要"和"社会发展"为目的或者价值取向。事实上，王夫之学术研究在很大程度上诱发于明王朝的灭亡，因此其以"七尺从天乞活埋"的豪杰精神从各个层面探寻民族之存亡、生民之生死的重要问题，因此其经济思想始终关注的是：如何使民族国家强大、如何使生民过上好的生活等这样极具伦理色彩的问题。这也就意味着，王夫之对社会经济现象的思考从一开始就掺杂了"价值诉求"的因素，而不是一种"纯粹的体现效益优先原则的知识经济学式的思考，而是一种与物质利益的分配密切相涉的政治经济学式的思考"。② 这个事实决定了在王夫之的经济思想中，道义因素（如公平）会比纯粹经济因素（如效率）占有更为重要的地位。在分析明王朝灭亡的历史教训时，王夫之深刻地意识到国家的覆灭首先亡于农民大起义，其次才是亡于趁火打劫的清朝。因而，农民问题成为王夫之经济思想关注的焦点问题，如农民的生计问题、土地所有制问题以及赋税问题、分配问题。由此可见，王夫之关注社会经济问题的

---

① 李志祥：《经济伦理学研究的双重向度》，《伦理学研究》2006年第1期。
② 唐凯麟、陈科华：《中国古代经济伦理思想史》，人民出版社2004年版，第2页。

起点不是纯经济的而是伦理的。

由以上论述可见,王夫之拥有现代意义上的经济伦理思想是毋庸置疑的。

而按照现代学术界对经济伦理学的概念解释:经济伦理学的直接研究对象是经济活动,经济活动主要地表现为生产、分配、交换和消费,因此,经济伦理主要研究人们在这四领域之行为的道德根据和道德价值。[①] 本书对王夫之经济伦理思想的论述也主要按照以上四个环节来展开。

---

① 参见夏伟东《经济伦理学研究什么》,《江苏社会科学》2000年第2期。

第一章　王夫之经济伦理思想形成的背景与渊源

思想总是依存于它的时代，任何思想的产生和理念的形成均有其特定的形成土壤和气候。而一个有历史使命感的思想家也必定会直面时代提出的严峻课题，并积极作出回应。正如马克思所言：人们自己创造自己的历史，但他们并不是随心所欲地创造，并不是在自己选定的条件下创造，而是在直接碰到的、既定的、从过去承继下来的条件下创造的。然而，思想又总是落后于时代，因为任何思想总是要等现实结束其形成过程并完成自身后，才出现。这就是说，理想的东西要直到现实成熟才会显现出来。黑格尔曾直言，哲学总是来得太迟："密纳法的猫头鹰要等黄昏到来，才会起飞""当哲学把它的灰色绘成灰色的时候，这一生活形态就变老了。对灰色绘成灰色，不能使生活形态变得年青，而只能作为认识的对象"。① 思想又总是超前于它的时代，思想能在时代矛盾冲突及其解决方式中发现一般规律性的东西，并前瞻性地预见社会发展的趋势。据此，作为明末清初一位有强烈责

---

① ［德］黑格尔:《法哲学原理》，范扬、张企泰译，商务印书馆2013年版，第14页。

任意识的杰出思想家，王夫之经济伦理思想的产生既是他时代背景的产物，又是过去已经完成历史时代的产物，我们只能把其作为认识的对象，并从中发现前瞻性的观点来观照当今社会现实。

王夫之对社会政治经济问题积极思考的动力源不是内生型的，而是外生型的，是在国破家亡的形势下被迫进行的思考。同时，正如恩格斯所说：和任何新的学说一样，它必须首先从已有的思想材料出发，虽然它的根源深藏在经济的事实中。认识王夫之思想产生的根源，不仅要从他所处的明末清初的社会现实去考察，同时要探索王夫之从哪些"已有的思想材料"中受到启发、影响。那么王夫之处在一个怎样的"历史气候"中？这个特定的历史气候又给像王夫之这样有担当的思想家提出了怎样的历史课题？当时的历史气候和社会问题又是如何促成王夫之经济伦理思想形成的？这是本章要重点解决的问题。

第一节 时代环境与时代课题

王夫之生活的时代，正是我国封建制走向衰落的时代。资本主义生产关系在东南沿海一带萌芽，社会矛盾错综复杂、空前激发，农民革命摧毁了腐朽的明王朝，然而以清代明的"历史洄流"，使封闭落后的社会制度得以继续苟延残喘，"死的拖住了活的"，新经济与新思想遭到了落后政权的窒息。萧萐父先生认为，王夫之哲学思想真正客观的来源，"是他所经历的大动荡的社会现实，尤其是伟大的农民革命战争所展开的客观矛盾运动。其所以具有某些超越前人的理论成就，就在于一个属于'地主阶级革新派'的思想家①，又在特定的条件下参与了某些进步的政治活动，被卷入了当时互相交错的阶级斗争和民族斗争的旋涡，因而从哲学上能够对客观的社会矛盾运动有所反映"②。陈来先生也认为，"明清之际的时代巨变是他这一代思想家思考的根本动力"③。

一 政治方面：明王朝的腐败统治与政治危机、民族危机

王夫之生于明万历四十年（1612），卒于清康熙三十一年壬申（1692）。他生活于17世纪明清朝代更替之际，这个时候的中国社会政治经济均处于一个特殊的转折时期，其中的矛盾斗争异常复杂而尖锐。而在众多矛盾胶着中，"经济现象作为社会生活的客观事实，由于它始终是以'问题'的形式呈现的，反映了人与自然交换过程中所面临的普遍的矛盾状态，因而对其进行思考便构成为人类生活的基本焦虑之一"④，但由一种心理焦虑上升为一种自觉的理性因素，需要有责任的思想家自觉来完成。王夫之就是主动承担起这

---

① 关于王夫之的阶级定位，有多种说法：嵇文甫认为他代表的是"开明地主"，但这种开明"总归是一个地主思想家在那个已经腐烂透顶的、阶级矛盾充分暴露的、已经有了资本主义萌芽的封建社会末期，在那个国破家亡遭受惨痛的民族灾难的特定历史环境中，所可能有的开明进步思想"（见嵇文甫《王夫之学术论丛》，生活·读书·新知三联书店1978年版）；侯外庐先生则认为王夫之是"中等阶级反对派"，中等阶级也可以理解成为中小地主阶级；也有学者认为，"如何对待农民起义和农民战争，就成为鉴别一个人的阶级属性的试金石"，因而"在明末农民起义中，船山的地主阶级立场是鲜明而坚定的"（曹伯言《王夫之历史观研究》，《历史研究》1965年第5期）；蔡尚思认为"他是处于大地主与市民之间的，所以他的思想，进步与保守两方面都很突出"，所以他界定王夫之的阶级属性为"不是地主阶级反对派，更不代表市民思想；而是封建传统思想家，是明清间的孔子、张载。他不可能具有近代反封建传统的思想。因为只要是封建传统思想家，就不可能是启蒙思想家"。蔡尚思是对前面认识的全面否定。
② （明）王夫之：《船山全书》第16册，岳麓书社2011年版，第1339页。
③ 陈来：《儒学正统的重建——王夫之思想的特质与定位》，《中国文化研究》2004年第2期。
④ 唐凯麟、陈科华：《中国古代经济伦理思想史》，人民出版社2004年版，第1—2页。

第一章 王夫之经济伦理思想形成的背景与渊源

种历史责任的思想家。

有人说中国历史上有一个从兴旺到灭亡的周期律，正如章士钊先生所言：士农工商四民共戴皇帝，五十年至一百年相杀一次以均财产。明王朝同样没能跳出历史的周期律，1368年朱元璋建立明朝，开始还能做到开明执政，为民生谋福祉，并明确规定了对皇帝进谏的"言官"之崇高地位。明朝前期，社会稳定繁荣，到成祖永乐（1403—1424）时，甚至曾出现这样的场面："宇内富庶，赋入盈羡，米粟自输京师数百万石外，府县仓廪蓄积甚丰，至红腐不可食。"

可自朱棣皇帝开始，明王朝走向了一条腐朽不堪的不归路，其腐败不堪主要体现在以下三个方面。

第一，皇帝宠信宦官、外戚，导致宦官外戚专权跋扈。明朝初期，朝廷对宦官的管理与防范可谓甚严。明太祖"鉴前代之失，置宦者不及百人"，并"尝镌铁牌置宫门口：'内臣不得干预政事，预者斩。'"[1]但这种严格管理宦官的局面在明英宗时期（1457—1464）发生了改变，因为宦官王振强势专权，明英宗竟然不敢与之对抗，"及王振擅权，英不敢与抗"[2]。至此及以后，明朝基本形成了宦官专权的局面。此后任何皇帝在位时期，均有一名专横的宦官把持朝政，宪宗期间（1465—1487），汪直专权；武宗时期（1506—1521），刘瑾专权；熹宗时期（1621—1627），魏忠贤专权。这些宦官擅自执掌朝政，为所欲为，腐败皇帝，比如，武宗时期宦官刘瑾，就有如下罪状："诱帝游宴""掌司礼监"[3]"瑾势日益张，毛举官僚细过，散布校尉，远近侦伺，使人救过不赡"采取各种方式剔除异己，独自擅权，"瑾

---

[1] （清）张廷玉：《明史》，中华书局1999年版，第5199页。
[2] 同上书，第5202页。
[3] 同上书，第5213页。

权擅天下，威福任情"①。"瑾故急贿，凡入觐、出使官皆有厚献。给事中周钥勘事归，以无金自杀"②。出仕官员竟然因为没钱朝贡刘瑾而自杀，同时内阁焦芳、刘宇，吏部尚书张彩，兵部尚书曹元，锦衣卫指挥杨玉、石文义，皆为刘瑾心腹。"变更旧制，令天下巡抚入京受敕，输瑾赂"③。向武宗"奏置皇庄，渐增至三百余所，畿内大扰"④。正德五年（1510）刘瑾因叛逆案被杀，籍没家产中有黄金1200余万两，白银2.59亿余两。⑤ 明末以魏忠贤为核心的阉党势力强大。天启元年（1621），刘宗周上奏皇帝，指出魏忠贤"指鹿为马，生杀予夺，制国家大命。……奈何以天下委阉竖乎？"⑥清朝主持修纂《明史》的张廷玉在《明史》中以极为忧郁、愤懑的笔调对明王朝阉党专权之灾难进行了无情揭露：

> 明代阉宦之祸酷矣，然非诸党人附丽之，羽翼之，张其势而助之功，虐焰不若是其烈也。中叶以前，士大夫知重名节，虽以王振、汪直之横，党与未盛。至刘瑾窃权，焦芳以阁臣首与之比，于是列卿争相献媚，而司礼之权居内阁上。迨神宗末年，讹言朋兴，群相敌仇，门户之争固结而不可解。凶竖乘其沸溃，盗弄太阿，黜陟渠敛，窜身妇寺，淫刑痡毒，快直恶正丑直之私。衣冠填于狴犴，善类陷于刀锯。迄乎恶贯满盈，亟伸宪典，刑书所丽，迹秽简编，而遗孽于烬，终以覆国。⑦

---

① （清）张廷玉：《明史》，中华书局1999年版，第5214页。
② 同上书，第5215页。
③ 同上书，第5216页。
④ 同上书，第5213页。
⑤ 转引自叶世昌《中国经济思想简史》中册，上海人民出版社1983年版，第299页。
⑥ （清）张廷玉：《明史》，中华书局1999年版，第4395页。
⑦ 同上书，第5245页。

明朝外戚掌权也是常有的事情，天启皇帝上台后，朝政被他的奶妈客氏和太监魏忠贤把持。王夫之对这段历史有深刻反思，"外戚奄人作威福以钳天下，而任贪人于郡邑"①，到明朝中后期，即16—17世纪之后，随着社会经济出现新转向，宦官权贵专权贪腐愈来愈严重。

第二，皇帝与各级官吏自上而下贪腐暴虐、恣意妄行。自明宣宗（1426—1435）始，明朝真正走向衰落。至万历年间（1573—1619），其自上而下的腐败已经发展到不可遏制的地步。

明朝中后期，皇帝松弛于政事，懈怠于朝政，尤其是万历皇帝，30余年不上朝，不看奏章，不理国事，却又极端贪婪腐败。从海瑞上疏明世宗书中可见一斑："竭民脂膏，滥兴土木，二十余年不视朝，法纪弛矣。数年推广事例，名器滥矣。二王不相见，人以为薄于父子。以猜疑诽谤戮辱臣下，人以为薄于君臣。乐西苑而不返，人以为薄于夫妇。吏贪官横，民不聊生，水旱无时，盗贼滋炽"②。海瑞上疏揭示了当时明朝政治的现实，皇帝疏于政事，官吏贪横，民不聊生。皇室与官僚的腐败主要体现在疯狂攫取人民的土地、封爵封王等方面。这种现象到明朝后期尤为严重，皇帝贵族疯狂兼并土地，皇帝置皇庄，到世宗（朱厚熜）、神宗（朱翊钧）、熹宗（朱由校）变本加厉，如神宗封幼子朱常洵为福王，"责湖广四千四百余顷"。③ 除皇帝贵族疯狂掠夺土地、扩大庄田外，地方豪强也欺压百姓、兼并土地，"其田连阡陌，地尽膏腴，多夺民之田以为田"。到明朝后期，以上这一类由封建朝廷、官府和勋戚、大臣凭借政治强力直接霸占的官田、

---

① （明）王夫之：《船山全书》第10册，岳麓书社2011年版，第309页。
② （清）张廷玉：《明史》，中华书局1999年版，第3956页。
③ 同上书，第4427页。

屯田，据黄宗羲分析已经占到全国耕地面积2/5。皇室至官吏疯狂兼并土地，使明朝自耕农的数量愈来愈少，佃农则愈来愈多。苏州府地区当时的农民"有田者什一，为人佃作者什九"。当地的农民是这样的状况，"一亩之收不能至三石，少者不过一石有余。而私租之重者至一石二三斗，少亦八九斗"。兼并而高度集中的土地，地主阶级的残酷剥削和压榨，孕育着农民起义的火种。

明万历皇帝朱翊钧在位47年，其主要精力不是经营国事，而是经营私人财产的积累上，出现了"有天下而营私财"的极端局面。为了自己敛财，大肆掠夺民间财富，他派出去充当矿监、税使的宦官，遍及全国。他每天不理国政，却密切关注宦官在全国各地敛财的情况。许多忤逆宦官、一心护民的地方官员都被逮捕入狱，惨死狱中。矿监税使所到之处，民不聊生，城市商品经济也因此逐渐萧条。万历二十四年（1596）后，南直隶（今江浙）、湖广、闽、鲁、豫各省大中城市先后发生了数十次的市民斗争。明朝中后期，社会矛盾加剧激化。城市市民阶级反盐矿税使的斗争处于白热化的阶段。"嘉靖元年，金山矿盗作乱。"[1] 万历二十年（1592），"通都大邑皆有税监，两淮则有盐监，广东则有珠监，或专遣，或兼摄""大珰小监纵横绎骚，吸髓饮血，以供进奉"。[2] 万历年间（1573—1619），"矿税使者四出，奸宄蜂起言利"[3]，万历三十年（1602）左都御史温纯上疏奏言：

> 近中外诸臣争言矿税之害，天听弥高。今广东李凤至污辱妇女六十六人，私运财贿至三十巨舟、三百大扛，势必见戮于积怒之众。何如及今撤之，犹不失威福操纵之柄。缅酋以宝井故，提

---

[1] （清）张廷玉：《明史》，中华书局1999年版，第3715页。
[2] 同上书，第5225页。
[3] 同上书，第5608页。

兵十万将犯内地，西南之蛮，岌岌可危。而闽中奸徒又以机易山事见告。此其妄言，真如戏剧，不意皇上之聪明而误听之。臣等惊魂摇曳，寝食不宁。异时变兴祸起，费国家之财不知几百万，倘或剪灭不早，其患又不止费财矣。①

从这段上疏可以看到，矿监、税使给百姓带来的灾难之深、之大，这也是导致明朝农民起义的直接导火线。在城市，爆发了武昌、天津、苏州、景德镇等地手工业工人和工商业者的反矿监税使的斗争。其中，万历二十八年（1600），武昌士民为反对税监陈奉，曾聚众万余人包围他的居处，并抓获其爪牙16人投入长江中。万历二十九年（1601），苏州织工葛贤领导2000多名织工和染工举行暴动，反抗税监孙隆掠夺机户，勒索商税，杀死孙隆的爪牙和税官多人。万历三十一年（1603）北京西山煤窑的业主和矿工数千人到皇宫前游行示威，要求减免税额。万历三十四年（1606），云南矿工起义。

王夫之曾痛心疾首地指出"贪人败类聚敛以败国而国为腐"。皇帝个人的腐败直接导致了明朝各级专制政权的制度性腐败。明代官员贪污之普遍、贪污数量之大是相当惊人的。崇祯十年（1637）四月，皇帝的《罪己诏》沉痛地指出明朝专制的官僚集团腐败程度：

　　今出仕专为身谋，居官有同贸易。催钱粮先比火耗，完正额又欲羡余。甚至已经蠲免，亦悖旨横征；才议缮修，便乘机自润。或召买不给价值，或驿路诡名轿抬。或差派则卖富殊贫，或理谳则以直为枉。阿堵违心，则敲扑任意。囊橐既富，则奸慝可

---

① （清）张廷玉：《明史》，中华书局1999年版，第5608页。

容。抚按之荐劾失真，要津之毁誉倒置。①

这段话是对官员贪婪残暴，搜刮民脂民膏的罪恶行径的无情揭示和批判。崇祯年间（1628—1644），官场极其腐败糜烂。崇祯四年（1631），山东省滋阳（今兖州市）知县成德曾谏言崇祯皇帝，"年来中外多故，居官者爵禄迷心，廉耻道丧。陛下御极十七年，何仗节死义之寥寥也！"主张"表厥宅里，所以伸忠臣孝子于生前；殊厥井疆，所以诛乱臣贼子于未死。苟死敌者无功，则媚敌者且无罪；死贼者褒扬不亟，则从贼者恬而不知畏也"。②让人民生活不下去，揭竿起义的正是这一批官僚集团，以至于李自成占领北京后，要依靠勒索明朝官员才能维持农民大军的生活。清军占领南京，仓皇出逃的一般官员都有"十车细软，一队妖娆"。

处于商品经济浪潮中的专制政治，必然出现制度性腐败。而且这种腐败犹如决堤之水，一泻千里，难以遏制。对于此，王夫之有过尖锐的批判：

其甚者，若李待问（北人，官户部尚书，非松江起义谥忠愍者）加派练饷，每秋粮一石至二三钱，重剥民资，付州县官练乡兵，何尝有一卒之用！徒充墨吏囊橐，为害愈深。③

前代之亡，皆以国无人而致败，唯本朝不然。数十年间，虽如杨、左、高、赵、二周、黄、魏、袁、李诸公，为奄党所摧折，而踵起者若刘念台、黄石斋、李懋明、范质公、倪鸿、李伯纪之在建炎。而抑有如陈大樽、夏瑗公、吴幼洪、杨机部，使参

---

① （清）计六奇著，魏得民、伍道斌点校：《明季北略》卷十五，中华书局1984年版，第262页。
② （清）张廷玉：《明史》，中华书局1999年版，第4594页。
③ （明）王夫之：《船山全书》第12册，岳麓书社2011年版，第634页。

密勿，应可颉顽陆敬舆之于贞元。然而无救于亡者，自万历间沈一贯、顾天埈、汤宾尹一流，结宫禁宦寺，呼党招摇，士大夫贪昧者十九从之，内有张彝宪、曹化淳辈为之主持，诸君子才一运肘，即为所掣，唯一死谢国而已。①

王夫之认为以前朝代的灭亡是因为国家没有理政之才，而唯独明朝不是。明朝人才辈出，却仍然"无救于亡者"，主要是因为有一批奸臣"结宫禁宦寺，呼党招摇"，把握朝政，导致一些"诸君子才一运肘，即为所掣，唯一死谢国而已"的不堪局面，也为明王朝走向覆灭埋下祸根。

第三，言官积轻。甚至原本针砭时弊、扬善抑恶并拥有至上政治地位的言官，亦开始不务实业，不关心国家大事，仅仅为了自己的名誉而流于清谈："自言官积轻，庙堂之上往往反其言而用之。奸人……目为朋党，自称孤立，下背公论，上窃主权。"继而成为"清流之祸"②，基本不能起到对皇帝的监督作用。社会各种矛盾激发，终于政怠宦成，继而上演了一部人亡政息的历史悲剧。

腐败的专制统治终于引发了政治大危机，以明末不断兴起并发展壮大的农民起义为标志。天启六年（1626）陕西农民起义，崇祯元年（1628），"以民贫盗起"，"四方盗贼蜂起"。③ 崇祯二年（1629），陕北高迎祥起义，1630年，李自成加入起义军，至此，起义烈火纵横中西部广大地区。与此同时，在长江中上游一带，张献忠带领农民起义军异常活跃与勇猛地攻击明王朝。崇祯十七年（1644）李自成于西安建立大顺政权，不久攻克北京，崇祯皇帝朱由检吊死于景山。

---

① （明）王夫之：《船山全书》第12册，岳麓书社2011年版，第625页。
② （清）张廷玉：《明史》，中华书局1999年版，第4586页。
③ 同上书，第4709页。

国内异常严重的政治危机引发了威胁民族存亡的民族危机。明王朝日渐腐朽，北部边陲废弛，遭遇蒙古连年肆虐。"嘉靖二十九年（1550），寇犯怀柔、顺义。"① 蒙古阿勒坦汗（俺答汗）率兵侵犯京北怀柔、顺义一带，虽然马芳将军英勇杀敌，"七战皆捷"，但于明朝整个战局于事无补，且外族边境骚扰、入侵愈演愈烈。万历四十四年（1616），女真族首领努尔哈赤建国号金，占据了明王朝大片国土，万历四十六年（618），以"七大恨"为由伐明，攻克抚顺等地，在此等民族危机面前，万历皇帝仍然不上朝听政，置若罔闻。崇祯十七年（1644），月明山海关总兵吴三桂以"复君父之仇"为借口引清兵入关，至此导致明王朝彻底颠覆的民族危机大爆发。

有学者甚至认为，我国17世纪启蒙思想家出现的直接原因就是异族的入侵。满洲贵族入主中原激起这些有识之士对明王朝灭亡根源的深入思考，从而对传统思想产生怀疑和批判。明王朝走向灭亡的惨痛历史，王夫之亲身经历过，这位极具历史责任意识的思想家对这场异族入侵、以清代明的历史惨剧感受异常深刻，难以释怀的家仇国恨促使他对明朝灭亡的历史进行了长久的、沉痛的反思。王夫之非常深刻地认识到明王朝的制度性腐败是导致政治危机和民族危机总爆发的根源，所以他对明朝的政治制度的过度专权、宦官外戚勾结执掌朝政、官员贪腐等问题均有深刻的反思。在农民起义的问题上，尽管王夫之对农民革命持敌视的态度，攻击农民为盗贼，"盗贼"的起义导致王朝的倾覆，这样的事件深深刺痛了具有忧国情怀知识分子王夫之的神经。但由此也引发了王夫之对明末农民生存状况的深刻同情与反思。他深刻地认识到，社会动荡的根源在于"不均"，"不均"是由

---

① （清）张廷玉：《明史》，中华书局1999年版，第3721页。

于"聚"引起的,聚即指豪强地主的兼并,是农民起义的直接原因。"至于大聚,奚但不均哉!所聚者盈溢,而所损者空矣。"因而才会导致"一夫揭竿,而天下响应""虽欲弭之,其将能乎?"因此他提出"平天下者,均天下而已"①的光辉论断。他认为用平均财富的方式就可以缓和阶级矛盾,挽救明王朝的封建统治。

除了看到明王朝的制度性腐败这个根源外,王夫之也清醒地认识到,对于明代的政治危机与民族危机的爆发,当时极其风行的"清议"也有不可推卸的责任。以东林党人为代表的清议派人士,以道德相标榜,排斥社会功利,又常滥用职权,对朝廷政事乃至军事横加干涉,导致有识有才之士不能被朝廷重用。这批道学家们在政治危机、民族危难时刻,除了空议无能为力。王夫之痛恨这种空疏的学风,所以他主张实学,为社会、百姓造福的实学是他终身的追求。加上王夫之亲自参加了抗清斗争,这使他比较关注人民经济生活之疾苦,他在政治思想上开始反省和批判宋明以来的唯心主义理学。这些现实的因素,为王夫之经济思想的产生提供了客观的条件。王夫子声称自己的学术研究是为了"极物理人事之变,以明得失吉凶之故""揭阴阳之固有、屈伸之必然,以立中道"。也就是说,他要探寻自然和社会的变动原因,揭示客观矛盾运动的固有规律,以得出一套适应社会新情况的所谓中道理论。

二 经济方面:明代社会的基本经济矛盾与农民战争

从宋代起,中国封建地主阶级经济发展开始走下坡路,到明末清初,封建地主阶级经济日益式微,而新兴的资本主义经济在萌芽与发

---

① (明)王夫之:《船山全书》第3册,岳麓书社2011年版,第472页。

展。在这一经济现象背后酝酿着极为深刻的社会经济矛盾，并通过各种方式或者在各个不同的方面得以表现出来。而正是这些矛盾的存在和不断激化，促使一贯坚持"经世致用"的知识分子王夫之，认真思考社会经济问题，试图探寻解决矛盾、促进社会经济发展的基本规律。这不是王夫之主动去寻求或者自创出来的问题，而是他必须直面的问题，这些基本的社会经济问题或者经济矛盾正是促使明末全国大规模农民战争爆发的深层根源。那么，王夫之在他的时代，到底遭遇了怎样的社会经济问题或者社会经济矛盾呢？

王夫之始终认为，罪恶的农民起义是明王朝覆灭的罪魁祸首，其次才是趁火打劫的清军入侵，因此他对农民起义历来无好感，深恶痛绝。但作为一名有责任担当意识的知识分子，他在嫉恨如仇之余，必然认真反思农民起义背后深层的经济根源或者经济矛盾和中国的农民问题，而这些现实存在的尖锐的经济矛盾以及对农民生存问题的关切，也就成了王夫之经济伦理思想产生的现实土壤。

马克思主义认为，阶级的存在以及他们之间的冲突，则是由他们的经济发展程度、生产的性质和方式，以及由生产决定的交换性质和方式来决定的。因而在诸多因素的交互作用中，归根结底是经济运动作为必然的东西通过无穷无尽的偶然事件向前发展。历史上一切社会形态的基本社会矛盾是生产力与生产关系、经济基础与上层建筑之间的矛盾。这种矛盾具有历史的必然性，然而这个必然性是通过偶然性因素体现出来的。众所周知，社会经济生活是其他一切社会生活之基础，因而社会经济矛盾自然是社会基本矛盾最本质的彰显。不同时代会有不同的经济冲突，那么明代中后期至清初，明代基本经济矛盾有哪些特点呢？笔者认为主要有以下两个特点。

第一，王室及贵族疯狂的土地兼并与农民破产，是明代中后期最为直接、突出的经济矛盾。

明初时期，国家官田数量还较为巨大，因而自耕农的数量也较多。但明中叶以后，官田数量出现异动，并日益减少，这意味着自耕农失去了土地而沦为佃农。为何会出现这种异动的经济现象呢？这与明朝中后期开始，朝廷公开支持与鼓励土地兼并有直接关联，至此，自皇帝至诸侯王以及皇亲国戚开始疯狂攫取土地。皇室直接占有的土地最初称为宫庄、庄田，后改为"皇庄"，勋戚所占土地则称为"庄田"。据史料记载，孝宗弘治二年（1489），5处皇庄占地近130万亩；320处庄田占地近330余万亩。至明朝后期，这一类皇庄、庄田，已经占到全国耕地总面积的2/5。被兼并的土地数量十分惊人。另外，封建大地主阶级也参与到疯狂掠夺农民土地的行列中来，如河南当时有几家豪强地主，有的占田十几万亩，最少的也有几万亩。[①] 大批自耕农沦为佃农，甚至出现了"有田者什一，为人佃作者什九"的现象。明代佃户忍受的剥削之重是前所未有的，他们不仅要忍受地主残酷剥削，而且因明朝法律视他们为土地所有者，同土地所有者一样负担着国家沉重的徭役。前述苏州府地区佃农一年受苦受累，到头来所得无几，以致出现"今日完租明日乞贷者"[②] "民心伤痛入骨，灾异所由生"的悲惨状况。

在皇室及封建地主阶级疯狂积聚财富的过程中，农民破产导致生存状况日益恶化。封建国家残酷的剥削与掠夺带来的是农民与封建王权的阶级矛盾日益尖锐化，农民仇恨的矛头直指明王朝庭。因而，以推翻明王朝统治为目的农民大起义的火种，以一种剧烈的方式燎原。

[①] 谢国桢：《明代社会经济史料选编》下册，福建人民出版社1980年版，第57页。
[②] （清）顾炎武著，（清）黄汝成集释，栾保群等校点：《日知录集释》卷十，花山文艺出版社1990年版，第466页。

第二，封建专制特权与萌芽的资本主义经济要求自由发展的剧烈冲突，是明代中后期的又一对尖锐的经济矛盾。

明代中叶以后，在经济生产领域出现了一个新的现象，即资本主义生产关系的萌芽。事实上，据史料记载，我国在战国时期就已经出现了传统意义上的商品经济，至宋代时，商品经济日益繁荣起来，甚至出现了因为交易频繁而建立起来的发达城市。所以，从某种意义上讲，明朝中后期出现的商品经济与传统意义上的商品经济存在很大不同，正是因为这些不同，我们才可以据此判定，在明朝中后期出现的经济关系是资本主义性质的，而不是封建性质的。

随着商品经济的持续发展，出现了大批农业人口纷纷涌入城镇出卖劳动力谋生的现象。据史料记载，当时手工业出现了有着雇用数千名工人的"机房"和"染坊"。嘉靖、万历年间（1522—1619），在一些比较发达城市的纺织业中，也出现了雇佣劳动关系，"机户出资，机工出力，相依为命""染房罢而染工散者数千人，机房罢而织工散者数千人，此皆自食其力之良民也"。[①] 同时，在农业中，农民对地主阶级的人身依附关系也有所松动，佃农不再固定地终身依附于某一个地主阶级，甚至可以自由出卖劳动力。这个时期，雇主与雇工之间的关系，不存在人身依附，双方均可以自由选择，因此是纯粹的商品货币关系，这意味着资本主义生产关系已经悄悄地在封建社会的旧母体内萌芽。

同时，明朝中后期，还出现了一批为了出售而进行生产的农村专业户，这是传统自然经济向近现代具有资本主义性质的商品经济转化的标志。明中后期的农村，出现了许多种植专业户。比如，湖

[①] 《明实录》神宗卷三六一，台湾，"中研院"历史语言研究所1962年版。

州南浔镇的农民多为桑叶专业户，杭州的农民多为经营蚕种的专业户，闽广的农民多为果品专业户。这些专业户的生产主要是为了满足城市商品市场的需要，而反过来，城市商品市场的需要又像一只看不见的手支配着农民对生产对象的选择。这足以说明，破土萌芽的资本主义生产关系正在逐渐解构着存在数千年之久的自给自足的自然经济。

另外，传统的商人采取的经营模式是"以末致富，以本守之"，通过做买卖赚得了钱，最后用来购买土地等农业资本，而成为世俗意义上的地主，商人转变成地主是传统商人的最终归宿。因此，无论商品经济多么发达，社会经济模式始终未能走出自然经济模式。但到了明代中后期，这种状况悄悄发生了改变，在嘉靖至崇祯（1522—1644）的120余年的时间里，商人的资本不再完全回归农业购置农业财产，而用于投资于手工业生产或者扩大再生产，商业资本成功地转化为产业资本，正像马克思所言，商人直接转化为最早期的产业资本家。嘉靖《徽州府志》就这样记载："商贾虽有余资，多不置田业。"冯梦龙《醒世恒言》第十八卷《施润泽滩阙遇友》也记载一个姓施的户主（施复）积累了大量的资本，他把积累下来的资本用于开办了一个手工工场（"张绸"）。

明中后期商品经济发展出现的以上现象，足以证明资本主义经济正在萌芽和发展。而腐朽堕落的明王朝不可能顺应商品经济的这种发展新趋势。明皇室能想到的是，如何从日益壮大的商品经济大潮中尽可能地从商人身上榨取更多的利益，而不是想方设法地为商品经济的发展创造条件，也不可能制定相关法律来保障商人的私人财产。比如，万历皇帝为了满足自己的小金库，派出大量的太监充当矿监和税使，利用手中的特权，对城市工商业进行残酷搜刮，造成工商市民阶层与明王朝的巨大矛盾。农民起义之所以能够发展壮大并进而席卷全国，有市民阶层的支持和参与是一个很重要的原因。这从李自成农民军起义的口号可以得到证明，农民起义军的口号当中，除了"均田免粮"的口号外，还有一个历代农民起义从未提出过的口号，即"平买平卖"，这正是针对封建王朝对商贾的肆无忌惮的剥夺而提出来的。

一系列深刻的嬗变发生在社会经济领域中，这导致明中叶以后社会阶级关系变得异常复杂诡异。皇室、地主、农民以及新兴的市民阶层等各个群体有着各自复杂而又相互错综的利益需求，彼此之间存在不同复杂程度的矛盾和斗争，但最核心的矛盾仍然是地主阶级与农民阶级之间的矛盾。事实上，历代封建社会农民受压迫最深，如恩格斯所指出的，一切集团除城市平民外，均以农民为剥削欺诈的对象，因而农民反封建的革命要求也最强烈，这就是明清爆发频繁的农民起义的客观经济基础。

三 文化方面：明朝中后期空疏学风盛行与文化危机

孔孟开创的传统儒家圣学，在中国古代社会经历了与其他学派思想斗争与融合的复杂的发展过程。魏晋南北朝时期，儒学与道家以及佛学进行过艰巨的思想领域的斗争与交融。宋明时期，受到道家、佛学浸染的儒学持续分裂成两大派别：以程朱为代表的理学和以陆王为代表的心学。两派同属道学范畴，正如黄宗羲说，朱熹与陆象山"二先生同植纲常，同扶名教，同宗孔孟，即使意见终于不合，亦不过仁者见仁，智者见智"[①]。尽管如此，但两派为了辨明理与心的关系和地

---

① （清）黄宗羲著，全祖望补修：《宋元学案》卷五十八，中华书局1986年版，第1887页。

位，经常开展复杂难懂的辩论，又由于两位主要人物在政治上的地位，他们的辩论常常引来许多学人的参与，久而久之，到明朝中后期就形成了一股只关注穷理、性命之学，不关心社会现实、对社会毫无益处的空疏学风，对明王朝日益颓废的社会现实更是无能为力。加上明朝以八股取士的制度，空疏学风更是泛滥成灾。当时社会上亦有一些有识之士已经意识到了思想界出现这种空疏学风的危害，尤其是面对明王朝日益复杂尖锐的民族矛盾、阶级矛盾，作为官方意识形态的理学、心学显得无能为力。于是思想文化领域出现了激烈的批判、矛盾与危机。正如张西堂先生所言：

> 明统绝祀，清以异族入主中国，当时学者，咸以神州沦亡之祸，由晚明学术空疏之故，亭林、梨洲、二曲持论皆如是也。其次攻击宋明理学尤力者，在南则有潘用微，在北则有颜习斋。用微直以宋明"理气之说，始于老庄""非吾圣人之旨，"故倡求仁之说以矫之；习斋则以读书静坐，"不啻砒霜鸩羽""误人才，败天下"，故倡习行之说以矫之。其实诸儒所论，皆立尠破多，其能自创一说以代之者，则惟有王夫之一人而已。①

这个时期的学者纷纷把国家民族覆灭之祸归责于晚明空疏学风，同时对宋明理学及心学给予了最为严厉的批判，认为二者害人误国。张西堂先生认为，学人们出于国破家亡的义愤对传统思想提出了许多诘难，但在具体的学术思想上表现出来的是破多立少，唯一能成一家之言的只有王夫之一人。

明末清初著名学者朱舜水曾这样指责：

---

① 张西堂：《王夫之学谱》，商务印书馆2015年影印本，第9页。

此以明室道学之祸，至于丧败国家也。①

顾亭林也说：

刘石乱华，本于清谈之流祸，人人知之；孰知今日之清谈，有甚于前代者？昔之清谈谈老庄，今之清谈谈孔孟。……以明心见性之空言，代修己治人之实学，股肱堕而万事荒，爪牙亡而四国乱，神州荡覆，宗社丘墟。②

黄梨洲亦云：

儒者之学经天纬地，而后世乃以语录为究竟，仅附答问一二条于伊洛门下，便厕儒者之列……一旦有大夫之忧，当报国之日，则蒙然张口，如坐云雾，世道以是潦倒。③

王夫之也曾批判：

王氏之学，一传而为王畿，再传而为李贽，无忌惮之教立，而廉耻丧，道贼兴，皆惟怠于明伦察物，而求逸获，故君父可以不恤，名义可以不顾，陆子静出而宋亡，共流祸一也。④

这就说明，这时，有一批忧国忧民的士人阶层，面对国运衰败的惨淡情景，试图从思想领域苦苦探索拯救之道。他们努力地摆脱僵死的官方正学的思想约束，并主动积极地开创了另一种学风，即经世致用的实学在逐渐地兴起。正如顾炎武所言，"盖自弘治、正德之际，

---

① 张西堂：《王夫之学谱》，商务印书馆2015年影印本，第22页。
② 同上书，第23页。
③ 同上。
④ （明）王夫之：《船山全书》第12册，邱麓书社2011年版，第371页。

天下之士，厌常喜新，风会之变已有所自来。而文成以绝世之资，倡起新说，鼓动海内"。① 这些经世致用的学人们反对空疏的心学和理学，反对八股取士。明清之际的黄宗羲、顾炎武、王夫之等更是从观照现实政治经济发展的实用的视角，展开了对经史子集的深入研究，试图从经典中、从历史经验教训中寻找到匡复明王朝的理论路径。同时考证之学风也在逐渐兴起，学人们站在了空疏学风的对立面，主张思想研究要服务于现实，主张从详尽的历史资料或者历史事实中提取精粹，并以此观照现实。考证之治学方法在学界引起了强烈的反响，不断有崇尚考证之学的学人出现，其中对王夫之影响很大的方以智（字密之）就把考究之学看作专业的学问，并认为与性命之学相对立。"考究之门虽卑，然非比性命可自悟，常理可守经而已。必博学积久，待征乃决。"方以智《通雅·凡例》对王夫之的影响很大。王夫之对自然科学的重视直接源于方以智的质测之学。他这样评价质测之学，说：

> 密翁与其公子为质测之学，诚学思兼致之实功。尽格物者，即物以穷理，惟质测为得之。若邵康节、蔡西山，则立一理以穷物，非格物也。②

王夫之对质测之学即物以穷理的考据方法大为赞同。他在这个新学风兴起的时代，接触到了许多新事物和新思想，视野也变得日益开阔，这也是其思想中许多进步因素的直接渊源。

王夫之经济伦理思想正是对明末清初这种复杂阶级关系、经济关

---

① （清）顾炎武著，黄汝成集释：《日知录集释》卷18《朱子晚年定论条》，上海古籍出版社1985年版，第1142页。
② （明）王夫之：《船山全书》第12册，岳麓书社2011年版，第633页。

系以及各种矛盾冲突的反映。明中叶以后，在新的阶级关系的基础上展开了对传统思想的批判运动，形成新与旧、传统与反传统的尖锐斗争。到明清之际，批判运动蔚为壮观，形成我国早期启蒙思潮。虽然传统思想仍有广阔市场，但新思想已经奠定了自己的基础。不断强化君主制的政治，资本主义生产关系的萌芽，新兴市民阶层日益壮大，理学空谈义理八股取士限制了思想自由的思想文化，由这些矛盾冲突构筑了一个艰难的时代课题即族类之存亡和生民之生死问题，就是王夫之经济伦理思想产生的客观现实土壤。王夫之直面时代课题，他严厉批判空疏学风，主动关注社会之实学；他剖时势，砭时政，"欲尽废古今虚妙之说而返之实"①，就是为了要救亡图存，救生民于水火，匡复明王室，复兴民族文化。

第二节 学术渊源

恩格斯在《社会主义从空想到科学的发展》中说道：同任何新的学说一样，社会主义必须首先从已有的思想材料出发，虽然它的根子深深扎在物质的经济的事实中。王夫之经济伦理思想亦深深扎根于传统文化的土壤之中，他的儿子王敔在《大行府君行述》里这样写道：

　　亡考慨明统之坠也，自正、嘉以降，世教早衰，因以发明正学为己事，效设难作折；尤其于二氏之书，入其藏而探之，所著有《老子衍》《相宗》《论赞》，以为如彼之说，而彼之非自见

---

① （明）王夫之：《船山全书》第16册。岳麓书社2011年版，第81页。

第一章 王夫之经济伦理思想形成的背景与渊源

也。山中时着道冠,歌渔鼓。又时藉浮屠往来,以与澹归大师、补山堂行者、药地极丸老人(方以智——引者注)、茹蘗和尚,相为唱和。至于守正道以屏邪说,则参伍于濂、洛、关、闽,以辟象山、阳明之谬,斥钱、王、罗、李之妄,作《思问录》内外篇,明人道以为实学,欲尽废古今虚妙之说而返之实。①

由此段叙述可以看出,王敔认为其父亲深受孔孟、老庄、浮屠、理学、心学等各派思想影响,并道明其父亲的学术之宗旨为"发明正学""尽废古今虚妙之说而返之实"。由此可见,王夫之思想是对传统诸家思想批判继承的结果,有其丰富的理论渊源。在这一点上学界均有共识。比如萧萐父先生认为,王夫之在学术上自辟蹊径,精研易理,熔铸老、庄,出入相、禅,扬弃程朱陆王而复归张载,推故至新,破块起蒙,别开生面。② 嵇文甫是 20 世纪最早研究王夫之思想并很有成绩的思想家,他评价船山学说在中国近古思想史上的地位时说:"宗师横渠,修正程朱,反对陆王。"③ 陈来先生亦认为,嵇文甫的"这个十二字的判断是很精当的"④。张岱年先生认为:"他自觉地继承了宋明理学家的唯物主义传统,并作进一步发展;他深刻地批判了程、朱、陆、王的唯心主义思想;他对程、朱的态度和对陆、王的态度又有所不同,他完全否定了陆、王学说,而对程、朱学说则既有批判又有所肯定。"⑤ 而侯外庐先生则说:"他的直接传统,在我看来,已经不是理学(发展了张载理学的进步成分)。……影响他的学

---

① (明)王夫之:《船山全书》第 16 册。岳麓书社 2011 年版,第 73 页。
② 同上书,第 1367 页。
③ 同上书,第 1028 页。
④ 陈来:《儒学正统的重建——王夫之思想的特质与定位》,《中国文化研究》2004 年第 6 期。
⑤ (明)王夫之:《船山全书》第 16 册,岳麓书社 2011 年版,第 1283 页。

说的人，实在不完全是张载；在方法论上是老庄与法相宗，在理论上是汉代的一位唯物主义者王充。"① 而蔡尚思先生认为："张载、王夫之基本上均是理学中人，而非与理学完全对立者。王夫之是基本肯定朱熹者，而非根本反对朱熹者；但也不是有些人的'专以集注为宗'，归宿于闽者。"②

从这些评论可以看出，关于王夫之思想的学术渊源，学界也存在着激烈的争论。事实上，王敔曾在《大行府君行述》（详见本书第 44 页）明确表述过其父的学术旨趣。作为儿子，且在临终前守在病榻前的王敔，应该是比较了解其父的学术渊源和学术旨趣的。因而，本书认为王敔的表述基本符合王夫之本人的著述旨趣、大体上符合王夫之本人的主张。王夫之能够在中国古代哲学史上构架起一座学术丰碑，绝不仅仅依靠于其遭遇的特殊时代和他本人顺应时代潮流投身的社会实践，更是因为从少年时代起，就广泛阅读中国传统文化经典以及各派学术思想，并对中国古代学术全面地梳理、批判和转化等"坐集千古之智"的结果，因而其经济伦理思想方面的成就亦是如此。下面分三个部分逐一梳理、分析王夫之经济伦理思想的学术渊源。

一 对传统儒家思想的承继与突破

（一）对孔孟"道义论"的承继创新

王敔在《行述》中说其父"以发明正学为己任"。为什么他要重新"发明"正学呢？因为"世教早衰"。明朝灭亡的惨烈经历使王夫之对当时的文化精神现象进行了痛彻心扉的反思。作为一介书生，王

---

① （明）王夫之：《船山全书》第 16 册，岳麓书社 2011 年版，第 1140 页。
② 同上书，第 1254—1255 页。

夫之首先想到的是社会的精神文化方面，他认为社会堕落、明朝灭亡的深层根源，是宋明理学、释老等空谈心性误国的结果，因此他要重建"正学"。在王夫之后来的各种论述中，可以看出，所谓正学即"儒学正统"，指"孔孟圣学"。嵇文甫在评价王夫之学术渊源时说，王夫之极力反对陆王，"以扶持道学的正统"①。在王夫之看来，宋明理学、心学都不是道学正统，因而他要以重建正统儒学为己任。可见，孔孟圣学思想对王夫之思想的影响是深刻的。我们知道，王夫之以张载为正学，而颜元曾明确地指出："惟横渠之志……教人以礼为孔孟正宗。"② 蔡尚思甚至认为："张载是尊孔重礼的复古派。王夫之对张载的礼学，不仅继承下来而且加以发展。……张载、王夫之的思想，都是一面坚持尊孔读经的礼教道统，一面又有不少的唯物论与辩证法。"③ 王夫之经济伦理思想的基本价值取向就是奠基于孔孟人性善基础上的道义论。下面试从三个方面予以论述。

第一，中国古代哲学思想的一个核心问题就是人性论问题，这是一切理论建构的逻辑基点。同样，人性论也是王夫之经济伦理思想的立论基础，而孔孟的人性论对以"扶持正统"为己任的王夫之影响是直接的、正面的。

孔子人性论的基本命题就是"性相近也，习相远也"④。在孔子的所有言论中，谈及人性的只有这么一句简朴的话，而且显得有些抽象，可蕴含的意味是深长的。孔子的这个简单而抽象的命题开启了中国思想史上关于"人性"研究的课题，并首次正确地认识到人自一开始就具有"相近"的人性，而这个相近的人性当然是指还没有打上任

---

① 嵇文甫：《王船山学术论丛》，中华书局1962年版，第121页。
② （明）王夫之：《船山全书》第16册，岳麓书社2011年版，第1254页。
③ 同上。
④ 《论语·阳货》。

何社会烙印的"自然人性"。在某种程度上，孔子排除了客观唯心主义者用"天"或者"神"来规定人性天生不同的任何可能性。孔子认为，人性本质上是相近的，但"习相远"，也就是说只是生活和实践的环境不同，才会导生出派生性人性即善或者恶，而"习"是人性派生善恶的中介。这说明两个问题：一方面，孔子肯定"人性可变"，人性不是僵死的而是变化发展的，人性的区别不在先天，而在后天的实践。另一方面，人性出现善恶变异的原因是后天的社会环境因素，生存的社会环境包括政治经济条件，能影响到人性的生成。同时，个人的日常修为和修养也会影响到人性的变化，这就说明人性善恶可以通过教化而达成。孔子关于人性命题的伟大深意，是王夫之论述人性"日生日成"观点的直接理论渊源。

孔子言明"人性相近"，"人性可变"，"人性受后天条件影响"等观点，但他并没有论述人性变的方向和变的程度。这个问题被孟子和荀子向两个对立面发展了。孟子提出了"性善论"（"孟子道性善，言必称尧舜"[1]），又说："人性之善也，犹水之就下也。人无有不善，水无有不下。"[2] 并且，孟子对人性善的内容作了具体的阐述："恻隐之心，人皆有之；羞恶之心，人皆有之；恭敬之心，人皆有之；是非之心，人皆有之。"很显然，孟子把人的社会属性当作人的本性，他认为人的社会属性不是由社会实践造成的，而是天生的，这四心是"非由外铄我，我固有之"。那么，孟子是如何解释人性恶的存在呢？曰："今夫水，搏而跃之，可使过颡；激而行之，可使在山。是岂水之性哉？其势则然也。人之可使为不善，其性亦犹是也。"[3] 孟子解释

---

[1] 《孟子·滕文公上》。
[2] 《孟子·告子上》。
[3] 《孟子·告子上》。

人性之所以有不善，是外力造成的。所以，孟子的人性论与孔子的不同；孔子认为人性相近，人性善恶的变化都是由外部环境造成的；而孟子则认为，人性善，恶才是外力造成。这一点直接影响到王夫之关于人性问题上的认识。王夫之说："继之者善也，成之者性也。"人性虽然是善的，却是在不断调和善与恶、阴与阳的基础上形成的平衡，人性可善可恶，关键在于外部环境，外部生存环境的好坏将直接影响到人性的善恶之嬗变。这种人性论直接影响到王夫之对民生的关注。

第二，孔孟的民生思想对王夫之的民生思想影响巨大。王夫之经济伦理思想一个重要特色，也是被很多学者称为具有"启蒙"或者"近代"特色的地方，就是他对民生问题关注的新动向，即"利民""富民""均天下"等观点与孔孟如出一辙。孔子与孟子均把民生问题放到了关系国家存亡的高度来关注的，王夫之亦是如此。

孔子强调，国家要减少对百姓生产活动的干扰，以保障百姓的正常生产活动，"道千乘之国，敬事而信，节用而爱人，使民以时"[①]。孟子更是强调国家要保障百姓拥有恒产。孟子有一段重要论述："无恒产而有恒心者，唯士为能。若民，则无恒产，因无恒心。苟无恒心，放辟邪侈无不为已。及陷于罪，然后从而刑之，是罔民也。焉有仁人在位罔民而可为也？是故明君制民之产，必使仰足以事父母，俯足以畜妻子，乐岁终身饱，凶年免于死亡；然后驱而之善，故民之从之也轻。"[②] 孟子认为，要保障百姓的恒产才能"驱而之善"，否则百姓便会作"恶"，祸害社会稳定。王夫之同样认为，明末农民起义是因为农民极端贫穷而致铤而走险。

孟子还对土地制度作出了有利于百姓的规划设想：

---

① 《论语·学而》。
② 《孟子·梁惠王上》。

> 五亩之宅，树之以桑，五十者可以衣帛矣。鸡豚狗彘之畜，无失其时，七十者可以食肉矣。百亩之田，勿夺其时，八口之家可以无饥矣。谨庠序之教，申之以孝悌之义，颁白者不负戴于道路矣。老者衣帛食肉，黎民不饥不寒，然而不王者，未之有也。①

这段话一方面表明孟子主张政府不要随意干扰农事，另一方面主张还土地于民，民自有养活自己的办法。而王夫之在论述经济运行时，也鲜明地反对政府的干预，提出"上之谋之不如其自谋"以及"人之未有不自谋其生者"等经济主张。

孔孟均主张藏富于民，这一点，王夫之也有近似论述。孔子曰"惠则足以使人"②，尽管孔子的这一惠民思想是从驾驭百姓的统治阶级视角立论的，但孔子毕竟比较早地关注到了民生问题以及民生对国家统治、社会稳定的巨大作用。孔子主张藏富于民，为了实现这个主张，他提出在赋税制度上要轻徭薄赋，"惠而不费""因民之所利而利之""择可劳而劳之"。③ 孟子则有直接的关于减免赋税的言论：

> 易其田畴，薄其税敛，民可使富也。食之以时，用之以礼，财不可胜用也。民非水火不生活，昏暮叩人之门户求水火，无弗与者，至足矣。圣人治天下，使有菽粟如水火。菽粟如水火，而民焉有不仁者乎？④

孟子认为圣人治理天下，应该让百姓种好地，减轻赋税，就能够使老百姓富裕起来，按时节、礼节等使用食物，财物就会用

---

① 《孟子·梁惠王上》。
② 《论语·阳货》。
③ 《论语·尧曰》。
④ 《孟子·尽心上》。

不完了。百姓没有水和火就无法生活，晚上敲门向被人求水与火，没有人不给的，因为家家都有足够的水与火。圣人治理天下，要使得百姓有粮食如同有水火一样充足，就不会有不仁义的百姓了。

孔子主张民富才能国强，"百姓足，君孰与不足？百姓不足，君孰与足？"①民生问题是国家长治久安的关键。王夫之"国以民为本，有民而后国可为""养民以田""劝农以均贫富之善术，利在久长而民皆自得"等民生思想均直接渊源于孔孟之学，并有新的创见。

另外，为了保障民生，孔孟皆主张统治者实行仁政，指出为"王之道"："王如施仁政于民，省刑罚，薄税敛，深耕易耨；壮者以暇日修其孝悌忠信，入以事其父兄，出以事其长上，可使制梃以挞秦楚之坚甲利兵矣"②"仁政，必自经界始。经界不正，井地不钧，谷禄不平，是故暴君污吏必慢其经界。经界既正，分田制禄可坐而定。"③主张在不触动统治阶级固有的秩序基础上，通过统治阶级自上而下的改良来实现民生的幻想，也直接被王夫之继承下来。王夫之提出的一系列经济改革主张，均未触动到当时的封建统治的根本，主张在封建专制的框架内进行改革。

第三，王夫之的义利观是对孔孟义利观的继承与发展。自先秦诸子以来，义利之辨始终是经济伦理思想的核心。孔子把求义还是求利作为区分君子人格和小人人格的标志，但孔子对待义与利的态度颇具辩证色彩。他反对利，并不是一般意义上反对利，而是反对"放于利

---

① 《论语·颜渊》。
② 《孟子·梁惠王上》。
③ 《孟子·滕文公上》。

而行",反对"喻于利"。① 孔子只是反对把利当前重要的价值取向而置义于不顾。主张以义作为重要的价值取向,但并不反对谋利;主张以义谋利,"不义而富且贵,于我如浮云"②。见利思义,"今之成人者何必然。见利思义"③。忽视小利,短期利益,谋取长远利益:"无欲速,无见小利,欲速则不达,见小利则大事不成。"④

孟子的义利观是对孔子的继承和发展。孟子曰:"王!何必曰利?亦有仁义而已矣。"孟子反对利也不是一般化地反对利,并没有把利与义绝对对立,只是反对统治者和士人们"孳孳为利者"⑤,反对"上下交征利"⑥,"为人臣者怀利以事其君,为人子者怀利以事其父,为人弟者怀利以事其兄,是君臣、父子、兄弟终去仁义,怀利以相接,然而不亡者,未之有也。"⑦ 这样"后义而先利"会导致"国危"。孟子反对一心谋取眼前利益和短期利益,而主张行仁义以谋取长远利益,"为人臣者怀仁义以事其君,为人子者怀仁义以事其父,为人弟者怀仁义以事其兄,是君臣、父子,兄弟去利,怀仁义以相接也,然而不王者,未之有也。何必曰利?"⑧ 这个长远利益便是"王天下"。孟子明确提出,利是人的自然欲求,只是当所谋之利与应当遵守的义发生冲突的时候,要舍利取义,故曰:"鱼,我所欲也,熊掌亦我所欲也;二者不可得兼,舍鱼而取熊掌者也。生亦我所欲也,义亦我所欲也;二者不可得兼,舍生而取义者也。"⑨

---

① 《论语·里仁》。
② 《论语·述而》。
③ 《论语·宪问》。
④ 《论语·子路》。
⑤ 《孟子·尽心上》。
⑥ 《孟子·梁惠王上》。
⑦ 《孟子·告子下》。
⑧ 《孟子·告子下》。
⑨ 《孟子·告子上》。

以上论述可见，孔孟对义利的论证是比较辩证的，但总体上说来，更强调义的一面，而对利的重视却是更隐晦的。孔孟的义利观直接被王夫之奉为圣学，他在评价孔子的义利观时说："夫子言义，义在而委之，利亦委之矣。故义者，利之合也。知义者，知合而已矣。"① 由这段评述可见，王夫之接受并正确诠释了孔孟的义利观，在此基础上，他还进一步对孔孟的义利观作了发展，即从公私之辨角度对义的含义作了三个层次的解读。

(二) 张载"太虚即气"的宇宙论对王夫之"注重实学"思想的影响

论及张载对王夫之学术思想的影响，学界普遍持肯定态度，这主要源于王夫之非常直接明了的表述。王夫之自撰的墓志铭就明确用"希张横渠之正学而力不能企"来表明自己的学术志向。"谓张子之学切实高明，《正蒙》一书，人莫能读，因详释其义，与《思问录》内外编互相发明。"② 清朝长沙翰林余廷灿[乾隆二十六年（1761）进士]，他在《王夫之先生传》中录用了王夫之在《张子正蒙注》中这样一段话，表明王夫之的学脉源自张载：

> 张子之学，上承孔孟之志，下救来兹之失，如皎日丽天，无幽不烛，圣人复起，未有能易焉者也。……使张子之学晓然大明，以正童蒙之志于始，则浮屠生死之狂惑不折而自摧，陆子静、王伯安之蕞然者，亦恶能傲君子以所独知，而为浮屠作率兽食人之伥乎？……张子言无非易，立天立地立人，反经研几，精

---

① （明）王夫之：《船山全书》第5册，岳麓书社2011年版，第268页。
② 同上书，第74页。

义存神，以纲维三才，贞生而安死。则往圣之传，非张子其孰与归？是故正蒙者，匠者之绳墨者，射者之彀率也。虽力之未逮，养之未熟，见为登天之难，不可企及，而志于是则可正焉；不志于是，未有能至者也。养蒙以是为圣功之所自定，而邪说之淫蛊不足以乱之矣，故曰：正蒙也。①

《国史·儒林传》中也说船山："神契张载正蒙之说，演为《思问录》内外二篇。"②《清史列传·王夫之》云："其学深博无涯矣，以汉儒为门户，以宋五子为堂奥。所作《大学衍》《中庸衍》，皆力辟致良知之说，以羽翼朱子。而于《正蒙》一书，尤有神契，精绎而畅衍之，为《正蒙注》九卷，《思问录》内外篇各一卷，以为张子之学，上承孔孟之志，下救来兹之失，如皎日丽天，无幽不烛。"③

而王夫之之所以以横渠之学为旨归，仍然在于"张子之学……论、孟之要归也"④。王夫之曾这样评价横渠之学：

横渠学问思辨之功，古今无两，其言物理也，特精于诸老先生，而曰"想孔子也大段辛苦来"，可谓片言居要。然则所言"生而知之者"，其言"知之"，随指所知之一端，而非无所不通之谓。其言"生"，则如其性之所发，已乐与其所欲知者而相取，于色用明，于声用听于事物之几一致其心思，早已符合深至而无所蔽。⑤

王夫之认为张横渠学问思辨之功，古今无两。从这段评价，可见

---

① （明）王夫之：《船山全书》第16册，岳麓书社2011年版，第94页。
② 同上书，第96页。
③ 同上书，第99页。
④ （明）王夫之：《船山全书》第12册，岳麓书社2011年版，第12页。
⑤ （明）王夫之：《船山全书》第6册，岳麓书社2011年版，第853页。

张横渠对夫之的影响匪浅。那么，张载对王夫之的影响在众多的影响因素中到底处于什么地位呢？关于这个问题，学界又颇有争论。有学者把王夫之划入张载一派，也有学者认为王夫之也是关、闽、濂、洛等道学家之一员，只是王夫之在梳理这四个学派时，目的是想要重建儒学正统，他发现只有张载比较符合正统儒学传统。所以，他以张载为媒介是想要重建儒学正统，回归并超越孔孟圣学，并不是真正想回归张载。谭嗣同有云："黄（宗羲）出陆王，陆王将缵庄之仿佛；王（夫之）出周张，周张亦缀孟之坠遗。"嵇文甫认为，虽然王夫之和张载在学术思想渊源上实际上均属于道学家，在为学上王夫之不同于正统的道学，他把朱、王两家都撇开，而另走横渠"知礼成性，变化气质道路"①。冯友兰先生于1958年10月23日在《人民日报》发表的《关于中国哲学史研究的两个问题》一文中指出："夫之撇开了程朱，直接继承了张载。"而侯外庐则认为，张载不是船山学的直接传统，从方法论上说，继承的是老庄与法相宗，从理论上说，直接渊源于汉代学者王充。但不管怎样论说，只要细读王夫之的论著就不难发现，张载对王夫之思想的影响是客观存在的。

王夫之在专著《张子正蒙注》的序言中说：

> 张子之学，上承孔、孟之志。下救来兹之失，如皎日丽天，无幽不烛，圣人复起，未有能易焉者也。②
> ……
> 张子言无非易，立天，立地，立人，反经研几，精义存神，以纲维三才，贞生而安死，则往圣之传，非张子其谁与归！呜

---

① 嵇文甫：《王船山学术论丛》，中华书局1962年版，第34页。
② （明）王夫之：《船山全书》第12册，岳麓书社2011年版，第11页。

呼，孟子之功不在禹下，张子之功又岂非疏瀹水之岐流，引万派而归墟，使斯人去昏垫而履平康之坦道哉！是匠者之绳墨也，射者之彀率也，虽力之未逮，养之未熟，见为登天之难不可企及，而志于是则可至焉，不志于是未有能至者也。①

从这段话可以得知，王夫之奉横渠之学为道统正传，推崇备至。张载思想中强烈的人本主义意识深刻地影响着王夫之。张载对人的非理性因素和人自身价值的关注正好契合了王夫之反道学禁欲主义的人本思想。具体说来，张载对王夫之的影响主要体现在世界观和方法论两个方面。

王夫之对张载"太虚即气"以及朴素辩证法的继承和创新，不在于宇宙论目的，而在于伦理的目的。张载在批判佛老的过程中，提出"气即实有"本体论观点。佛氏认为客观世界都是虚幻的，老子认为有生于无，也是从一个侧面否定了世界的实有性。为与浮屠、老子辩，张载立气破空，提出"太虚即气"的观点，赋予太虚本体论意义，这是张载对理学的一个重大贡献。在张载这里，太虚与气只是存在的形态不同，"知虚空即气，则有无、隐显、神化、性命通一无二，顾聚散、出入、形不形，能推本所从来，则深于《易》者也"②。由此可见，气的聚散、隐现等不同的形态都是"实有"，都是客观存在的。所以所谓的虚空。便是充满了无形、隐的气之虚空，可见，虚空即气，从而批判和否定了佛老视"虚"为"虚无"之说，从本体上规定了气之实有性。王夫子继承了张载的"太虚即气"的观点，明确提出了"凡虚空皆气也"③，认为"太虚"是一种连续性存在，即

---

① （明）王夫之：《船山全书》第 12 册，岳麓书社 2011 年版，第 12—13 页。
② 同上书，第 23 页。
③ 同上。

"弥沦无涯""充周无间"的本体之气，离开"气"之虚空根本不存在。同时，张载认为之所以会产生有与无等诸种存在形态，在于太虚之气不停运动的结果，而这个运动的根源是其内部相互对立的矛盾双方。这是张载气化理论上的光辉点，能从事物内部而不是从外部寻找事物运动变化的原因。张载进一步认为气的运动是有规律的，并对气与事物运动的规律性作了论述，即深入论述了"理气""道器"关系。他说："由气化有道之名。"并对"道"与气的关系作了概括，他说："神，天德；化，天道。德其体，道其用，一于气而已。"万物生息繁衍，四时运转流徙，都遵循着一定的规则即"道"，但"道"离不开气，即规律离不开气实体，道从属于气。张载的太虚即气的实有论以及理气相依、理依于气的理气论对王夫之的理气合一、理势合一的宇宙观，有重大影响。理气合一、理势合一始终是王夫之在展开社会经济问题讨论时遵循的原则，即不专注于虚妄的形而上学的构建，而是始终把社会现实生活中的经济现象作为研究的基点、对象，极力主张遵循现实经济生产、生活固有之规律，以发展社会经济，提高人民生活水平。任继愈先生认为，王夫之弘扬了张载的唯物主义思想，高扬了他反对佛老的战斗精神，同时在很大程度上克服了张载思想中的唯心主义杂质。因而，他继承了张载，又大大超越了张载。王夫之在"太虚即气"的唯物主义宇宙论下，或多或少地发现了人民群众的积极作用，并在经济制度的改革设想上把"生民之生死"作为一个极为重要的价值关怀。

（三）朱熹经济思想对王夫之的影响

王夫之对朱子之学的态度有些复杂。王夫之早期代表作《读四书大全说》《四书训义》及《礼记章句》中对朱子思想既有尊重录用，亦有否定批判，特别是对朱熹的《中庸章句》和《大学章句》的完全录用，显示王夫之对于朱熹极力推崇的一面。事实上，王夫之也认识到自己与程朱的分歧主要是哲学上、理论上的，对此，他认为最多也是道学内部的理论争议，因此，王夫之并不全部地批判朱子本人之学，主要针对的是"朱门后学"。但王夫之并不视朱子后学为"邪说"，只是不满意其流于考证训诂等不务"正业"的事情上。因此在朱熹和王阳明两者之间，王夫之在理论上更与朱熹趋近，这是大多数学者公认的。嵇文甫认为，王夫之对待朱程的态度是"修正程朱"①。笔者认为，王夫之对程朱的修正主要是理本论以及理在气先的本体论方面，而朱熹的政治经济思想对王夫之的影响则是正面的。朱熹经济思想对王夫之的影响主要体现在以下三个方面。

第一，朱熹的天理人欲观对王夫之有重要影响。这里需要厘清的问题是，世人对朱熹理欲观的错误认知，即认为朱熹推崇这样的言论："圣人千言万语，只是教人明天理，灭人欲"②，"人之一心，天理存则人欲亡，人欲胜则天理灭"③。世人基本理解为朱熹把天理与人欲完全对立起来，强调理对欲得绝对优先地位，甚至达到了完全否定人欲之正当利益需要。实际上，如果仔细阅读朱熹的论著并辩证分析，可以看到，朱熹从来没有表达过对"人欲"的绝对否定之思想。他也曾说过："古圣贤之言治，必以仁义为先，而不以功利为急。"④朱熹并不完全否定人欲之功利，而只是主张不以"功利"为急。笔者认为这样的观点在任何时代都是可以借鉴的。又如，他也主张进行经

---

① 嵇文甫：《王船山学术论丛》，中华书局1962年版，第109页。
② （宋）黎靖德：《朱子语类》，中华书局2004年版，第207页。
③ 同上书，第234页。
④ （宋）朱熹：《朱熹集》，四川教育出版社1996年版，第3935页。

济改革，而改革的目的就是要"为民兴利而除害"，要"富国强兵之类。"① 由此可见，朱熹关于人欲天理的认识是辩证的而不是片面极端的，只不过他深刻地认识到了人之道德理性与经济理性之间存在现实的张力，并试图通过强化"理"之道德意识来实现对"人欲"的引导、制约，希望人们谋取利益之时，始终不要忘了道义。为此，朱熹在财富的取得、分配和消费上都主张用道义进行约束，他说："循天理，则不求利而自无不利；殉人欲，则求利未得而已随之。"② 由此可见，朱熹的不求利是以得利为目的的，并没有排斥利的获取，他深知认同人欲之常情："欲富贵而恶贫贱，人之常情，君子小人未尝不同"③。而关键在于要辩证看待道义与功利的关系，"以非义而得富贵而不处，不幸而得贫贱则不去耳"④。朱熹任浙东茶盐公事时曾六次上书弹劾台州知府唐仲友剥民以自肥的恶行，鲜明地表明了他的价值取向。另外，封建社会的主要财富是土地，朱熹指出要以"仁"作为分封土地的原则，孟子说"夫仁政，必自经界始"。朱熹在注解时说：

> 经界，谓治地分田，经画其沟涂封植之界也。此法不修，则田无定分，而豪强得以兼并，故井地有不均，赋无定法，而贪暴得以多取，故谷禄有不平。此欲行仁政者之所以必从此始，而暴君污吏，则必欲慢而废之也。⑤

朱熹试图通过实行仁政来实现土地的平均分配，以防止豪强巧取豪夺。由以上论述可见，朱熹思想里面包含有深厚的改善民生、缓和

---

① （宋）朱熹：《四书集注》，上海古籍出版社2006年版，第264页。
② 同上。
③ 钱穆：《宋代理学三书随劄》，生活·读书·新知三联书店2002年版，第22页。
④ 同上。
⑤ （宋）朱熹：《四书集注》，上海古籍出版社2006年版，第328页。

阶级矛盾之思想。这一思想被王夫之继承，只是他纠正了朱熹过于强化道义的思想趋势，并对朱熹的正经界以均田的做法提出质疑，认为不可行，且无法抑制土地兼并。

第二，王夫之关于农商本末的观点也受朱熹足食为先的本末论影响。查阅春秋之前的文献，轻视工商业的观点较为鲜见，"贱商"应该是战国之后的思想潮流。据文字记载，较早地有"贱商"言论的应该是孟子，孟子骂商人为"贱丈夫"；商鞅更是把抑制工商业作为其基本经济政策；韩非则称农为本，工商为末；西汉贤良文学派更是承继传统重本轻末思想来打击桑弘羊的重商主义。此后，重本轻末便成为中国传统经济基本战略。朱熹继承了汉儒之思想，在农商关系问题上基本主张重农，其重农的理由是"生民之本，足食为先，是以国家务农重谷，使凡州县守皆以劝农为职"，"民生之本在食，足食之本在农，此自然之理也"。[①] 但是，他并不完全否定商业，甚至颇为前瞻性地看到了商业存在之价值，"生意何尝息，本虽凋零，生意则长存"[②]。这表明他对商业已经有了一定的重视，其中已经萌生了对商业经济存在正价值的理性思考，这正是王夫之对待农商关系辩证认识的直接来源。

第三，在消费方面，朱熹主张"俭奢适中"。他强调：侈用则伤财，伤财必至于害民，故爱民必先于节用，但又强调"饥而欲食，渴而欲饮，则此欲岂能无"。朱熹强调的是"中"，不过奢，也不过俭，尤其强调"过奢"是"大害"，因为它会动摇社会的根基，危害社会的稳定。朱熹的消费标准是奢不违礼、俭不适中，这种思想与王夫之的俭奢有度的消费观如出一辙。

---

① （宋）朱熹：《晦庵先生朱文公文集》，四部丛刊初编本1934年版，第100页。
② 钱穆：《朱子新学案》，巴蜀书社1986年版，第246页。

（四）王阳明以及泰州学派经济思想对王夫之的影响

王夫之对于陆王之学的责难是一贯而明确的，与朱熹的分歧不同，他把自己学术思想与陆王的分歧看作"正学"与"邪说"的分歧。然而，根据《张子正蒙注》序论里的记载，王夫之对王阳明的排斥，主要是因为他"阳儒阴释"，也就是阳明与"浮屠邪说"相同的地方，如对阳明的心本论宇宙观部分，王夫之就是极其批判的。但对于阳明学有些方面，他并未表现出排斥。侯外庐先生认为，王夫之对王阳明的整体态度是"肯定式的扬弃"[①]，笔者认为有一定道理。

王阳明作为宋明道学家心学一门，他比较吸人眼球的理论，就是他的"心外无物""心外无学"的心本论。也正因为此，许多人误认为王阳明只会空谈性理，不食人间烟火，在中国经济思想史上，亦鲜有对王阳明经济思想的记载。众所周知，王阳明不仅是个理论家，而且是一个优秀的实践家，极具"经世之才"。他为平定农民起义和统治阶级内讧，曾经亲自带兵打仗。在当时看来，他在管辖区域内的政治、经济和文化等方面均颇有建树，为此他甚至得到过嘉靖皇帝的赞赏。他曾处理过一些经济问题，因而也有对一些经济问题的详细论述。下面从两个方面论述。

第一，王阳明重视商业的发展。西汉以来，中国封建社会对待农商的价值取向基本上是重农抑商的；宋元以后，随着经济的发展，商业自然地开始繁荣起来，而商人的社会地位也开始上升，特别是明中后期，自上而下开始有了一些重商的意识，而在这个过程中，王阳明商业思想就起过很重要的作用。王阳明对商业曾做过比较公正的定

[①] （明）王夫之：《船山全书》第 16 册，岳麓书社 2011 年版，第 1139 页。

位，他认为古代士农工商这四个职业虽然作用不同，但都是社会必不可缺的职业："古者四民异业而同道，其尽心焉，一也。士以修治，农以具养，工以利器，商以通货，各就其资之所近，力之所及者而业焉，以求尽其心。其归要在于有益于生人之道，则一而已。士农以其尽心于修治具养者，而利器通货，犹其士与农也；工商以其尽心于利器通货者，而修治具养，犹其工与商也。故曰：四民异业而同道。"①四个职业的差别仅仅在于分工的不同，四民没有高低贵贱之分，这在当时已经是极为先进的观点了。在王阳明这里，商人的地位被几乎抬高到与农业一样的地位，明确地批判了传统道学家重农轻商的落后观点。认为经商（治生）也是圣学中事，王阳明在与弟子的对话中明确地表达了这一思想。"许鲁斋言学者以治生为首务，先生以为误人，何也？岂士之贫，可坐守不经营耶？"先生曰：

> 但言学者治生上，仅有工夫则可。若以治生为首务，使学者汲汲营利，断不可也。且天下首务，孰有急于讲学耶？虽治生亦是讲学中事。但不可以之为首务，徒启营利之心。果能于此处调停得心体无累，虽终日做买卖，不害其为圣为贤。何妨于学？学何贰于治生？②

阳明不反对学者治生，认为治生亦是圣学中事，终日做买卖但不汲汲营利的人一样可以成为圣人。同时，他还对商人的辛劳表现出了感同身受的同情，"照得商人比诸农夫固为逐末，然其终岁弃离家室，辛苦道途，以营什一之利，良亦可悯！但因南赣军资无所措备，未免

---

① （明）王守仁：《王阳明全集·节庵公墓表》，上海古籍出版社1992年版，第941页。
② （明）王守仁：《王阳明全集·传习录·拾遗五十一条》，上海古籍出版社1992年版，第1171页。

加赋于民，不得已而为此，本亦宽恤贫民之意。奈何奉行官吏，不能防禁奸弊，以致牙行桥子之属，骚扰客商，求以宽民，反以困商，商独非吾民乎？"①阳明严厉指责种种骚扰商人的事情，一句"商独非吾民乎？"将他对商人的情感表现到极致。从阳明对待商人的态度可见他并不真正的空谈心性，而是追求经世致用的，他与传统的程朱是有本质区别的。这种经世致用的实学精神，相对于传统道学，已经有了很大程度的创新和突破。王夫之对王阳明的学说十分熟悉，阳明对商人的情感深深影响到王夫之对待商业及商人的态度，只不过，他并不是像阳明那样从情感论的角度，而是从理性和实践二重角度分析商业和商人的地位。因此，在王夫之对待商人的观点里，既有对阳明的继承，表达了商业的重要性和商人对社会发展的积极作用，但也辩证地看到了商人的奢华及其对封建权力的腐蚀等负面影响，因而也有对阳明思想更加辩证的修正。

第二，王阳明民生思想对王夫之的影响较为深刻。王阳明认为，作为老百姓，纳粮、当差是天经地义的事情，但是当百姓遭到战乱或者自然灾害时候，政府应该体恤民情。他十分同情受苦的百姓：

> 若使民间尚有可征之粟，必不得已，剜剥而取之，忍心者尚或能办也。而民之疮痍已极矣，实无可输之物矣，别夫离妇，弃子鬻女，有耳者不忍闻，有目者不忍睹也。②

他认为这样残酷剥夺民众，是"背信而行，势已不顺"，会导致民众反抗，危及国家稳定。"民者邦之本，邦本一摇，虽有粟，吾得

---

① （明）王守仁：《王阳明全集·知行录》，红旗出版社1996年版，第192页。
② （明）王守仁：《王阳明全集·征收秋粮稽迟待罪疏》，上海古籍出版社1992年版，第1474页。

而食诸？伏望皇上轸念地方涂炭之余，小民困苦已极，思邦本之当固，虑祸变之可忧。"① 尽管如此，但王阳明忠君意识往往更强于爱民意识，而且对于百姓的"爱"也仅仅限于情感上，他未曾拿出或者根本不愿拿出实实在在地改善民生的政策。从某种程度上讲，王夫之对民众力量深刻认识，对"生民之生死"的关注与王阳明如出一辙，而且都希望在封建专制既有的框架内，通过统治者的良心发现，自愿制定有利于民生的经济政策。虽然这是不可行的，但对于道学家来说，已经是一个重要的突破。不同点在于，王夫之有比王阳明更为辩证、更为广阔的义利观，他从公与私的角度，对义与利作了新的诠释，因而他反对"忠一姓之君"。从这个视角看，王夫之的民生主张比阳明更为激进，天下非一姓之天下，只要是利天下的事，哪怕忤逆现世之君也要做，所以王夫之不同意王阳明为了忠君而牺牲民众利益的做法。

另外，阳明后学泰州学派的思想对王夫之影响也较大。随着商品经济不可阻挡的繁荣趋势，自16世纪始，在经济思想领域出现了与传统思想相对立的所谓异端思想，明朝中后期的泰州学派以及东林学派等均属于这种"异端"。虽说是异端，但事实上，仍然是传统道学内部学派的分歧。它不是一种倒退现象，体现的恰恰是传统道学自我批判与发展能力的增长。传统道学内部出现的异端，往往均有对旧封建思想不可调和的反抗，这种反抗实际上掀起了思想界具有一定启蒙意义之思想的发轫。

有学者认为，中国历史上真正具有启蒙特色的学派当属泰州学派，王守仁的心学是其思想的主流，强调人的主观作用，尤其强调解

---

① （明）王守仁：《王阳明全集·乞宽免税粮急救民困以弭灾变疏》，上海古籍出版社1992年版，第428页。

放人性，是明朝后期引领思想解放的旗手，其创始人是明代哲学家王艮［人称王泰州（1483—1541）］、李卓吾（1527—1602）等。

泰州学派代表人物王艮、李贽之"异端"思想，主要体现在其反传统的新社会经济思想方面。比如在土地问题上，王艮认为：

> 裂土封疆，王者之作也。均分草荡，裂土之事也。其事体虽有大小之殊，而于经界受业则一也。故均分草荡，必先定经界。①

这是主张"必先定经界""均分草荡"。王艮主张的"均"是绝对的"平均主义"，并且力求保证土地私有权："着落本总本区头立定界墩明白，实受其业。后遇逃亡事故，随粟承业，虽千万年之久，再无紊乱矣。"王艮强调使人们能千万年随票承业，说明他所谓的定经界与张载"正经界"的目的有绝大的区别。张载的正经界是为了保持井田区划的完整，以便不时地分配给不同的人。而王艮是通过定经界以确定土地的绝对私有权，并且是世世代代永不改变的私有权。王夫之对宋明理学以及各派均很熟悉，前面已经讲过，他的很多思想都是在对前人思想的批判继承中产生的，他批判过的思想自然也对他自己思想的形成有深远影响。王艮的均分草荡的思想影响体现在，王夫之也主张均天下，但是他批判了王艮的绝对平均思想，认为均自有不均者；王夫之也主张土地私有，但并不主张千万代私有权不变。

泰州学派的另一位人物李贽则公开以异端自居，将泰州学派所谓的"百姓日用之学"更明确地与人们的物质经济生活联系起来，指出："穿衣吃饭，即是人伦物理。除却穿衣吃饭，无人伦物理矣。世间种种，皆衣与饭类耳。"同时，李贽对富国、富人也是极其赞颂的：

---

① （明）王艮：《王心斋先生遗集》卷二"均分草荡"清宣统二年袁承业刻本。

> 天与以致富之才，又借以致富之势，畀以强忍之力，赋以趋时之识，如陶朱、猗顿辈，程郑、卓王孙辈，亦天与之以富厚之资也。是亦天也，非人也。若非天之所与，则一邑之内，谁不欲求富贵者，而独此一两人也耶。①

李贽认为，工商富人发财致富均是天意，他把那些由于生产条件好而发展起来的工商富人说成因天赋即才、势、力、识，是"天与之富厚之资"。这是为工商富贾做的辩护。他甚至极端地认为众暴寡、强凌弱也是可以的：

> 夫栽培倾覆，天必因材，而况乎人乎？强弱众寡，其材定矣。强者弱之归，不归必并之；众者寡之附，不附必吞之。此天道也。虽圣人其能违天乎哉？②

由此可见，李卓吾认为强凌弱、众暴寡也是合乎自然规律的。一方面他极力为工商富人作合乎大道的辩护，但另一方面，他又主张那些不顾忌国家利益之富商要通过加征赋税的方式予以遏制。另外，在私有财产方面，李贽则为私有财产的存在进行了较为严密的理论论证，认为私心和私有制是激发人的进取心、主动性、推动社会经济向前发展的必然力量。纵观王夫之的论著，可知他对李贽的思想应该是持反对、厌恶态度的，如以下言论可以佐证："而李贽《藏书》，为害尤烈，有志者勿惑焉，斯可与于博文之学""若近世李贽、钟惺之流，导天下于邪淫，以酿中夏衣冠之祸，岂非逾于洪水、烈于猛兽者乎？"③ 王夫之认为李贽的思想任其发展必然引起大

---

① 张建业主编：《李贽文集》，社会科学文献出版社2000年版，第357页。
② 同上书，第375页。
③ （明）王夫之：《船山全书》第10册，岳麓书社2011年版，第118页。

祸，因而要进行纠偏。

但仔细查阅王夫之批判李贽的言论，可以看出，他执着反对的是，李贽过于倡导追求事功，而导致仁义不用。"贽为郡守，恣其贪暴，凌轹士民，故滇人切齿恨之。贽受法于龙溪。龙溪之告唐应德曰：他人以戒定慧治贪嗔痴，公当以贪嗔痴治戒定慧。"① 他首先指责李贽教导人们贪嗔痴而无所忌讳："以贪嗔痴治戒定慧，惑世诬民；李贽益其邪焰，奖谯周、冯道而诋毁方正之士。"② 其次是指责李贽治商上的"朝三暮四"，无有定法。"论史者之奖权谋、堕信义，自苏洵氏而淫辞逞。近有李贽者，益鼓其狂澜而惑民倍烈。谏则滑稽也，治则朝四暮三也，谋则阳与阴取也。"王夫之严厉地批评了李贽的事功主义。我们知道，李贽的代表作有《焚书》《续焚书》《藏书》等，对传统的农商本末观进行了激烈的批判，对商人的社会作用给予了前所未有的肯定，提倡重视社会功利价值，而这些主张契合明朝中后期资本主义萌芽发展要求。但王夫之辩证地看到了李贽这种反传统的思想走到极端可能给社会带来的伤害，他要进行纠偏。王夫之也把功利放在重要位置，也看到发展商业的重要性，但他更为深刻地认识到，当人们谋取功利时，不能伤害基本的道义，这是李贽极端言论里所欠缺的。

> 夫君子之道，成则利及天下，不成而不自失。其谏也，用则居其位，不用则去之。又不然，则延颈以受暴君之刃而已，无可谪也。其定乱也，可为则为，直词正色以卫社稷，不济，则以身殉而已。死者，义也；死不死，命也；有命自天，而俟之以义，人之所助，天之所祐。③

---

① （明）王夫之：《船山全书》第12册，岳麓书社2011年版，第623页。
② 同上书，第642页。
③ （明）王夫之：《船山全书》第10册，岳麓书社2011年版，第525页。

这段话是说，君子之道应该遵循如下道义准则：成则惠及天下，不成也不失去自我；君子谏言一定是居其位谋其事；遇到国乱、国难，能有所作为则尽力作为以保社稷安全，如果不能有所作为，则以身殉国。君子行事，要始终依道义而行，这样才能得到天道的护佑。

（五）东林学派经济思想对王夫之的影响

嵇文甫认为，在宋明理学的思想中，王夫之也受到东林学派思想的影响，"他极推尊泾阳，称东林卫道之功，他对高景逸和东林其他许多人物都有称赏。当早年时候，船山曾受知于高汇旃（景逸的儿子）……可知船山不仅在学风上砥砺节行，反对王学，和东林派气味很近，而且实在有渊源的关系。"①

东林学派在中国16—17世纪的反封建斗争中曾起过非常重要的作用。其中许多主要人物出身于江南财富丰厚的市民家庭，如顾宪成（1550—1612）的父亲就是商人，高攀龙（1562—1626）家庭也是世代经商，所以东林党人言论的基本价值取向，是代表市民阶层利益，反封建专制压迫。首先，东林党人就曾极其反对严重阻碍工商业经济发展的矿监税使的盘剥制度。其次，在关于贫富两极分化的问题上，东林学派主张贫富两便，"不使富者因贫者而倾家，斯为两便"。要求恤贫民而不累富民，特别强调不累富民，尤其主张减税以惠商。这些言论其实早已在两宋以来的许多思想家的言论中可以见到，并不算东林派的创见，但东林学派的观点可能更具有市民阶级的气息。对于十分熟悉东林学派观点，且在前期对之大加赞赏的王夫之，其经济思想

---

① 嵇文甫：《王船山学术论丛》，中华书局1962年版，第39页。

不能不受东林学派的影响。比如，王夫之对赋税制度的改革愿望，对商业发展的保护愿景都或多或少的受其影响。

二 对佛老方法论的批判与吸收

王夫之之学同样也是从与各种所谓异学论争中产生出来的。王夫之父亲曾经和当时一位佛家大师憨山辩论过，可知他辟佛颇有家学渊源。他力辟王学、老庄之学，也是因为它近乎禅。

王敔说，

> 自正嘉以降，世教早衰，因以发明正学为己事，效设难作折，尤其于二氏之书，入其藏而探之，所著有《老子衍》《相宗》《论赞》，以为如彼之说，而彼之非自见也。①

根据马克思主义辩证法原理，既然"于二氏之书，入其藏而探之"，那么批判的同时，则必定有所吸收。

王夫之批判佛老，主要是批判佛老虚无主义的宇宙论，即佛老的"虚无之旨，贻害于天下国家"②。比如，他说："释氏以有为幻，以无为实，唯心唯识之说，抑矛盾自攻而不足以立。于是诡其词曰：空我执而无能，空法执而无所。"③ 王夫之依据张载的"太虚即气"思想，批评老庄陷于"无""虚""幽"的虚幻境界：

> 明有所以为明，幽有所以为幽；其在幽者耳目见闻之力穷，而非理气之本无也。老庄之徒，于所不能见闻而决言之曰无，陋甚矣。④

---

① （明）王夫之：《船山全书》第16册，岳麓书社2011年版，第1047页。
② 张西堂：《王夫之学谱》，商务印书馆2015年影印本，第9页。
③ （明）王夫之：《船山全书》第2册，岳麓书社2011年版，第377页。
④ （明）王夫之：《船山全书》第12册，岳麓书社2011年版，第272页。

鬼神者，气之往来屈伸者也……所以辟释氏幻妄起灭、老庄有生于无之陋说。①

神之与气，气之与形，相沦贯而为一体，虚者乃实之藏，而特闻见之所不逮尔。庄、老言虚无，言体之无也；浮屠言寂灭，言用之无也；而浮屠所云真空者，则亦销用以归于无体。②

王夫之从本体论和认识论的层面，摧毁老庄伦理价值上的虚无主义，以及遁世主义。这种批判是源自学理层面的"扶正"。王夫之坚持气本论的唯物主义路线，一是源自王夫之亲身经历了宋明以来空疏之风和颓废的学风给社会带来的深重灾难，二是源自一种自觉的学术发展需要与真切的生命体验。

王夫之对佛老的批判是一以贯之的，他始终都把佛、老作为"正学"的主要敌人，他视老聃、浮屠为"邪说""蔑彝伦而自矜独悟"。③ 嵇文甫说："船山宗旨在激烈底排除佛老，辟陆王为其近佛老，修正程朱亦因其有些地方还沾染佛老，只有横渠无丝毫沾染，所以认为圣学正宗。"④ 并把佛老列为三害之一：

盖尝论之，古今之大害有三：老、庄也，浮屠也，申、韩也。三者之致祸异，而相沿以生者，其归必合于一。不相济则祸犹浅，而相沿则祸必烈。庄生之教，得其泛滥者，则荡而丧志，何晏、王衍之所以败也；节取其大略而不淫，以息苛烦之天下，则王道虽不足以兴，而犹足以小康，则文、景是已。若张道陵、

---

① （明）王夫之：《船山全书》第12册，岳麓书社2011年版，第359页。
② 同上书，第362页。
③ 同上书，第9页。
④ 嵇文甫：《王船山学术论丛》，中华书局1962年版，第116页。

> 寇谦之、叶法善、林灵素、陶仲文之流，则巫也。巫而托于老、庄，非老、庄也。浮屠之修塔庙以事胡鬼，设齐供以饲髡徒，鸣钟吹螺，焚香呗呪，亦巫风尔；非其创以巫民，充塞仁义者也。浮屠之始入中国，用诳愚氓者，亦此而已矣。①

王夫之把佛、老庄以及申韩之儒列为古今之三大害。但三者之害又表现在不同方面。佛教对中国的真正危害不是它那近乎"巫术"式的斋戒焚香、鸣钟吹螺，而是同老庄之道相混合，迷惑了那些不明真伪的读书人，乱了世道人心。王夫之批佛，注重经世致用，既有历史的批判，也有现实的反思。他反对的是让小儒狂惑的佛学，而不是对一般寺庙佛学的反对。从这个角度上讲，王夫之真正批判的不是佛学，而是对晚明士人的"狂禅"之风表示出强烈的痛恨和不满。

> 治天下者，生事扰民以自敝，取天下者，力竭智尽而敝其民，使测老子之机，以俟其自复，则有瘳也。……较之释氏之荒远苛酷，究于离披缠棘，轻物理于一掷，而尽取欢于光怪者，岂不贤乎！②

这段话是说，随着时间的推移，儒家之道丧失了，不遵儒家正道而妄行，导致灭国败家种种恶果接踵而至。治理天下的人多是生事扰民以自扰，取天下的人竭尽全力，最终使其民陷于困顿。这些恶果若究其根源，都是因为背离了清净无为的原则，为一己之私利而妄行导致。如果懂得一点老庄之道，少一些造作，让万物按其本性自然运行，结果要好得多。因此主张"节取其大略而不淫，以息苛烦之天

---

① （明）王夫之：《船山全书》第10册，岳麓书社2011年版，第651—665页。
② （明）王夫之：《船山全书》第13册，岳麓书社2011年版，第16页。

下，则王道虽不足以兴，而犹足以小康"。所以在本体论上，王夫之继承张载之说，就是要"辟佛老而正人心""老氏以天地如橐籥，动而生风，是需能于无中生有，变幻无穷；而气不鼓动，则无是有限矣，然则孰鼓其橐籥令生气乎?"① 由此可见，在本体论上，王夫之强调了宇宙的物质性，一切皆从有中而生；在历史观上，王夫之看到了人民群众的积极作用，并关注到了人民群众的疾苦，这是一个大的发现和进步。王夫之批判释氏"徒有妄想以惑世欺民而已"。由此可见，王夫之的世界观是要为老百姓服务的，是要带领人走进现实的，而不是出世的逃避，因此他后来的经济思想也是以此世界观为基础的。

王夫之对佛、老的批判是建立在精细深入研究基础上的，因此在批判的同时，亦有受其影响并继承的地方。王夫之批判了佛老的世界观，但运用了佛老的方法论，正如侯外庐先生所言：影响王夫之学说的，"在方法论上是老庄与法相宗"。他尤赞庄子，谓"凡庄生之说，皆可因以通君子之道""因而通之，可以与心理不背"。② 这里所谓"通之"的方法，就是一种扬弃的方法，一种批判继承的方法。而这种批判继承、辩证变易的方法论，主要体现在王夫之的《老子衍》《庄子解》《相宗络索》等著作当中。王夫之的变易哲学、相对的观点，如对待社会经济现象多持辩证看法，很显然是对释、老变易说的发展。佛老的变化哲学否定了世界的客观性，但王夫之则改为"万物日生""天地之间流行不息，皆其生者"。正因为这种万物日生的哲学，才会有"性日生日成"的人性生成论，"天地之化日新"观念亦源于此，这就为其经济伦理思想的变革奠定了

---

① （明）王夫之：《船山全书》第12册，岳麓书社2011年版，第2页。
② （明）王夫之：《船山全书》第13册，岳麓书社2011年版，第493页。

理论基础。

另外,王夫之对庄子的"参万岁而成一纯"的经验论观点极为赞赏,但又认为万年遥远,不可以意测之,而应以见闻之证:

> 万物亦荒远矣,虽圣人有所不知,而何以参之?乃数千年以内,见闻可及者,天运之变,物理之不齐,升降污隆之乱之数,质文风尚之殊,自当参其变而知其常,以立一成纯之局。为酌所以自处者,历乎无穷之险阻而皆不丧其所依,则不畏世所颠倒,而可与立矣。使我而生乎三代将如何?使我而生乎汉唐宋之盛将如何?……则我生乎今日而将如何?岂在彼在此,遂可沈与俱沈、浮与俱浮邪?参之而成纯之一深矣。①

这段话是主张通过"参其变而知其常,以立一成纯之局",即要变化中寻求规律性的东西,借鉴历史的经验寻找当下的治国之策是其主要的治学方式。因此,其关于经济伦理方面的言论多是从总结历史经验或教训中而来,其在经济伦理思想方面对诸多论题价值合理性的求证方法都是以"事实"为逻辑前提的分析方法。

在社会治理方面,老庄均提出"无为而治"的思想,如《庄子·应帝王》:"夫圣人之治也,治外夫?正而后行,确乎能其事者而已矣。"意思是说,不需要外在的法律之类的约束,只要无为而顺其自然,就可以能其事者以为治。这一思想对王夫之主张行政少干预经济的思想有很大的影响,如"夫王者之有其土若无其土也,而后疆圉以不荒;有其民若无其民也,而后御众而不乱"②。

---

① (明)王夫之:《船山全书》第12册,岳麓书社2011年版,第486页。
② (明)王夫之:《船山全书》第10册,岳麓书社2011年版,第711页。

三 与西学的碰撞与融通

16世纪之前,中西文化少有正面接触。在明清之际,中西方文化第一次实现了正式的交流与碰撞,也形成了中西文化交融的亘古未有的第一次高潮,"明万历后,利玛窦、汤若望、南怀仁、庞迪我、龙华民、熊三拔、艾儒略、金尼阁诸人相继来华,输入历算诸学,徐光启、李之藻辈更以为其绪余更有一种格物穷理之学,凡世间世外万事万物之理,叩之无不河悬响答,系分理解。"① 天主教传教士们不远万里来到中国,传教士们把西方近代天文学、历学、数学、物理、医学、哲学、地理、水利诸学及音乐等相继引入中国,同时中国的伦理、哲学、治国术、历史等方面知识也通过传教士传到了欧洲,中国与欧洲在当时均出现了西学热和中国热的文化交融互动的空前火爆景象。对此,李约瑟这样评价道:"在文化交流史上看来没有一件事足以和17世纪耶稣会教士那样一批欧洲人的入华相比,因为他们充满了宗教热情,同时又精通那些随欧洲文艺复兴和资本主义兴起而发展起来的科学……即使说他们把欧洲的科学和数学带到中国只是为了达到传教目的,但由于当时东西两大文明仍互相隔绝,这种交流作为两大文明之间文化联系的最高范例,仍然是永垂不朽的。"② 1582年(万历十年)利玛窦来华,开启了明清之际的中西文化交流之端,这是中华文明和拉丁文明两个"伟大文明之间第一次真正实际性接触"。③ 这次文明交汇,与西汉时期吸收相对落后的西域文化以及魏晋唐宋时期融合不分伯仲的佛教文化不同,明清之际,中国面对的是超

---

① 转引自张西堂《王夫之学谱》,商务印书馆2015年影印本,第25页。
② [英]李约瑟著,中国科学院自然科学史研究所译:《中国科学技术史》第4卷,科学出版社1975年版,第693页。
③ 童鹰:《世界近代科学技术发展史》上册,上海人民出版社1990年版,第148页。

前于本土文明的拉丁文明，其给中国社会和中国文化带来的碰撞与反差是亘古未有的。

另外，西学之所以能在中国得以顺利传播，除了它本身的优越性之外，也因为中国本土文化的危机。当时占统治地位的王学对明万历之后出现的严重社会危机束手无策，士大夫阶层知识分子纷纷起而攻击王学的空疏学风，并力图探寻一种可以正人心、挽颓俗的新学。广闻博学的王夫之也正是在这种背景下正式接触了西洋文化，并对之展开了批判和吸收并蓄的学路历程。

从某种程度上讲，王夫之对待西学的基本态度是反感的。这一方面基于他强烈的民族主义立场，嵇文甫先生甚至认为船山先生是一个"最极端的民族主义者"。[①] 欧洲人在王夫之看来就是夷狄之人，几乎等同于小人，而他本人受道学中圣学与异端之辨、夷狄之辩的思想影响十分深刻，因此，西学较之老庄、释氏之学更难得到王夫之的认可。另一方面，是因为中国当时科学技术的落后以及仍然沿袭传统社会的重道德轻科学的社会风气等客观方面的局限，他不可能完全正确看待西洋科学文化。就是在这样的背景下，王夫之主动积极地展开了与西学的碰撞与斗争，然而在这个过程中，他自觉不自觉地都受到了西学某种程度的影响，在批判过程中，经常运用了西学的科学思维方法。

从现存的文献资料来看，有关王夫之论及西学的资料甚少。学界关于西学与王夫之思想的关系方面的研究，也只是略有论及，并未详尽。如，嵇文甫有论及西学中的质测之学对王夫之思想的影响，侯外庐则在《中国早期启蒙思想史》中笼统地提到西学对夫之的影响：

---

① 嵇文甫：《王船山学术论丛》，中华书局1962年版，第148页。

"夫之的泛神论〈易学〉和科学思维，也受到外来文明的影响"。这个"外来文明"主要指宗教和自然科学。20世纪70年代，张永堂在《方以智与王夫之》一文中这样写道：

> 我们从王夫之对西方科学与宗教皆反对以及他对西洋传教士之称呼"西夷""西洋夷"，一方面可以看出他对西学缺乏受容性，一方面也可证明他强烈的民族主义中之所谓"夷狄"，不仅止限于中国北方边疆之匈奴、突厥、蒙古、满清，而且还包括当时入华之西洋耶稣会士。这种立场与方以智截然不同，因此，王夫之推崇方以智科学，当然也不包括西洋科学的成分，这是无可怀疑的。①

这里明显指出王夫之对西学的对立态度，表明王夫之并未接受西学的影响。本书认为这个认识有些偏颇，许苏民先生的两篇文章详细论述了这个问题。许苏民于2012年先后发表的《王夫之与儒耶哲学对话》《晚明西学东渐对王夫之政治哲学之影响》两篇文章，比较系统地阐述了西学尤其是质测之学对王夫之思想的深刻影响，并认为："王夫之其实正是一位受西方哲学影响最深，并以'六经责我开生面'的理论创造来会通中西哲学，从而将中国哲学提升到新水平的人。"② 许苏民先生这个观点有两个理由：一是作为永历朝（1646—1662）的外交官（行人司行人）他有更多的条件接触到西学，身上肩负的职责也会促使他更好地去了解西学；二是他在永历朝的两位好友瞿式耜和方以智均是精通西学之人，并受影响甚深。可见，王夫之对西学的态

---

① 邢益海编：《冬炼三时传旧火：港台学人论方以智》，华夏出版社2012年版，第21页。
② 许苏民：《王夫之与儒耶哲学对话》，《武汉大学学报》2012年第1期。

度绝对不仅仅限于批判,其中必有融通和吸收之处。

王夫之对于西学的态度,可以从他对西学的一个总评进行分析,他在《思问录》(该书作于担任永历朝外交官期间)评价西学:

> 西洋历家既能测知七曜远近之实,而又窃张子左旋之说以相杂立论。盖西夷之可取者,唯远近测法一术;其他则剽袭中国之绪余,而无通理可守也。①

这句话表面上看,似乎是轻视西学,而深入分析便大有文章:一方面,他肯定了西学的质测之学之术的科学性;另一方面,他试图用中学来解释西学,实现中西会通的思维方式颇有意义。王夫之对西学的批判主要体现在两个方面:对天主教神学的批判和对西洋天文学的诘难。而从这两个方面的批判章句中,我们能够寻找到西学对王夫之哲学思维方式产生的影响。查阅王夫之论著,他提到并对之批判的是西学中的天文地理知识中的"地球蛋形说":

> 浑天家言天地如鸡卵,地处天中犹卵黄。黄虽重浊,白虽轻清,而白能涵黄,使不坠于一隅尔,非谓地之果肖卵黄而圆如弹丸也。利玛窦至中国而闻其说,执滞而不得其语外之意,遂谓地形之果如弹丸,因以其小慧附会之,而为地球之象。人不能立乎地外以全见地,则言出而无与为辨。乃就玛窦之言质之,其云地周围尽于九万里,则非有穷大而不可测者矣。今使有至圆之山于此,绕行其六七分之一,则亦可以见其迤逦而圆矣。而自沙漠以至于交趾,自辽左以至于葱岭,盖不但九万里六七分之一也。其或平或陂或洼或凸,其圆也安在?而每当久旱日入之后,则有赤

---

① (明)王夫之:《船山全书》第12册,岳麓书社2011年版,第439页。

光间青气数股自西而迄乎天中,盖西极之地,山之或高或下,地之或侈出或缺入者为之。则地之敧斜不齐,高下广衍,无一定之形,审矣。而玛窦如目击而掌玩之,规两仪为一丸,何其陋也!利玛窦地形周围九万里之说,以人北行二百五十里则见极高一度为准。其所据者,人之目力耳。目力不可以为一定之征,远近异则高下异等。当其不见,则毫厘迥绝;及其既见,则倏尔寻丈,未可以分数量也。……且使果如玛窦之说,地体圆如弹丸,则人处至圆之上,无所往而不蹈其绝顶,其所远望之天体,可见之分必得其三分之二,则所差之广狭莫可依据,而奈何分一半以为见分,因之以数哉!弹丸之说既必不然……苏子瞻曰:"不识庐山真面目,只缘身在此山中。"王元泽有云:"铢铢而累之,至两必差。"玛窦身处身处大地之中,目力亦与人同,乃倚一远镜之技,死算大地为九万里,使中国有人焉如子瞻、元泽者,曾不足以当其一笑,而百年以来,无有能窥其狂骏者,可叹也。①

通过上段文字可以看出,王夫之对大地为球形、地围为九万里等西学进行了诘难。而我们从王夫之诘难的思维方式中可以分析出西学对王夫之的影响。王夫之运用科学的测算方法来驳斥利玛窦的蛋形说,并没有使用有神论的观点来辩论,而是借助近似科学的思维方法,尽管这一方法在今天看来甚为简陋,但他毕竟摆脱了有神论。另外,王夫之运用了事物的相对观念来批驳西学的地理学说。这些都证明王夫之受西学之科学方法的影响,而这些科学的思维方法对王夫之思考经济制度问题、货币财富问题以及对待农商的辩证态度均有很大影响。

---

① (明)王夫之:《船山全书》第12册,岳麓书社2011年版,第458—460页。

如果把"质测之学"归诸与西学同性质的科学门类，在这里就还要顺便提及方以智的质测之学对王夫之的影响。"先生之友方以智亦崇信泰西天文之学，以为补开辟所未有"①，这说明王夫之的好友方以智同样也十分推崇质测之学。方以智比王夫之稍微年长，王夫之53岁时，方以智去世。王夫之与方以智交往甚密，方以智的质测之学得到王夫之的极力推崇。

王夫之认为，方以智与其子倡导的质测之学才是真正的格物，而像邵康节、蔡元定等人先立一理，按理穷物，却并非真正的格物。这些评论表明王夫之已经接受了方以智的质测之学的经验主义路线，其宇宙论、理气论都走出了程朱空疏旧说，为其经世致用的经济伦理思想奠定了坚实的哲学方法论基础。

---

① 转引自张西堂《王夫之学谱》，商务印书馆2015年影印本，第25页。

第二章 王夫之经济伦理思想的理论基石

王夫之的经济伦理思想奠基于其朴素的辩证唯物主义基础之上。对于王夫之的哲学,梁启超曾经评价为"明学反动所产"①。事实上,并不只是如此。王夫之哲学是总结北宋到明末700多年来哲学思想相互斗争、激荡之成果,所以才成就了王夫之成为"十七世纪中国杰出的唯物论者"(张岱年,1954)。② 其理气论、道器论、理势说、人性论等哲学思想均有耀眼的光辉,且是其他"致用"或"实用"思想产生、形成之根基。其中,卓越的理势合一之历史观为其经济伦理理论奠定了科学的方法论原则,理欲合性说为其经济伦理思想奠定了逻辑起点。

第一节 "理势合一"的历史发展观:哲学基础

作为一种人类认识历史、把握历史进程的基本观念,历史观即历史哲学的体现,主要探讨的问题是社会现象之间的内在联系,社会发

---

① 梁启超:《清代学术概论》,岳麓书社2010年版,第17页。
② 王夫之:《船山全书》第16册,岳麓书社2011年版,第1255页。

展动力以及社会遵循的法则。王夫之是"极深研几"的学者（嵇文甫，1962），他对宇宙人生都有根本的见解，卓然自成一家之言。他根据那些根本见解去洞察历史，因而能深谙历史现象之规律，深刻认识历史发展之进程。"理势论"即王夫之历史哲学的根本体现，而"日新观"是其历史观的思想精髓，王夫之的"日新观建基于'气化日新'的絪缊生化论，本质上是对宇宙万物生生不已之内在动因的揭橥。……絪缊化生的过程就是'天地之化日新'的过程，也是一个'新故相推'，'日生不滞'的发展变化过程"。[①]

从总体上讲，王夫之经济伦理思想既有传统道义论的深厚基因，亦有合乎时宜的新突破，这种新突破主要表现在王夫之的新功利论上，而能够取得这种突破主要得益于其"理势合一"之先进历史发展观。"理"与"势"是其历史哲学视野中一对极为重要的范畴，并贯穿于其整个思想系统，或者说，王夫之思想的价值取向主要取决于其对历史发展的辩证认知。王夫之的理势观建立在对先辈思想承继和发展的基础之上，无论是对理、势的概念界定或者对理、势之间关系的辨证，他都有系统深刻的新创见，进而形成了别具一格的历史发展观。而这种理势合一的历史发展观为王夫之经济伦理思想新因素的萌芽奠定了一种"必然性"之基础。

一 理、势之新界说

王夫之认为古今时代变迁（包括政治、经济与文化的变迁）皆有"理""势"可寻，"理"与"势"是"通古今之变"（王夫之引用司马迁语）的基本规律。掌握"通古今之变"的基本规律，就掌握了社

[①] 王泽应：《船山的日新观及其当代意义》，《船山学刊》2017年版第1期。

会经济发展的基本规律和基本趋势，就能对时代经济问题作出合乎时势的回应。那么王夫之视野中的理与势有何内涵呢？

王夫之所谓的"理"渊源于宋明理学，并对之有非常详尽的论述。其一，"理即是气之理，气当得如此便是理，理不先而气不后。理善则气无不善""理只是以象二仪之妙，气方是二仪之实。……天人之蕴，气而已。从乎气之善而谓之理，气外更无虚托孤立之理也"。① 理是气之理，这表明了"理"之客观存在性。王夫之是气本论者，宇宙的本原即是絪缊变化之气，而气的运行变化，即气之"几"总是有规则可寻的，这个规则就是理。其二，"万物皆有固然之用，万事皆有当然之则，所谓理也。乃此理也，唯人之所可必知，所可必行，非人之所不能知、不能行，而别有理也。具此理于中，而知之不昧、行之不疑者，则所谓心也。以心循理，而天地民物固然之用、当然之则各得焉，则谓之道。"② "理虽无所不有，当其为此理，则固为此理，有一定之型，不能推移而上下往来。"③ 这段话说明理不是抽象的，而是具体可操作的，即可知可行，是人经过努力可以认识和实践的。其三，"理者，物之固然，事之所以然也，显著于天下……顺天下之理而不凿，五伦百行，晓然易知而简能，天之所以行四时、生百物之理在此矣。"④ 这段话是说，理是事物之所以成其为自身的内在根据，是事物的本质所在，或者说是事物的内在规律性或原则性。其四，"顺必然之势者，理也；理之自然者，天也。君子顺乎理而善因乎天，人固不可与天争，久矣。天未然而争之，其害易见；

---

① （明）王夫之：《船山全书》第 6 册，岳麓书社 2011 年版，第 1054 页。
② （明）王夫之：《船山全书》第 7 册，岳麓书社 2011 年版，第 377 页。
③ （明）王夫之：《船山全书》第 10 册，岳麓书社 201 年版，第 1111 页。
④ （明）王夫之：《船山全书》第 12 册，岳麓书社 2011 年版，第 194 页。

天将然而犹与之争，其害难知。"① 这是说，理是一种必然而然的趋势，不可逆转、不可改变的发展趋势，顺势而为便是理，因此，从这个意义上说，理即顺势，"理者，势之顺而已矣"②。

质言之，"理"是事物内在的规律性、事物发展的规律性。这个"规律性"的突出特点：就是它不以人的意志为转移的"必然性"。这种规律性是人可以通过努力认知的，并可以身体力行的。人在认知"理"的过程中，要以心循理，然后遵理而行。另外，这种规律性在发生作用的过程中，会形成一种必然的趋势，人顺势而为即"理"，这样"进"可以兴王，"退"可以保国。

那么，何谓"势"呢？其一，"言理势者，犹言理之势也，犹凡言理气者，谓理之气也，"③ 势是理之势，势与理不可分，而理又与气不可分，因而势与气也不可分。由此可见，"理"是事物内在的规律性，那么"势"便是这种规律性得以呈现的"外在趋势"。其二，"一动而不可止者，势也。"④ 势是气化之几表现出来的"动力趋势"，是气化流行之理表现出来的不可遏制的合理趋势。其三，"凡言势者，皆顺而不逆之谓也；从高趋卑，从大包小，不容违阻之谓也。夫然，又安往而非理乎？知理势不可以两截沟分。"⑤ 势是一种不可违阻、只能顺从的"必然态势"。其四，"势既然而不得不然，则即此为理矣。"⑥ 势即理，势是"必然之理"。

朱熹在《孟子集注·离娄上》曾对"理""势"作过这样的解释，曰："有道之世，人皆修德，而位必称其德之大小。天下无道，

---

① （明）王夫之：《船山全书》第11册，岳麓书社2011年版，第177页
② 同上书，第179页
③ （明）王夫之：《船山全书》第6册，岳麓书社2011年版，第994页。
④ （明）王夫之：《船山全书》第10册，岳麓书社2011年版，第582页。
⑤ （明）王夫之：《船山全书》第6册，岳麓书社2011年版，第994页。
⑥ 同上书，第992页。

人不修德，则但以力相役而已。天者，理势之当然也。"① 王夫之认同朱熹"天者，理势之当然也"的观点，但对朱熹称"有道之世"为"理"与"无道之世"为"势"的讲法有异议：

> 粗疏就文字看，则有道之天似以理言，无道之天似以势言，实则不然。既皆曰"役"，则皆势矣。《集注》云"理势之当然，势之当然，又岂非理哉！""小德役大德，小贤役大贤"，理也。理当然而然，则成乎势矣。"小役大，弱役强"，势也。势既然而不得不然，则即此为理矣。②

因此，王夫之认为"是非有道之天唯理，无道之天唯势，亦明矣"③。"有道之世"，以德、贤治人是理；"无道之世"以力量强弱、大小治人，亦是"势之顺也，即理之当然者已"。④ 这个观点彰显了王夫之卓越的辩证法和历史发展观。他认为，有道之世以德治人，这是合乎理的；但更为关键的是，他同样认为无道之世以力量治人是"势"，而这个势也是"理"，因此，也要顺势而为才合乎理，只不过这个理是新时代之"新理"。这种思想包含了诸多进步因素，意味着他对自由竞争、平等、公平等反封建思想的深刻认知。在封建社会的母体内萌发出来的这种"无意识"认知有着深刻的意蕴：一方面，社会已经发展到要求自由、平等、公平的程度，并反映到了王夫之的意识之中；另一方面，他的批判性、前瞻性思想犹如一记重拳狠狠地砸向了腐朽的旧社会，使民众思想在旧社会的母体内破快启蒙。顺势而为即理，"理者当然之宰制，而势者亦自然之气机，各乘乎时之必然，

---

① （宋）朱熹：《孟子集注》，齐鲁书社1992年版，第97页。
② （明）王夫之：《船山全书》第6册，岳麓书社2011年版，第992页。
③ 同上书，第993页。
④ 同上。

第二章 王夫之经济伦理思想的理论基石

则岂非皆天哉！既已皆为天之使然，则顺逆之理出矣"①。无论理势，皆有一个"机缘"问题，随机缘而动便是势，顺势而为即理。"天下不可易者，理；因乎时而为一动一静之势者，几也。"② 随"几"之动静变化，则为势。这里面包含着深刻的变易思想：势是可以改变的，人只要能审时度势，顺势而为就是合理的。这种朴素的理论决定了王夫之对朝代兴衰更替之深刻认同，对新生事物之勇敢接纳，对时势变化之敏锐捕捉。至此，王夫之对理与势的概念界定已经十分明晰，理为气之理，理即气化氤氲过程中固有的规律性。这种规律性是可以确定的，理是事物成势的内在根据，而势则是理的实现过程的彰显。由此可见，理与势只不过是气化过程的两个方面，或者说是事物内外两个方面，因此"总将理势作一合说。……合而名之曰天"③。那么，理、势之间存在怎样的关系呢？对这个关系的深度剖析就成了王夫之经济伦理思想构建的形而上根基。

二 理、势关系之辨正

总结王夫之关于"理"与"势"范畴的论述，其关于理势之关系说不外乎三个方面：理势相辅相成；理势合一；理势不定。下面分别论述。

第一，理势相辅相成。"顺逆者，理也，理所制者，道也；可否者，事也，事所成者，势也。以其顺成其可，以其逆成其否，理成势者也。循其可则顺，用其否则逆，势成理者也。"④ 质言之，理势相辅相成主要包含两个方面：理成势和势成理。所谓理成势，指顺理而行

---

① （明）王夫之：《船山全书》第8册，岳麓书社2011年版，第431页。
② （明）王夫之：《船山全书》第10册，岳麓书社2011年版，第527页。
③ （明）王夫之：《船山全书》第11册，岳麓书社2011年版，第995页。
④ （明）王夫之：《船山全书》第3册，岳麓书社2011年版，第420—421页。

则成势，使事物沿着正确的趋势发展，逆理而行，则会影响事物的正常发展，用外力强行阻止理势形成，必会招来严重的结果。因此，王夫之又说："理之所必有，势之所必致"①"理当然而然，则成乎势"②。循理而行，必然成乎势，按照事物固有的规律办事，就一定会形成必然的顺应时代发展的态势或趋势。所谓势成理，是指循着事物可能发展的方向或趋势，遵循事物的变迁即遵循了理，反之则是逆理。王夫之最为可贵的观点是这句："势之当然者，又岂非理哉！"③如果新生事物发展已经成了气候，我们就要遵循这种新事物的发展趋势，顺事物当然之势，就是理。当然，这种新生事物可能是违反"一人之义""一时之义"，但必须是符合"古今之通义"的才能成功。质言之，循理则成势，顺势即谓理，理势相辅相成，故曰"势者，事之所因，事者势之所就，故离事无理，离理无势。势之难易，理之顺逆为之也。理顺斯势顺矣，理逆斯势逆矣"④。事、理与势之间的关系是，理是事之理，势是理之势，理之顺逆决定了事势之难易，顺理则成势，逆理则逆势。我们看到，虽然有事决定有理，有理决定有势，但是反过来，势又反作用于事之理，成势即谓理。以小役大，弱役强为例：

> 无道之天下，小役大，弱役强，非弱小者有必役于强大之理，非强大者有可以役弱小之理，但以强域兵甲争主客耳。安得如大当字小，为与"天无不覆"之理同哉？乃其得谓之田者，则以强大之所以强大，弱小之所以弱小，亦莫之为而为，则岂非天

---

① （明）王夫之：《船山全书》第11册，岳麓书社2011年版，第252页。
② （明）王夫之：《船山全书》第6册，岳麓书社2011年版，第992页。
③ 同上。
④ （明）王夫之：《船山全书》第2册，岳麓书社2011年版，第335页。

耶？虽莫之为而为，而顺之存，逆之亡，则亦不得谓之非理矣。①

强大者役弱小者并不是必然之理，但于无道之世，往往以强弱定胜负、决兴亡。这里便因为出现了新的事物，即兴与亡。兴与亡之理便取决于强弱、大小，因出现新的事物，便出现新的理，事物发展成势便是理。只是，这个理不是以前的理，"其时天下既已无道，则志一动气，天不能违乎人，而存亡之理遂因是以立。则虽无必然之理，而其必然者即理也"②。这个观点是极为深刻的，包含着审时度势的"变革"思想。这样的历史观一方面源于对传统变易思想的承继，但更源于其亲身经历的历史变革潮流。从某种程度上说，这种理论为时代的急速变化发展提供了必要的理论支持，且对当时的人们来说，具有不可小觑的思想启蒙意义。

第二，理势合一。"孟子于此，看得'势'字精微，'理'字广大，合而名之曰'天'。进可以兴王，而退可以保国，总将理势作一合说。"③ 从精微与广大两个角度来阐释理与势，势是从精微处讲的，而理则是从广大处讲的。因此，理与势实际上是一件事物的两个方面：一个是从宏观角度；一个是从微观角度。"势因理成，不但因气"④"理本非一成可执之物，不可得而见；气之条绪节文，乃理之可见者也。故其始之有理，即于气上见理；迨已得理，则自然成势，又在势之必然处见理"⑤。理势合一犹如理气合一，理不是孤立存在的可见之物，它是气的运行规律，只能于气上见理；一旦合理，便会形成向前发展的"必然如此"的态势，那么在事物发展的必然态

---

① （明）王夫之：《船山全书》第6册，岳麓书社2011年版，第910—911页。
② 同上书，第911页。
③ 同上书，第994—995页。
④ 同上书，第994页。
⑤ 同上书，第94页。

势中就能彰显出理。王夫之又从反面论证理势合一的观点，"理之不顺，势不足以有行，而世变亟矣"。① 由于理势合一，于势中必见理，于理中必成势，因此违理则必逆势，一旦违理逆势，社会就会出现大的动乱，那么这个时候就需要改变。在王夫之的思想之中蕴含着极为深刻的变革意识，而这种变革意识在某种程度上说，是反封建的，要求解放生产力、注重民生的。非常值得我们关注的是：处于变革时期的王夫之骨子里面有强烈要求变革的思想，强调"顺势"的重要性，而且他对"势"的理解是相当辩证的。这个可以遵循的"势"必须具有历史的必然性，而不是你可以随意"造"的势。因此，他非常明确地反对"理不胜而求赢于势"者的"造势"行为。他说：

  理不胜而求赢于势，急引与己同者以为援。群小乃起而应之，竭其虔矫之才、巧黠之慧，以为之效。于是泛滥波腾，以导谀宣淫蛊其君以毒天下，而善类一空，莫之能挽。民乃益怨，衅乃倓生，败亡沓至而不可御。②

如果理不胜却欲求于势，如在无道之世，自身力量并不强大，却试图依靠一帮诡诈阴险的乌合之众夺取天下。这是逆理的表现，逆理则逆势，最后必将以失败而告终。

第三，理势无定。王夫之历史观中最为深刻的思想莫过于他的"理势无定"说。可以说，"理势无定"是王夫之历史观的根本精神，是其历史观不同于传统历史观的奥妙所在，也是其思想体系中具有的那种激进意识之奥妙所在。实质上，众所周知，"理势无定"亦是宇

---

① （明）王夫之：《船山全书》第11册，岳麓书社2011年版，第106页。
② 同上书，第170—171页。

宙万物的基本精神。"道者，一定之理也。于理上加'一定'二字方是道。乃须云'一定之理'，则是理有一定者而不尽于一定。气不定，则理亦无定也。理是随在分派位置得底。道则不然，现成之路，唯人率循而已。故弱小者可反无道之理为有道之理，而当其未足有为，则逆之而亡也。"① 从理与道的关系角度分析出"理"的二重性，即"理"有"一定之理"与"无定之理"之分，"一定之理"是"道"。那么，这个"一定之理"是什么呢？"性于人无不善，乾道变化，各正性命，理气一源而各有所合于天，无非善也。而就一物言之，则不善者多矣，唯人则全具健顺五常之理。"② 由此可见，"一定之理"即永恒不变之理；"健顺五常"即这个永恒不变的"一定之理"。既然有"一定"之理，那就意味着有"不一定"之理，理有变化之"易"，那么理为什么会有变化呢？从气本论的世界观角度进行分析，世界万物不过为氤氲变化之气，此外别无他物，那么理即气之理，也并非离气而有一"孤托"之理，人只能于"气"处见"理"。而气不是静止的，气无时无刻不处于氤氲化生万物的过程中，因而气无论从时间上还是从空间上都是"不定"，既然气"不定"，自然理亦"不定"，理随"气动"而成，所以弱小者可以变"无道之理"为"有道之理"。但这里面有一个条件，这个条件有两个方面：一是弱小者要足够强大；二是弱小者要善于抓住时机。如果不具备这两个条件，"当其未足有为"却轻举妄动，则会"逆之而亡"。两个方面综合起来还是一个"时"的问题，"夫所谓理势者，岂有定理，而形迹相若，其势均哉？度之己，度之彼，智者不能违，勇者不能竞，唯其时而

---

① （明）王夫之：《船山全书》第6册，岳麓书社2011年版，第994页。
② （明）王夫之：《船山全书》第12册，岳麓书社2011年版，第126页。

已"。① 另外，气变化成势，气变则势变，这里有"相乘之几"的考量，势变则理变，"势相激而理随以易意者其天乎！阴阳不能偏用，而仁义相资以为亨利，虽圣人其能违哉！"② 因此说，"时异而势异，势异而理亦异"③。理是随"时"变易的，王夫之以蒙元灭宋为例，由于宋朝有三屈（澶渊之盟、靖康之变、秦桧请和），宋朝自取其辱，屈无可屈，以哀鸣望瓦全，弗救于亡，宋朝灭亡成为必然之势，也是情理之中的事情了。封建制被郡县制所代替，2000年来中国实行郡县制，这是"势之所趋，岂非理而能然哉"④。质言之，历史发展的合理趋势以及历史发展的内在规律必将随着时机的变化而相应发生变化，因时代条件的不同，理势的内涵亦随之不同，这是智者治世应"贞"的"一定之理"，万万不可一概而定，"势因乎时，理因乎势，智者如此，非可一概以言成败也"。⑤

顺"势"可以成"理"，但顺势也不是轻而易举的事情，要善于把握"相乘之几"和"贞一之理"。意思是说，要把握时机和理，才能成就社会的变革。那么什么才是理势"相激相易"的最好时机呢？王夫之运用辩证思维的原理，提出了"极重必返"的观点，"故极重而必返，夫人而可与知也"。极重必返的道理，人是可以通过经验而认识到的，"轻重之势，若不可返，返之几正在是也，而人弗能知也"。⑥ 轻重之势能相互转化，但需要找到"返之几"，即适合的时机，这确实是人难以把握的。比如，如果统治者极为残暴，就必然有倾覆之灾，"苛暴淫虐，日削月靡，孤人子，寡人妻，积以岁月而淫

---

① （明）王夫之：《船山全书》第11册，岳麓书社2011年版，第140页。
② （明）王夫之：《船山全书》第10册，岳麓书社2011年版，第68页。
③ （明）王夫之：《船山全书》第11册，岳麓书社2011年版，第335页。
④ （明）王夫之：《船山全书》第10册，岳麓书社2011年版，第67页。
⑤ 同上书，第458页。
⑥ 同上书，第334页。

逞不收，若此者，其灭其亡皆旦夕之间"。① 这种暴虐之君常常使百姓妻离子散，无恶不作，祸国殃民，如果不知道收手，则灭亡在旦夕之间。智者只需要"静以俟天"，勇者只需"决以自任"，就等待一个历史发生巨变的时机，"河决鱼烂"之时即为"回天转日"，智者、勇者并会"不劳余力"而获。"极重之势，其末必轻，轻则反之也易，此势之必然者，顺必然之势者，理也"。②"极重必返"是不以人的意志为转移的、历史发展的必然趋势和必然规律，人只有掌握了这个规律，顺时势而动，察理明势，使理势统一于历史发展的潮流中，才能有大作为。当然，历史上也有出现了变势的可能却最终没有"成势"的事例，

> 晋献之无道，有子之不宁，而霍、魏、虞、虢且安然寝处之矣。是则有弟而不能协和，或可以有他人之土宇者，势之有也。齐桓以丧乱之余，抚姜氏之子孙，且失其序，而谭遂终入其版章矣。则新邑虢桧之子孙，或可以有他人之土宇者，势之有也。③

有势，即有"相乘之几"，却没成势，其原因在于没有掌握势后之"理"，即"贞一之理"。以晋献之无道和齐桓之乱为例，说明夺取无道之君的国土是合乎势的，但是这种合乎时势的事终究没有发生，又说明了势的不确定性。"胜欲者，理也，非势之能也。战胜物欲邪恶的是'理'，不是'势'"。"理者固有也，势者非适然也。以势为必然而然，有不然者存焉"。④"故势者一然而一弗然，有可照而无适照，则有其明而无其固明"，说明势只是一个趋势，却并不确定发

---

① （明）王夫之：《船山全书》第 12 册，岳麓书社 2011 年版，第 335 页。
② （明）王夫之：《船山全书》第 11 册，岳麓书社 2011 年版，第 178 页。
③ （明）王夫之：《船山全书》第 5 册，岳麓书社 2011 年版，第 120 页。
④ 同上。

生，没有一定的规律可遵循。"恃此之知以胜朵颐之大欲，不亦难乎！"仅仅依靠了解时势而妄图实现自己的大愿景，不是一件很难的事吗？

利害之所生，先事而知者，或以理，或以势。势之可以利，势之可以害，慧者知之，不待智也。智者察理，慧者觉势。势之所知观于月，理之所知观于火。庄周曰："月固不胜火。"几于道之言也。观于月，虽远而无固明；观于火，虽近而有适照。有适照者有适守，无固明者无固心。是以虽或知之，不能择之；虽或择之，不能执之，郑庄公之知是已。①

"是故大智者以理为势，以势从理，奉理以治欲而不动于恶"，王夫之极其反对以恶制恶，主张哪怕是对付乱世中昏庸无道的君主，仍然要有理有据的斗争，"夫苟知之，必允蹈之，则有天下而不与，推之天下而可行"②。王夫之在本段主张要以理为势，以势从理，反对依靠力量决定胜负，反对以暴制暴。

向来儒生只讲理不讲势，而所谓英雄豪杰又只讲势不讲理。儒生流于迂腐空疏，英雄豪杰则流于纵横变诈。王夫之却辩证地将二者统一起来了。总体上讲，王夫之把理字讲活了，这个"活"就体现在把"势"纳入了理的范畴，因而在理势之关联辨正中，王夫之更看重"势"，势是社会发展表现出来的必然趋势。正因为如此，他才会不同于传统儒家，更不同于朱程，在谈论社会经济问题时，毫不讳言功利，说出这样的话来，"夫子言义，义在而委之，利亦委之矣。故义

---

① （明）王夫之：《船山全书》第5册，岳麓书社2011年版，第119—120页。
② 同上书，第120页。

者，利之合也。知义者，知合而已矣。"① 自然，鉴于时代的限制，王夫之还不可能找到社会发展的真正规律性，然而比起那些只用帝王个人之品德来解释历史兴衰治乱的唯心史观来说，他把功利、把经济利益作为社会发展动力之源泉，已经是一个很大的进步。而且这个进步对处于封建迷雾中的人们来说，具有非凡的启蒙之意义。同时，从以上材料分析，我们可以总结出王夫之理势合一的历史观之深刻意蕴：其历史观中最为卓绝的见解就是"因革"的思想。他认定三代之制与后世不同，认定各种社会制度都不是孤立的存在，在随时变革中亦有一定的过程和趋势。比如，他在谈论封建制（分封制）与郡县制的时候，他认为，分封制的存在亦有合理性，只是后来时势变了，成为不合理的东西了，"势相激而理随以易"。但我们亦要清醒地看到，他反对突变而主张渐变，所以，他认为封建制在汉初已经是回光返照，然而仍需"俟之"，"封建之在汉初，灯炬之光欲减，而故一耀其焰。智者因天，仁者安土，俟之而已"②，因而要"相乘之几"也，"几"一到，势一成，而理亦随之易。比如，王夫之在论田赋制度时说：

> 什一之赋，三代之制也。孟子曰："重之则小桀，轻之则小貉。"言三代之制也。天子之畿千里；诸侯之大者，或曰百里，或曰五百里，其小者不能五十里。有疆场之守，有甲兵之役，有币帛、饔飧、牢饩之礼，有宗庙、社稷、牲币之典，有百官、有司、府史、胥徒、禄食之粟，其制不可胜举。聘义所云："古之用财者不能均。"如此是已。故二十取一而不足。然而有上地、

---

① （明）王夫之：《船山全书》第 5 册，岳麓书社 2011 年版，第 268 页。
② （明）王夫之：《船山全书》第 12 册，岳麓书社 2011 年版，第 110 页。

中地、下地之差,有一易、再易、莱田之等,则名什一,而折衷其率,亦二十而取一也。自秦而降,罢侯置守矣。汉初封建,其提封之广,盖有倍蓰于古王畿者,而其官属典礼又极简略,率天下以守边,而中邦无会盟侵伐之事。若郡有守,县有令,非其伯叔甥舅之交,而馈问各以其私。社稷粗立,而祀典不繁。一郡之地,广于公侯之国,而掾史邮徼,曾不足以当一乡一遂之长。合天下以赡九卿、群司之内臣,而不逮《周礼》六官之半。是古取之一圻而用丰,今取之九州而用俭,其视三代之经费,百不得一也。什一而征,将以厚藏而导人主之宣欲乎?不然,亦奚用此厚敛为也!文帝十三年,除田租税;景帝元年,复收半租,三十而税一;施及光武之世,兵革既解,复损十一之税,如景帝之制;诚有余而可以裕民也。封建不可复行于后世,民力之所不堪,而势在必革也。①

对于田赋,三代只能薄到收成的1/10,汉以后仅可以薄到收成的1/30,这就是"相乘之几",即时代条件不同,要求也不同。对此,王夫之做了详尽的分析:三代时期,一国之君所拥有的土地不多,但又由于驻守边疆、练兵、祭祀、官员俸禄等各项事务都必须要有开支,因此赋税要收到收成的1/10,汉代以后,由于郡县制的推行,国土面积不断扩张,国家征税就可以相应减少,只要收成的1/30就可以满足各项正常开支了又如,他对限田制的看法,他认为:

限田之说,董仲舒言之武帝之世,尚可行也,而不可久。……武帝之世可行者,去三代未远,天下怨秦之破法毒民而幸改以复

---

① (明)王夫之:《船山全书》第10册,岳麓书社2011年版,第113—114页。

古；且豪强之兼并者犹未盛，而盘据之情尚浅；然不可久者，暂行之而弱者终不能有其田，强者终不能禁其兼也。至于哀帝之世，积习已久，强者怙之，而弱者亦且安之矣；必欲限之，徒以扰之而已矣。……天子无大公之德以立于人上，独灭裂小民而使之公，是仁义中正为帝王桎梏天下之具，而躬行藏恕为迂远之过计矣。①

三代以上，土地尚未私有。农夫不能私其田，诸侯与天子亦不能私其田。自秦朝以后，土地私有制渐渐确立，上下皆私，而独限民田，王夫之认为这很不公平，是"逆势"而为，因此是绝对施行不下去的。王夫之在《读通鉴论》卷末有一段话算是对理势合一之变易历史观的总结，他说：

编中所论，推本得失之原，勉自竭以求合于圣治之本；而就事论法，因其时而酌其宜，即一代而各有弛张，均一事而互有伸诎，宁为无定之言，不敢执一以贼道。有自相踳駮者矣，无强天下以必从其独见者也。若井田、封建、乡举、里选、寓兵于农、舍笞杖而行肉刑诸法，先儒有欲必行之者矣。袭《周官》之名迹，而适以成乎狄道者，宇文氏也；据《禹贡》以导河，而适以益其溃决者，李仲昌也。尽破天下之成规，骇万物而从其记诵之所得，浸使为之，吾恶知其所终哉！②

王夫之主张因时张弛，随事屈伸，大常之中有极变，极变之中有大常，这是王夫之历史观中始终如一的观点。值得我们关注的是，王

---

① （明）王夫之：《船山全书》第10册，岳麓书社2011年版，第193—194页。
② 同上书，第1182—1183页。

夫之历史观中有许多精辟独到的地方。比如，他从发展过程中洞悉历史现象，十分重视势之存在，于偶然之中见必然等论述。只有深刻地理解了他的历史发展观，我们才能更为深入地同情他在经济伦理领域提出了的各种创见。

三 "理势合一"的历史观与王夫之的经济伦理思想

王夫之的历史观抑或历史哲学与其经济伦理思想之间存不存在关联，有何种关联？王夫之的理势合一历史观对其经济伦理思想有何种影响？这是本小节要解决的问题。

（一）历史观与经济思想之间存不存在关联

历史观与经济思想之间存不存在关联？下面试从两方面来论述。

第一，我们从史学史（从理论）的角度，分析经济学与历史学的内在联系。从内容上讲，历史学的内容十分繁杂，涵盖社会的政治、经济、文化、思维等各个科学领域。法国历史学家雅克·勒高夫说：史学是时间的科学。由此可见，历史学是有时间持续性和阶段性的科学。德国量子物理学家普朗克也曾说过这样的话：知识有自己完整的时间链条，因为人认识能力的局限和无知，而将知识完整的时间链条人为地割裂。如此，才有了化学、数学、文学、史学、哲学、经济学等学科。据此，各个学科包括经济学自然也属于历史范畴，是历史之产物，历史学与社会科学各个学科联系十分紧密，因此，历史学与经济学之间相互影响和制约的互动关系是显而易见的。

第二，我们从实践角度，分析经济学与历史学的分离。由历史学与经济学的理论关系可以这样认为，历史学比经济学出现得早。事实亦是如此，19世纪后期，西方经济学才作为一门独立的科学从历史学当中分离出来。对于中国有没有经济史的问题，学界有不同的认识，有学者认为整个中国古代史没有出现独立的经济史，个别思想家的经济观点还只是一鳞半爪、不成系统的；也有学者认为整个中国古代时期的经济思想十分丰富，既有儒佛道思想家的经济观点，也有农民革命的十分先进的经济要求，甚至在明中期以来，还接受了西学中的经济观点。还有学者认为，在中国，经济史很早就有，《史记·货殖列传》中就应用了"善因论"的自然主义的经济理论。[①] 吴承明继而认为，只不过历代的《食货志》之类并没有形成系统的经济史，系统经济史是20世纪早期在学习西方文化的过程中建立起来的。由此，可以这样总结，中国古代的经济学一直作为历史学的一个因子而未能独立存在。

由此可见，历史学包括经济学，经济学是从历史学中分离出来的，所以一个社会或者一个人的历史观将会直接作用于其经济思想或者经济观点。美国著名经济学家坎宁翰（William Cuningham，1849—1919）强调经济变动中的政治、心理因素，分析需要运用传统的史学方法即历史观为经济思想提供方法论指导。

（二）王夫之理势合一的历史观对其经济伦理有何种影响

由前面的分析不难发现，历史观对经济思想的世界观和方法论的指导作用。理势合一的历史观对王夫之经济伦理思想具有奠基的作用，主要体现在以下两点。

第一，王夫之的历史观认为，理势合一，理顺势成，强调理在逻

[①] 吴承明：《经济史：历史观与方法论》，《中国经济史研究》2001年第3期。

辑上的先在性，势之可否在于理之顺逆，又认为理有"一定之理"即永恒的理，这个理是要始终坚持的。所以，王夫之的经济伦理思想始终秉承"正大经、立大本"的原则①，"不可拂者，大经也；不可违者，常道也"②。这样的基本立场或者方法论原则使王夫之在思考社会经济伦理问题时始终以维护孔孟儒学为宗旨，固守其中的保守成分，如对农商本末的根本看法，对以义与利来区分君子小人或华夏夷狄，对封建剥削等级制度的辩护等，都体现了其思想当中较为传统亦是较为局限性的一面。

第二，"理势不定"的历史观，让他又提出了"正大经者，固未可一概论也"的大胆观点。③ 正是在这样的哲学视野下，展开了与时俱进的经济伦理逻辑思路，不断地提出了颇有创见，甚至接近近代气息的经济伦理思想。"以古之制治古之天下，而未可概之今日者，君子不以立事；以今之宜治今之天下，而非可必之后日者，君子不以垂法。"④ 古制适用于古代的现实，却不一定适用于今天；适用于当今的现实，却未必适用于往后时代；形势是随时代而变化的，适合于具体形势的相关原则也就应该随之变化。所以说："知时以审势，因势而求合于理，岂可以概论哉？"⑤ 正是在这样的"辩证"历史观基础上，对"天理人欲之辨"有了突破宋明理学的大胆思考，对人性追求功利的一面敢于直面和正视，对传统义利对立相分的观点有了破釜沉舟的批判发挥，对传统重本抑末的思想有了承继性扬弃。

---

① （明）王夫之：《船山全书》第 10 册，岳麓书社 2011 年版，第 696 页。
② （明）王夫之：《船山全书》第 11 册，岳麓书社 2011 年版，第 107 页。
③ 同上书，第 260 页。
④ （明）王夫之：《船山全书》第 10 册，岳麓书社 2011 年版，第 1182 页。
⑤ （明）王夫之：《船山全书》第 11 册，岳麓书社 2011 年版，第 142 页。

第二节 "理欲合性说"：逻辑起点

经济活动本身就是人的活动，经济伦理理论研究中的人性假设就是根据对人性的评价或者定位，提出相应的经济理论、经济活动决策或者经济活动准则以及基本的价值取向，等等。人性假设是经济伦理建立和发展的逻辑起点，也是基石。所谓"人性论"，是指对人性的某种看法，在马克思主义产生之前，对人性的看法基本上都属于一种理论上的"人性假设"，即在科学研究活动或者实践活动决策之前或者过程中，对人性本质的先验设定。中国传统各个学派思想体系都基于一个人性之假定。正如美国著名人性假设理论创始人道格拉斯·麦格雷戈（Douglas McGregor，1906—1964）所说："在每一个管理决策或每一项管理措施的背后，都必须有某些关于人性本质及人性行为的假定。"[1]

一 人性假设与经济伦理之构架

（一）经济活动与人性

纵观古今中外的思想史，任何思想体系的展开都是建立在一定的理论起点之上，这种理论基础可以是实证的，也可以是逻辑的。实证的与逻辑的作为科学研究的理论基础，它们的主要区别在于方法论上

---

[1]［美］麦格雷戈：《企业的人性面》，许是祥译，台湾中华企业管理发展中心1979年版，第40页。

的迥异。所谓逻辑的，指思想中的原则、观点或者体系，主要不是靠实证来证明，而是通过理论本身（或者概念）的演绎来获取。中国古代经济伦理思想的理论基础就普遍地表现为不是实证的，而是逻辑的，而这种逻辑基础往往主要又表现为伦理的逻辑。事实上，对经济理论的研究或者称为经济学既有"逻辑的根据"（阿玛蒂亚·森亦称之为"工程学"），也有"伦理的根据"（伦理学）。"逻辑的根据"（工程学根据）主要是指从经济学的科学角度探讨经济增长的速度、效率等基本逻辑，其取向是如何提高效益的技术取向，人类的目的善并不是其关注的中心；而"伦理的根据"则是从道德角度或者从人的角度探讨经济发展的价值取向。印度著名福利经济学家阿玛蒂亚·森认为："经济学的伦理学根源和工程学根源都有其自身的合理成分。"① 不同的经济思想家，在实际考量社会经济问题时，都不大可能会只使用一种方法论（或者纯伦理学方法或者纯工程学方法），既会有伦理方法的关注，亦会有工程方法的关注，只是突出的程度不同而已。例如，亚当·斯密、穆勒、马克思更关注经济中的伦理问题，而魁奈、李嘉图、瓦尔拉斯等更倾向于关注经济中的逻辑和工程问题。

从伦理学的角度分析，经济学"伦理的根据"与"逻辑的根据"之间本身应当是一种从属关系，即"逻辑的根据"应当从属于"伦理的根据"，或者说真理追求应当符合一定的价值。对于这一点，可以追溯到古希腊的亚里士多德。在《尼各马可伦理学》的开篇，亚氏把经济的发展或者人们追求经济的行为与人类行为的目的（价值）相联系，他从人类经济活动实践的角度指出："牟利的生活（注：指的不

---

① [印] 阿玛蒂亚·森著：《伦理学与经济学》，王宇、王文玉译，商务印书馆2014年版，第12页。

第二章　王夫之经济伦理思想的理论基石

是家庭的经济生活，而是以赚钱为目的的生活，如生产、交易、商贩、雇工、放贷等）是一种约束的生活。而且，财富显然不是我们在寻求的善。因为，它只是获得某种其他事物的有用的手段。"① 亚氏认为，人们不会把财富当作目的，而更倾向于把快乐、荣誉、德性当作目的。由此可见，亚里士多德很明白地提出了，有一个超越经济活动之上的目的，即价值或者伦理的目的，经济活动本身是为人的价值目的服务的。阿玛蒂亚·森也从经济学科研究的角度指出："从表面上看经济学的研究仅仅与人们对财富的追求有直接的关系，但在更深的层次上，经济学的研究还与人们对财富以外的其他目标的追求有关，包括对更基本目标的评价和增进。"② 阿玛蒂亚·森用事实例证和理论分析的方法论证了这样一个观点，即"经济学是伦理学的一个分支"。经济学有两个要关注的中心问题：一个问题是人类行为的动机问题，这与一个人应该怎样活着问题有关；一个问题是社会成就的判断，即对一个民族或者国家的意义。由此，经济学研究有必要与伦理学研究相结合。

由经济学学科本身的伦理学属性，以及经济伦理的伦理倾向性，决定了经济理论关注的焦点始终应当是人，从学科角度讲，"经济学所关注的应该是真实的人"③。人的其他追求即其他的价值目标成为人类经济行为的主要动机或者目的，而这个价值目标的设定自然是建立在对人性的分析基础之上的。

---

① ［古希腊］亚里士多德：《尼各马可伦理学》，廖申白译注，商务印书馆2003年版，第12—13页。
② ［印］阿玛蒂亚·森：《伦理学与经济学》，王宇、王文玉译，商务印书馆2014年版，第9页。
③ 同上书，第8页。

（二）人性假设与经济伦理的理论构架

一种思想理论的建构与人性之间到底存在何种关联呢？在人类自觉的活动中，都有从起点上对人的本质或者属性的诠释。思想家们总是"希望通过对'人是什么'——人性、人的本质的解剖，通过对人的理解，来寻求一种核心的价值观念，并通过这种核心价值观念的确立，为实践活动确定合理的方式"①。

大卫·休谟曾这样叙述科学与人性之间的关系："一切科学都或多或少与人性有着某种关系；不管看起来与人性相隔多远，每门科学都会通过这种或那种途径返回到人性之中。即便是数学、自然哲学、自然宗教，都在某种程度上依赖于人的科学；因为这些科学存在于人的认知范围内，并且为其能力和官能所判断……一旦掌握了人性，我们在其他领域就有希望很容易地获取胜利……解决任何重要问题的关键，无不包括在关于人的科学中；在我们没有熟悉这门科学之前，所有问题都不会得到任何确定的解决。因此，在试图解释人性原理的时候，实际上我们是在提出一个几乎是在全新基础上奠基的完整的科学体系，而这个基础正是一切科学唯一可靠的基础。关于人的科学是其他科学的唯一坚实的基础。"② 休谟非常敏锐地抓住了"一切科学都来源于人的认识，一切科学都服务人自身"这样一个事实，由此得出一切科学都与人性存在某种关联，甚至认为人性是一切科学唯一可靠的基础。因此，对人性的假设是任何理论构架的逻辑起点或者基础，这种理论是有道理的。

经济学作为一门与伦理息息相关的理论，其基本的理论建构起点

---

① 罗珉：《管理学》，机械工业出版社2006年版，第40页。
② ［英］大卫·休谟：《人性论》，石碧球译，中国社会科学出版社2009年版，第2页。

更是对人性的基本设定。中外历史上经济伦理思想的建立和发展大多是以思想家自己对于人性的独特理解开始的。孟子对人性作了"善"的理论假设,"人性之善也,犹水之就下也。人无有不善,水无有不下。"① 在此基础上,孟子提出了"义以生利""见利思义""因民之所利而利之"的经济伦理模式。荀子则是"人性恶"论者:

> 今人之性,生而离其朴,离其资,必失而丧之。用此观之,然则人之性恶明矣。……其善者伪也。②

在此基础上,荀子提出义利并有的经济伦理观,主张:

> "义"与"利"者,人之所两有也。虽尧舜不能去民之欲利,然而能使其欲利不克其好义也。虽桀纣不能去民之好义,然而能使其好义不胜其欲利也。故义胜利者为治世,利克义者为乱世。上重义则义克利,上重利则利克义。③

正是由于荀子对人性"恶"方面的认识,所以他没有强调义与利的对立,而是主张道义论和功利论的统一。亚当·斯密在"经济人"和"道德人"假设基础上,提出了自利和同情利他统一的经济伦理模式。王夫之的经济伦理思想同样以其特别的人性论为逻辑起点。

二 王夫之的人性论及其经济伦理思想

那么,王夫之的人性论的特点是什么?其人性论又如何影响其经济伦理思想的价值取向裂变呢?

---

① 《孟子·告子上》。
② 《荀子·性恶篇》。
③ 《荀子·大略篇》。

在"天崩地裂"的政治裂变的时代背景下，为总结明亡之教训，探寻救世之良药，王夫之通过对程朱理学与陆王心学人性论的反思、批判和扬弃，以"我注六经"的狂者精神，返本于先秦孔孟圣学，并提出了"人性论中别开生面的新特质"①。王夫之的人性论是对占统治地位的宋明理学人性观的扬弃，返本开新：由宋明理学的本体论或形而上学的人性论走向了生存论哲学的人性观；从宋明理学悬置理本、性本的人性论，走向了关注现世中活生生个体的丰富性和多样性的人性论。

我们知道，程朱理学的人性论以朱熹为代表。朱熹的人性论以悬置一个"理"或"天理"为逻辑起点，由理气关系演绎为人物的天命之性与气质之性。在理气关系上，理为本，气为用。理是根源或根本，是气化流行的规律。理是悬置于气之上，理气并不同一，理与气为截然不同的二物。气只是理的载体，理需要气才有安身之处，理与气不离不杂。人物之性体则是通过禀赋理气而来，理赋予人物性，而气则赋予人物形，人物都是理气不离不杂的存在。在人物的异同方面，朱熹认为，人物在本质上都是相同的，都是同一理的显现。在人物之别方面，陈来先生认为，朱熹有一个从早年的"理同气异"到晚年的"理有偏全"的发展过程：朱熹认为，人物均有禀赋天理，但人禀赋天理得全，而物禀赋天理得偏，这就是"理一分殊"说；在人与人之间的性质差别上，朱熹则认为理同气异，人之气有清浊不同，人均禀赋同一个"天理"，这是人的天然之性，天然之性无不善，但人一旦禀气则会形成气质之性，气质之性则有善有不善的分别。至于天然之性与气质之性又有何种关联，是两种"性"还是一种"性"的

---

① 转引自谢芳等《王夫之别开生面的人性论探析》，《南华大学学报》2009年第4期。

两种表现？我们可以通过朱熹的这段话进行分析：

> 气质是阴阳五行所为，性即太极之全体。但论气质之性，则此全体堕在气质之中耳，非别有一性也。①

由此可见：

> 气质之性便只是天地之性，只是这天地之性却从那里过，好底性如水，气质之性如撒些酱与盐，便是一般滋味。②

太极全体之性与气质之性并不是截然分开的两种人性，不是除了天然之性之外别有一气质之性，而是天然之性禀气成形的过程中，沾染了气质之杂，而使天地之性具有了一些不同的特点，即有善有恶的特点。因此，人的气质之性本质上仍是天地之性，是天地之性的变异。从这个意义上讲，人便只有一个气质之性，而不是人既有一个气质之性，还有一个天然之性。朱熹对人性的理解有其辩证的积极意义，但其局限性也是显而易见的：一方面，为人自我涵养、格物穷理而向善打开了一个通道；另一方面，由于他强调人性源于"理一"，因此也就抹杀了现实生活中人的欲望与情感需要的多样性、复杂性，并且把人禀气而具有的形体感性认定为"恶"之源，即把人的身体需要、欲望、情感视为万恶之源。朱熹的人格修养论就是要人革掉这些个人的欲望，逐渐实现向全善之天然之性或者天然之理回归，因此才有"存天理，灭人欲"的非人性呼唤。在这样的人性追逐之中，有情感、需要、欲望之别的真实的活生生的个体完全消失在了朱熹的视野

---

① （宋）朱熹：《朱子全书》第23册，安徽教育出版社2002年版，第2960页。
② 同上书，第197页。

中，非人性取向也就成了一成不变的僵死的教条。① 从现代性的视野反观朱熹的人性论，颇有些重理轻气、重一轻殊的舍本逐末倾向：朱熹高度关注了人性中的外在规范性，而忽视了人性中人的主观能动性。这种人性价值观也就导致了朱熹的经济伦理思想领域"重义轻利""以义代利"的价值取向。朱熹认为：

> 仁义根于人心之固有，天理之公也。利心生于物我之相形，人欲之私也。②

这种倾向遭到了同时代的心学开创者陆九渊的强势批判。

陆王心学的人性论不是以"理"作为其逻辑起点，而从"心"出发，主张"心即理"。这样，心学在心、理、性、气这四个方面就自然形成以一条顺畅不阻碍的通道，消除了朱熹理气两分的理论矛盾。而且"心即理"的提出，表明心学从客体的天理回归主体的心，彰显了心学对人的主观能动性的高度弘扬。只是，萧蓮父先生认为，心学对人的主体性弘扬也是抽象的，因为心之理的理与朱熹的天理并无二致。③ 因此，心学中的人只不过是抽象无着落的道德人，人的意义就在于发明本心和致良知。心学的"良知"由内而外的主动建构功能，使外界的真实存在被彻底地消解，真实的个体之生活生存实践被

---

① 对于朱熹"理欲观"的诠释不同时代出现过多个版本：民国时期以胡适、李石岑、冯友兰为代表，就出现过两种迥异的观点，有学者批判朱熹"视人的情欲为仇敌。制定了许多不近人情的礼教，来以理杀人、吃人"（胡适，1924）；而有的学者则否认前面一种认识，认为，戴震以及其他反对朱熹的理欲之辨的人，都误解了宋儒关于"人欲"的含义，在宋儒中，欲或人欲亦称私欲或恶欲（冯友兰，1934）。自 20 世纪 80 年代以来，学者们对朱熹的"存天理，灭人欲"的理解均是在冯友兰先生的观点上有所发展。由此可见，学界对朱熹的理欲观诠释是比较公正客观的，但从对社会政治经济影响来看，似乎胡适等人的观点无论是在宋朝以来的思想历史中还是在社会民众的知识传播中，均占据着主导地位。正是从社会影响力方面，本书仍然沿用前一种对朱熹理欲观的理解。

② （宋）朱熹：《四书集注·孟子·梁惠王章句上》，岳麓书社 1988 年版，第 292 页。
③ 萧蓮父：《陆学小议·吹沙二集》，巴蜀书社 1999 年版，第 131 页。

完全搁置，先验的个体取代了经验的个体，普遍意义上的道德价值掩盖了个体意义上生活实践需要的价值。与程朱理学一样，现实的人被掩盖在伦理道德意义的普遍世界中，现实的人被消解，道德原则和道德规范通过另一种路径被强化。不过，后期的阳明心学发生了分化，形成了心学异端学派——泰州学派，以李贽为代表。泰州学派明确反对程朱理学和陆王心学脱离人的现实生活而抽象地定义人性的方法，主张肯定个体的自身价值以及个体情欲差异的合理性。李贽更是提出"穿衣吃饭，即是人伦物理；除却穿衣吃饭，无伦物矣"[1]，将人性置于现实生活中，诉求个性的解放与发展。

宋明新儒学内部程朱理学与陆王心学的相互"贞邪相竞"，以及后期心学的分化辩难，正是王夫之别开生面人性论产生的学术背景。而处于明末清初社会动荡不安、国破家亡之时代条件下的王夫之，深感学术的空疏之风对自上而下的社会风气腐蚀之重，深感重建人性论的必要性。他既批判宋明理学的人性论对现实个人生活实践的忽视，也反对泰州学派李贽视"穿衣吃饭即是人伦物理"的异端邪说，力图以张载为载体，回归孔孟，重建儒学正统人性论，架构一个按"气—性—心—身"逻辑展开的生成论人性观。生成论人性观主要是反对将人性作为一个僵死的东西来对待，而主张从人自身的现实存在出发，主张"依人建极"。人生活在气化流行的活生生的世界，生存条件（包括自然条件和社会条件）作为气运行的载体，是不断变化的，因此气之理也是变化的，进而提出人性是"日生则日成"的十分先进的人性生成论观点。另外，由于王夫之反对把人当作先验的或抽象的道德存在，主张人的存在是生长性的存在，是不断向外涌现以彰显自我

---

[1] （明）李贽著，张建业、张岱注：《焚书注·答邓石阳》，社会科学文献出版社2013年版，第8页。

的存在，而人又是禀"二殊五实"而形成性的，因此无论是禀理或天之性，还是禀二殊五实之性（二殊即阴阳二气，五实即五行；此命题即"理—分殊"，一理与万物的关系），都是人性。由此，提出了与宋明理学相对立的辩证的"理欲皆性"的人性论。

王夫之的人性论以"气本论"为逻辑基础，对张载"气论"进行阐发与发展，并对气的范畴赋予了新的规定，运用质测之学的方法，对理气关系探赜阐微，多有发明。

> 虚空者，气之量；气弥纶无涯而希微不形，则人见虚而不见气。凡虚空皆气也。[①]

张载认为有气与虚空之分，王夫之则认为虚空就是气，只是气本身为无形的东西，通过虚空以及人物为载体而存在，故曰"虚空即气则无无"。在理性关系问题上，王夫之十分反对程朱理学视理、气为二、悬理于气之上的形而上学的观点，而主张"气者，理之依也。气盛则理达""理即是气之理，气当得如此便是理，理不先而气不后。理善则气无不善；气之不善理之未善也"。以理气关系为基础，进一步发展了张载的性气说，因而有"合理与气有性之名"著名命题。"性是二气五行妙合凝结以生底物事，此则合得停匀，结得清爽，终留不失，使人别于物之蒙昧者也""性者，天人授受之总名也"。[②] 人性不是外物，是阴阳二气运行生成的。所谓"天人授受"是指，人禀气而成形，这个气即是天，指自然的人性。一旦人有了自己的思想之后，那么人自己也会在现实丰富的社会实践中来砥砺人性，故曰"天人授受"。可见，人性既有"纯善"之先验的一面，也有有善有恶之

[①]（明）王夫之：《船山全书》第12册，岳麓书社2011年版，第23页。
[②]（明）王夫之：《船山全书》第6册，岳麓书社2011年版，第397页。

经验生成的一面。在这两个方面中，后天生成的一面是主要的方面，而先验的方面只是为日后的人性修炼向善打开一条上升通道。

那么，天人是如何"授受"人性的呢？王夫之提出"性日生日成"的进步观点。这是王夫之人性论最光辉的方面，也因为这种对人性发展的正确认识，才有后面对人性的比较正确的全面诠释：

> 形化者化醇也，气化者化生也。二气之运，五行之实，始以为胎孕，后以为长养，取精用物，一受于天产地产之精英，无以异也。形日以养，气日以滋，理日以成；方生而受之，一日生而以日受之，受之者偶所自授，岂非天哉？故天日命于人，而人日受命于天。故曰性者生也，日生而日成之也。①

宇宙间人、物皆由"气化"而成"五行之实"，"气化流行"则"生生不息"，则作为"五行之实"的人也是一开始禀天而为雏形，即"始以为胎孕"。"胎孕"的构成是"取精用物""受于天产地产之精英"。因此，这种"始以为胎孕"的人之初性是相同的，且是善的。这是对孔子"性相近也"思想的继承②，但也包含着人性天成的先验性理论局限性。接着，王夫之对孔子的"习相远也"进行了汲汲彰显的发挥。人一旦禀气成形，气每日都会以全新的方式砥砺人，人会在现实的生生不息的生活中日益得到滋养。这样，理就会在生生不息中得以形成，所以人一生下来就禀天而成，此后每活一天就受一天。所谓人性是生成的，是指人性是由每天丰富的实践锻铸而成的。这是鲜明地反对程朱理学的先验、抽象的道德人性论观点，高扬"日生则日成"的人性生成论观点。在王夫之看来，人性是个生成的过程：

---

① （明）王夫之：《船山全书》第 2 册，岳麓书社 2011 年版，第 300 页。
② 《论语·阳货》。

习与性成，习成而性与成也。使性而无弗义，则不受不义；不受不义，则习成而性终不成也。使性而有不义，则善与不善，性皆实有之；有善与不善而皆性，气禀之有，不可谓天命之无。气者天，气禀者禀于天也。故言性者，户异其说。今言习与性成，可以得所折中矣。夫性者生理也，日生则日成。则夫天命者，岂但初生之顷命之哉！但初生之顷命之，是持一物而予之于一日，俾牢持终身以不失。天且有心以劳劳于给与，而人之受之，一受其成侀而无可损益矣。①

日生日成之性是纯善还是善恶的呢？王夫之提出"理欲皆性"的辩证主张。人性既然是生成的，故有义与不义之分。假使人性没有恶的存在，那么它就不会有恶的影响，而实践过程则是有善有恶的，那么人性纯善就是不成立的；假使人性有不义的存在，则人性善恶皆人性应有之义。中国传统素有"理欲"对立的倾向，到程朱理学更是把人欲归于恶，把天理纳入纯善的范畴，进而提出"存天理，灭人欲"的极端口号。对此，王夫之极力反对，提出"盖性者，生之理也"②，人性是什么，人性不过是人生存的道理。人要生存，一方面会有自然性的吃喝住行等物质性基本需求；另一方面人是群居动物，有社会性，所以人要实现好的生存又必须要有义的一面，以协调人与人、人与自然、人与社会的关系。作为一个人，都既会有仁义之需，亦会有物质之需，"仁义礼智之理，下愚所不能灭；而声色臭味之欲，上智所不能废"③ "二殊五实之妙，翕合分剂为一阴一阳者，举凡口得之成味，目得之成色，耳得之成声，心得之成理者皆是也。是人之自

---

① （明）王夫之：《船山全书》第2册，岳麓书社2011年版，第299页。
② （明）王夫之：《船山全书》第12册，岳麓书社2011年版，第128页。
③ 同上。

幼讫老,无一日而非此以生者也,而可不谓之性哉?"① 人从少到老,无不是禀二气五实而日生日成的。因此,对味、色、声的需要即天理。

事实上,在对待"人欲"问题上,王夫之的剖析是极为精细的。他在分析"尽己之谓忠,推己之谓恕"之忠恕之道时,深入剖析了这其中一"己"字。他说"合尽己言之,则所谓己者,性也、理也;合推己言之,则所谓己者,情也、欲也"。② 从朱熹解释的忠恕之道之一"尽"一"推",可以看出,人性中既包含"理",又包含"情欲","尽己"即"尽乎己性之德",而"推己"则是"于情欲见之也"。意思是,人们在要求自己的时候,是以天、理来要求的,而在对待别人的时候,则是以情推之,而事实上这个"情"即"理","欲合乎理,性通于情"。③ 但是,不是每一个人都能实现"情欲"与"性理"的合一,只有"圣人"才能达到这个境界,所以说"若圣人,则欲即理也,情一性也"。④ 又说"圣人有欲,其欲即天之理。天无欲,其理即人之欲"⑤。什么是天理?天理是无形的,它要通过人之欲才能得以现象,人欲即天理。理是体,欲为用,理与欲的关系即体与用的关系。因此,说:"学者有理有欲,理尽责合人之欲,欲推即合天之理。于此可见,人欲之各得,即天理之大同;天理之大同,无人欲之或异。"⑥ 这就从体、用关系角度论证了理与欲的辩证关系。但是值得注意的是,他所指的"人欲"并不是没有限制的私欲、恶欲。正所谓

---

① (明)王夫之:《船山全书》第2册,岳麓书社2011年版,第300页。
② (明)王夫之:《船山全书》第6册,岳麓书社2011年版,第638页。
③ 同上书,第640页。
④ 同上书,第639页。
⑤ 同上书,第641页。
⑥ 同上书,第641页。

"欲字有褒有贬"①,"欲者,已之所欲为,非必理之所必为也"②。意思是说,人欲包括必然的正当欲求,也包括为理排斥的非正当的欲求,只有"理之所必为"者才"可欲",只有"可欲"者才能称之为"善"。那么何谓"可欲"者呢?"合于人心之所同然,故人见可欲。而其但能为人之所欲,不能于人之所不知欲、不能欲者"。③ 由以上论述可见,这个称得上"天理"的"人欲"是有限制的,用亚里士多德的话来说,这种"天理人欲"是需要"逻各斯的规范性克制"④,能够克制或者限制的就是"圣人"。按照传统儒家对"圣人"的理解,"圣人,人伦之至也"⑤。因此,作为"人伦之至"者的欲望一定是一个正常人维持生存必需的正当个人需要。正是从这个意义上,王夫之强烈反对"革尽人欲,复尽天理""人欲净尽,天理流行"等极端禁欲论。他认为,禁欲论从语句逻辑上也是讲不通的:

>"须是人欲净尽,然后天理自然流行",此语大有病在。以体言之,则苟天理不充实于中,何所为主以拒人欲之发?以用言之,则天理所不流行之处,人事不容不接;才一相接,则必以人欲接之,如是而望人欲之净尽,亦必不可得之数也。⑥

王夫之从体与用的层面驳斥了禁欲论的邪说从体上讲,假如天理不充实于人欲之中,那么人拿什么来遏制欲望?从用上讲,人事处处充斥着人欲,想要革尽人欲那就没有人事了。因此,"须人欲净尽"的观点是说不通的。另外,他也不赞同"穿衣吃饭、即是人伦物理"

---

① (明)王夫之:《船山全书》第6册,岳麓书社2011年版,第757页。
② 同上书,第763页。
③ 同上书,第757页。
④ 谢芳:《人性之维:亚里士多德论逻各斯》,《伦理学研究》2016年第4期。
⑤ 《孟子·离娄上》。
⑥ (明)王夫之:《船山全书》第6册,岳麓书社2011年版,第764—765页。

之极端功利论，而是强调两者的辩证统一，正所谓"饥则食、寒则衣，天也。食各有所甘，衣亦各有所好，人也"①。他明确指出："凡诸声色臭味，皆理之所显。非理，则何以知其或公或私，或得或失？故夫之曰：为国以礼。礼者，天理之节文也。识得此理，则兵农礼乐无非天理流行处……"② 对人欲的蔑视将导致对天理的蔑视，"吾惧乎薄于欲者之亦薄于理，薄于以身受天下者之薄于以身任天下者"③。因此说，"天理、人欲，只争公私诚伪。如兵农礼乐，亦可天理，亦可人欲。春风沂水，亦可天理，亦可人欲。"④ 所以，他才说"于天理达人欲，更无转折；于人欲见天理，须有安排"⑤。

王夫之进一步论证理欲皆出自"天"，故理欲合性。

> 而或受于形而上，或受于形而下，在天以其至仁滋人之生，成人之善，初无二理。但形而上者为形之所自生，则动以清而事近乎天；形而后有者资形起用，则静以浊而事近乎地。……则一屈一伸之际，理与欲皆自然而非由人为。故告子谓食色为性，亦不可谓为非性，而特不知有天命之良能尔。若夫才智不齐，则均是人而差等万殊，非合两而为天下所大总之性；性则统乎仁而无异之谓。⑥

理欲皆出自天，"理"作为"善性"出自"形而上之天"，"欲"作为"形所自生"者，受之于形而下之地。不过，在这里，王夫之多次提及形而下之性有善有恶。为什么形下之性有善有恶呢，因为"人之权"。

---

① （明）王夫之：《船山全书》第6册，岳麓书社2011年版，第641页。
② 同上书，第765页。
③ （明）王夫之：《船山全书》第3册，岳麓书社2011年版，第374页。
④ （明）王夫之：《船山全书》第6册，岳麓书社2011年版，第765页。
⑤ 同上书，第641页。
⑥ （明）王夫之：《船山全书》第12册，岳麓书社2011年版，第128页。

> 生之初，人未有权也，不能自取而自用也。惟天所授，则皆其纯粹以精者矣。天用其化以与人，则固谓之命矣。生以后，人既有权也，能自取而自用也。自取自用，则因乎习之所实，为其情之所歆，于是纯疵莫择矣。①

人性有善有恶，因为人有"权"，拥有自取自用的选择权利，所以才导致纯疵莫辨。由此可见，无论是全善的"形而上之性"，抑或有善有恶的"形而下之性"都是自然而然出自天，而不是由人自己能够决定的：

> 夫天之生物，其化不息。初生之顷，非无所命也。何以知其有所命？无所命，则仁、义、理、智无其根也。幼而少，少而壮，壮而老，亦非无所命也。何以知其有命？不更有所命，则年逝而性亦日忘也。②

这里主要是强调社会生活实践活动对人性的决定作用，既强调人性的生成性，也明确强调了人性的客观存在性。

由人性的客观存在性进而提出人性的不可压制性：

> 性自不可拘蔽。佁人拘蔽他，终奈他不何，有时还迸露出来。即不迸露，其理不失去。既不可拘蔽，则亦不可加以明之之功。心便扣定在一人身上。③

天理与人欲到底存在哪些不同呢？除了来源不同，即形而上与形而下的不同，还有的区别就在于"公私诚伪"之别。宋明理学坚持的

---

① （明）王夫之：《船山全书》第2册，岳麓书社2011年版，第300—301页。
② 同上书，第299—300页。
③ （明）王夫之：《船山全书》第6册，岳麓书社2011年版，第397页。

先验的道德准则视为"理",解读为"公欲",理就是"公欲",人欲之大公,就是天理之至正,就是无私。另外,天理与人欲还是"理欲同行而异情"的,所谓"理欲同行"是指理欲都是依附在人的身体上而存在的。当理欲面对可欲之物时,又会有不同表现,天理因为是公欲之正,倾向于"方正齐平";而人欲作为个人之私,倾向于扩展充实。

人性由天命决定,所以才有恒定性。这种恒定性是指人性之善可继可成可革,又曰"继善成性"。

> 乃其所取者与所用者,非他取别用,而于二殊五实之外无所取用……天命之谓性,命日受则性日生矣。目日生视,耳日生听,心日生思,形受以为器,气受以为充,理受以为德。取之多,用之宏而壮;取之纯,用之粹而善;取之驳,用之杂而恶;……是以君子自强不息,日乾夕惕,而择之、守之,以养性也。于是有生以后,日生之性益善而无有恶焉。①

人性修养,就是革除不好的东西,择之、守之以养性,对日生日成之性即欲要克制,否则会陷入不义的境地:

> 若夫二气之施不齐,五行之滞于器,不善用之则成乎疵者,人日与偷昵苟合,据之以为不释之欲,则与之浸淫披靡,以与性相成,而性亦成乎不义矣。②

那么,人性为什么可以修行,使之向善呢?因为人生之初,秉承天理,人性中有善的根源,这样就为人性向善打通了一条通道。

---

① (明)王夫之:《船山全书》第2册,岳麓书社2011年版,第301页。
② 同上书,第301页。

性屡移而异。抑惟理之本正也而无固有之疵,故善来复而无难。未成可成,已成可革。性也者,岂一受成侀,不受损益也哉?故君子养性,行所无事,而非听其自然,斯以择善必精,执中必固,无敢驰驱而戏渝已。①

由以上论述可见,在王夫之人性生成的场域中,始终存在两个彼此相对的视域,一个是"天之几",一个是"人之几",一个是天性,一个是后天形成的人性,两者在人性形成的活动中互相激荡。人性的生成过程:"有在人之几,有在天之几。成之者性,天之几也。初生之造,圣后之积,俱有之也。取精用物而性与成焉,人之几也。初生所无,少壮日增耶。"因此他批判"悬一性于初生之顷,为一成不易之侀,揣之曰:'无善无不善'也,'有善有不善'也,'可以为善可以为不善'也,呜呼!岂不妄与!"②所谓"几"即善恶之几,"几,善恶也,""天之几"主要是从受动的方面来说明,人性是一个绵延而自生的过程,即继善成性的过程。天道继善,故成人之善性,但只有天的作用还不够,还必须有人自身的参与。天从主动方面赋予人之善性,是一个"给"的过程。这个过程要有效果,还要有人的主动"禀",即人自觉地"自继其善"。王夫之特别强调人的"继"之功和"存养"的作用。"天之几"彰显的是天的本体地位,而"人之几"则突出了人的主体地位:由于人有"权",因而可以选择继善,也可以选择不善的意欲之性。

继之则善矣,不继则不善矣。天无所不继,故善不穷;人有所不继,则恶兴焉……乍见之怵惕,延之不息,则群族托命矣;

---

① (明)王夫之:《船山全书》第2册,岳麓书社2011年版,第301页。
② 同上书,第302页。

介然之可否，持之不迁，则万变不惊矣……其不然者，禽兽母子之恩，嗯嗯麖麖，稍长而无以相识；戎狄君臣之分，炎炎赫赫，移时而旋以相戕；则惟其念与念之不相继也，事与事之不相继也尔矣。从意欲之兴，继其所继，则不可以期月守；反大始之原，继其所自继，则终不以终食忘。何也？天命之性有终始，而自继以善无绝续也。①

人性的生成不是一个简单的受动过程，而是一个主动的授受过程。天之几是人性善的源头，为人性善的规定方面，没有天之几，人性善无源；同样，没有人之几，天命之善无实。那么人如何继善？王夫之主张以"健顺五常之正"以"贞"性，则不日便可成性之善，反之，则成性之恶。"然则饮食起居，见闻言动，所以斟酌饱满于健顺五常之正者，奚不日以成性之善！而其鲁莽灭裂，以得二殊五实之驳者，奚不日以成性之恶哉？"②

以上论述可见，王夫之的人性论以气本论为基础，从天之几和人之几的角度，对人性的形成及特点原始要终，人性善是其基本观点，而因为后天的禀赋及人作为有血有肉的生命之躯亦有自然的欲望需要。"欲"作为活生生的人的需要是自然的，是应该得以基本满足的。王夫之反对程朱理学视欲一概为恶的片面观点。但我们也要注意到，王夫之并不认为人欲均是性，有些人欲是人性即人之生理，有些人欲则是恶，需要扬弃。王夫之的理欲说具有伟大意义。梁启超高度评价了王夫之的理欲学说在中国思想史上的贡献，指出"其言'天理即在人欲之中，无人欲则天理亦无从发现'，可谓发宋元以来所未发；后

---

① （明）王夫之：《船山全书》第1册，岳麓书社2011年版，第1008页。
② （明）王夫之：《船山全书》第2册，岳麓书社2011年版，第302页。

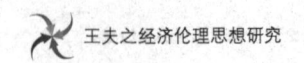

此戴震学说实由兹衍出"①。

王夫之人性论虽然继承传统人性论中重视"理"的成分，但又尤为重视"人欲"，这是其人性论思想区别于或者高于传统人性论的地方，也因此使其人性论及其奠基于之上的经济伦理思想发出了振聋发聩的近代启蒙之呐喊。这声呐喊是为正常人性的呐喊，是为活生生的现实人的呐喊，是为生民之正常生存权的呐喊。从某种程度上讲，他已经抛开了过去那种僵死的、抽象的人性论对现实人的限制，不再用高高在上的抽象道德来约束生生不息的人性，而是正确地认识到了人的七情六欲等功利性要求之正当性以及满足这些正当欲求之历史必然性规律。

王夫之"理欲合性"的人性论奠定了其经济伦理思想的基本价值取向，主要体现在如下两个方面。其一，因为看到"人欲"之正当性，而在经济伦理中体现了对生民个体之生死存亡前所未有的重视，甚至将生民之生死视为一切经济理论的最高价值原则。这也使得王夫之经济伦理具有真正的实践理性之意蕴。其二，主张人欲有"公私诚伪之别"的观点，使他非常辩证地区分了"私欲"与"公欲"之迥异，因而在鼓励满足"公欲"之时，也防止了某些统治阶级为了一己之私欲而损害百姓的行为。这就奠定了其又主张节制人性的一面：

> 耳目口体之各有所适而求得之者，所谓欲也；君子节之，众人任之，任之而不知节，足以累德而损于物。虽然，其有所适而求得之量以任之而取足，则亦属厌而止，而德不至于凶，物不蒙其害；君子节情正性之功，未可概责之夫人也。况乎崇高富贵者，可以适其耳目口体之需，不待损于物而给，且以是别尊卑之

---

① 梁启超：《清代学术概论》，岳麓书社2010年版，第19页。

等，而承天之祐，则如其量而适焉，于德亦未有瑕也。①

对于耳目口体之欲，君子懂得节制、约束之，而普通人往往放任之，放任而不节制，则必然损德损物。因此，对待人的各种欲望，正确的态度应该是"如其量而适"，只有这样才能做到不损德亦不累物。为此，王夫之在消费伦理领域，提出"絜矩之道"的消费伦理理念。"正当的欲求"即"公欲"的观点，使他的理论中充满着平等的观念，因此无论是在生产伦理领域还是在分配、交换伦理领域，平等、公平的观念处处都得到彰显。

---

① （明）王夫之：《船山全书》第10册，岳麓书社2011年版，第1151页。

第三章　王夫之"尊民重农"的生产伦理思想

生产活动是基本的经济活动，亦是其他一切经济活动的前提，因此生产伦理是"经济伦理的基本组成部分"①。而所谓生产，就其对象来说即可以解释为财富生产，就生产领域来说，又可以分为农业生产和工商业生产。众所周知，财富生产是人类自古就有的生产活动，农业生产和工商业生产虽说都是在进行对象为财富的财富生产，但农业生产和工商业生产并不是同时出现的，工商业生产比农业生产的出现要晚得多，且发展的程度远没有农业生产完备。即使到了明末清初王夫之生活时代，工商业生产已经较大数量的存在，但也主要是一些与农业相关的加工行业，如以交换为目的的粮食或其他农作物生产、自然资源如矿产等的开采。由于这样一些客观经济环境和条件的存在，使王夫之在讨论生产的伦理规范时，主要体现为对农业生产领域的关注，而对工商业生产关注较少。因此，下文将主要就王夫之在农业生产领域的一些伦理思考进行分析探讨，以深刻了解王夫之对农业

---

① 周中之、高惠珠：《经济伦理学》，华东师范大学出版社2002年版，第93页。

生产的重视倾向、对生产资料所有制的伦理思考、对生产活动的价值取向以及对生产目的之伦理诉求。王夫之的生产伦理思想的基本价值取向即"尊民重农"。本章的基本线索是：首先，农业生产是财富的重要来源，且是关系国计民生的大事；其次，在重农的基础上，合乎逻辑地展开保护土地私有的伦理辩护；最后，在重农和保护私有财产的逻辑基础上，进行减少政府行政干预、保护生产自由的伦理论证。

第一节 "农事至重"：对"重农务本"的价值论证

重视农业生产，满足人们的基本生存需要，是中国传统经济伦理思想的共同特征。在很长一段时间里，甚至认为创造财富的行业唯有农业，工商业因为被认为不具有生产财富的价值，因此一直在社会经济中占据的份额很少，也无法得到统治者和民众的重视。王夫之基本继承了中国传统的重农观念，但由于时势的变迁以及客观存在的经济发展形势的变化，他开始注意到了工商业的生产功能，并给予一定积极的伦理评价。但从整体上看，王夫之认为，农业仍然是社会生产的主体部门。这无论是在王夫之所处的社会现实来看，还是从王夫之思想认识来看，事实的确如此。

明末清初时代的中国，尽管受国际上商品经济萌芽与发展的影响，商品经济固有了一定的发展，工商业作为一股不可忽视的力量，自觉不自觉地在国民经济生产中占据了一定地位。但是，自给自足的农业自然经济仍然是支撑整个封建王朝等级制度的经济根基。应该说王夫之的"重农"思想也是对社会客观现实的正确认识。同样是主张

"重农",但较之中国传统的"重农"之主张,王夫之的重农思想却暗含着许多新的因素,而这些因素又非常深刻地彰显了王夫之思想中"反封建"的近代气息。

一 "谷者,民生死之大司也":从个体生存层面

王夫之在赞扬唐朝初年高宗时期的赋税制度"取民之制,酌情度理,适用宜民"时,主要是从百姓生存的角度来深入分析的。他直截了当地指出,"谷者,民生死之大司也"[1],农业生产出来的粮食是决定着人们之生与死问题的重要财富,粮食是人们生命存在之源。农业是粮食之源,尤其在商品经济并不十分发达,国际贸易以奢侈品为主的古代社会,解决粮食问题主要依靠古代封建国家国内农业生产的发展。因此,封建国家一直强调农业生产的重要性就不足为怪了。从个体生存层面看,粮食问题是关系人们生死的关键性问题。作为朴素的唯物主义者,王夫之自然能够深刻地懂得,人们生存与发展首先需要解决"吃"这个基本的物质需要。用王夫之的话来讲,粮食是满足"生人之用"的主要物质资源。所以说"民之所为务本业以生,积勤苦以获,为生理之必需"[2]。既然如此,统治者就应该从国家发展战略高度来重视农业生产,劝导农民安分守己,认真务农,"以治民之制言之,民之生也,莫重于粟;故劝相其民以务本而遂其生者,莫重于农"[3]。从这段话看,王夫之认为统治者要重视农业,也是因为"民之生也,莫重于粟",主张统治者仍然要从维护百姓生存的角度来关注农业。由此可见,王夫之要求统治者把维护个体生存利益提高到治

---

[1] (明)王夫之:《船山全书》第10册,岳麓书社2011年版,第745页。
[2] 同上书,第512页。
[3] 同上。

国安邦的高度予以重视:"明君贵五谷而贱珠玉。五谷之所以贵者……所以贵者何也?待之以生也。匹夫匹妇以之生,而天子以生天下之人,故贵;若其不以生天下之人而奚贵焉?"① 明君一定会以五谷粮食为贵重而轻视金玉珠宝,粮食之所以珍贵,正因为粮食对生民来说是事关生死的大问题,是匹夫匹妇赖以生存的基本物质条件,也是天子赖以养活百姓的基本手段。如果粮食不能起到养活人的作用,那么粮食对人或者对国家来说就没有什么用处了。王夫之在注释《孟子》中"民事不可缓也"时,这样解释道:"民事,谓农事。……言农事至重,人君不可以为缓而忽之。"② 王夫之把"民事"直接解读为"农事",较之孟子似乎更进一步。之所以如此,原因在于,当时工商业者并没有形成一个固定的阶层,少数的工商业从业者也是农民,因此在当时被称为"民"的主要是农民。王夫之称"民事"即"农事"即不能说是一种落后的社会认识,亦不能认为是一种先进的思想,只是对社会现实的客观反映。我们从王夫之的言论可知,当时农业及农民在社会中的地位仍然十分重要,因而一直强调维护粮食的价格稳定,并视之为重农的主要手段。

事实上,粮食关系着个体生命之生死,这是一个常识性的问题,无论是在生产不发达的古代农业社会,还是在生产已经十分发达的现当代商业社会,粮食都是唯一对生命生存具有直接价值的物质财富。但,就是这么一个常识性的问题,却很少被王夫之之前的思想家们这么明明白白地谈论过。王夫之之前的思想家也多是"重农主义"者,然而在谈论农业的重要性时,多是从封建"国君""国家"的层面来思考,很少愿意从百姓生存这个角度来关注农业问题。王夫之观察视

---

① (明)王夫之:《船山全书》第10册,岳麓书社2011年版,第725页。
② (明)王夫之:《船山全书》第8册,岳麓书社2011年版,第304页。

角的改变，意味着其对传统"庶民"之个体利益的重视，而这个视角极具反封建之启蒙意义，也是资本主义经济正常运行所必需的基本条件。王夫之经济伦理思想始终关注现实生活中丰富的、具体的个人，这在常常以封建一家一姓之利益来掩盖"庶民"个体利益的浓厚封建意识的氛围中，实属难能可贵，体现了一种与传统封建意识斗争的理论勇气。

二 "佐天子以守邦者，莫大乎谷帛"：从国家安全层面

王夫之进一步认为，种植粮食的农业生产不仅仅可以解决人们生存生理必需品问题，而且是帮助国君守护山河的最为重要之事情。他说："佐天子以守邦者，莫大乎谷帛。农夫终岁以耕，红女终宵而纺，遍四海，历万年，唯此之是营也。"[1] 王夫之为何把"谷帛"视为"佐天子守邦"之大呢？仔细分析，有以下三个原因。

第一，"粟者财之本也"[2]。王夫之认为，对于一个国家来说，"粟"即谷物是财富之本。也就是说，一切财富的最终意义即在于满足国家和人们生存、生活之所需，故粮食即表现为最为根本的财富。在落后的农业社会，粮食生产的丰硕或匮乏是一个国家富裕与贫穷的根本标志，因而保持粮食生产的充足是立国之本。

第二，"立国则必有积储矣"[3]。"积储"即囤积一定数量的粮食。在诸侯国林立的群雄争霸的年代，一个国家要立于不败之地，就必须囤积足够的粮食，假使突然遇到外敌入侵，也能够随时拿出补给军队必需的粮食，以抵御强敌。一旦粮食生产不足将会导致危及国家稳定

---

[1] （明）王夫之：《船山全书》第10册，岳麓书社2011年版，第608页。
[2] 同上书，第726页。
[3] 同上书，第1151页。

统治的情况出现。因为如果军队补给困难,军队会不惜一切手段掠夺农民粮食,危及百姓性命。

> 旱饥即至于县罄,岂有馁死之兵哉?所馁死者民耳。立国则必有积储矣,即不给,而民之仅存者严刑迫之,无求不得也;又不给,而坐食于民,或纵之掠夺而不禁也;则使其主多以为军食,亦以纾民之死尔。禁舟车之运,勿使粜充军食者,亦适以重困其民也,岂果于救民者之所忍为乎?①

因此说:

> 米粟者,彼已死生之命,胜败之司也。②

第三,"粟生金死而后民兴于仁"③。王夫之看到了农业生产过程中所蕴含的道义价值。事实上,关于农业生产的道义价值并不是王夫之的创见,早在《吕氏春秋》里就有对农业的道德价值进行过伦理正当性的辩护:

> 古先圣王之所以导其民者,先务于农;民农,非徒为地利也,贵其志也。民农则朴,朴则易用,易用则边境安,主位尊。民农则重,重则少私义,少私义则公法立,力专一。民农则其产后,其产后则重徙,重徙则死其处,而无二虑。④

意思是说,使人们全心务农的目的不仅仅是为了从土地中获取直接的物质利益,为人们生产和生活提供物质资源等功利性价值,还在

---

① (明)王夫之:《船山全书》第10册,岳麓书社2011年版,第1153页。
② 同上书,第609页。
③ 同上。
④ 张双棣等译注:《吕氏春秋·上农》,中华书局2007年版,第280页。

于"贵其志",因为"农之用力最苦"。① 正是由于劳作艰苦,环境条件艰难,才会培养百姓朴素的道德品质,通过艰苦劳作的方式来磨炼人们的意志,陶冶人们的情操。百姓从事农业就会民风淳朴,然后就好管理,这样边境就会安宁,国家的统治秩序就会稳定。由此可见,王夫之重农,不仅因为发展农耕生产是解决老百姓生存的根本大计,而且是稳定民心和社稷的大事,故曰:"国以民为本,有民而后国可为;民以农为先,有农事而后民可用。"②

而为了保护农业的本业地位,王夫之从粮食价格和农业税收两个方面提出了相应的政策措施。王夫之对粮食价格的合理性十分关注,他从保护农业、保障民生、维护社会稳定的战略高度出发,认为一个国家不能听任于粮食普遍遭到轻贱的事情发生,因为"粟贱伤农"。在丰收年份,当粮食收成颇丰时,国家要进入市场干预,包括国家以平价收购粮食以充实边疆地区,以防止水旱灾害发生造成粮食的匮乏,不能让老百姓轻易糟蹋粮食;如果并不是全国都是粮食丰盛的情况,那么,国家就应该把粟米由便宜的地方运送到贵的地方去,以平抑粮价。否则就会造成粟死金生的伤农局面。在这里,王夫之把商业看成末,把农业看成本,这也是学者认为王夫之"重农轻商"的一个理由。但要看到,他并不彻底拒绝商业的发展,因为他也谈到了粟贵伤末的情况,只是觉得商业的发展应该限制在不伤害农业的范围之内。确实,在以农业为主的封建社会,农业是一国之根本,这是毋庸置疑的。就算在商业如此繁荣的现代社会,各个国家仍会把农业生产当作国家的根本。但同时,我们要看到王夫之对农业、粮食的重视也并不完全意味着对农民的重视,他主张国家不应该让老百姓手中有余

---

① 石磊等译注:《商君书译注》,黑龙江人民出版社2003年版,第145页。
② (明)王夫之:《船山全书》第8册,岳麓书社2011年版,第312页。

粮，害怕百姓手中有了余量就会糟蹋或者出售，最终导致粮食浪费，而农民则可能不务正业（农业）转而导致经商的坏现象出现。王夫之提出的方法虽然没有伤害粮食，可是很可能伤害农民，对于维护农业可能适得其反。

三 "金粟交裕于民，厚生利用并行，而民乃以存"：从农商关系层面

王夫之还从传统的农商本末之辩证角度分析农业在传统社会中的本业地位。

众所周知，在古代社会，人们把农业当作本业，把工商业当作末业，这本身蕴含着非常明确的价值取向，即"重本轻末"。这是鉴于当时的生产条件，农业直接提供维持人们生存的生活资料，在商业尤其是国际贸易没有发展起来的古代社会，粮食这种"救命"的物质只能依靠封建国家自己大力生产；而且，在以农业为主的封建社会，农业还是统治阶级治理国家以及保证统治阶层生活舒适所需经费的直接来源甚至是唯一来源。因此，无论哪一阶层都无法不重视农业。质言之，视农业为"国之本""民之先"，这不仅仅是人的主观认识的结果，更是对现实经济条件实事求是的反映。古代为王者甚至以自己重视农业生产来标榜自己是"圣王"。先秦各派一般都重视农业，如先秦儒家虽然鄙视从事农业生产的农民，也不愿意参加农业生产，但对于农业很重视。战国时期农学家许行是大胆公开支持农业生产的思想家，他甚至要求统治者也应该和农民一样参加农业生产。除了西汉桑弘羊公开支持发展商业之外，其他思想家基本上都十分肯定农业的地位。但我们可以看到，思想家们对待农业和农民是持不同的态度的，大多表现为重视农业，却轻视农民，把农民视为从事卑贱劳动的"庶

民",这里面深深蕴含着统治阶级价值观的矛盾冲突。

事实上,在先秦之前的文献中,很少有出现轻视工商业的观点,而要求重视工商业,并要求农工商各安其业的记载也很多。比如,王夫之就曾说过,"古之民朴矣,农、工、商、贾各世其业"①。真正轻商是从战国时期孟子开始的,孟轲公开咒骂商人为"贱丈夫",道家则认为那些持有一技之长的匠人在道德上就是一种"恶",法家商鞅更是把"驱使工商业者为农"定为其改革的基本经济政策。中国传统社会区别对待农业与农民,却在对待商业与商人的问题上没有如此清醒的认识,他们纷纷把轻末视为轻视商人,把抑末视为抑制商人。传统统治者是因为商人的恶才打击商业,而不是相反。商人的恶源自哪里呢?商人因为是"游堕"之民,却获利颇丰,一方面统治者无法收取租税,在商业刚刚萌芽发展阶段,国家的管理措施也没有跟上来;另一方面商人"游堕"很容易在社会上形成游手好闲的形象,从而带坏社会风气,使农民不安心务农,影响封建国家的稳定;最为重要的是古代社会,自荀子开始,认为工商业并不生产财富,这是导致思想家憎恨商业及商人的直接原因。比如,秦王朝和汉初就推行过"困辱"商人的极端政策。尽管如此,商品经济还是在封建统治的夹缝中野蛮生长了,汉代的晁错曾经感叹:"今法律贱商人,商人已富贵矣。"这句无奈的叹息,却道出了一个历史事实:"君主们在任何时候都不得不服从经济条件,并且从来不能向经济条件发号施令。"②随着商业的发展和商人的富裕,在思想界中开始出现一些与政治政策相反的观点。东汉时期政论家王符就非常辩证地指出农工商各有其本末,

---

① (明)王夫之:《船山全书》第10册,岳麓书社2011年版,第417页。
② [德]马克思、恩格斯著:《马克思恩格斯全集》第4卷,中共中央马克思恩格斯列宁斯大林著作编译局译,人民出版社1995年版,第121页。

并不能把工商业一概视为末业。晋代的傅玄（字休奕）也很清醒地指出商人可贱，但商业对于国家经济来说却是很重要的行业。农学家贾思勰则极力主张地主兼营商业。南宋事功派学者叶适则明确地批判社会上抑制商业的观点，指出：厚本抑末，非正论也。

对于农业与工商业在国民经济中的地位，王夫之沿用的是传统说法，即称农业为"本业"，称商业为"末业"，但王夫之对待本业与末业的态度却有许多不同于传统观点的"新见"，主要有以下两点。

第一，他强调在国民经济中，农业生产为先，为重中之重，不能被任何其他事物耽搁。比如，他把"民事"解释为"农事"，足见他对农业生产的重视。他指出"人君不可以为缓而忽之"[1]，这有两层含义：一是农业播种有季节限制，所谓"亟其乘屋，其始播百谷"[2]。错过了季节，农业就要荒芜，所以缓不得、等不得。二是所有其他方面的生产只不过是为农业服务的辅助，都要为农业服务，一切伤害农业的生产都是在道德上为恶的东西，都要批判。

第二，尽管王夫之在农商本末的关系上并没有超出传统的认知范围，但是他在对待商业与农业的关系问题上却是前进了一大步。农业是本，商业为辅，对于这样的观点，我们无法说他因此是落后的地主阶级，毕竟，鉴于当时的经济条件，还是以农业而为主的社会，商业的发展还处在没有明确方向的阶段。另外，由于明末农民起义推翻大明王朝这样的痛切心扉的教训，王夫之不得不重视农民的生存现状。但可贵的是，他看到了工商业的发展对于农业发展的巨大作用。古代轻末主要是因为不认同工商业能够创造财富，而王夫之则已经认为工商业亦是国家重要的财富。农业与商业是一种相互依赖的关系，只有

---

[1] （明）王夫之：《船山全书》第8册，岳麓书社2011年版，第304页。
[2] 同上。

农业与商业共同发展,才能保证百姓生活丰足不短缺:

> 农夫终岁以耕,红女终宵而纺,遍四海,历万年,唯此之是营也。然而婚葬之用,医药之需,盐茗之资,亲故乡邻之相为酬,多有非谷帛之可孤行,必需金钱以济者。①

农民生活要能正常维持下去,除了需要粮食之外,也需要"金钱",即需要贩卖粮食以换取其他必要的生活开支。质言之,王夫之是从农业的重要性而考虑到稳定农民的重要性由稳定农民的重要性,而考虑到维护农民正常生活的重要性,从而开启了对发展工商业之"善"的正确认知。这种基于"生民之生死"的认知立场不仅仅彰显了其"创新"的意识,就是在现代社会,仍然值得我们深思、借鉴,毕竟"民"才是国之本。

王夫之从重视"生民之生死"的立场出发,主张发展工商业,不仅主张在一国之内鼓励通市贸易,而且主张国与国之间大胆进行国际贸易往来,即使敌对国家也要在商业贸易方面开绿灯,只有这样才能实现"富国裕民"的目的,"天下交相灌输而后生人之用全,立国之备裕"②。

> 夫唯通市以无所隐,而视敌国之民犹吾民也,敌国之财皆吾财也,既得其欢心,抑济吾之匮乏。金钱内集,民给而赋税以充,耕者劝耕,织者勤织,山海薮泽之产,皆金粟也。本固邦宁,洞然以虚实示人,而奸宄之径亦塞。利于国,惠于民,择术之智,仁亦存焉,善谋国者,何惮而不为也?③

---

① (明)王夫之:《船山全书》第10册,岳麓书社2011年版,第608页。
② 同上书,第1058页。
③ 同上书,第1059—1060页。

第三章 王夫之"尊民重农"的生产伦理思想

王夫之主张以农业为本,也主张发展工商业,发展工商业的目的是更好地维持农业的稳定发展。在王夫之的价值世界里面,他希望建立的是一个使"耕者耕,工者工,贾者贾"的"大同之世"①。

第二节 "土地民有":对土地"私有制"的合法性辩护

生产资料所有制是马克思主义政治经济学的一个核心概念,在马克思主义看来,在任何社会中其最基本的实践形式都是生产实践,而要进行生产首先就要发生占有生产资料的方式问题。因此,生产资料所有制是决定社会其他一切关系的基础,是分配、交换、消费等方式的决定力量;生产资料所有制的性质也决定着一定社会之性质。马克思说:不论生产的社会形式如何,劳动者和生产资料始终是生产的因素。但是,二者在彼此分离的情况下只在可能性上是生产因素。凡要进行生产,它们就必须结合起来。而实行这种结合的特殊方式和方法,使社会结构区分为各个不同的经济时代。

王夫之虽然算不上一个完整意义上的经济学家,但他在思考社会经济问题时,其思考的逻辑基础或前提亦是生产资料的归属问题。也就是说,保障农业生产能够得到健康、可持续发展的基本逻辑前提是土地资料的所有制问题。他同样意识到,只有首先解决生产资料归属问题,才谈得上劳动产品的分配正义问题和消费的合理性问题。在以

---

① (明)王夫之:《船山全书》第10册,岳麓书社2011年版,第845页。

农业为主的自给自足为基础的封建社会，土地自然是社会各阶级关注的最为核心的生产资料，那么王夫之在土地的归属问题上是如何思考的呢？

一 "王者能臣天下之人，不能擅天下之土"——对封建君主土地所有制的批判

根据王夫之相关论述，所谓"封建君主土地私有制"，就是指夏商周"三代时期"的土地国有制，即孟子所谓的"普天之下，莫非王土；率土之滨，莫非王臣"的时代土地归君主所有①，君主代表国家，因此也就是土地国有制。② 那么，王夫之如何分析中国封建社会土地所有制的发展历程？他又是如何看待孟子所谓的君主所有制时代？他对土地所有制的新走向又有何新见呢？

（一）中国古代土地所有制的发展历程

在考察人类社会经济发展史时，王夫之一以贯之地坚持"务实""经验"的原则，认为对于社会历史，"吾无无穷之耳目，不能征其虚实"③，因而提出考察古代历史，必须以"可闻之实"为依据；而预测未来，则"以先见之几而已"。④ 那么，什么是"可闻之实"？王夫之并没有作详细解释，但在《读通鉴论》中有这样的解释："揆之以

---

① 《孟子·万章上》。
② 学界对"君主"能否代表"国家"存在争议，如侯外庐等学者将"皇族土地所有制"视为"国家土地所有制"，而以胡如雷为代表的一些学者则认为"所谓国家土地所有制也就是地主政权代表了全部地主阶级（包括皇族）的土地所有制"。（胡如雷《试论中国封建社会的土地所有制形式》，《光明日报》1956 年 9 月 13 日）
③ （明）王夫之：《船山全书》第 12 册，岳麓书社 2011 年版，第 467 页。
④ 同上。

理，察之以情，取仅见之传闻，而设身易地以求其实。"① 质言之，考察社会历史应当采取的方法是：既要"取仅见之传闻"，又要"设身异地以求其实"。也就是说，既要查阅相关的文献资料，也要对文献资料作一番"揆之以理，察之以情"的比较、甄别而求证的过程。正是通过这样精益求精的治学方法，王夫之提出了大胆而又精彩的关于中国古代社会土地所有制发展进程的创见。

在《宋论》卷二中，王夫之对中国土地所有制的发展进程进行了详细的论述，这一论述与他对中国历史发展的阶段论相契合。

他说：

> 夫三代之制，见于典籍者，既已略矣，若其画地域民，而倬任土作贡者，则有以也。古之人民，去茹毛饮血者未远也，圣人教之以耕，而民皆择地而治，唯力是营；其耕其芜，任其去就，田无定主，而国无恒赋。且九州之土，析为万国，迨周并省，犹千有八百诸侯，自擅其土以取其民，轻重法殊，民不堪命。故三代之王者，不容不画井分疆，定取民之则，使不得损益焉。民不自为经界，而上代为之。非此，则择肥壤，弃瘠原，争乱且日以兴，芜莱且日以广。故屈天子之尊，下为编氓作主伯之计，诚有不得已也，夫岂以限万世而使必服其征哉！乃其所谓再易者，非必再易也；一易者，非必一易也；其莱田，非必莱也；存其名，不核其实，勤者不禁其广耕，而田赋止如其素。故自上农以至下农，其获五等。岂百亩之所获，勤惰如是其差乎？莱地之耕否使然耳。
>
> 及汉以后，天下统于一王，上无分土逾额之征，下有世业相

---

① （明）王夫之：《船山全书》第10册，岳麓书社2011年版，第763页。

因之土，民自有其经界，而无烦上之区分。至于兵火之余，脱锋刃而务灾畬者，或弱民有田而不敢自列于户，或丁壮有力而不敢自垦其田。夫亦患田之不辟而民之不勤，百姓不足而国亦贫耳。无与限之，弗劳募也。名为募而实为综察，以与归飞之雁争稻粱，不已惨乎！①

这段论述主要是反驳中国古代曾经存在的一种土地国有制——井田制。他详细地论述了土地所有制的历史发展过程，从远古的"田无定主"到三代的"画地域民"，汉以后"土地世业相因"即土地私有制形成。

"田无定主，而国无恒赋。"这是人类历史的第一个时代，即"去茹毛饮血未远"的时代。这个时期，农业生产初兴，人们自由地选择土地耕种，仅仅依靠力量收获，耕种或者不耕种都是人们自己的选择，没有外力强制。这个时候土地没有固定的所有者，土地任由人们自由选择、自由耕种，也没有国家强制缴纳的赋税。王夫之认为这个时期，没有财产的私有或公有的概念，一切都是纯自然而然的状态。正如学者侯外庐所言，王夫之把这个时期视为一种"没有财产私有制的时代"②。事实上，王夫之亦把这个时期视为没有财产所有制的时代，包括公有制。按照16—17世纪自然法和社会契约论创始人霍布斯的说法，这亦是一个"人人平等""人人自由"时代。霍布斯认为这样的自然状态是"一切人反对一切人的战争状态"。王夫之也持此论："轻重法殊，民不堪命。故三代之王者，不容不画井分疆，定取民之则。"在社会最初期，土地处于一种自然的无归属状态，它是自

---

① （明）王夫之：《船山全书》第11册，岳麓书社2011年版，第77—78页。
② 侯外庐：《中国思想通史》第5卷，人民出版社1957年版，第141页。

然天地之产物，因而"民皆择地而治"。民能"择"地，说明了这样两个伦理问题：其一，在人类社会最初时期，根本没有土地所有制这件事，土地所有制是社会发展的产物，土地本来是一种没有归属权的自然之物；其二，民既然能择地，不仅说明土地天生并没有所有权问题，而且说明，当时土地数量相对于人的耕种力量来说是过剩的。这从另外一个侧面证明，后来社会出现土地所有制问题是因为地少人多，以强凌弱的必然结果。

"画井分疆，以取其民。"这是历史上的第二个时代，即"三代"。这个时期，统一的国土被分割成大大小小的许多小国，到周朝尽管采取了并省的措施，仍然还有大小诸侯国 800 多个。各个国君依靠占据土地的所有权来掠夺其臣民，人们不能自己选择土地耕种，而由国家对天然的没有归属权的土地代为管理，按照"井田制"原则，把土地分封给臣民，然后规定赋税，收取税收。如果土地不为国家所有，那么诸侯国之间以及人们之间就会因为争夺赖以谋生的土地而进行频繁战争。这个时期的土地被确定为国有有其历史的必然性，亦有其合理性，因而说"故屈天子之尊，下为编氓作主伯之计，诚有不得已也"。但，三代之王划分的并不是"王"私人拥有的土地，而是代替百姓划分经界，为的是防止土地"芜莱"，抑止人们"争乱"，为维护社会稳定，"诚有不得已也"。既然是"上"不得已而为民"分经界"，怎么能"限万世而使必服其征哉！"这一段是对孟子以来所盛传的"井田制"即土地国有制的大胆批判。

"世业相因，民自有其经界。"这是人类历史发展的第三个阶段。汉代之后，国家统一，诸侯分割的现象消失了，天下统一于一个国君，人们依靠祖业承袭土地，不需要依靠国家来确定耕种的土地。这说明，汉之后，土地开始由国有变为世代私有了。但值得注意的是，

"世代私有"仍然是在君主所有制下的"私有",而并非近现代意义上的"个体私有"。

从以上分析,可以看出,王夫之在土地所有制问题上,对孟子以来传闻有土地君主所有制或者土地公有制是持否定态度的。那么,他是如何否定文献资料盛传的这个"历史"的呢?

(二) 若土,非王者之所私得也

有学者认为王夫之的这个划分比较契合中国古代历史发展的阶段实际。王夫之对孟子以来盛传的夏商周三代实行"井田制"的说法持质疑态度,反对朱熹在《孟子集注》中把"一夫百亩"解读为"三代授田之制"[①],认为三代国君根本无权授田,只是"屈天子之尊,下为编氓作主伯之计",代替百姓分经界而已。而他对封建土地制度试图做出新改革的想法亦是以批判历史上的"井田制"为突破口的。

那么王夫之对"井田制"持质疑态度的理由是什么?其目的又是什么?

根据现有的资料查询,最先提及"井田制"的是孟子在劝勉统治者施"仁政"时讲的:

> 夫仁政,必自经界始。经界不正,井地不钧,谷禄不平,是故暴君污吏必慢其经界。经界既正,分田制禄可坐而定也。夫滕,壤地褊小,将为君子焉,将为野人焉。无君子,莫治野人;无野人,莫养君子。请野九一而助,国中什一使自赋。卿以下必有圭田,圭田五十亩;余夫二十五亩。死徙无出乡,乡田同井,出入相友,守望相助,疾病相扶持,则百姓亲睦。方里而井,井

---

① (明) 王夫之:《船山全书》第 6 册,岳麓书社 2011 年版,第 62 页。

第三章　王夫之"尊民重农"的生产伦理思想

九百亩,其中为公田。八家皆私百亩,同养公田;公事毕,然后敢治私事,所以别野人也。此其大略也;若夫润泽之,则在君与子矣。①

我们知道,孟子所言的"井田制"是一种"土地国有制度"②。王夫之在《噩梦》之开篇便对孟子提及的"井田制"作了另一种意义的诠释:

孟子言井田之略,皆谓取民之制,非授民也。天下受治于王者,故王者臣天下之人而效职焉。若土,则非王者之所得私也。天地之间,有土而人生其上,因资以养焉。有其力者治其地,故改姓受命而民自有其恒畴,不待王者之授之。唯人非王者不治,则宜以其力养君子。井田之一夫百亩,盖言百亩而一夫也。夫既定而田从之,田有分而赋随之。其始也以地制夫而夫定,其后则唯以夫计赋役而不更求之地,所以百姓不乱而民劝于耕。后世之法,始也以夫制地,其后求之地而不求之夫,民不耕则赋役不及,而人且以农为戏,不驱而折入于权势奸诡之家而不已,此井田取民之制所以为盛王之良法,后世莫能及焉。夫则有制矣,田则无制也,上地不易,百亩而一夫,中地一易,二百亩而一夫;下地再易,三百亩而一夫。田之易不易,非为法禁民使旷而不耕也,亦言赋役之递除耳。再易者,百亩三岁而一征也。一易者,间岁而一征也。上地百亩而一夫,中地二百亩而一夫,下地三百亩而一夫。三代率因夏禹之则壤为一定之夫家,而田之或熟、或莱、或有广斥,皆不复问。其弃本逐末,一夫之赋自若,民乃谨

---

① 《孟子·滕文公上》。
② 关于这种国有土地制历史上是否真正存在过,当前学术界亦尚存有争论。

守先畴而不敢废。①。

王夫之认为，孟子所论及的"井田制"，不是"授民"之制，而是"取民之制"，如果认作"授民"之制，那就必须承认"土地国有"的事实。王夫之直截了当地指出："若土，则非王者之所得私也。"论证的方法是两个：经验事实和对孟子思想的理性辨正。下面试分别论述。

第一，从经验事实层面分析，井田制非国有制。自然界一切人、物的生成与存在是自然而然的过程，天地之间有了土地，从而土地上有了人。也就是说，土地是比人先存在于自然界的资源，因此它天生地不属于任何人私有，而是一种自然存在物。关于这一点，马克思也有过如此的论述："从一个较高级的经济的社会形态的角度来看，个别人对土地的私有权，和一个人对另一个人的私有权一样，是十分荒谬的。甚至整个社会，一个民族，以至一切同时存在的社会加在一起，都不是土地所有者。他们只是土地的占有者，土地的受益者，并且他们应当作为好家长把经过改良的土地给后代。"② 我们不能不赞赏王夫之对土地问题思考之深刻与马克思有着惊人的相似。但是，土地却并不天生地能够或者适合种植，任何土地都是人力开发的结果。所以说人出现以后，人要依靠土地提供物资而得以生存。人们凭借自己的智慧和力量获得土地耕种土地，根据人们自己的约定而自有可以世代相因的永久的固定耕种的土地，根本不需要君主来授受。因为土地是自然界的产物，可以为任何一个有能力耕种的人占有耕种。而且事实上，最开始的人类历史也确实是通过这种方式获得原始的土地，之

---

① （明）王夫之：《船山全书》第 12 册，岳麓书社 2011 年版，第 551—552 页。
② ［德］马克思著：《资本论》第 3 卷，中共中央马克思恩格斯列宁斯大林著作编译局译，人民出版社 2008 年版，第 878 页。

后便是从祖上"承袭"。故曰:"地之有稼穑也,天地所以给斯人之养者也"①。王夫之在土地所有权问题上触及了一种自然法则,具有十分重要的近代启蒙倾向。英国近代经验主义哲学家洛克就曾说过与王夫之近似的话:"大地和大地上的一切东西,都是给人们用来维持他们的生存和舒适生活的。土地上所有天然生产的果实和它所养育的兽类,是自然的自发之手生产出来的,都属于人类所共有。这些东西都处于自然状态中,最初没有人对其中的任何部分拥有排斥其余人类的私人控制权。"②

第二,从孟子言论的矛盾层面分析,井田制乃取民之制。王夫之认为,孟子言"井田之一夫百亩"的意思应该是指"百亩一夫",不是1个人丁授予100亩的土地,而是指凡100亩土地便规定1个人丁,人丁确定了,土地就跟随人丁,然后根据人丁规定应缴纳给国家的赋税。之后,在确定赋税时不以土地的数量来计算,而仅仅根据人口来确定,即"以夫计赋役"。"井田制"是为了方便统治者计算赋役的制度,这种"以夫计赋役"的制度是十分有意义的,只要以人丁为缴纳赋役的标准,老百姓就会自觉地珍惜自己已经拥有的土地并勤恳劳作。当然,他也忽视了复杂的诸多社会、政治等因素对土地占有现状的重要影响。

另外,王夫之认为,如果按照朱熹的理解,"一夫百亩"指的是国君向每个人丁授田100亩的话,那么为何"夏后氏五十而贡,殷人七十而助",而至于周朝,则"百亩而彻"呢?也就是说,王夫之对授田数的增加表示疑惑。夏因为洪水的缘故,很多土地被淹没没有开

---

① (明)王夫之:《船山全书》第12册,岳麓书社2011年版,第745页。
② [英]约翰·洛克著,赵伯英译:《政府论两篇》,陕西人民出版社2004年版,第144页。

垦，土地数量少，似乎还有道理，"然殷之于周，又何以赢缩益差邪？"① 夏商周每个朝代授予人们的土地数量增加没有理由，因此就不能将之理解成为"授田"。事实上，王夫之在这里的理解是有误的，在《孟子·滕文公上》中记载这样一段话：

> 夏后氏五十而贡，殷人七十而助，周人百亩而彻，其实皆什一也。彻者，彻也；助者，藉也。龙子曰：治地莫善于助，莫不善于贡。贡者，校数岁之中以为常。乐岁，粒米狼戾，多取之而不为虐，则寡取之；凶年，粪其田而不足，则必取盈焉。为民父母，使民盼盼然，将终岁勤动，不得以养其父母，又称贷而益之，使老稚转乎沟壑，恶在其为民父母也？夫世禄，滕固行之矣。诗云："雨我公田，遂及我私。"惟助为有公田。由此观之，虽周亦助也。

夏朝的赋税制度是贡法，商朝的赋税制度是助法，西周则是彻法，贡、助、彻是夏商周时期实行的不同的赋税制度，即朝贡、出劳役以耕公田与实物地租，但三者的税率均是1/10，又名"什一税"。因此，王夫之并不能据此来反驳井田制作为"公田制"的存在。

同时，王夫之也认为"三十授田，六十归田"之授田归田之说为"千古之必无之事"②。他分析说，如果按照授田归田者的说法，30岁由国君授田，60岁再把土地收回国有，事情会很复杂。举例说，假如1井之中8户人家各生了4个儿子，每户人家归田只有100亩，而却需要国家授田400亩，这里需要多授予的土地从何而来？假如邻近井里人都没有死亡的，那么10井之中，30年之后，人丁将多出来数百

---

① （明）王夫之：《船山全书》第6册，岳麓书社2011年版，第62页。
② 同上书，第63页。

人，那么分给这些多出来的人口的土地又从何而来呢？由于这样的问题存在，授田归田之说根本站不住脚。当然，王夫之的推理未免简单直观，说服力不足。

他还从天地不可分割来论证土地不能被王者私有：

> 地之不可擅为一人有，犹天也。天无可分，地无可割，王者虽为天之子，天地岂得而私之，而敢贪天地固然之博厚以割裂为己土乎？
>
> 王者代兴代废，而山川原隰不改其旧；其生百谷卉地木金石以养人，王者亦待养焉，无所待于王者也。①

因而"王者固不得而擅之"。事实上，这段话论述的是土地所有权的"神圣性"。马克思也曾把这种土地所有权叫作"神圣的所有权"，认为随意剥夺人民的"神圣的所有权"的行为是"最无耻的凌辱"。那么，天地之固有土地既然不为王所有，又如何证明为老百姓所有呢？王夫之认为，老百姓耕种的土地是从他们先祖手里承继过来的，"田则自有五谷以来民所服之先畴，王者恶得有之"，至于先祖的田地又是从哪里得来的？"故井田之法，私家八而公一，君与卿大夫士共食之，而君不敢私。"由此可见，王夫之把先祖得田的历史追溯到了井田制。②

王夫之反对历史上曾经存在井田制的理由，在今天看来都不免有些简单直观。但是我们应该注意的是，他反对井田制的根本目的不在于井田制本身，而在于他的立论点或者他的归结点：土地本为民所

---

① （明）王夫之：《船山全书》第10册，岳麓书社2011年版，第511页。
② 在这里，王夫之的说法出现了矛盾，他既不承认井田制的存在，又要通过井田制来证明土地民有的观点。

有，土地自古以来就是民之恒畴，不是王者授之而得的。王夫之大胆设想，土地民有的制度，可能肇始于夏侯氏之世，甚至还可能自农耕以来就已固有之。接下来，他又从这个地本民有的观点立论，从三个方面来论证授田制度存在的虚妄。其一，既然土地为民所固有，那么如果夏朝存在授田50亩的井田制，就得"夺力可耕数百亩者之田，以分给罢惰者"。王夫之认为这种"王莽之乱政"不可能发生在夏代。其二，占有土地尽管多寡肥瘠不同，但毕竟完全无田者只是少数，土地超过50亩者是多数。如果将超过50亩的土地都授给无田者或补给不足50亩田地者，将还会有相当一部分土地因此而荒废，这样的"尤不仁之甚者"也不会发生在夏代。其三，正由于民固有田，于是对孟子的"夏侯氏五十而贡"只能解释为根据劳动的能力和土地占有的情况，规定"一夫而征其五十亩之贡，而非一夫五十亩之田"。①王夫之的这些观点前后不无抵牾。比如，一方面坚定地通过各种论证否定井田制的存在，态度十分鲜明；另一方面在《读四书大全说》中，又说过井田制为黄帝所作，并猜测过殷、周授田之数，接着又怀疑"至于七十、百亩，殷所以少而周所以多者，真不可晓。则或七十、百亩者亦夫田赋税之法，而非果限诸民也"，又说"周既增殷三十亩，则经界必须尽改，其烦劳亦已太甚；而渐次推移，则有弃其故壤而授田于百里之外者，得无有捐坟墓、异风土之悲乎？"②

王夫之否定井田制的存在是与其"土地民有"的观点相联系的，或者说地本民有既是他否定井田制存在的立论基点，又是他的根本价值诉求。

---

① （明）王夫之：《船山全书》第6册，岳麓书社2011年版，第64页。
② 同上书，第578页。

二 "有其力者治其地""民自有其恒畴"——对土地民有的伦理辩护

王夫之批判"土地君主私有制"或者"土地国有制",是因为他希望建立一个土地"民有"的土地制度。无论是从自然法则的角度,还是从民生角度,土地民有才符合王夫之视域中的"正义原则"。只有这样的土地制度才能使人们正常的生存资源得到保证,才能稳定民心,进而维护封建国家的长治久安。为土地民有作有力辩护,体现了其经济伦理思想中寻求个人正当利益的近代气息。他不遗余力地批判中国传统"普天之下莫非王土"的君主所有制思想,认为土地是自然之物,是天地生之物,这种天地生之自然物天生就没有物主,但它依靠力量才能耕种,使之发挥应有的"资生"之物用,因此就土地的这个特性来说,只有拥有开垦土地、从事稼穑能力的人,才可以作为土地的所有者。另外,土地历来而且永久地是私有的,"人各治其田而自收之,此自有粒食以来,上通千古,下通万年"[①]"民自耕而自入,原不待于君之区画。君而强为之制,只以乱民之心目,民亦未有能从者也"[②]。

关于理想的土地制度,王夫之明确提出这样两个命题:"有其力者治其地"与"民自有其恒畴"。这两个命题包含这样两层含义:其一,土地本无归属权问题,但是自从人出现之后,人要依靠土地种植粮食维持生命,那么在人类社会之初,人们是依靠何种方式来占有土地和使用土地的呢?还有一个问题就是,在占有土地和使用土地之间哪一个是"逻辑在先"呢?王夫之认为,人们最初依靠"力量"大

---

① (明)王夫之:《船山全书》第6册,岳麓书社2011年版,第45—46页。
② 同上书,第44页。

小的方式来获得土地，有力量或者能力耕种的人才配治理土地，反之则没有占有权亦没有使用权。这就否定了统治者可以凭借手中的权力独占土地之理由的正当性。而在"占有"和"使用"哪个逻辑在先的问题上，王夫之认为"使用"逻辑上先于"占有"。因为根据土地最初并没有归属权的设想，人们则是采取先使用则先占有的原则，先获得了土地的使用权，后才在事实上获得了土地的占有权，即获得了土地的所有权。看来，王夫之亦赞同，既然有了人类，原本无归属的自然土地必然要有个归属。其二，既然人类历史上有先使用而后占有的原则，而且这个占有过来的土地还可以世代因袭、传承，那么作为子孙后代继承祖上的土地则是合理合法的（但王夫之并没有论证财产继承的合理性）。因此，"民"根本不需要任何人来授予田地而自有之。只是在这里，王夫之并没有明确指出："民自有"的恒畴是指占有了土地的所有权还是指占有土地的世代使用权。但不管怎样，王夫之表达了这样的立场："民"世代耕种的土地并不是任何人授予的，也不是任何人的恩惠。

我们要相对准确地评价王夫之在这个问题上的阶级立场，必须懂得其这里所谓的"民"或者"有力者"是指哪类人？关于这个问题，现代学者们分歧颇大。任继愈先生认为："王夫之站在地主阶级立场，他说的'民'是一般地主，而不是贫无立锥的佃农，真正的贫苦农民哪里能有世代相传的土地？这说明王夫之所说的公乃是地主阶级的公，不是劳动人民的公。"[①] 李守庸先生则认为，土地民有中的"民"，主要是指"自耕农民"，因此他认为王夫之理想的土地制度是"一种以自耕农民为主体的小土地所有制"[②]，并不是代表"中小地主

---

① （明）王夫之：《船山全书》第 16 册，岳麓书社 2011 年版，第 1329 页。
② 李守庸：《王夫之经济思想研究》，湖南人民出版社 1987 年版，第 102 页。

的利益",也不是代表"市民阶级"的理想。李守庸先生的理由有三点:其一,《噩梦》中反复提到"一夫百亩""百亩而一夫"的"一夫",显然指的自耕农民而非地主。而至于这个"夫"指的是农民而不是地主的依据是什么?李守庸先生并没有详细解释。其二,在《读通鉴论》中王夫之明确无误地把自耕或自种与佃耕严格分开,并且对佃耕还作了解释,"强豪挟利以多占,役人以佃而收其半也"。李守庸先生认为王夫之已经把严格意义上的地主,即出租土地收取地租的地主,无论大中小,全部排除在自种自耕者之外。其三,文中说"人所自占为自耕者,有地不得过三百亩,"把"三百亩"作为一个人自占为自耕的上限。根据《噩梦》中的这段论述可知这个地指的是"下地":

> 上地不易,百亩而一夫,中地一易,二百亩而一夫;下地再易,三百亩而一夫。田之易不易,非为法禁民使旷而不耕也,亦言赋役之递除耳。①

那么,耕种下地的肯定是农民,而不是中小地主阶级。王夫之把三百亩看作井田取民之制时代一个劳动力所能耕种的最大面积。② 根据以上理由,李守庸先生认为王夫之所指的"有力者"指的就是自耕农民,而不是中小地主阶级。

而笔者在分析前辈争论分歧焦点的基础上,再认真研读王夫之论著并深入理解王夫之思想情感之后,认为王夫之所谓的"民",在最原始的意义上应该是指没有等级差别的、自由、平等之人,这些人是还没有经过社会分化的自由、平等的人。如果片面地认为,王夫之所

---

① (明)王夫之:《船山全书》第12册,岳麓书社2011年版,第551页。
② 李守庸:《王夫之经济思想研究》,湖南人民出版社1987年版,第82—84页。

指的"民"仅仅是"农民",或者"中小地主阶级",都有过于强调王夫之的某一个方面思想感情之嫌。笔者是出于以下几点思考而作出这个结论的。其一,王夫之在谈到土地所有制起源时这样说道:"天地之间,有土而人生其上,因资以养焉""有其力者治其地""民自有其恒畴"。很明显,这里的"人"应该是指没有任何等级区分的自然人,至于之后的阶级划分为农民、地主等不同阶级应该都属于这个"自然人"的范畴。而"有其力者"以及"民"则是没有等级区分的"自然人"的同义语。其二,王夫之所谓的"民"绝不是如李守庸先生所言,仅仅指称"自耕农"。关于王夫之的阶级立场,大多数学者持相同意见,即他始终站在封建统治阶级的立场,要求维护封建国家的统治秩序,坚持"王者臣天下之人",把农民比喻为"蠢蠢为利"的小人,而以"小人养君子"则是天之制。[①] 因而在这样的阶级立场下,很难证明王夫之会纯粹地为了农民阶级谋福利。其三,王夫之所谓的"民",也绝不可能如任继愈先生所言,仅仅指称中小地主阶级。因为王夫之对社会所有现实问题的思考都是出于这样的历史事实:那就是明王朝被异族灭亡。王夫之始终认为,明王朝的灭亡最根本的原因就是农民大起义,而农民起义的原因则是统治者横征暴敛、残酷剥削、疯狂兼并土地,最终逼迫农民铤而走险、揭竿而起。鉴于其忧国忧民的爱国主义情感,要想安抚民心,必须给予农民拥有土地的自由权利。而王夫之作为一个学者,他要做的则是为农民拥有土地所有权和使用权作理论上的辩护。由以上三点可以看出,王夫之的所谓"土地民有"之民,是指社会上的每一个人,他要建立的土地所有制,也是一种私有制,但与封建地主阶级私有制不同的是,他主张拥有土地

---

① (明)王夫之:《船山全书》第12册,岳麓书社2011年版,第522页。

资源的"私人"是劳动者，而不是"非劳动者"。① 王夫之主张的"小私有制"类似于马克思曾经解释过的，是"用自己双手耕种自己的田地并满足于小康生活的小土地所有制"②，或者又叫作"个人的、以自己劳动为基础的私有制"，也称之为"个人所有制"。③ 马克思认为，"劳动者对他的生产资料的私有权是小生产的基础，而小生产又是发展社会生产和劳动者本人的自由个性的必要条件。"④ 王夫之主张的小私有制是对封建专制制度的反叛，是对广大百姓心声的回应，也体现了他经济伦理观中强调"自由个性""自由生产"的价值理念，具有显著的时代启蒙意义，因为生产资料私有正是资本主义经济顺利进行的必要前提。

王夫之提出的"土地民有"的大胆构想孕育着主张个体正当利益的合法性，彰显着自由平等的近代诉求。这是一种"大胆的公开的进步，这是一种启蒙"，因而蕴含了丰富的经济伦理内涵，彰显了丰富的近代启蒙气息。

总而言之，土地民有论，是王夫之震撼于明末农民大起义的威力，深感土地问题关系到朝廷兴衰的重要性，而站在谋求国家民族长治久安的角度提出来的。因而，这些观点里面会有突破前代开启后世的思想，但也不可能找到彻底变革旧的封建制度的意愿。有学者据此认为王夫之的土地思想缺乏维护农民利益的基本价值取向，这是欠思

---

① 马克思在《资本论》第一卷中分析"资本主义积累的历史趋势"这个问题时，指出，同样是私有制，"但私有制的性质，却依这些私人是劳动者还是非劳动者而有所不同。"（中共中央马克思恩格斯列宁斯大林著作编译局译：《资本论》第 1 卷，人民出版社 2008 年版，第 872 页）

② ［德］马克思著：《资本论》第 1 卷，中共中央马克思恩格斯列宁斯大林著作编译局译，人民出版社 2008 年版，第 824 页。

③ 同上书，第 874 页。

④ 同上书，第 872 页。

考的。就算王夫之的土地民有论源于对明王朝灭亡之反思，但当他深入考察农民生活之现实状况时，他愤懑地谴责统治阶级生活之骄奢，而满怀感情地同情农民生活之困苦。说他完全没有维护农民利益的基本精神，是一种莫大的误解。

三 "土满而荒，人满而馁"——对土地兼并的伦理批判

基于对"土地民有"之理想土地制度的伦理诉求，王夫之深恶痛绝明朝中后期愈演愈烈的土地兼并现象，并对土地兼并历史现象进行了严厉的批判和讨伐。甚至认为，明王朝走向灭亡的罪魁祸首就是贪人败类兼并土地、贫富两极分化才最终导致农民揭竿而起。为维护土地民有之理想制度，王夫之对"土地兼并"现象之根源、影响及抑制土地兼并之策略进行了深刻的揭露和分析。

事实上，"土地兼并"现象并不是明朝才出现，而是颇有历史渊源了。关于历史上产生"土地兼并"现象的时代问题，当前学术界颇有分歧。另外，学界对三代实行的土地制度问题基本赞同"土地国有制"之说。因此，有的学者相应地认为，西周时代没有土地买卖或者兼并的现象，原因是西周实行"土地国有制"，无法"自由买卖"。加上那个时代地多人少，人们可以自由选择想要耕种的土地，因而也大可不必买卖，只是随着土地国有制的瓦解，土地私有制的出现，才出现了土地买卖或者土地兼并的现象。但是，王夫之坚决反对中国历史上曾经存在土地国有制度，那么土地兼并到底产生于何时，就存在争论了。不管如何，有一点是肯定的，即"土地兼并"现象产生的前提是土地私有制的产生。土地私有制的出现，也意味着随着人口的不断繁衍，人多地少必将成为一种趋势，土地是人们生存的必要资源，却也日益成为短缺、紧俏的资源，人们越来越意识到更多地占有土地

资源的重要性了。那么，弱肉强食的土地兼并现象则必然演变为现实。据相关史料记载，个人为土地资源而发生的争斗现象在春秋末期就已经出现，而到战国时期，先秦诸子百家就已经有许多记载土地兼并现象的文字了。比如，《孟子·滕文公上》记载："子之君将行仁政，选择而使子，子必勉之！夫仁政，必自经界始。经界不正，井地不钧，谷禄不平，是故暴君污吏必慢其经界。经界既正，分田制禄可坐而定也。"由这段文字记录可以分析出，孟子时代，人们已经开始珍视土地资源，而且已经出现了有人"慢其经界"的现象，即有土地被侵占的现象。孟子及其之后的思想家们纷纷讴歌三代时期的一种典型土地国有制的"井田制"现象，从另一个侧面反映了土地兼并愈来愈严重的社会历史现实。

那么，王夫之对历史上土地兼并现象产生的时代问题持何种观点呢？关于这个问题，一些现代学者也曾有过讨论。比如李守庸先生认为，王夫之基本承继了汉儒董仲舒以来关于土地兼并产生时代之说法：

> 井田废，阡陌开，民乃有无度之获。月令废，启闭乱，民乃有无序之程。兼并兴，耕者获十而敛五，民乃心移于忧而不善其事。获之无度，则贪者竞；程之无序，则惰者益愉；心移于忧而所事不善，则憔悴相仍，终岁勤苦而事愈棘，民不可用矣。终岁勤苦者，未有可用者也。夫民之爱其力也，甚于上之爱其心，是以时未至于旭风和日、美草佳荫之下，不给于斯须之欢，其愈于死也无几。故曰，救死而恐不赡，非但其饥寒之谓也。①

---

① （明）王夫之：《船山全书》第3册，岳麓书社2011年版，第304页。

王夫之只是认为，在井田制的"三代"由于土地广阔而人烟稀少，人们根本没有存在争夺土地资源的必要。但井田制废除了就意味着人口增多，需要的土地资源也增多了，而"阡陌开"，百姓有了"无度之获"，于是土地开始成为一种珍稀资源，并进而成为民争夺的对象。那么，这种说法大致与当时思想界的说法差不多，即春秋开始就有了土地兼并现象。只不过，王夫之认为汉代兼并还不流行，因为"去三代之未远"，土地兼并真正严重起来的是汉哀帝时代（前6—前1），"至于哀帝之世，积习已久，强者怙之，而弱者亦且安之矣；必欲限之，徒以扰之而已矣"①。王夫之对土地兼并之所以能够迅速发展之原因进行了深入的分析，并试图通过这种分析找到抑制土地兼并之策略，以寻求稳定社会之秩序。下面分三大部分分别予以论述。

（一）土地兼并之根源

王夫之在分析明王朝灭亡之缘由时，认识到了土地兼并的严重危害，因此，他在批判前人所谓"限田""井田"的基础上，更加深入分析造成土地兼并日益严重的社会根源。农民的土地被大量地吞噬，与贪得无厌的豪强地主有直接关系，但根本原因不在于豪强地主，而在于社会的政治经济制度为豪强制造了兼并农民土地的机会。这一思想的超越意义是值得重视的。但尽管王夫之已经认识到封建制度本身的某种缺陷，只是局限于阶级立场，他还提不出革命的主张。他从以下三个方面分析了土地兼并的原因。

第一，秦以后的社会是一个"以智力屈天下"之社会，即以力量或者能力争胜负的社会，这是导致土地兼并的一个重要原因。

---

① （明）王夫之：《船山全书》第10册，岳麓书社2011年版，第193页。

降及于秦，封建废而富贵擅于一人。其擅之也，以智力屈天下也。智力屈天下而擅天下，智力屈一郡而擅一郡，智力屈一乡而擅一乡，莫之教而心自生、习自成。①

秦朝以来治天下者以智力和武力治理天下，此后以智力武力争胜负已经成为一种社会风气，老百姓也习以为常。"以智力屈天下"的社会就是指郡县制，古代的封建制是一种以世袭制为主要特征的社会，那么王夫之对这种新的历史趋势即郡县制持何种态度呢？且看他这段话：

古者诸侯世国，而后大夫缘之以世官，势所必滥也。士之子恒为士，农之子恒为农，而天之生才也无择，则士有顽而农有秀；秀不能终屈于顽，而相乘以兴，又势所必激也。封建毁而选举行，守令席诸侯之权，刺史牧督司方伯之任，虽有元德显功，而无所庇其不令之子孙。势相激而理随以易，意者其天乎！阴阳不能偏用，而仁义相资以为亨利，虽圣人其能违哉！②

很明显，王夫之对古代封建世袭制度持批判态度，他认为封建制度由于世袭，才导致"士之子恒为士，农之子恒为农"的弊端。可事实上，士人也有顽劣者，而农家人也有优秀者，优秀的人才不可能心甘情愿终身屈服于顽劣的士人，那就会必然起而推翻世袭的贵族制度。由此看来，王夫之对这种以"智力"屈天下的历史趋势是持肯定态度的，他认为将来的天下必将是一个靠"智力"而不是靠血统维持的天下。那么根据王夫之的这一理论，我们再来分析他对于历史上出

---

① （明）王夫之：《船山全书》第 10 册，岳麓书社 2011 年版，第 194 页。
② 同上书，第 67—68 页。

现的土地兼并现象的态度。土地兼并本来就是一个强胜弱、大胜小的事件，而王夫之又极为赞同以智力争胜的社会治理模式。根据这样的思维逻辑，那么在王夫之看来，土地兼并必将是社会发展不可避免的。所以王夫之无论是从情感上还是从理性思维上，对待土地兼并这个事件不可能会彻底地排斥，在某种程度上而是认可的。

不过，他把土地兼并视为"拼智力"的结果，又显示了王夫之的阶级局限。作为一个忧国忧民的封建社会知识分子，他没有或许也不愿意承认封建土地私有制是导致土地大量兼并的社会根源。但他把占有土地的多少归诸智力的强弱，一方面显示了由于阶级局限而导致的认识论上的错误；另一方面，从某种程度上，他似乎认识到了人天生"自利"的竞争心，而且给予了这种"自利心"在某种程度上的合理性地位。而人的"自利心"也正是资本主义经济发展的必要前提。当然，李守庸先生则认为王夫之的这一思想并未脱离封建的藩篱，早在司马迁的《史记·货殖列传》中就曾经对各行业经营者的竞争心作过极为精彩的描述，指出"为权利以成富，大者倾郡，中者倾县，下者倾乡里者，不可胜数"，并得出这样的结论："巧者有余，拙者不足。"早于王夫之200年的文渊阁大学士丘濬（1421？—1495）则指出，"自秦用商鞅，废井田，开阡陌之后"，土地就是"有资本者可以买，有势者可以占，有力者可以垦"，才造成土地"皆为庶人所擅"和"豪强坐擅兼并之利"的局面。① 由此可见，把土地兼并看作较量"智力"的结果也并不是王夫之的先创。但不可否认的是，强调竞争和智力的作用，应该是商品货币经济蓬勃发展的一种反映，在一定程度上，王夫之看到了资本主义经济关系存在的社会现实。

---

① （明）丘濬：《大学衍义补·固邦本·制民之产》，上海古籍出版社1987年版。

第三章 王夫之"尊民重农"的生产伦理思想

第二,残酷的赋税制度导致农民不敢拥有土地。

况乎赋役繁,有司酷,里胥横,后世愿朴之农民,得田而如重祸之加乎身,则强豪之十取其五而奴隶耕者,农民且甘心焉。所谓"上失其道民散久矣"者也。轻其役,薄其赋,惩有司之贪,宽司农之考,民不畏有田,而强豪无挟以相并,则不待限而兼并自有所止。若窳惰之民,有田而不能自业,以归于力有余者,则斯人之自取,虽圣人亦无如之何也。①

土地兼并现象的出现,除了因为这是一个以"智力"取天下的社会外,另外一个非常重要的原因就是苛捐杂税太重。由于政府摊派的赋税多、繁重,加上各级官吏中饱私囊,横行霸道,使"愿朴"之民"得田而入重祸之加乎身",纷纷自愿地把土地拱手让人。这是因为国家没有治世之道,才导致民不聊生。但我们也要看到,他批判封建残酷的剥削制度,谴责封建制度赋税之繁重,希图封建统治阶层能自觉地自上而下改革,减轻对农民的剥削,却并不希望真正触及封建专制制度本身,并不希望以一种革命性的方式来寻求新的出路。这是在王夫之思想中体现出来的"死的拖住了活的"的一面。

第三,由于农民自身的懒惰。地主豪强兼并土地的另外一个原因是农民自身的懒惰。"若窳惰之民,有田而不能自业,以归于力有余者,则斯人之自取,虽圣人亦无如之何也。"② 有学者认为,这是王夫之中小地主阶级立场的偏见。实则不然,王夫之考虑问题是十分周到的,他只是引述了一种特殊情况,如果国家实施了对于抑制土地兼并有利的政策,可是有些农民由于自身的缘故,不愿意或者不学无术没

---

① (明)王夫之:《船山全书》第 10 册,岳麓书社 2011 年版,第 194 页。
② (明)王夫之:《船山全书》第 11 册,岳麓书社 2011 年版,第 194 页。

有能力耕种土地，而把土地拱手让给那些有能力耕种者，那就是自己咎由自取，就连圣人也救不了他了。尽管这也有可能是导致农民把土地拱手让人的现实原因，但毕竟在温饱时常成问题的封建社会，农民懒惰绝对不会是导致土地兼并的一个重要原因。王夫之之所以会在这里着重提及，与他骨子里瞧不起"孳孳为利"之"庶民"有很大关系。

(二) 土地兼并的严重影响

那么，兼并农民土地的主体是社会上的哪一部分人呢？土地兼并到底给社会带来怎样的危害呢？为什么王夫之把土地兼并看作导致明朝灭亡的一个严重的祸根呢？

王夫之认为土地兼并者主要有两种人，一种是富商，一种是"挟利以多占，役人以佃而收其半"的豪强即大地主，这种"强豪兼并之家，皆能渔猎小民，而使之流离失所"。[①] 秦以后的社会是一个以"智力"争胜的社会，而他对这种社会又持认同的态度，那么他同样亦会认为拥有大量金钱财富的商人也是有"智力"之人，易言之，能赚得金钱的人也是有"智力"的人，从某种程度上说明王夫之对商人社会地位的确认。由此可见，他希望能形成一个自由竞争的社会氛围。但过于严重的土地兼并是王夫之是不能容忍的，因此，他历数了疯狂土地兼并给社会带来的危害，主要有以下两点。

第一，土地兼并导致社会阶级对立严重。在《黄书·大正》里，王夫之以一种非常沉痛的笔触描绘了大官僚、大地主与劳动人民根本对立的两种生活，一方面：

---

① (明) 王夫之：《船山全书》第6册，岳麓书社2011年版，第50页。

第三章 王夫之"尊民重农"的生产伦理思想

> 农夫汗耕，红女寒织，渔凌层波，猎犯鸷兽，行旅履霜，酸悲乡土，淘金、采珠、罗翠羽、探珊象，生死出入，童年皓发以获赢余者，岂不顾父母，拊妻子，慰终天之思，邀须臾之乐哉?!①

而在大地主那一方面则是：

> 而刷玄鬓，长指爪，宴安谐笑于其上者，密布毕网，巧为射弋，甚或鞭楚斩杀以继其后。乃使悬磬在堂，肌肤剟削，含声陨涕，郁闷宛转于老母弱子之侧，此亦可寒心而栗体矣。而以是鼓声名，市奏最，渔猎大官，貤封门荫，层累封埴，以至于无穷，则金死一家而害气亦逛集焉。夫故家名族，公卿勋旧之子孙，其运数与国家为长短，而贼害怨咨之气偏结凝滞，则和平消实，倾否折足，亦甚非灵长之利也。即或狼藉著见，挂吏议，左降褫锢者，犹衔舟络马，飞运以返乡里。有司宾之，乡社祝之，闾里畏之，广顷亩，益陂池，敞榭邃房，鼓钟妖舞，春容鱼雅以终其天年；锢石椁，簪翁仲，梵呗云潮以荣施于重泉之下。而游佻公子，发其赢余，买越娃，拥小史，食游客，长夜酣饮，骤马轻纨，六博投琼而散犹未尽。②

至于被他们剥削的老百姓呢?

> 亦恶知向之朘削零丁者，已灭族斩胤于塞阡、荒壑之旁也!③

这段话深刻地揭露了豪强兼并之家的豪华糜烂生活，是建立在劳

---

① （明）王夫之：《船山全书》第12册，岳麓书社2011年版，第528—529页。
② 同上。
③ 同上书，第129页。

动人民的白骨堆上的。秦汉以后，农民受到官府、地主的剥削迫害而走投无路的情况更是令人痛心，"诵《硕鼠》而知封建之仁天下无已也"。① 为什么呢？因为从《诗经·硕鼠》中看到，三代时期，当农民被剥削到难以维持生计时，即"君民之义绝"时，便会"负耒携耨以之于他国，犹有乐土之适我所也。"② 三代时期当农民从一个国家逃亡到另一个国家时，不但不会因此受罪，而且会受到这个国家的保护，还将重新获得土地，"居其国则其民，君其国则利有其民，逾疆而至者保之，唯恐其不留，追摄不加而授田之产不失。犹是一王之土，而民固不以叛为罪，故暴君污吏朘削其民者民无死焉"③。而自从秦统一天下之后，农民则无处可逃，饱受官府的压榨，而且一旦离开土地就将无法再获得土地，等待着的仍然是豪强的残酷剥削。

呜呼，秦并天下，守令浮处其上，而民非其民，君淫于上，执政秉铨者干没于廷，以法为课，最吏无不法者矣。以赇为羔雁，吏无不赇者矣。草食露处，质子鬻妻，圉土经年而偶一逸无所往也。旦出疆，吏符夕至。稍有逸者亦莫与授田，而且为豪右之强食矣。将奚往哉？一日未死，一日寄命于硕鼠也。汉之小康，二帝而已。宋之小康，六十年而已。过此以往，二千年之间，一游羿之彀中，听其张弛，而又申以胡亥、石虎、高洋、宇文赟、杨广、朱温、女直、蒙古之饕噬，天地之生，几无余矣，不亦痛乎！④

所以王夫之慨叹说，"一日未死，一日寄命于硕鼠也"。在这里，

---

① （明）王夫之：《船山全书》第3册，岳麓书社2011年版，第362页。
② 同上。
③ 同上。
④ 同上。

第三章 王夫之"尊民重农"的生产伦理思想

王夫之把豪强地主等兼并势力视为硕鼠,反映了他的阶级立场。

第二,土地兼并严重影响封建社会统治秩序。王夫之对于土地兼并下农民所受的痛苦的论述,究竟是出于支持的阶级立场还是出于维护封建统治的需要而产生的同情之心?这从以下的论述中可见一斑。

> 兼并兴,耕者获十而敛五,民乃心移于忧而不善其事。获之无度则贪者竞,程之无序则惰者益愉,心移于忧而所事不善,则憔悴相仍,终岁勤苦而事愈棘,民不可用矣。终岁勤苦者,未有可用者也。①

从这段话可以看出,兼并会导致"民不可用",不可为谁用呢?应该指的是封建王朝,所以王夫之想到的是土地兼并将对封建朝廷的稳定统治带来严重的损害。

另外,在《诗广传》一书中,他借对《诗经·大雅·桑柔》的解释,从理论上相当深刻地分析土地兼并必然造成农民起义的后果这一历史规律。

> 两间之气常均,均故无不盈也。风者,呼吸者也。呼以出,则内之盈者损矣。吸以入,则外之盈者损矣。风聚而大尤聚而大于隧,聚者有余,有余者不均也。聚以之于彼则此不足,不足者不均也。至于大聚,奚但不均哉!所聚者盈溢,而所损者空矣。有空大谷,此之谓也。空而俟其复生,则未生方生之顷,有腐空焉,故山下有风为蛊,腐空之所酿也。土满而荒,人满而馁,枵虚而怨,得方生之气而摇,是以一夫揭竿而天下响应,贪人败类聚敛以败国,而国为之腐蛊乃生焉。虽欲弭之,其将能乎?故平

---

① (明)王夫之:《船山全书》第3册,岳麓书社2011年版,第304页。

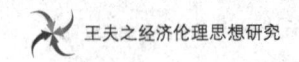

天下者，均天下而已。均物之理，所以余天之气也。①

用自然现象作比方，对《桑柔》的"大风有隧，有空大谷"两句诗作了解释。他说，天地之间的空气常均，因为均，所以才无不盈，到处充满着空气。以人的呼吸而论，呼以出，胸腔原来充满着的气体就减少了；吸以入，人体以外原来充满着的气体就减少了。他认为，风也是这个道理，风聚的地方，空气比较多，有的地方空气就比较少，这样，天地之间的空气就不均了。因而"山下有风为蛊，腐空之所酿也"。王夫之在这里借用《周易·蛊卦》中"山下有风，蛊"的说法，一语双关地把"蛊"既当作一种特殊的山下之风，又当作腐朽和空虚之所产生的场所，然后转而谈到社会问题，贫富两极分化而导致的社会大动荡的局面。在这段话中，王夫之把农民起义比作"蛊"——最毒的虫，应视为他地主阶级立场的反映。他认为土地集中到大地主阶级一边，而饥饿集中于农民，致使农民产生怨恨而起义。把农民起义看作土地兼并之下无任何手段可以弭之的必然结果，而唯一的解决途径是"均天下"。可以看出，王夫之深深忧思的是土地兼并导致封建社会统治摇摇欲坠的严峻后果。因此，他想方设法抑制兼并的一些具体措施的提出，都离不开他维护封建统治的政治目的。

（三）抑制土地兼并的策略

土地兼并引起的各种社会政治、经济及社会问题一直是中国古代社会思想界关注的核心问题。而且土地兼并愈演愈烈的发展趋势引起的激烈社会矛盾，也曾唤醒过历史上诸多统治者的重视，并提出和实

---

① （明）王夫之：《船山全书》第3册，岳麓书社2011年版，第472页。

施过许多抑制土地兼并的措施,其中颇有代表性的解决土地问题的三种基本模式是:限田、井田和均田。

汉武帝时大臣董仲舒就曾经深刻揭露了封建土地私有制所潜在的问题,并提出了著名的"限田"主张,以尽量地缓和贫富分化的社会现象,也有更多学者附和这一主张。董仲舒揭露封建土地私有制下的土地买卖是导致土地兼并、贫富悬殊的根本原因,"秦用商鞅之法,改帝国之制,除井田,民得卖买。富者田连阡陌,贫者亡立锥之地。又颛川泽之利,管山林之饶,荒淫越制,逾侈以相高。邑有人君之尊,里有公侯之富,小民安得不困?"①在土地私有制下,土地可以自由买卖,豪强地主或依靠买卖或依靠暴力抢夺农民土地,农民生活极为贫困,农民逃无可逃,被迫走上反叛起义之途,"民愁亡聊,亡逃山林,转为盗贼"②。那么,如何解决这个令统治者头疼的土地问题就成为董仲舒改革的关键问题,"古井田法虽难卒行,宜少近古,限民名田,以赡不足,塞并兼之路"③。在董仲舒看来,最好的土地制度是井田制,可井田制又没有办法恢复,那么只有在封建土地私有制下限制私人占有土地的数量,以堵塞兼并之路。但董仲舒并没有提出一个具体的限田措施,所谓的限田还只是一个原则性的建议,汉武帝并未予重视。此后,董仲舒的这一主张陆续有人提出,甚至设置了具体的限田方案,但一个也没有得到真正贯彻执行。

"井田制"是中国历史上第二个重要的解决土地兼并问题的方案,最早由孟子提出。但实践"井田"方案的是西汉末年权臣王莽,王莽掌权之后,开始实施井田制,"古者设庐井八家,一夫一妻田百亩,

---

① (汉)班固著,(唐)颜师古注:《汉书·食货志》,中华书局1999年版,第957页。
② 同上。
③ 同上。

什一而税，则国给民富而颂声作，此唐虞之道，三代所遵行也"①。具体的做法是："更名天下田曰王田，奴婢曰私属，皆不得卖买。其男口不盈八而田过一井者，分余田于九族邻里乡党。故无田，今当受田者，如制度。"② 其中，最严格的规定就是一个家庭如果男性不足8人，就必须无偿交出900亩之外的土地，而且明确规定土地不准自由买卖，这些规定显然是对富豪兼并之家的严厉打击。如果王莽改制能够真正得到贯彻执行，土地兼并现象自然可以得到有效抑制。但王莽改制彻底失败了。事实证明，在封建土地私有制已经确立起来之后，要把土地收归国有而实行井田制必然触犯一部分统治阶层的利益，也必然是行不通的。

"均田制"是中国古代社会统治阶级试图解决土地问题的第三种方案。自北魏以来的许多朝廷都实行过均田制。东汉荀悦曾就均田制作过论述："宜以口数占田，为立科限。民得耕种，不得买卖，以赡贫弱，以防兼并。"③ 从这段话可以分析出，同样是防止土地兼并，但与限田制、井田制不同的是：均田制解决问题的角度不同均田制是要解决封建私有制下劳动力与土地生产资料分离的状况，以使"力业相称"，每个劳动者都能拥有一份自耕自种的田产，从而促进社会农业生产的大力发展。均田制下的授田标准有两个：一个是根据劳动能力而"均给天下民田"。也就是说，授田的对象必定是具有一定农耕能力的人，而且失去劳动能力之后就必须归还被授予的土地。另一个是根据拥有的劳动资料现状。在农耕经济时代，耕牛是最为主要的劳动

---

① （汉）班固著，（唐）颜师古注：《汉书·王莽传中》，中华书局1999年版，第3019页。
② 同上。
③ （汉）荀悦：《前汉纪·文帝十三年六月》，（梁）沈约注：《竹书纪年·前汉纪》，上海书店1989年版，第4页。

资料，因此，耕牛也能分田，"丁牛一头受田三十亩，限四牛"①。我们可以看到，北魏孝文帝（471—499年在位）以来实行这种均田制相对于限田和井田确实有较强的可操作性，而且对于改善无地农民之生存状况也起过一定的作用。但是由于均田制授田还要根据家庭拥有的奴婢、耕牛以及其他生产资料的数量，这就势必形成地主阶级仍然不断占有更多土地的发展趋势。均田制既然并不反对大地主、大富豪私有财产，那么它就势必重新培养出一个越来越强大的土地拥有阶层，在抑制土地兼并问题上注定是最终要走向失败的。

综上所述，无论是限田制、井田制还是均田制，均是在没有触动封建地主土地所有制基础上而试图解决土地兼并问题的权宜之策，其实质不过是一种统治阶级寻求自我安慰的理性幻象。所以直到封建社会末期的明末清初，土地兼并不但没有得到任何的控制，反而已经发展到不可控制、导致国破家亡的悲惨境地。因此，王夫之在思考土地兼并问题时，对历史上曾经出现过的解决土地兼并措施有过深刻的反思与批判。

王夫之坚定地认为，历史上所谓的均田、限田、经界法的实质都不过是统治阶级加强剥削、提高征税的手段而已，并不是想要真正均天下。他反对历代封建王朝实行过或者地主阶级思想家提倡过的均田、限田、井田、经界之说，并从理论上和实践两个方面给予了有力的反驳。首先，他认为限田不可行。

> 限田之说，董仲舒言之武帝之世，尚可行也，而不可久。师丹乃欲试之哀帝垂亡之日，卒以成王莽之妖妄，而终不可行。武帝之世可行者，去三代未远，天下怨秦之破法毒民而幸改以复

---

① （北齐）魏收：《魏书·食货志》，中华书局1999年版，第1906页。

古；且豪强之兼并者犹未盛，而盘据之情尚浅；然不可久者，暂行之而弱者终不能有其田，强者终不能禁其兼也。①

王夫之认为在汉武帝时期（前140—前87），限田或许还可行，因为去三代未远，豪强兼并还没有兴盛，天下还处在怨秦破法毒民的氛围中。但就是实行限田法，弱者仍然不能有田，而强者却会愈来愈难以控制其兼并。兼并一旦已经形成，积习已久，强者维持现状，而穷人富人似乎已经安于其现状，为了国家的安定就不必扰民了。当然，这反映了王夫之思想上的保守性，但他确实认识到了封建统治阶级自己无"大公之德"，恣意占有大量土地，而唯独用行政权力强使百姓的土地平均，最终必然是没有什么好结果的。

而且，限田就是把富豪的土地强行抢夺再分给贫穷的人，王夫之认为此法违反了经济规律。他用一种比附的方式来说明这个道理：

以为自此而可限民之田，使豪强之无兼并乎？此尤割肥人之肉置瘠人之身，瘠者不能受之以肥，而肥者毙。②

或许他也深刻地意识到，豪强地主阶级的利益是不能触动的，触动了豪强地主的利益，贫民还未有受益，社会就可能遭受新的动荡，这是王夫之最不愿意看到的。王夫之亦认为隋朝的均田不过为虐民之制而已。"均田令行，狭乡十亩而籍一户，其虐民可知矣，则为均田之说者，王者所必诛而不赦"③，并进而认为这是隋朝灭亡的原因。至于后世的"经界之说"，也不过是搜刮人民的手段：

---

① （明）王夫之：《船山全书》第10册，岳麓书社2011年版，第193页。
② （明）王夫之：《船山全书》第11册，岳麓书社2011年版，第277页。
③ （明）王夫之：《船山全书》第10册，岳麓书社2011年版，第711页。

第三章　王夫之"尊民重农"的生产伦理思想

> 若夫后世为经界之说者，则以搜剔民之隐田而尽赋之，于是逐亩推求，而无尺寸之土不隶于县官。①

他举例说：

> 抑有地本硗确，而勤民以有余之力，强加水耕火耨之功，幸岁之穰而薄收者；亦有溪江洲渚，乍涌为丘，危岸穹崖，将倾未圮，目前之鳞次相仍，他日之沈坍不保者；亦有昔属一家，今分异主，割留横亘于山隈水曲而不可分疆埸者；若此之类，难以更仆而数。必欲执一画定之沟封，使一步之土必有所归，以悉索而征及毫末，李悝之尽地力，用此术也。为君子儒，以仁义赞人君之德政，其忍之乎？是则经界之弊，必流为贾似道之殃民。仁邪？暴邪？问之天下，问之万世，必有审此者矣。②

所谓经界法不过是想把每一寸土地都纳入征税的范围，加强剥削，"以悉索而征及毫末"，因而是不可取的。他还谈到南宋建炎三年（1129），广州州学教授林勋提出的井田之法："有林勋者，勒（统帅）为成书，请行十一之税。一夫限田五十亩，十六夫为井，井赋二兵一马，丝麻之税又出其外。书奏，徽一官以去。"林勋上书（献《本政书》）实行井田制，并因此获得了一个官职（桂州节度掌书记），然而"其言之足以杀天下而亡人之国"。③王夫之一直反对借古代圣人之名上书改革，对王安石如是，对林勋如是。那么，其理由呢，从哪个视角来反对的？是从社会经济本身的发展来分析，或仅仅从是否有利于朝代的存亡来分析的呢？很明显，王夫之是站在朝代的

---

① （明）王夫之：《船山全书》第11册，岳麓书社2011年版，第277页。
② 同上书，第278页。
③ 同上书，第230页。

更兴的角度而不是人类社会经济发展的角度,这也导致了他对历次改革的分析不免具有极大的阶级和时代的局限性。

鉴于土地兼并日趋严重以及非常之后果,王夫之从生民之生死、族类之存亡的高度,在总结历史上解决土地政策之经验教训基础上,开出了"抑制土地兼并"之"良策"。

王夫之认为,只要减轻赋役就能自然而然地抑制兼并现象,并实现"均田"的理想图谱。"钱谷者,国计之本也;赋役者,生民之命也。"[①] 他比较了赋税和力役对劳动者的影响,认为"役之病民,视赋而剧",意思是说力役相较于赋税来说对农民更有害,原因有两点。其一,民财产与民力。赋税虽重,只要力役不重,人民还能用自己的劳动力使财富重新生产出来,而力役过重,妨碍了人民的生产,即使赋税不重,人民也无财缴纳。其二,赋税的标准一经确定,"虽墨吏附会科文以取之,不能十溢其三四",而力役却"随时损益,固难画一",官吏可以任意调发,"虽重法以绳吏,而彼固有辞"。根据这两点,王夫之认为三代时"简于赋而详于役"[②],使地方官员难以钻空子。王夫之详尽地分析了历史上赋役制的弊端:

> 及杨炎行"两税"之法,概取之而敛所余财归之内帑,于是"庸"之名隐,而雇役无余资。五代僭伪之国,地狭兵兴,两税悉充军用,于是而复取民于输庸之外,此重征之一也。安石唯务聚财,复行雇役之法,取其余羡以供国计,而庸之外又征庸矣。然民苦于役,乃至破产而不偿责,抑不复念两税之已输庸,宁复纳钱以脱差役之苦。繇是而或免或差,皆琐屑以责之民;民虽疲

---

① (明)王夫之:《船山全书》第10册,岳麓书社2011年版,第718页。
② (明)王夫之:《船山全书》第12册,岳麓书社2011年版,第55页。

于应命，然止于所应派之役而已。朱英不审，而立"一条鞭"之法，一切以输之官，听官之自为支给。民乍脱于烦苛，而欣然以应。乃行之渐久，以军兴设裁减之例，截取编徭于条鞭之内，以供边用。日减日削，所存不给，有司抑有不容已之务，酷吏又以意为差遣，则条鞭之外，役又兴焉。于是免役之外，凡三征其役，概以加之田赋，而游惰之民免焉。①

整段话主体意思是说，两税法将庸（力役）并入两税，但后来仍有力役。王安石将差役改为雇役，又征役钱。一条鞭法将杂徭并入正供，条鞭之外的力役仍不能免。王夫之指出，这是在免役之外又"三征其役"。加重了人民的负担，因此他主张"役与赋必判然分而为二"，这样才可以避免上述情况发生。

"轻其役，薄其赋，惩有司之贪，宽司农之考，民不畏有田，而强豪无挟以相并，则不待限而兼并自有所止。"② 在沉重的封建赋税制度下，贪官墨吏层层盘剥，农民连交赋税都远远不够，更谈不上能有剩余之口粮，农民得田如得祸。在这种情况下，甚至不需要豪强兼并，农民就拱手将田地让之。所以轻徭薄赋是抑制兼并的有效措施，故曰："唯轻徭薄赋，择良有司以与之休息，渐久而自得其生，以相忘而辑宁尔。"

  诚使减赋而轻之，节役而逸致，禁长吏之淫刑，惩猾胥里蠹之恫喝，则贫富代谢之不常，而无苦于有田之民，则兼并者无可乘以恣其无厌之欲，人可有田，而田自均矣。若其不然，恃一旦之峻法，夺彼与此而不恤其安，疲懦之民，且匿走空山而不愿

---

① （明）王夫之：《船山全书》第11册，岳麓书社2011年版，第165页。
② （明）王夫之：《船山全书》第10册，岳麓书社2011年版，第194页。

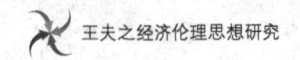

受。无已,则假立疆畛,而兼并者自若,徒资姗笑而已。

只要真正的减赋节役,防止贪官猾胥盘剥,那么贫与富就会变幻无常,有土地的农民也不会因为土地受苦。农民会奋起保护自己的土地,那么兼并者也就难以得逞;人人都可以有田,那么在自由竞争中土地自然就会实现动态的均衡。

由此可见,王夫之从经济学的视角,认为劫富济贫、"割肥人之肉置瘠人之身"的做法是十分滑稽的,是"裒多益寡"之术,而"裒多益寡"属于"歉德","歉德"即德之柄。"谦,德之柄也。"高亨注:"谦虚始能执德。"歉德虽然也是德,但更接近于一种权术,因此统治者采取"裒多益寡"的政策来扶助穷人,这是"操柄以持天下",玩的是权谋,必然会导致新的"忧患"的出现,所以说"君子以为忧患之卦也"。①

按照一般穷人经济学的做法,救济穷人的主要途径就是给予穷人实物救助,主要是给予像土地、物资、金钱等实物性的东西。经过现代数十年的扶贫实践,事实证明,这种给予实物之头痛医头脚痛医脚的做法是没有效果的。穷人并没有因为给予得多而富裕起来,只是暂时地解决了生活之需,而富人却因为被抑制而日趋没落。而处于资本主义经济萌芽时期的王夫之似乎也意识到了这个经济学上的悖论,认为强行割富济贫并没任何效果,只会导致两败俱伤。但极端贫困与两极分化带来的社会动荡也是极其危险的。两极分化以及穷人的问题必须得到缓解,但是,任何病症都无法不药自愈,政府必须想办法减少对穷人的剥削和压榨,如减轻赋税,惩罚墨吏,以及度田征税等。

---

① (明)王夫之:《船山全书》第3册,岳麓书社2011年版,第380页。

邓禹之多男子也,各授以业,而宗以盛,不夺此子之余以给彼子也。宽之恤之,使自赡之,数十年而生类亦有序,而不忧人满。汉文、景得此道也,故天下安而汉祚以长。隋之速亡也,不亦宜乎!均田令行,狭乡十亩而籍一户,其虐民可知矣,则为均田之说者,王者所必诛而不赦,明矣。①

只要减轻赋役和澄清吏治,"则兼并者无可乘以恣其无厌之欲,人可有田,而田自均矣"。否则即使用峻法来夺富人之田与贫民,"疲懦之民"也会"匿走空山而不愿受"。②

那么如何减轻赋役则是王夫之分析得很详细的问题。下面分两部分论述。

第一,王夫之主张变"度田"征赋为"度民"征赋。中国历代的赋税制度有按定夫征收和按资产征收的,资产主要是土地。租、庸、调按丁夫征收,两税法则按资产征收。陆贽批评两税法,主张以丁夫为本。王夫之是继陆贽以后主张以夫定赋的人。他说,"役其人,不私其土,田之制也"③。把按照丁夫征收看成天经地义的事情。

为了证明按夫定赋是良法,王夫之对三代的赋制作了与众不同的解释。他说,三代的贡助彻都是取民之制即赋法,而不是"授民之制"。也就是说,三代实行的土地制度是为了便于向人民征收赋税,是取民之法,而非授民。

其言一夫五十亩者,盖五十亩而一夫也;一夫七十亩者,盖七十亩而一夫也;一夫百亩者,该百亩而一夫也。……夏侯氏一

---

① (明)王夫之:《船山全书》第10册,岳麓书社2011年版,第711页。
② (明)王夫之:《船山全书》第11册,岳麓书社2011年版,第277页。
③ (明)王夫之:《船山全书》第10册,岳麓书社2011年版,第746页。

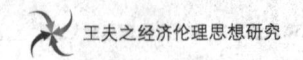

夫则取其五十亩之税，殷人取其七十亩之税，周人取其百亩之税。①

意思是说，所谓五十亩、七十亩、一百亩，是三代按夫征赋的不同标准，不是每夫的实有田地数，"殷、周一沿夏之则壤，而但记其民籍之登耗。地虽辟而赋不溢，若其荒废而赋亦不减，则所谓农服先畴而治安长久也"②。

《周礼·地官上》说："不易之地，家百亩；一易之地，家二百亩；再易之地，家三百亩。"易是指轮休，一易是种一年修耕一年。因为要休耕，所以，授田数要加倍。王夫之对这个记载也用赋制来解释："再易者，百亩三岁而一征也。一易者，间岁而一征也。"③ 土质差的田地要减轻赋额，是否进行修整或者实际耕种多少，国家是不管的。他从以夫定税的角度称赞他理解的井田制，说：

其始也以地制夫而夫定，其后则唯以夫计赋役而不更求之地，所以百姓不乱而民劝于耕。④

对于春秋以后的赋税制度，王夫之往往根据是否以夫定赋来进行评价。他说，鲁国的初税亩、作丘甲、用田赋等都是"舍人而从土"因此受到《春秋》的讥讽。他指责晋代的"度田收租之制"是"稗政"。他赞成唐朝的租庸调制，因为它重于庸而轻于租。他指责一条鞭法，因为它将赋税"概责之地亩"，使以田定赋的情况更加突出。

以田定赋有什么害处呢？王夫之认为这是造成土地兼并的根本原

---

① （明）王夫之：《船山全书》第6册，岳麓书社2011年版，第62页。
② （明）王夫之：《船山全书》第12册，岳麓书社2011年版，第552页。
③ 同上书，第551页。
④ 同上。

因所在。他说：

> 后世之法，始也以夫制地，其后求之地而不求之夫，民不耕则赋役不及，而人且以农为戏，不驱而折入于权势奸诡之家而不已。①

因为以田定赋，"而计田之肥瘠以为轻重，则有田不如无田，而良田不如瘠土也。是劝民以弃恒产而利其莱芜也"②"夫家之征，并入田亩，村野愚懦之民，以存田为祸，以得有强豪兼并者为苟免逃亡、起死回生之计。唯强豪者乃能与墨吏猾胥相浮沉，以应无艺之征"③。这就使得"一切责之田亩，田不尽归之强豪不止，而天下之乱且不知所极矣"④。

他认为只要减轻赋税，而且赋税不责之田亩，人以有田为利，豪强就不可能横夺。东晋孝武帝太元元年（376）废除度田收租之制，"口收税米三斛，不问起田"。王夫之称赞这种"度人而不度田"的税制是"劝农以均贫富之善术"，"不禁兼并，而兼并首息"。⑤

王夫之这样论述：

> 而唯度民以收租，而不度其田。一户之租若干，一口之租若干，有余力而耕地广、有余勤而获粟多者，无所取盈；窳废而弃地者，无所蠲减；民乃益珍其土而竞于农。其在强豪兼并之世尤便也，田已去而租不除，谁敢以其先畴为有力者之兼并乎？人各保其口分之业，人各劝于稼穑之事，强豪者又恶从而夺之？则度

---

① （明）王夫之：《船山全书》第12册，岳麓书社2011年版，第551页。
② （明）王夫之：《船山全书》第10册，岳麓书社2011年版，第1143页。
③ （明）王夫之：《船山全书》第12册，岳麓书社2011年版，第554页。
④ 同上书，第555页。
⑤ （明）王夫之：《船山全书》第10册，岳麓书社2011年版，第512页。

人而不度田，劝农以均贫富之善术，利在久长而民皆自得，此之谓定民制也。①

王夫之反对根据农民拥有的土地数量来征税的办法，认为根据土地征税：一方面，很容易导致地主采取各种手段隐瞒土地数量，从而转移税役给农民；另一方面，农民因为害怕缴纳繁重的税役而宁愿把土地拱手让人。如果按照人口征税的话，无论拥有特权的地主还是农民，都是平等的。不管拥有土地的多少，都无法逃脱任何的赋税，还能鼓励农民多开垦土地，并勤劳生产。因为按人口征税，数量是确定的，多劳便可多得。他说：

> 以为辨赋役之相诡射者乎？诡射者，人也，非地也。民即甚奸，不能没其地而使之无形。而地之有等，等之以三，等之以九，亦至粗之率耳。实则十百其等，二不可殚。今且画地以责赋，豪民自可诡于界之有经，而图其逸；贫民乃以困于所经之界，而莫避其劳。知之何执一推排实之法而可使均邪？故均者，有不均也。以不均均，而民更无所诉矣。

王夫之认为，"度人"而不"度田"是均贫富之"善术"，这个"善术"便是"定民制"。所以，王夫之尖锐地批判"画地以责赋"的征税法，认为这种方法无法抑制兼并，也无法实现均天下的治国理想。唯有实行"定民制"，激励农民勤劳拓荒，农民在自由竞争中能够不断增加财富，这样就能保持一种动态的平衡，百姓也就没什么怨言了。

另外，强调"度民"而不"度田"，除了有利于消除土地兼并的

---

① （明）王夫之：《船山全书》第10册，岳麓书社2011年版，第512页。

不良后果之外，还因为它具有形而上的合理性，因为土地不是君主的私有财产，但是人民的生活是通过君主的治理而得以维持稳定的，所以，征收赋税的标准只能根据人口数量的多少，而不应该以田地数量的多少；他还认为度田收租的话，农业负担会加重，可那些商贾却可以从中获利。他认为只要"一户之租若干，一口之租若干，"就会出现这样的情况：农民不会轻易地放弃已经属于自己的土地，并且会努力生产以增加收入。

可见，王夫之简单地认为只有实行"定民之制"（即度民收租制），就可以保证老百姓的土地不被兼并，并使老百姓珍惜自己的土地各尽稼穑之事。从理论上讲，王夫之的"定民制"确实具有激励人们生产积极性、激励人们自由竞争的先进意义，但是这种想法未免显得过于简单。他的偏颇在于：一是土地兼并并非老百姓自愿的，而是被迫的。在封建统治下，单靠老百姓的意愿是否能够阻止土地兼并的盛行？老百姓有什么能力保护自己的土地？对于这些问题，王夫之几乎没有经过任何的论证。二是即使老百姓的土地真的没有被兼并，那么"度民"收租是否会促进老百姓生产的积极性呢？也未必。封建社会的收租是残酷而沉重的，沉重的租税使老百姓同样放弃生产的兴趣。三是"度民"收租又是合理的吗？王夫之认为人是君主的，因而按人口收租是正确的。可是，人民是君主所养的吗？相反，君主为民所养。由此可见，王夫之仍然未能摆脱狭隘的阶级局限性，这是其一。其二，有钱的商贾照样可以通过钱权勾结的方式免租免税，而老百姓却无论老、弱、病等均得缴税。所以说，其定民制不过是在封建体制内的理念构想而已，并不具备可实践性。因为，地广粟多而赋税不增，固然有利于鼓励农民垦荒生产，但同时会促进豪强更加企图兼并更多的土地。在封建制度下，没有任何政治地位和权利的农民，无

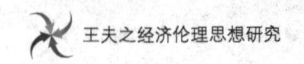

法依靠自身的力量来保护自己去获得更多的土地，也无法阻止豪强采取各种方式来兼并自己的土地。

第二，甄别自耕与佃耕，差别征收赋税。

> 处三代以下，欲抑强豪富贾也难，而限田又不可猝行，则莫若分别自种与佃耕，而差等以为赋役之制。人所自占为自耕者，有力不得过三百亩，审其子姓丁夫之数，以为自耕之实，过是者皆佃耕之科。轻自耕之赋，而佃耕者倍之，以互相损益，而协于什一之数。水旱则尽蠲自耕之税，而佃耕者非极荒不得辄减。若其果能躬亲勤力，分任丁壮，多垦厚收，饶有赢余，乃听输粟入边，拜爵免罪。而富商大贾居金钱以敛粟，及强豪滥占、佃耕厚敛多畜者不得与。如此，则夺金之贵而还之粟，可十年而得也。充错之说，补错之未逮，任牧民于良吏，严拜爵免罪之制于画一，乃不窒碍而行远。不然，输粟之令且变而为轻赍折色，天下益汲汲于金钱，徒以乱刑赏之大经，为败亡之政而已矣。①

抑制富豪不是件容易的事情，而采取限田的措施又不可行。所以建议把农业耕种分为自耕和佃耕两种，然后制定不同的标准，分别收取不同的赋役。严格审查家丁人数核定田亩，超过一定的数目就是"佃耕"。然后轻自耕之赋，而佃耕者加倍，以互相损益，而最终突现什一之数。王夫之认为，要根据人口数量确定可耕种的田亩数量，然后区分"自耕农"与"佃耕农"。对于"自耕农"即能够亲自耕种的田地的人，则征收较低的税收，而对于佃耕的人则征收加倍的税收。如果遇到水涝灾害则把自耕农的税收免了，但对于佃耕农，除非发生

---

① （明）王夫之：《船山全书》第10册，岳麓书社2011年版，第111—112页。

极端灾害天气才可以减免。对于那些通过勤劳生产而获得多余粮食的农民,则可以入粟拜爵免罪。王夫之又强调,那些通过金钱聚敛粮食的商人以及通过掠夺手段多获得土地的豪强与佃耕者则不可以入粟拜爵免罪。

王夫之主张,根据每家的劳动力,查实自耕土地的实际亩数,以 300 亩为极限,超过 300 亩的就按照佃耕征税。发生水旱时,自耕土地免税,佃耕土地则只有在极荒时才能减免。这是想用有利于自耕的赋税政策来防止农民土地丧失。但事实上,这样做同样也是行不通的。正如任继愈先生所言:"这种自耕与佃耕的区别仅在于土地占有的差别,占有土地以三百亩为限,超过了则加倍征税,说明他所谓的平均是有限度的,并非解决剥削压迫的问题,而是在当时贫富悬殊的情况下,反映中小地主为了维持自己的地位防止过分的两极分化的愿望。"①

王夫之提出,自耕者赋税轻,佃耕者赋税重,从保护土地小私有者这一点上说,这个思想是进步的。但把自耕最多规定为 300 亩,这就为中小地主阶级开了方便之门;另一方面,加重佃耕土地的赋税,实际上也会转嫁到佃农身上,豪强不会有所损害。

我们知道,土地兼并的根本原因在于封建剥削制度,其中包括赋税制度的因素。赋税的加速的确会加重兼并的进程,即使没有赋税的因素,土地兼并也不会从根本上消失。

应当说,王夫之在解决土地兼并问题上提出的政策措施,有触及封建地主阶级的利益。当然,如果这一思想真正得以执行,那么民生自然会得到很大改善,导致明朝灭亡的一些因素也可能会消失。王夫

---

① (明)王夫之:《船山全书》第 16 册,岳麓书社 2011 年版,第 1326 页。

之把抑制土地兼并的力量重心放在农民的"自私"心上，认为只要农民"不愿意"把土地拱手让人，那么土地就不那么容易被兼并。但王夫之没有认识到，封建地主阶级手中的权力是愿朴之民无法对抗的，加上奸胥贪官有各种办法来对付国家税收政策，使得这种可能性几乎为零。因此，深入思考，我们不难发现在封建地主阶级把持国家资源与权力的环境下，王夫之以"减轻赋役、惩有司之贪"来抑制兼并的方法基本是一种仅凭理性构架的一种奢望。但我们也要清楚地意识到，王夫之已经意识到了民生问题的解决，对一个国家长治久安、和谐稳定的重大影响。虽然他并没有提出动摇封建地主阶级所有制、彻底葬送土地兼并的改革良策，但毕竟，他走出了自觉限制封建权力的第一步，不愧为一个颇具勇气、与时俱进的开明中小地主阶级知识分子。王夫之认为土地兼并虽然危害较大，但不是一下子就能解决的问题。他提出的解决办法也是在封建土地私有制的框架之内，因而注定是无效的。

第三节　王夫之生产伦理的自由向度

王夫之经济伦理思想最具近代特色的理论内核就是其关于"自由经济"的论述，而"自由经济"思想又是他实现"均天下"之目的善的必要工具性选择，因而具有"工具善"的性质。奠基于"理欲合性"基础之上的"经济人假设"是其经济伦理思想展开的逻辑前提，基于这样的理论假设，他不仅从人道主义角度论述了经济自由之合道德性，更是从经济规律角度分析经济自由之合科学性。继而，他从行政权力与经济运行之间关系之"应当"的角度,提出了实现经济自由的根本途径,大胆地提出行政权力某种程度地退出经济运行的理论构想。追求经济活动的自由维度是王夫之经济伦理最具有近代启蒙特色的"支点"所在,正如萧萐父先生所言:"一切近代经济学说的根本特征,就在于使社会经济运作最大限度地摆脱行政权力的直接干预,使经济得以按其发展的自然规律运行。"① 然而,遗憾的是,对于王夫之思想中的这个重大问题,从当前船山学已有的研究成果看,显然重视不够。笔者试从下面三个角度予以论述。

一 "人则未有不自谋其生者":经济行为主体行使自由权利的内在驱动

中国传统经济伦理理论基本上持道义论,大多从义利关系视角考察分析社会经济活动,进而提出经济活动中的"应当"之法则。王夫之经济伦理思想既与传统经济伦理思想具有血脉相连的继承关系,但也有界限分明的区别。这种区别就体现在,他不仅从伦理角度考量社会经济活动,而且开始以一种批判的哲学方法在与利玛窦的科学理论交锋中自觉吸收西方近代某些科学理论,因而能够在某种程度上以一种科学的姿态来思考经济活动发展的规律。他的"自谋理论"已经趋近了亚当·斯密的经济人假设。"经济人假设"是西方古典经济学和现今西方主流经济学中的基本理论假设,是出自亚当·斯密的一个经济学概念。所谓经济人假设,指每个个体都是理性的,都有对"自利"的无限追求,把每个个体对"自利"的追求作为一切经济活动的根本推动力;一切经济生产与活动都是由参与者的"自利"推动,都

---

① 萧萐父、许苏民:《王夫之评传》,南京大学出版社2002年版,第458页。

是按照他认为最有利于自己和最可行的方式来取舍的。王夫之虽没有提出"经济人"概念，甚至可能没有意识到这个理论前提的弥足珍贵，但在他有关经济活动论述的字里行间，类似这种经济人假设的思想已经跃然纸上，从而真真切切地为其经济伦理理论中自由向度之诉求奠定了基本的理论基础。

王夫之从批判隋王朝"遣使均田，以谓各得有其田以赡生"的行为为切入口，揭露隋朝政府干预越多、老百姓却"困愈亟"的社会现实。在此经验事实的基础上，他从理论构想角度，大胆地提出应该给予经济活动主体自由生产、自由竞争的权利。那么，其立论的根据是什么呢？他说：

> 人则未有不自谋其生者也，上之谋之，不如其自谋；上为谋之，且驰其自谋之心，而后生计愈蹙。故勿忧人之无以自给也，藉其终不可给，抑必将改图而求所以生，其依恋先畴而不舍，则固无自毙之理矣。[①]

此段话首先提出的一个不容置疑的"理论前提"是："人则未有不自谋其生者"，即每个人都按照自己的理性行动，并能明确地意识到自己的自利行为，都会自觉地、有意识地谋划自己的生计。这个理论假设与亚当·斯密的"经济人假设"有异曲同工之妙。正因为有了这样一个理论假设，因此他认为如果政府管得过多势必"驰其自谋之心"。与其让政府费劲脑汁为民谋生计，不如实行放开政策，给予民众自由选择的权利，让他们根据自己的智力或者才能谋生，就算到了十分困顿的地步，人们也会好好耕种从祖先那里继承过来的"先畴"，

[①] （明）王夫之：《船山全书》第10册，岳麓书社2011年版，第710页。

因此农民绝无"自毙之理"。

无疑,王夫之的"经济人假设"从某种程度上说也是对传统孔孟人性论的继承与发展。早在孔子那里就提及:"富而可求也,虽执鞭之士,吾亦为之,如不可求,从吾所好。"① 孔子强调在"道"允许的范围内,人可以去求利,"虽执鞭之士,吾亦为之"道出了人追求"利"的主动性和普遍性。孟子也说:"人亦孰不欲富贵?而独于富贵之中有私龙断焉。"② 可见,早在先秦诸子思想中就已经认识到了"自利心理"是一种普遍性心理,因而也被当作开展其他理论研究的理论前提。但自南宋以来,以朱熹为代表的理学体系成为统治阶级思想管束的工具,"存天理,灭人欲"的理学作为一种遏制人们利益追求的伦理异化理论,经过其后学的阐发越发成熟与模式化。这一僵化的理论充分发挥着对人们外在的伦理约束作用,越使人们丧失了内在驱动力。此后,针对理学对人们思想行为的长期禁锢,以"狂者"精神、高扬"主体性原则"的阳明心学兴起,对人们的思想与行为起到了"振霆启寐,烈耀破迷"的巨大启蒙作用。在1529年(嘉靖七年)王阳明逝世后数年中,阳明心学急剧分化,其中以王艮、李贽等为代表的泰州学派从功利层面发挥了阳明的主体性原则,提出"人人具足"良知、"百姓日用即道""穿衣吃饭即是人伦物理",并正面承认了人之情欲的合理性存在,孕育着突破纲常名教的批判意识。这样肯定私欲、提倡功利,要求"人本自治""各遂其千万人之欲"等思想已经发展成为明朝中叶以后的学术界主流思想,而且预示着阳明心学之践履精神向经世致用之学的过渡契机的到来。"早期启蒙思想家旗帜鲜明地提出以人为本,尊重人的价值和尊严",何心隐更是提出

---

① 《论语·述而》。
② 《孟子·公孙丑下》。

"性而味，性而色，性而声，性而安佚，性也"。① 李贽发展了泰州学派，肯定"人必有私"为"自然之理"，提出一种彻底的利己主义人性论，认为人们的行为是以自利为动机的，"如服田者，私有秋之获而后治田必力。居家者，私积仓之获而后治家必力。"② 王泽应教授认为，李贽的思想反映了明朝中后期以来，"正在萌芽状态的资本主义生产关系的客观要求，表达了新兴市民阶级冲破封建制度束缚，要求个性解放的愿望"③。同时，资本主义在明朝中后期悄悄兴起，这种兴起通过中国一些开明知识分子的传播以及西方传教士的传道已经开始影响到古老的自给自足封建经济。明朝中后叶以来，随着自然经济的解体，在东南沿海一些地区出现了资本主义生产关系的萌芽，形成了新兴的城市市民阶层。这一新兴的市民阶层有着对自身利益的强烈诉求，从而形成了在工商业领域不再拘泥于封建伦理纲常之约束、大胆追求物质利益的局面；整个社会也慢慢形成了正视个人和社会的物质利益追求物质生活的浓厚氛围。正是在这样的社会经济背景下，王夫之在继承前人的基础上，以批判宋明理学的禁欲思想为切入口，公开地提出"人则未有不自谋其生者"的"经济人假设"，并对人的自利心给予了高度的肯定和弘扬，这使得其经济人假设理论具有了极为重要的"近代启蒙之意义"（萧萐父语）。

但我们也必须清醒地看到，王氏与亚氏的经济人假设理论存在异质性，这种异质性也正是使王夫之自由经济理论存在内在张力的局限性所在。亚当·斯密是如何论述人的这种自利动机的呢？他说："人类几乎随时随地都需要同胞的协助，要想仅仅依赖他人的恩惠，那是

---

① （明）何心隐：《何心隐集·寡欲》，容肇祖整理，中华书局1981年版，第40页。
② （明）李贽：《藏书·德业儒臣后论》，中华书局1962年版，第544页。
③ 王泽应：《王夫之伦理与西方近代伦理比论》，中国展望出版社1991年版，第18页。

一定不行的。他如果能够刺激他们的利己心,使有利于他,并告诉他们,给他做事,是对他们自己有利的,他要达到目的就容易得多了。"① 同样是讲人的自利心是经济发展的内在动力,但不同在于,亚氏是从社会性维度认知人的"自利心",认为人的这种"自利心"的激发需要两个条件:一是需要通过采取措施使人们获利的方式来激发;二是需要有人去教育启发。由此可见,亚氏主张的经济自由是需要政府一定程度干预的自由。但王氏则从个体生存的自然性维度认知人的自利心,认为人的"自利心"一直就在,无须外在的激励启发,自身就是一个自足的作用机制,而这个理论的得出通过他对历史经验的观察,他说:

> 天下分争之余,兵戈乍息,则人民之生必蕃,此天地之生理,屈者极,伸者必骤,往来之数,不爽之几也。当其未定,人习于乱,而偷以生,以人之不足,食地之有余,民之不勤于自养也,且习以为常。治其乱定而生齿蕃,后生者且无以图存,于斯时而为之君者将如之何?蕃庶而无以绥之则乱,然则人民之乍然而蕃育也,抑有天下者之忧也。虽然,王者又岂能他为之赐哉?抑岂容作聪明、制法令以为之所哉?唯轻徭薄赋,择良有司以与之休息,渐久而自得其生,以相忘而辑宁尔。②

这段话有两层意思:其一,战乱时期,地多人少,因而人们不勤于劳作也能活下去,因而人的自利动机未能激发;其二,战乱既平,"人民之生必蕃",地少人多,"后生者且无以图存"。这个时候社会

---

① [英]亚当·斯密:《国民财富的性质和原因的研究》上卷,郭大力、王亚南译,商务印书馆1972年版,第13—14页。
② 王夫之:《船山全书》第10册,岳麓书社2011年版,第709—710页。

不稳定的因素又增加了，尽管如此，君王也不能自作主张，运用行政手段强力干预经济运作，只要"轻徭薄赋"，休养生息，人们自然能够"自谋其生"，并"相忘而辑宁"。我们可以看出，王夫之在社会经济发展方面持的是古典自由主义观点，而这个观点背后深层的价值取向即是主张经济自由放任，政府无须干预。

可以说，这既是王夫之经济理论突破传统而接近于"近代特色"的地方，可也恰恰彰显了一个进步的封建中小地主阶级知识分子思想的局限性：其一，他把具有"自谋"能力的经济主体看成永恒的、普遍化的抽象主体，而非历史的主体。他不懂得，人除了是一名"经济人"，还是一名"社会人"。人的本质不是单个人固有的抽象物，在其现实性上，它是一切社会关系的总和。在阶级社会中，任何个体都是出于一定阶级地位的个体，因而其"自谋能力"的深度和广度均受着社会阶级制度的约束。在没有任何"正义"倾向制度的保护下，所谓的"经济自由"也只是某些处于社会上层人士的自由。而且社会愈自由，处于底层的人们愈会不自由，愈会陷于贫困。因而，这种古典自由主义的自由最终并不能解决社会"不均"的问题。其二，王夫之把个体的"自谋能力"看作具有完全主动性的能力或者秉性，没有看到个体的"自谋秉性"的发挥也有受动性的一面。个体"自利心"的激发需要正常的社会政治经济制度、环境作基本保障。他把每个个体都看作一个平等的主体加以考察，而没有关注这些个体现实的不平等：作为处于被统治地位、被剥削阶级的农民，由于其无法自由分配自己的劳动成果，其自谋的劳动积极性就会被削弱。

由此可见，王夫之所谓的"人则未有不自谋其生者"理论，只不过是一种抽象理论上的心理动机，而在现实的表现上，由于种种复杂的社会因素，尤其是在不平等的封建社会，这种"自谋"的心理动机在现实中难以得到充分表现和发挥。因为他与斯密一样犯了一个基本的错误："即他所面临的人不是一个抽象的或经济的人，而是血肉之躯的人"，是一个"实际存在的人"。① 而如同斯密的经济人假设所犯的错误一样，他也"把应当加以论证的东西当作理所当然的东西"②。但难能可贵的是，王夫之试图寻找消除社会不均、实现社会共享的路径，而且他非常智慧地洞察到，历史上那种劫富济贫实现社会绝对平均的方式不但不能实现均平，"均之者，非齐之也；设政以驱之齐，民固不齐矣"③，而且将带来社会新的、更加剧烈的动荡，因而是万万不可取的。

二 "上唯无以夺其治生之力，宽之于公"：经济行为主体行使自由权利的外在机制

王夫之正是在经济人"自利"之理论假设基础上，提出了他一系列的自由生产理论，并给予了合理性的伦理论证。王夫之追求经济自由的价值诉求是为了实现"社会自均"的理想图谱。他认为，社会不均、两极分化是导致明末农民起义的关键因素，因此缓解社会不均现象是形势所迫。作为有一定经济学知识的王夫之，他认识到，均的过程不能靠政府的行政干预，里面有一个经济运行的内在规律，那就是充分调动个体的"自利心""竞争心"，就能实现社会的均贫富。"上唯无以夺其治生之力，而天地之大，山泽之富，有余力以营之，而无不可以养人。"④ 王夫之认为要充分调动个体的"自利心""自谋心"，

---

① [英] 马歇尔：《经济学原理》上卷，朱志泰、陈良璧译，商务印书馆1964年版，第47页。
② [德] 马克思：《1844年经济学哲学手稿》，人民出版社1979年版，第43页。
③ （明）王夫之：《船山全书》第11册，岳麓书社2011年版，第279页。
④ （明）王夫之：《船山全书》第10册，岳麓书社2011年版，第710页。

实现经济自由，政府就应该放开百姓手脚，"宽之于公"，而不是横加干涉。由此可见，王夫之认为，放任经济自由的外在机制即政府不干预经济。

王夫之旗帜鲜明地反对行政权力干预经济。那么，为何行政权力不宜过多干预经济行为？主要原因有两个：一个是凭借自然界"天地之大""山泽之富"，无须政府干预，只要人们努力劳作，则"无不可以养人"；一个是全国各地从地理环境到人文环境均存在很大差异，如果政府代为统一谋划，势必违反经济规律，打击人们生产积极性。王夫之是这样论述的：

> 今则四海一王，九州殊壤，穷山纡曲，广野浩漫。天子无巡省之行，司农总无涯之计，郡邑之长，迁徙无恒。……在天，则南北寒燠之异候；在地，则肥瘠高下之异质；在百谷，则疏数稚壮之异种；在疆界，则陂陀欹整之异形；在人民，则强弱勤惰之异质；在民情，则愿朴诡谲之异情。此之所谓利者，于彼为病；此之所欲革者，彼之所因。固有见为甚利，而民视之如荼棘；见为甚害，而民安之如衽席。……言之娓娓，行之汲汲，执之愈坚，所伤愈大。以是为仁，其蔽也愚，而害且无穷，久矣！①

王夫之认为，对社会经济活动不能实行一刀切的行政政策，其理论基础就是："九州殊壤"，因而南北"异候"，土地"异质"，百谷"异种"，疆界"异形"，人民"异质"，民情"异情"，即国土面积非常广阔，而各个地方的自然条件、人文环境都各不相同。他历数了种种差别性存在：天南地北气候迥异，土地肥沃贫瘠不同，异种之百

---

① （明）王夫之：《船山全书》第11册，岳麓书社2011年版，第278—279页。

谷，异形之疆域，易质之人民，迥异之民情，等等。由于存在之多样性、差别性，那么人们的价值取向以及欲求必不相同，如果统治者试图通过行政手段制定一个统一标准打着"为民"的旗号，对人们经济行为进行大肆干预，必定会很大程度地、在不同方面损害人们的生产积极性。在这里，王夫之非常深刻地提出了一个先进的哲学原理：社会经济发展必须依据实事求是、因地制宜的原则。

所以，他又说：

> 故善治地者，因其地而治之。一乡之善政，不可以行之一邑；一邑之善政，不可以行之一州；一州之善政，不可以行之四海。约略其凡，无所大损于民，而天下固已大均矣。①

那么根据以上的推论，政府无论是从理论上还是从经验的层面都无法制定出也不应该自以为是地制定出一个在全国范围内付诸实施的统一经济政策，否则必定损害社会经济发展，挫伤人民生产积极性。因而给予人们经济活动之"自由权"，是激发人们劳动积极性、促进经济发展的根本要求。而对于那些企图"悬一式以驱民必从"，则"贤智者力必不任，昏暴者幸以图成"②，结果只可能是"执之愈坚，所伤愈大"③。他猛烈地批判了历史上诸多朝廷打着维护民生的旗号，对人们的经济行为横加干涉的行为不过是一种粗暴地敛财行为，于经济之发展毫无益处。比如，他批判隋王朝统治者借口人口增加，"地少人多"，而民"无以自给"，故政府出面丈量土地，统计人口，分配土地等行政行为。王夫之质问：隋朝的人口户数难道是真的在每年增

---

① （明）王夫之：《船山全书》第11册，岳麓书社2011年版，第279页。
② 同上书，第278页。
③ 同上书，第279页。

加吗？他揭露说，不是，只不过是统治者精明地算计着人口数量而增加其征税对象而已。"今隋之所谓户口岁增者，岂徒民之自增邪？盖上精察于其数以敛赋役者之增之也。"① 隋朝政府所谓"均田"行为，其真实原因并不是"民之数盈，地之力歉"，实际上是"而实籍其户口者之无余"，增加国家的税役收入罢了。因此他主张，遵循传统儒家"惠而不费""因民之所利而利之"的从政原则②：

  从政者之惠民，利而已矣；而天有时，勿夺之；地有产，勿旷之；人有力，勿困之；民自利也，而何非上之利之也？③

  夫王者之有其土若无其土也，而后疆圉以不荒；有其民若无其民也，而后御众而不乱。夫岂患京辅、三河地少而人贫哉？④

那么政府具体应该怎样做才能维护经济主体之"自由权"，从而实现"惠而不费"、社会自均的治理效果呢？王夫之的主张主要有以下四点。

第一，不强行干预土地资源的分配而土地"自均"。王夫之认为自秦之后的社会，是以"智力"争胜负的社会，因而土地资源的私有、集中是人们较量"智力"的结果，如果政府采取强制手段实行平均，那就是"欲芟夷天下之智力，均之于柔愚"的违背经济规律之行为。⑤ 以行政手段之残酷也无法抑制经济的自然规律作用，反倒会招来豪强"诡激以胁"，而小民"困于田"矛盾尖锐的困顿局面。

第二，不强行干预粮食价格而价"自平"。王夫之反对历史上运

---

 ① （明）王夫之：《船山全书》第 10 册，岳麓书社 2011 年版，第 710 页。
 ② （明）王夫之：《船山全书》第 7 册，岳麓书社 2011 年版，第 995 页。
 ③ 同上书，第 996—997 页。
 ④ （明）王夫之：《船山全书》第 10 册，岳麓书社 2011 年版，第 710—711 页。
 ⑤ 同上书，第 195 页。

用行政手段干预粮食价格的行为，他说：

> 乃当其贵，不能使贱，上禁之弗贵，而积粟者闭籴，则愈腾其贵；当其贱，不能使贵，上禁之勿贱，而怀金者不雠，则愈益其贱；故上之禁之，不如其勿禁也。无已，贱则官籴买之，而贵官籴卖之，此"常平"之法也。而犹未尽也。官籴官买，何必凶年而籴卖乎？以饷兵而供国用，蠲民本色之征，而折金钱以抵谷帛之赋，则富室自开廪发笥以敛金钱，而价自平矣。故曰：权宜之法，可以救偏者也。……故粟生金死而后民兴于仁。菽粟如水火，何如金钱之如瓦砾哉！①

当粮食因为匮乏而价格比较昂贵的时候，政府如果使用行政手段阻止粮食涨价，那么那些有积粮的人就会把粮食囤起来，这样粮食供应就会更加减少而粮价则会变得越发昂贵。当粮食生产丰收而导致价格低贱的时候，如果政府运用手段干预市场，使粮食价格不下降，那么有钱的人就不会买粮，买方市场减少了，就会出现供过于求的情况，尽管这种现象是虚假的供过于求，但还是会造成粮食价格更加低贱。所以，王夫之认为政府不如不去管它。王夫之运用供需关系的经济学原理，分析政府对待粮价应该采取无为政策的必要性，具有极强的说服力。从某种程度上，他已经认识到了商品经济规律是行政干预不能强行改变的，而依靠市场调控手段是一种有效的对策。而这种理论正契合了新兴资产阶级的心声。王夫之认为，行政干预粮食价格的行为是十分危险的：

> 岁丰谷熟而减其价，则籴者麇集，谷日外出，而无以待荒；岁

---

① （明）王夫之：《船山全书》第10册，岳麓书社2011年版，第608—609页。

凶谷乏而减其价，则贩者杜足，谷日内竭，而不救其死。乃减价者，小民之所乐闻，而吏可以要民之誉者也，故俗吏乐为之。夫亦念闻减价而欢呼者何民乎？必其逐末游食、不务稼穑、不知畜聚之民也。若此者，古谓之罢民，罚出夫布而置之圜土者也。男勤于耕，女勤于织，洿池时修，获藏必慎者，岁虽凶不致于馁；即为百工负贩以自养，而量腹以食，执劳不倦，无饮博歌号、昼眠晨坐骄佚之习，岁虽凶不致于馁。即甚乏矣，而采薪于山泽，赁佣于富室，亦亟自计其八口之干粥，而必不哄然于河滨路隅，望价之减，以号呼动众。然若彼者，实繁有徒，一唱百和，猝起哀鸣，冀官之减价；乃不念价即减，而既减之金钱，顾其橐而何有也。如是者，徇其狂妄，而以拒商贩于千里之外，居盈之豪民，益挟持人之死命以坐收踊贵之利，罢民既自毙，而官又导之以趋于毙。呜呼！俗吏得美名，而饥民填沟壑，亦惨矣哉！①

在岁丰谷熟年，故意压低粮价，则会导致很多人购买粮食，囤积粮食于无用之地，那么粮食都被极少数人囤积，一旦遇到"荒年"，则广大的人民只有等死，或者导致谷价无度上涨；在岁凶谷乏之年，因为供不应求粮食价格自然升高，而政府人为地打压粮价，就是使贩卖粮食的贩者减少供应，而"不求其死"，所以减价加价之行为不过是因为百姓喜欢，而官吏为了讨民间之赞誉而为的无用之策。所以夫之称之为"罢民"之术。王夫之进一步认为，面对粮价异常的情况，政府也不是完全不能作为，政府可以作为市场的平等主体，通过市场购买或贩卖的方式来调节粮价，"贱则官籴买之，而贵官籴卖之"，或者也可以通过改变征收的税收种类（折色或本色）来均衡粮价。

---

① （明）王夫之：《船山全书》第10册，岳麓书社2011年版，第958页。

第三，不强行征收过多的农业税而民"自裕"。在农业税收问题上，王夫之主张减轻农业税，坚持二十取一（5%）或更轻的税率，否定中国传统社会一直推崇的"中正之制"的什一税（10%）。他从简单的经验事实说明为什么要减轻农业税。一方面，他说，三代沿上古旧习，国小君多，食人多，可土地却有限，因而导致农业税比较高。可现在时代不同了，那么广阔的土地只养一个君主，因此可以减轻农业税率。另一方面，他是这样论证的：

> 役其人，不私其土，天之制也；用其有余之力，不夺其勤耕之获，道之中也；效其土物之贡，不敛其待命之粟，情之顺也；耕者无虐取之忧，不耕者无幸逃之利，义之正也。①

从"天道"角度看，君主可以劳役人民，却不可以把土地据为己有；从中道的角度讲，统治者可以无偿使用百姓之余力，却不可以抢夺之勤耕之获；从情感的角度说，统治者可以享受人民缴纳的土物之贡，却不应该夺民之救命之粟；从正义的角度说，应该保证耕种的人无"被掠夺"的忧虑，不耕种的人无"可以逃脱"之侥幸。那么，如何实现"天之制""道之中""情之顺""义之正"呢？王夫之认为应该尽可能地减低农业税收：

> 若夫三代之制，田税十一，而二十取一，孟子斥之为"小貉"，何也？三代沿上古之封建，国小而君多，聘享征伐一取之田。盖积数千年之困敝，而暴君横取，无异于今川、广之土司，吸齕其部民，使鹄面鸠形，衣百结而食草木。三代圣王，无能疾出其民于水火，为撙节焉以渐苏其生命，十一者，先王不得已之

---

① （明）王夫之：《船山全书》第10册，岳麓书社2011年版，第746页。

为也。且天子之畿，东西南北之相距，五百里而已，舟车之挽运，旬日而往还，侯国百里之封，居五十里之中，可旦输而夕返。今合四海以供一王，而馈饷周于远塞，使输十一于京边，万里之劳，民之死者十九，而谁以躯命殉一顷之荒瘠乎？弗获已而折色轻赍之制以稍宽之，乃粟之贵贱无恒，而定之以一切之准，墨吏抑尽废本色，于就近支销而厚取其值，且使贱粜以应非时之诛求，台非奸诡豪强，未有敢名田为已有者。若且不察而十一征之，谁为此至不仁之言曰中正之制，以剿绝生民之命乎？①

三代圣王实行"什一税"，是因为不得已而为之，因为国小君多。而现在不一样了，"今合四海而供一王"，如果还征收什一税，运粮食入京，由于路途遥远，民之死者十九，不得已，征收"折色"，即货币税。但是又由于粮食贵贱无恒，却制定一个标准，就会导致贪官墨吏有可乘之机，因此什一税是"剿绝生民之命"的弊政，要改革，要减轻。他赞赏历史上一些帝王实行休养生息的税收政策。"文帝十三年，除田租税；景帝元年，复收半租，三十而税一；施及光武之世，兵革既解，复损十一之税，如景帝之制；诚有余而可以裕民也。封建不可复行于后世，民力之所不堪，而势在必革也"②。这是强调后世收取赋役可以轻于什一税，以减轻老百姓的负担，意在安民固邦。

第四，不打着"养民、为民"的旗号劝勉人民耕种而民"自劝"。王夫之亦反对"劝农"政策，认为"不劝而自劝者，农也；劝农者，厉农者也。头会箕敛，而文之曰'劝'。夫申、商亦何尝不曰

----
① （明）王夫之：《船山全书》第10册，岳麓书社2011年版，第746页。
② 同上书，第114页。

'吾以利民'哉！而儒者诬先王易简之德，以申、商之纤密当之，晋陈靖以与周公齿。道之不明，莫斯为甚矣"①。他愤然指斥封建国家的"劝农"实际上是"厉农"。

萧萐父先生认为，王夫之经济思想最具近代特色的一点就是使社会经济运作摆脱了行政权力的过多干预，给予了生产者一项基本的权利即自由，"判断一种经济思想有没有近代意义，不是看它表面上是重农还是重商，而是看它如何对待行政权力与社会经济运作之间的关系。"② 从这一点来说，王夫之无疑是杰出的，也是王夫之经济思想与传统经济思想迥然相异的特质，更是使之具有了"近代启蒙"特色标志所在。

三　生产伦理的自由向度与现实之张力

（一）王夫之自由生产思想之特点

王夫之经济伦理最大贡献即在于他于"自谋"理论的基础上提出了"自由"这个核心概念。

要深刻理解王夫之的"经济自由"主张，我们尤其要注意把握如下两点：其一，王夫之主张的"自由"并非"自然"或者"任其自然"。"自然"或者"任其自然"均有自由发展、不经人力干预、不加约束和引导之意，而王夫之主张的"经济自由"，要求减少行政权力对人民经济活动无所不包式的盲目干预，如历代政府实施的限田、均田、商品定价等本应由市场竞争机制来决定的一系列经济活动，并非主张排斥一切行政干预行为。比如，在粮价过高或者过低影响人民

---

① （明）王夫之：《船山全书》第11册，岳麓书社2011年版，第78页。
② 萧萐父、许苏民：《王夫之评传》，南京大学出版社2002年版，第458页。

生活时，王夫之就主张国家行政进行干预，但这种干预也不应当是"强制"的方式，而是通过与市场主体平等的市场参与方式。另外"自然"或者"任其自然"并非一种理性状态，其中非理性因素影响很多，而王夫之的"经济自由"主张则是建立在"理性"基础上，既包括对"经济人"的理性预设，即预设每个个体都是"理性"的，都会对自己的生计负责，也包括对"政府行为"的"理性预设"，即政府的行政行为是"理性"的，能够有效引导人民的经济行动，使人民的自由经济活动保持在不破坏社会经济秩序的层面上。其二，王夫之经济自由思想与西方古典自由主义有相似的人性假设和市场机制理论，只是王夫之的经济自由思想尚处在萌芽阶段，他尚未像亚当·斯密等古典自由主义思想那样明确地指出"市场机制"这只"看不见的手"在调节生产资料的配置、商品价格的确定等经济活动中的重要作用。但他从中国封建社会国家干预经济失败的历史教训中，已经深刻地意识到了经济发展有自身的规律。为了促进社会经济发展，为了实现社会的财富"均衡"，王夫之亦极力主张遵循经济规律，主张政府适当的"无为"。王夫之经济自由思想又与西方古典自由主义存在明显的差异性，显示了中国特殊的传统文化背景和现实社会经济关系的不同影响。王夫之经济自由思想之理论主旨与西方古典自由主义不同，与西方自由主义主旨在于通过自由竞争增加个人及社会整体财富的经济效率至上论不同，王夫之主张经济自由的主旨是为了实现社会经济分配公平正义，即实现"均贫富"，他关注的是人民的"幸福生活"。他看到了封建社会造成巨大贫富差距现状的罪魁祸首，就是政府凭借至高无上的权力盲目干预经济或者与民争利，并继而引起"民愤"，甚至推翻国家统治。因此，他指出使行政权力在某种程度上退出经济活动。人们凭借自身能力、禀赋、勤劳和抱负而获得更多的财富，不仅是"莫之教而心自生，习自成"的公平正义之方式①，而且仅仅依靠个人能力差异性的自由竞争也绝不会导致社会财富的巨大"不均"。相反，通过这种良性竞争，整个社会就能够实现动态的"均衡"，实现了这个"均衡"，天下就太平了，故曰"平天下者，均天下而已矣"。② 这是王夫之自由经济思想伦理考量的重点，也是其自由经济思想的突出特点。正是基于两者的理论主旨不同，在论及政府与经济活动的关系时，西方古典自由主义主张放任自由，认为在市场机制这只看不见的手的作用下，生产者能够从自身利益出发，合理调节资源、劳动等各生产要素的配置，从而达到均衡状态，无须政府人为的指导或干涉。而王夫之为了实现"均天下"的伦理之善，则主张政府在经济活动中扮演着引导者的角色，"善者因之"，其次"利道之"，即对人民的经济活动最好的办法是听其自然，不随意干预或者抑制，同时国家可以采取一定的经济手段诱导人民进行适合的经济活动，但坚决反对国家"劝民"，甚至"与民争利"。由此可见，王夫之主张政府在自由经济活动中充当"正确引导"的角色，主张"无为"中的"有所为"，所谓的经济自由也就是有节制的自由，在现代语境中可以表达成为"在国家宏观调控下的经济自由"。王夫之的经济自由思想是对当时社会经济关系的反映。明末清初，中国资本主义经济尚处在萌芽阶段，并未形成一个有独立经济发展要求的"资产阶级"。因此，谋求社会政治稳定、人民的生活幸福等正义性要求成为王夫之自由经济思想的主观宗旨。但在客观上，如果王夫之经济自由主张能够得到有效贯彻的情况下，这一思想又势必促进社会经济在效率上的巨大提升。

---

① （明）王夫之：《船山全书》第10册，岳麓书社2011年版，第194页。
② （明）王夫之：《船山全书》第3册，岳麓书社2011年版，第472页。

（二）王夫之自由经济思想之内在张力

尽管是因为社会剧烈动荡才引起了王夫之思考社会不均的问题，但在寻求社会均平的过程中，他又似乎把"经济自由"置于了优先于"均平"的位置。他不仅明确提出"自谋""自均"这样"自由"的概念，而且对经济自由之何以可能以及经济自由之历史必然性进行了合理性论证。这些论述蕴含着主张人身之平等、鼓励竞争之自由、维护社会之公平等伦理意蕴，而这恰恰是近代资本主义要求冲破封建专制迷雾的伦理诉求。尽管如此，我们也绝不可过高估计了王夫之经济伦理中的这个"自由向度"，其局限性和狭隘性也是显而易见的，其自由向度的诉求自身存在张力。下面从三个方面予以论述。

第一，王夫之所谓的经济自由只不过是一种有限的被动自由，而不是主动自由，因而只是一种"狭隘的自由"。根据著名经济学家的理论：自由可以分为被动自由和主动自由（Sen，1999）。所谓被动自由（消极自由）即使人免遭外物或者他人侵害的一面；所谓主动自由（积极自由）是指一个人能够主动选择做什么的一面。阿玛蒂亚·森则将"被动自由"称为"自由的过程"，将"主动自由"称为"自由的能力"。在阿玛蒂亚·森理论中，主动自由即个体自由的能力才是真正显示个体自由程度的主要概念。无疑，森的自由能力理论是适合于任何时代的自由理论。森的自由能力概念不仅包括一个人拥有的权利和物品，而且包括这个人使用这些权利和物品的能力。比如，一个自愿节俭的富人和一个被迫挨饿的穷人在达到功能上是相同的，即都省下了消费物质，但不同的是，富人却可以多吃，这是富人的自由或者能力，可穷人除了挨饿别无选择。

从森关于"自由"概念的视域，不难发现王夫之的经济自由观的局限。王夫之强调，经济自由只是主张减少行政权力给予经济主体的外在限制，没有考虑到经济主体是否具有运用这些条件的自由能力。局限于自身的社会地位以及掌握的社会资源之少，即使把各种外加的限制条件全部去除，对农民来说，自由恐怕还是一个非常遥远的概念。因为，在没有任何偏向性行政干预下，农民与无论是政治地位还是经济状况均实力雄厚的封建地主阶级进行平等自由竞争是否是公平的？如果不是公平的，那是否意味着产生了一种新的不自由？这是王夫之没有考虑过的问题。王夫之始终关注的是一种外在强制力的去除，而没有关注农民自身自由能力的培养和扶持，他忽视了由于农民个人自身原因可能产生的新的"不自由"。因而，王夫之追求的自由只不过是一种被动的、狭隘的自由。

第二，王夫之所谓的经济自由只是一种经验性的自由，缺乏牢固的理论基础。他希望在物质生产领域，通过改变、减少政府行政作为的方式，使人们拥有一定的经济自由。然而，他并未从先验的或者理论的意义上论证人之自由的必然性，于是这个自由似乎并不是人之必需的、内在的、本质的东西。或者说，在王夫之的视域中，自由并非人之存在目的本身，只不过是一种可以选择的工具理性，而这个工具理性服务之目的即封建王朝稳定的统治之秩序。我们知道，西方理性主义的自由观（如康德）是一种纯粹先验的自由观，这种没有找到经验途径的先验自由只不过是一种虚幻的自由，理论上存在的自由；而同样，没有先验性理论支撑的经验自由也注定不过是一种十分有限的且可以随意改变的自由。因此说，王夫之论述的经济伦理中的自由向度，从某种程度上来说，还算不上真正自由的概念。

第三，王夫之将其"自谋""自均"的自由经济理论架构在一种理想的社会制度基础上。在这种社会制度下，一切经济行为主体有一致的经济利益追求，不存在对立阶级之间绝对的利益对立，经济行为主体的行为动机及价值取向都存在高度的一致性。在这种理想的社会制度框架内，通过经济行为之间的自由竞争就完全可以实现社会的大致均平。王夫之正是以此为基础抽象出了"自谋心"作为一般人性特征的理论假设。其理论的实质是试图通过"经济自由"来取代"政治自由"，通过反对行政权力对经济的束缚来构建一个合乎人性且永恒的社会经济制度和经济运行模式。事实上，王夫之所处的社会是一个存在严格等级差别的社会，不同阶级之间存在根本的利益对立，这种不触动封建地主阶级根本利益的制度构想注定是一种虚幻的构想，因而缺乏现实性。

通过上文的分析论证，可见，"自由之维"是王夫之经济伦理思想的重要价值取向。"经济自由"是一个极具现代意义的范畴，是资本主义经济发展必要的内在动力，因而，王夫之经济伦理思想中蕴含着丰富的近代因素。王夫之在探讨"经济自由"何以可能、如何可能两个问题时，仍然是从"人性假设"的视角出发，建构其自由理论的逻辑起点，并一针见血地指出：任何"行政权力"对经济盲目的干预都可能导致社会经济停滞不前甚至破坏经济发展的严重后果。因而主张行政权力有节制地退出经济运行，以便激发人民自由竞争意识，这是促进社会经济发展的关键因素。尽管，王夫之自由经济理论包含着许多理想主义的因素，在原有的经济体制框架内，也很难得到贯彻实践，但他对个体"自利心"的深刻剖析、对历史上行政权力打着"为民"旗号而干预经济行径的深刻揭示，对当前中国特色社会主义经济建设中如何处理好行政权力与经济运行的关系，对建构和谐、健康发展的社会仍然具有重要启示意义。

第四章 王夫之"裕国富民"的交换伦理思想

随着生产的发展,商品交换从早期的"物物交换"发展成为以货币为中介的商品交换,随着货币作为一般等价物的出现,社会上便出现了专门从事商品交易的专业人员即商人,而这种交换活动也被称为商业。随着商人的专业化和交易活动商业化,以及这其中的一些伦理问题的出现,以商业伦理为主要内容的交换伦理逐渐被理论界和社会各界所关注。

马克思认为"商品交换在有文字记载之前就开始了"[①]。据相关文献资料记载,中国的物品交换活动应该始于夏朝。《周易·系辞下》里有记载:"日中为市,致天下之民,聚天下之货,交易而退,各得其所。"这里记述了当时的交易活动的时间,内容以及作用。此外《尚书·益稷》也记载"暨稷播,奏庶艰食鲜食。懋迁有无,化居。烝民乃粒",肯定交换活动对民生的重要意义。但是,当时的交换活动只是零散的、偶尔发生的,直到商朝,随着生产的进一步发展,剩

---

① [德] 马克思著:《资本论》第3卷,中共中央马克思恩格斯列宁斯大林著作编译局译,人民出版社2008年版,第1019页。

余产品的不断增加,物品交换活动开始小有规模,涉及的交换主体及交换对象日益繁多起来,也因此,通过约定成俗的方式形成了一些交换时应当遵循的规则。比如,《史记·夏本纪》记载"左准绳,右规矩";《周礼·地官·司市》也记载"夫释权衡断轻重,废尺寸而意长短,虽察,商贾不同,为其不必也",等等。这些都是交换伦理或者商业伦理的雏形,也是对现实的商业伦理的真实的述评。随着商品经济的日益繁盛,更多的思想家开始主动关注商业伦理,并从自己时代出发,自觉地塑造商业伦理精神,以维护社会商业经济的健康发展。王夫之就是具有这种时代责任意识,并积极重塑商业伦理精神的进步思想家。本章主要论述了王夫之对商品贸易活动积极作用的合理论证、对商人在国民经济中战略地位的高度肯定以及对货币起源、作用及异化的伦理思考等问题。

第一节 "金粟之死生,民之大命也":论商业伦理

在漫长的封建社会,商品经济事实上一直伴随着自给自足的自然经济,但在现实经济活动中并没有得到充分合理的发展空间,只是在封建经济的夹缝中缓慢却倔强地生长,而且在理论上也没有得到合理性论证与合法性的辩护。到明末清初时期,社会经济关系明显地出现新的变化,新的资本主义经济关系从封建经济关系中破土而出,并形成不可逆转之势,但在理论上,这种新兴经济关系仍然还未受到足够的重视。在这样的现实和理论背景下,论证商品交换活动的伦理正当性就成为经济伦理的首要任务。

第四章 王夫之"裕国富民"的交换伦理思想

商品交换活动在人们日常生活中居于何种地位？王夫之在《读通鉴论》直截了当地评价道："金粟之死生，民之大命也。"[①] 所谓"金粟之死生"是指农业产品与货币能顺利得到交换则两者生，反之则两者死。而商品与货币之生死关系百姓之生死存亡。顺利的商品交换活动是人民正常生活得以维持的重要保障，"粟滞不行"则会导致国穷民病。下面主要分析王夫之如何严密论证交换活动的伦理正当性。

一 商品交换活动产生、发展之历史必然性

尽管王夫之并没有从理论上科学地指出，商品交换活动是社会生产力发展到一定阶段的必然产物，也没有论及商品经济产生的两个必然前提，即社会分工和生产资料私有制，但从经验的视角一层层剥开和揭示了这个深刻经济学理论，即商品经济的出现，势之所趋，"莫之能御"。下面分两部分予以论述。

第一，从人之生存角度讲，商品交换是满足百姓日用所需的必要途径。

> 金粟交裕于民，厚生利用并行，而民乃以存。腐儒目不窥牖，将谓民苟得粟以饱而无不足焉；抑思无布帛以御寒，无盐酪蔬肉以侑食，无医药以养老疾，无械器以给耕炊，使汝当之，能胜任焉否邪？[②]

王夫之严厉批评"腐儒"主张禁止商业活动之陈腐观点。腐儒往往认为百姓只要有饭吃就够了，却不知道，百姓要穿衣，要吃盐，要

---

① （明）王夫之：《船山全书》第 10 册，岳麓书社 2011 年版，第 165 页。
② 同上书，第 165—166 页。

找医生治病，还需要使用生产工具来耕地播种。人生存的需要是多种多样的，没有哪一个人可以完全"自给自足"这些"需要"。那么通过"交换"方式满足其他方面的需求就成为民之共识。这是说明了交换活动的产生有其客观的经济事实为基础。王夫之从唯物史观的角度进一步揭示了这个事实。商品交换活动可以使人们互通有无，满足个人的生活生理需要，"商贾贸贩之不可缺也，民非是无以通有无而赡生理，虽过徼民利，而民亦待命焉"①。王夫之把商品交换活动看作与人民生活息息相关的事情，它的存在有利于人们互通有无，尽管商业会加重对人民的盘剥，但也是没有办法，必须忍受的。从这段话可以看出，只有已经享受了商业发展带来的便利的人才能说出如此自然又合理的道理。事实上，在王夫之生活的年代，商业已经普遍存在，并深深地影响到了人民的生产生活，所以王夫之认为商业的发展不但必要，而且重要。既然如此，那么商业的出现、发展也自然是社会生产发展的必然产物。

当然，王夫之从人民生活日用的角度认识到商品交换活动的必然性也算不上是一种"创见"，因为早在商品经济还没有发展的两千多年前，孟子就已经有这种自觉认知了：

> 然则治天下独可耕且为与？有大人之事，有小人之事。且一人之身，而百工之所为备，如必自为而后用之，是率天下而路也。故曰，或劳心，或劳力；劳心者治人，劳力者治于人；治于人者食人，治人者食于人，天下之通义也。②

尽管孟子在这里想要表达的是指统治者统治被统治者的必要性，

---

① （明）王夫之：《船山全书》第11册，岳麓书社2011年版，第72页。
② 《孟子·滕文公上》。

第四章 王夫之"裕国富民"的交换伦理思想

但就"且一人之身,而百工之所为备"这一句而言,孟子已经肯定商品交换的必然性了,所以就这一点来讲王夫之似乎并不比孟子高明。但孟子只是对社会经济现象作出一种实事求是的描述,他没有也不可能进行理论论证。王夫之的进步之处,或者具有启蒙思想的地方就在于:王夫之在评判经济活动现象之合理性与否时,并不是从纯粹的道德情感出发,而是从唯物史观的视角,从生产力发展的经济事实中来评判的。就使得其理论具有深刻的理性启蒙魅力。

第二,从明朝海禁政策失效的教训层面,分析商品贸易不可阻挡。明朝建立之后,"明祖定制"中有明确"片板不许下海"的行政规定。

> 初,明祖定制,片板不许入海。承平久,奸民阑出入,勾倭人及佛郎机诸国入互市。闽人李光头、歙人许栋踞宁波之双屿为之主,司其质契。势家护持之,漳、泉为多,或与通婚姻。假济渡为名,造双桅大船,运载违禁物,将吏不敢诘也。或负其直,栋等即诱之攻剽。负直者胁将吏捕逐之,泄师期令去,期他日偿。①

在明朝明确海禁的情况下,还是有许多所谓的"奸民""倭寇"入互市,且偷偷摸摸造大船运载"违禁物",非常猖獗,连"将吏"都不敢诘难这些违禁互市者。后来明朝采取更为严厉的"革渡船,严保甲,搜捕奸民"等措施,却激起了闽人愤慨,并"欲沮坏之",因为"闽人资衣食于海,骤失重利,虽士大夫家亦不便也"。抗倭名将、浙江巡抚朱纨因为主持禁海事,嘉靖二十八年(1549)自杀于"势家

---

① (清)张廷玉:《明史》,中华书局1999年版,第3599页。

构陷",他发出这样的感叹:"去外国盗易,去中国盗难。去中国濒海之盗犹易,去中国衣冠之盗尤难。"① 从朱纨的言辞中可以看到,参与商品贩卖贩买的人员复杂多样,有濒临海边的中国百姓,也有从日本而来的"倭寇",特别值得注意的是连一些内地地主都暗暗参与贩卖商品的活动。因此,在明朝初年之后,商品交换活动就已经形成不可阻挡之势,如同"洪水猛兽"冲击着闭关锁国的明王朝,使得明朝"罢巡视大臣不设,中外摇手不敢言海禁事"②。

针对明朝禁海政策的失败教训,王夫之这样评论道:

> 禁之者,法之可及者也;不可禁者,法之所不可及者也。禁之于关渡之闲,则其雠之也愈利,皇皇求利之民,四出而趋荒险之径以私相贸,虽日杀人而固不可止。强豪贵要,于此府利焉,则环吾之封域,无非敌人来往之冲;举吾之人民,无非敌人结纳之党。阑入已成乎熟径,奸民外告以腹心,间谍交午于国中而莫之能御。夫且曰:"吾禁之已严,可无虑也。"不亦愚哉?③

这段话非常深刻,是王夫之对商品交换经济出现之必然性的精彩述论。他一针见血地指出,法律只能禁止它能够禁止的事物,而有些新鲜事物的出现却是法律无法禁止得了的,一句"不可禁者,法之所不可及者也",即将商品贸易之历史必然性、不可阻挡性揭露无遗。接着,他进一步分析"商品贸易"不可禁之缘由,越是禁止的事物则违禁者获利越是丰厚,在丰厚利益的诱惑下,"皇皇求利"之民则会想各种办法冒险投机私自交易,即使天天处决违法者,也阻止不了人

---

① (清)张廷玉:《明史》,中华书局1999年版,第3600页。
② 同上。
③ (明)王夫之:《船山全书》第10册,岳麓书社2011年版,第1059页。

们对暴利的追逐。当然，王夫之的理论基础仍然是把人都假设为"经济人"，追求私利是人之共性。而且"强豪贵要，于此府利"，进而为这些"私相贸者"作各种掩护，这正是《明史》中朱纨所称的"去中国衣冠之盗尤难"的真实写照。

正因为此，在三代以后想抑制富贾巨商，也和抑制豪强兼并一样，是很难实现的事情，"处三代以下，欲抑强豪富贾也难"①。王夫之通过对明朝历史的真实考察，深刻阐述商品贸易经济产生、发展是历史发展之必然趋势这一个深刻的道理。这也是王夫之理势合一的历史观在交换伦理领域运用的必然结果。

二 "天下交相灌输而后生人之用全，立国之备裕"：发展商品贸易的伦理之善

既然商品交换经济是不可阻挡的历史潮流，那么就应该遵循这种潮流，采取一些开放的政策，鼓励商品贸易。接着，王夫之对商品交换经济存在的伦理之善进行了进一步论证。

王夫之以唐末的高勖劝说政治家、军事家、东南军阀杨行密（852—905）"通市"的历史事件为切入点，对"通市"即商品交换活动的"裕国富民"之伦理作用进行了深入的论述：

> 据地以拒敌，画疆以自守，闭米粟、丝枲、布帛、盐茶于境不令外鬻者，自困之术也，而抑有害机伏焉。夫可以出市于人者，必其余于己者也。此之有余，则彼固有所不足矣；而彼抑有其有余，又此之所不足也。天下交相灌输而后生人之用全，立国之备裕。金钱者，尤百货之母，国之贫富所司也。物滞于内，则

---

① （明）王夫之：《船山全书》第10册，岳麓书社2011年版，第111页。

金钱拒于外，国用不赡，而耕桑、织纴、采山、煮海之成劳，委积于无用，民日以贫；民贫而赋税不给，盗贼内起，虽有有余者，不适于用，其困也必也。①

王夫之指出"不通市"或者不允许商品贸易活动对于国家和人民来说，都是"自困之术"。因为能够拿到市场上交换的产品，一定是在生产者解决温饱问题之后多余出来的产品，而市场上愿意花钱来购买的人，一定是正好缺少这个产品。也就是说，商品交换的实质就是有无相通。通过有无相通，就能够补充和丰富自己国家缺乏的东西，同时能够把自己国家多余的物资及时销售出去，换回"百货之母"即金钱。王夫之认识到了货币的重要性，在以自然经济仍然占有主导地位的时代，他能够看到一个国家拥有货币的数量将决定这个国家的贫富状态这样一个事实，不能不说商品经济的繁荣在当时已经不是一个偶尔发生的事实。拥有了金钱，那么一切问题都好解决，"苟迫于饥馑而金钱可支也，则逾绝险以至者，重利存焉，岂至怀金以坐毙哉？"② 如果断绝贸易往来，那么就会出现什么结果呢？多余的工农产品日益堆积，却毫无用处，而国家没有"国之贫富所司"的金钱，那么就会"国用不赡""民日以贫"；"民日以贫"，则会"吾国之民，抑以徒朽其耕获之资，不获赢余之利，怨亦归焉"。③ 而且"民贫而赋税不给"，国家就会进一步陷入贫困和混乱，甚至会导致国家的灭亡，"欲不败亡，不可得已"。④ 可以看到，商业贸易是关系国家贫富、安定与存亡的关键问题。如果商品交换能够得到顺利进行的话，

---

① （明）王夫之：《船山全书》第 10 册，岳麓书社 2011 年版，第 1058—1059 页
② 同上书，第 1059 页。
③ 同上。
④ 同上。

第四章 王夫之"裕国富民"的交换伦理思想

那就会"金钱内集，民给而赋税以充，耕者劝耕，织者劝织，山海薮泽之产，皆金粟也。本固邦宁，洞然以虚实示人，而奸宄之径亦塞"①。并且"为立国之资，而金钱去彼即此，尤百为之所必需，以裕国而富民，举在是乎？"② 交换活动的实质就是以有通无、互通有无，通过互通有无的交易活动，百姓可以满足"生人之用"，而国家也可以储备丰富的物资。如果多余的物品不能交换出去，一方面，作为"国之贫富所司"的货币也就得不到，国家没有足够的货币，则无法满足国家各项开支所需；另一方面百姓之"耕桑、织纴、采山、煮海之成劳"则会"委积于无用"，百姓就会越来越贫穷。百姓如果处于贫穷状态，则无法及时缴纳国家税役，交不起赋税，则必然导致国家自困待毙。萧萐父先生评价王夫之强调商业贸易可以"裕国富民"的观点是"具有普遍意义的近代经济学观点"③。事实上，商品经济活动可以"裕国富民"也不是王夫之的新见，早在先秦时期，管子就已经认识到商品交换活动的这种经济合理性，提出"无市则国贫民乏"的著名命题。④ 但王夫之绝不是简单重复古代传统的思想，他超越管子的地方在于，他看到了作为社会财富的货币与商品各自的功用，商品的真正价值在于满足"生人之用"，货币的价值就在于作为交换的"媒介"。没有商品，人们无法维持正常的生活，但如果积聚多余的商品则会使商品失去自身应有的价值；没有货币，人们就无法购买到自己没有却需要的物品，但如果拥有过多的货币，就是使货币没有发挥自己的功用。因此，王夫之主张"金粟"要实现顺畅地流通，才能保障国家富有、人民富足。

---

① (明) 王夫之：《船山全书》第10册，岳麓书社2011年版，第1060页。
② 同上书，第1059页。
③ 萧萐父、许苏民：《王夫之评传》，南京大学出版社2002年版，第476页。
④ 《管子·乘马》。

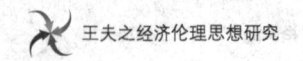

王夫之又深入论述了"闭关"之害：误国误民，害人害己。

> 如其曰闭关以扼敌于枵乏，言之似是，而适足为笑耳。凡诸物产之为人所待命以必求其相通者，莫米粟若矣，闭粜则敌可馁，此尤说之可据者，而抑岂其然哉？苟迫于饥馑而金钱可支也，则逾绝险以至者，重利存焉，岂至怀金以坐毙哉？即有馁而道殣者，抑其老弱耳，国固未尝乏可用之丁壮也。夫差许越粜而越灭之，夫差之骄悖，宰嚭之奸邪，自足以亡国，而岂许粜之故乎？晋惠公背秦施而闭粜，兵败身俘，国几以亡。剿绝生人之命以幸灾而徼胜，天之所怒，人之所怨，三军万姓皆致死于我。①

如果强硬地实施闭关锁国政策，看似可以"扼敌于枵乏"，其实不然，如果别国陷入饥荒却有货币在手，那就会有人不畏艰险，进行走私以获取暴利。人们都以为吴王夫差亡国是因为"许越粜"（卖米给越国），其实是因为夫差自己"骄悖""奸邪"的个性造成的必然后果，与卖米给越国没有关系。而晋惠公就是因为"闭粜"，拒绝与邻国交易，才导致国破家亡。因为，一方面，拒绝交易，使别人陷于缺粮之绝境，这是"天之所怒，人之所怨"的事，使各方的怨恨归诸于己；另一方面，本国国民多余的粮食不能及时交换出去，导致粮食腐烂，也无法得到利益，本国国民也十分怨恨，自然招致败亡。可见，王夫之把商品贸易上升到了"立国之资"的战略高度，肯定商品贸易是"裕国富民"的根本途径。

正是基于对"闭关锁国"政策弊端的深刻认识，王夫之力主变

---

① （明）王夫之：《船山全书》第10册，岳麓书社2011年版，第1059页。

"闭关"为"通市",要求政府实行开放政策,给予在经济活动中早已存在的"贸易活动"一定的法律地位(详见本书第128页第二段引文)。

王夫之认为,当经济发展到出现商品交易时,就应该顺历史潮流而动,允许人们自由贸易,这样就可以互通有无,使国家富足,人民富有,人们安居乐业,这是"利于国,惠于民"的好事。唐末的(吴太祖)杨行密东南军阀就是因为听取了高勖的建议,与邻国甚至敌国互通有无,允许自由交易,才"数年之闲,仓廪自实","而江、淮之民,富庶甲天下,文教兴焉"。王夫之在经济方面的见识和雄略之才可见一斑,他把对外贸易通商之术提到"择术之智,仁亦存焉"的高度,主张以"视敌国之民犹吾民"的宽广心怀,以"视敌国之财皆吾财"的智慧来发展贸易通商。可惜的是,王夫之的理论并未被当时乃至后来的清朝统治者所重视,以致到1840年清朝一直尽量限制对外贸易,实行闭关锁国之策。

三 "利便一听之民":商品贸易自由的伦理原则诉求

基于"天下交相灌输而后生人之用全,立国之备裕"的经济事实,王夫之进而提出了维护商品贸易自由的伦理诉求。在倭乱频繁,西方殖民地已在中国东南强行贸易,社会混乱不堪的历史条件下,这一伦理诉求不仅仅展现了他在经济方面的远见,更展现了一个有社会责任担当、视"生民之生死""族类之存亡"为己任的知识分子的治国胆略,着实值得借鉴和学习。

那么,王夫之主张如何维护商品贸易自由呢?他针对社会现实中一些经济政策的弊端,有限制性地提出了以下两条维护商品贸易自由之策。

第一，主张废除"关卡"，打破地区之间经济贸易的壁垒。

早在战国时期的孟子曾就各个不同地区设立"关卡"事件有过评论，他说，"古之为关也，将以御暴；今之为关也，将以为暴"①。意思是说，古代设立关卡是为了防御侵害，而如今设立关卡本身就是一种暴力行为。王夫之借着孟子的这段议论说："夫四海之内，有分土而无分民，商旅行焉，而通天下之货贿，可无用关也。"② 按土地疆域划分行政区域这是为了便于治理，但是，这种行政划分出来的疆域不应该成为商品贸易的阻碍。商旅使天下的商品互通有无，完全没有必要专门设立关卡。古代设立关卡是为了止暴安良，保护商人或者行人的安全，可如今设立关卡却是为了向商人收取关税，成为"暴君敛之，污吏侵之，奸民因起而刻削之，刑罚日加，争夺日甚矣，暴虐商旅而已矣"的工具。③ 非但强盗土匪借关卡敲诈商民，暴君和贪官污吏以之作为盘剥商民之手段。王夫之指出，设立关卡是一切恶势力共同盘剥商民的一大弊政，严重阻碍了商品顺畅地流通，损害了人们的经济活动的自由权利，必然严重阻碍社会经济之发展。因此，极力主张废除"关卡"，还商品贸易以"自由"。

他以食盐为例，论证打破地域界限，废除关卡，实行"利便一听之民"之自由贸易的必要性：

> 行盐之有地界，商人之奸利，而有国者听之。同此天下之人，食此天下之盐，何畛域乎！通行，则商人不得持有无以增一时腾涌之价。若地分，则舟车之浩繁，自然不行，其可行者自然各有所底止。唯偶然一方缺乏，则他方济之，究竟商人可以通融

---

① 《孟子·尽心下》。
② （明）王夫之：《船山全书》第8册，岳麓书社2011年版，第910页。
③ 同上。

第四章 王夫之"裕国富民"的交换伦理思想

得利而无所大损,但不能操低昂以抑勒细民而已。无地界,则盐价恒平,商之利亦有恒,而狡者愿者不至赘获之悬绝。且如河东盐池,因晴雨而盈诎。其诎也,则食河东盐之地界,其淡食者多矣;其盈也,又不能通贸之他方,而或视为赘余,置之不足收;此两病也。又如广东海南之盐,行赣、吉、衡、永、郴、宝,有上泷、过陡、过山之迟阻。当议法时,唯以佐广西之经用,而不知天下一家,随在可以挪给,岂必在粤输粤,而割裂以为之限乎!利便一听之民,而上但取其固然之利于所出之地,何至殉商人之奸以困编氓,而召私盐挟仗行凶之祸!诚欲惠商,支放以时而无坐待寄引之苦,则已足矣。①

食盐是生活必需品,应该使天下之人共食天下之盐,实在没有必要使之"有地界"。地区之间人为地设置关卡不仅阻止了商品流通,影响了人民的日常生活,而且使一些奸商以此哄抬物价,"以困编氓",容易导致食盐走私的非法事情出现。但如果实行开明的开放政策,"利便一听之民",不仅能够自然地调节多余与不足,而且食盐的价格也会基本维持平衡。这样,不管是奸商还是"愿商"均能获取差不多一样的利润,这样的自由贸易政策不仅惠民而且惠商。我们特别要注意的是,王夫之似乎已经意识到商品经济中有一种客观的经济规律在起调节作用,并主张利用这样的经济规律,使行政干预自觉退出经济活动的某些领域,这个思想已经极为接近亚当·斯密的自由经济之主张。

如果说在《噩梦》中主要是从百姓的日常生活的角度分析食盐贸易设立地界的缺点的话,那么在《读通鉴论》中,王夫之则把限地界

----

① (明)王夫之:《船山全书》第12册,岳麓书社2011年版,第562—563页。

的坏处上升到了扰乱国家秩序的高层面：

> 地界限，则奸商可以唯意低昂，居盈待乏，而过索于民。民苦其贵，而破界以市于他境，官抑受商之饵，为之禁制，徽纆日累于廷，掠夺日喧于野，民乃激而走挺，于是结旅操兵，相抗相杀，而盗贼以起。①

限制食盐销售的地界最终的结果是导致盐商故意囤积，垄断价格，勒索人民，人民会因为食盐太贵而越界去便宜的地方买盐，然后奸商又会贿赂官府帮助禁止跨界买盐，这样人民就可能因为激愤而铤而走险、相抗相杀，造成"盗贼以起"、不可收拾以至亡国的严重后果。

第二，主张行政不干预商品价格。官府干预价格不利于商品流通。他以粮食价格为例解释行政在价格面前应该不作为的主张：

> 乃当其贵，不能使贱，上禁之弗贵，而积粟者闭籴，则愈腾其贵；当其贱，不能使贵，上禁之勿贱，而怀金者不糴，则愈益其贱；故上之禁之，不如其勿禁也。②

政府试图运用行政手段使商品价格保持不变，这是根本做不到的，相反还会加重商品价格向一边的偏斜。当粮食价格相对于平常较为昂贵时，这证明商品供不应求，这个时候如果政府禁止抬高粮价，势必使手中有积粮者"闭籴"，从而使市场上粮食供应数量愈加减少，那么粮食的价格就会愈发昂贵；同样，当粮食的价格较为低贱时，这是因为市场上粮食供过于求导致的，如果政府试图用行政手段禁止粮

---

① （明）王夫之：《船山全书》第10册，岳麓书社2011年版，第904页。
② 同上书，第608页。

价降低，仍然保持较高的粮食价格，那么那些手中有货币的商人就不会出钱买粮，市场上供应的粮食数量相对于购买力来说愈发显得过剩，粮价就会更加低贱。实际上，王夫之通过经验观察到一个基本的经济规律：商品价格受商品供求关系的影响，商品价格上下浮动是很正常的经济现象。政府应当遵循市场经济的价格规律，"勿禁也"。王夫之对政府故意减低粮价以取悦士大夫的行为极为反感，他颇有情感偏向地作了这样一段议论：

岁丰谷熟而减其价，则籴者麇集，谷日外出，而无以待荒；岁凶谷乏而减其价，则贩者杜足，谷日内竭，而不救其死。乃减价者，小民之所乐闻，而吏可以要民之誉者也，故俗吏乐为之。①

粮食丰收之年，如果蓄意减低粮价，就会有很多商人买粮，导致粮食无限制地从农民手中流出，一旦遇到饥荒之年，农民手中就没有可以"度荒"的粮食，那些手中积粮的商人则会蓄意抬高粮价；如果遇到灾年粮食减产，还是故意减低粮价，那么商人则会把粮食囤积起来，见死不救。因此，王夫之认为，历代政府控制粮价的行为都是"要民之誉"的"俗吏"作为，名义上是惠民，实际上却是害民。而且减低粮食价格，势必导致人们追逐末业，不务稼穑，这是"罢民"而不是"劝民"，"必其逐末游食、不务稼穑、不知畜聚之民也。若此者，古谓之罢民，罚出夫布而置之圜土者也"②。只要政府不任意干预经济运行，那人们男耕女织，勤俭节约，即使遇到灾年老百姓也不会挨饿。他说：

---

① （明）王夫之：《船山全书》第10册，岳麓书社2011年版，第958页。
② 同上书，第958页。

> 男勤于耕，女勤于织，洿池时修，获藏必慎者，岁虽凶不致于馁；即为百工负贩以自养，而量腹以食，执劳不倦，无饮博歌哭、昼眠晨坐骄佚之习，岁虽凶不致于馁。①

那么，在市场价格波动较大以至可能影响到国计民生时，政府是不是无能为力的呢？答案显然是否定的。政府虽然不可以通过行政权力强力干预市场价格，但可以通过平等的市场行为来影响市场价格的走向。他说：

> 无已，贱则官籴买之，而贵官籴卖之，此"常平"之法也。而犹未尽也。官籴官买，何必凶年而籴卖乎？以饷兵而供国用，蠲民本色之征，而折金钱以抵谷帛之赋，则富室自开廪发筥以敛金钱，而价自平矣。故曰：权宜之法，可以救偏者也。②

所谓政府的市场行为，就是政府作为市场主体"平等地"参与市场买卖，通过影响商品供应量的方式影响价格。比如，当商品价格低贱时，官府可以参与市场买粮，减少市场供应量；而商品价格昂贵时，官府可以开仓卖粮，增加商品供应量，这是一种惯常的"常平"之法。

通过以上论述可见，王夫之主张在经济运行中应该自觉遵循市场经济的基本规律，主要通过市场调节手段来促进经济的发展，但同时亦主张政府通过宏观调控的策略来弥补市场经济的盲目性和滞后性。王夫之的这一系列经济伦理思想已经是近代资本主义经济思想的雏形，对开启中国近代经济伦理之先声具有重要意义。

---

① （明）王夫之：《船山全书》第10册，岳麓书社2011年版，第958页。
② 同上书，第608—609页。

第二节 "大贾富民者,国之司命也":
论商贾伦理

根据前面第一节的论述可见,王夫之对商品交换活动持积极的肯定态度,他甚至从国计民生的高度,肯定民间乃至国家之间商品贸易活动可以利国利民、裕国富民。那么王夫之对以营利为目的、专门从事商业贸易活动的商人又持怎样的态度呢?这一态度体现了王夫之经济伦理思想的何种特质呢?

从王夫之对商人的有关论述中,似乎总能见到其极为矛盾、甚至相互对立的一些观点。比如,他在《黄书》中有"故大贾富民者,国之司命也"的言论①,可在《读通鉴论》中又有"生民者农,戕民者贾"的言论②,而且这种极端对立的言论在王夫之的论述中频繁可见。正是由于这些看似矛盾的观点,在船山学研究中,很多学者常常秉持其中一说评定其思想的阶级属性,有学者认为王夫之代表的仍然是中小地主阶级的立场,因为他在农商问题上仍然持尚农贱商的传统本末论立场,甚至据此断定王夫之思想里面根本没有近代所谓的启蒙意识(任继愈先生基本持此立场);而有学者则执着于王夫之对商人地位肯定的一面,进而认定王夫之代表的是近代市民阶级立场,其对商业和商人的重视已经具有了近代资本主义启蒙的巨大意义(侯外庐先生基本持此立场)。可以说前辈学者的研究都很深刻,都揭示了王夫之在

---

① (明)王夫之:《船山全书》第12册,岳麓书社2011年版,第530页。
② (明)王夫之:《船山全书》第10册,岳麓书社2011年版,第123页。

农商本末问题上的深层蕴意。但要是他们之间没有时空之隔，能够相互有效沟通，可能会有更进步的发现。他们不可能看不到王夫之思想中这两种思想同时存在的矛盾之处，也不可能没有思考。那缘何却各自固执一端？这是本部分论述前需要慎重思考的问题。

事实上，客观地评价历史人物的思想，有必要全面掌握其相关论点，并作整体把握。因此，我们应该深入分析王夫之对待商人的真实情感和理性逻辑，才能看到王夫之对待商人十分辩证的理性态度，包括其对商人改善民生促进经济发展之善的无限讴歌和对商人不可避免地利益至上、腐蚀官场、盘剥生民、扰乱社会之恶的无比痛恨之情。

我们知道，中国古代社会是一个以农耕为主的自给自足的社会，自古以来，人们对待商贾的态度都不是友好的。即使少数一些思想家或者统治者能够睿智地看到商业对社会经济发展的作用，但在对待商人的态度上是惊人的一致鄙视。总而言之，在古代社会，商人的社会地位是低贱的，因此大多数巨贾最终想要在政治上谋取社会地位，都要把赚来的金钱购置土地，"移于衣冠"，成为新的士大夫阶层，这是古代商人不可逃避的历史宿命。可以说，王夫之是第一个从政治角度给予商贾地位的思想家，他颠覆了传统"士农工商"之四民观念，将商贾提升到影响到国家经济命脉的政治战略高度。

王夫之是中国古代史上第一位对商人的社会作用作出辩证评判的思想家，这种辩证的评判蕴含着其基本的价值取向。下面我们从三个方面详细论述。

一 "流金粟，通贫弱之有无"与"国无富人，民不足以殖"

王夫之在《黄书·大正》中提出了这样一个伟大的命题："故大贾富民者，国之司命也。"这个命题很值得我们推敲，我们需要认真

第四章 王夫之"裕国富民"的交换伦理思想

厘清这么几个问题？其一，他所称的"大贾富民"是指什么人；其二，在王夫之的思想逻辑中，"国之司命"究竟是一个什么样的地位；其三，这个命题的提出基于何种理性逻辑。

很多学者有解释过王夫之的"大贾富民"之含义，有学者理解成为"商人可以使民富裕"，把"富"理解成一个动词。事实上，根据上下文理解，富民与大贾一样都是指经济富裕的人，因而这种理解很明显是不对的。也有学者认为，"大贾富民"主要是指商人，但叶世昌先生认为，王夫之所谓的"大贾富民"，其"本意并不在专重商人，而是专重富民"，表达的是"传统的安富、保富的思想，是从富人可以帮助穷人渡过难关的角度说的"。① 对此种种争论，我们应当辩证看待，不能拘泥于一说，而应该着重于文本本身的分析。王夫之是如何提出这样的命题的呢？我们且看王夫之的整段论述：

> 天地之奥区，田蚕所宜，流肥渚聚，江海陆会所凑。河北之滑、浚，山东之青、济，晋之平阳，秦之泾阳、三原，河南大梁、陈、睢、太康，东传于颍，江北淮、扬、通、泰，江南三吴滨海之区，歙休良贾，移于衣冠，福、广番舶之居傤，蜀都盐、锦，建昌番布，丽江氂密企碧所自毡、金碧所自产，邕管、容、贵稻畜滞积，其他千户之邑，极于瘠薄，亦莫不有素封巨族冠其乡焉。此盖以流金粟，通贫弱之有无，田夫畦叟，盐鲑布褐，伏腊酒浆所自给也。卒有旱涝，长史请蠲赈，卒不得报，稍需日月，道殣相望。而怀百钱，挟空券，要豪右之门，则晨户叩而夕炊举矣。故大贾富民者，国之司命也。今吏极亡赖，然朘刻单

---

① 叶世昌：《中国古代没有代表市民阶级的启蒙思想》，《上海财经大学学报》2005年第2期。

贫，卒无厚实，抑弃而不屑，乃藉锄豪右，文致贪婪，则显名厚实之都矣。以故粟货凝滞，根柢浅薄，腾涌焦涩，贫弱孤寡佣作称贷之涂窒，而流死道左相望也。汉法：积粟多者得拜爵免罪，比文学孝秀。今纵鹰鸷攫猎之，曾不得比于偷惰苟且之游民，欲国无贫困，以折入于□□，势不得已。故惩墨吏，纾富民，而后国可得而息也。①

这段文字描述的事实是，河北、山东、山西、陕西、河南、江南、西南等各地的商品能够及时流通出去，大量的商贾发财致富，而同时各地的百姓也因为商品交易的频繁而变得富裕，在各个地区商品经济繁荣发展中，商贾做出了巨大贡献，故曰"流金粟，通贫弱之有无"。而且在发生旱涝灾荒年，只要富裕的百姓拿钱找豪右购买就能有粮食度日。因此，无论是从促进国家经济发展的战略高度还是从人民生存的民生角度，大贾富人都关系着国民经济命脉。正是基于对"大贾富人"这样高度的伦理肯定，王夫之尖锐地批判贪官墨吏欺压商贾富民的行为，借打击"豪右"之名，而行肆意吞占大贾富人巨额财富之实，严重限制商人的贸易活动，导致粮食被积压在粮仓卖不出去，百姓日益贫穷，为了度日，"贫弱孤寡"不得不借贷，颠沛流离、家破人亡。这不但严重地阻碍了社会经济的发展，甚至是导致国破家亡的决定性因素。从这段论述分析，对于"大贾富民"的社会地位，王夫之持十分肯定的评价。商贾的社会作用，传统观点对之多有批判，即使有正面积极评价也是限定在日常生活层面的"以其所有，易其所无"。而王夫之突破了传统观念的简单论证，他将之提升到国家战略层面："国之司命。"而且在封建统治阶级内部的矛盾斗争中，他

---

① （明）王夫之：《船山全书》第12册，岳麓书社2011年版，第529—530页。

旗帜鲜明地站在"大贾富民"立场，主张"惩墨吏，纾富民"。应该说王夫之在这个问题上，有不由自主的"阶级换位"的思考，不管这个"大贾富民"是否单指商贾，都能看出王夫之在一定程度上代表新兴阶级的进步立场。

我们再来分析这段话中"大贾富民"的含义。这里面出现了两个关键词，是我们理解"大贾富民"的重点：一个是素封巨族，一个是豪右。有学者把"素封巨族"理解为"传统的世袭地主"，这是不对的，其本意就是指"富裕商贾"[①]；而豪右则是指由商人转化过来的地主[②]。整个这段话要议论的主题是"大贾富民"，首先论述了"大贾富民"具有"流金粟，通贫弱之有无"的社会作用（显然，传统封建地主并不具备这样的社会作用），然后从几个关键词看，素封巨族是指商贾，豪右是指商人转化过来的地主。这样分析下来，王夫之认为掌握"国之司命"者不是世袭地主而是指"商贾"或者"移于衣冠"的商贾。正如黄海涛博士所言，大贾富民"植根于自然经济与商品经济交织发展的沃土之中，他们既经营土地获取地租，积累财富，也从事商品生产和交换，获得商业利润，是非身份性的地主、商

[①] "素封"论出自历史学家、文学家司马迁。他在《史记·货殖列传》中他写道："今有无秩禄之奉，爵邑之入，而乐与之比者，命曰'素封'。"司马迁的"素封论"是他为商人辩护、鼓励百姓从商致富的思想。他以"素封论"概括商人的地位。当官的有权势，而商人有治生之术的技能和知识；当官的以官位而获得俸禄和采邑封地，商人则以自己的经营而赚得财货；当官的以官势可以威风凛凛，商人则以所有的财富与王者同乐；官吏是官府的任命，商人则是社会的"素封"。"素封论"是中国封建社会历史上第一个从经济的论理上对"官本位"发动的冲击，它显示了商品经济平等观的曙光亮点，也是司马迁的商品经济思想的又一耀斑。

[②] "豪右"出自《后汉书·张衡传》"又多豪右，共为不轨"，是指有名望的大族，称一方之霸的世家大族。因为前面又讲"歙休良贾，移于衣冠"，由此可见这些占有大量田地的豪右是因为经商赚了钱，然后回到家乡购置了大量的土地而形成的一批新地主，并让子弟走科举成路，成为绅士（衣冠）。很明显，王夫之所称的这部分"豪右"的前身是"商贾"。

人,或者两者兼之"①。从这样的角度看,王夫之已经极大地突破了传统"重农轻末"的观点,不但为商业贸易作了合理性辩护,而且彻底地为在历史上一贯被轻贱的"商贾"正了名。这是一个伟大的观点,把商贾的社会作用提升到"国家"命脉层面,这是之前的古代社会未曾有过的思想,也不可能有过这样的思想。根据马克思主义唯物史观,社会存在决定社会意识,王夫之能够认识到商贾的巨大社会作用也是由当时已经蓬勃发展起来且在国民经济中已经占据一定数量的商品经济之客观现实决定了的。而王夫之的卓越之处,就在于他能够敏锐认识到新事物的出现,并且在理势合一历史观的指引下勇敢地接受了"商贾"乃"国之司命"的事实。

当然,在这里也有其落后的地方:王夫之把那些"移于衣冠"的商贾称之为"良贾",由此可见王夫之思想的进步性是有限的。他没有进步到认为商贾应该把资金用于扩大再生产,而是局限于商贾应该"移于衣冠"这样的现实。但客观分析王夫之观点的局限性,也有其背后的历史缘由,因为,在王夫之时代,商人与传统地主存在异常紧密的联系:有能力从事商业活动的往往是世俗地主,因为从事商业活动需要一定的资本,这对于贫困的"庶人"来说,是基本达不到的条件;同时,那个时代商人的最终归宿,仍然是通过经济能力来谋取政治地位,把积累起来的财富用以购买大量的土地,成为新的地主贵族。这里面有"新的突破了旧的"成分,即在国家经济发展和国民生计中,主动地把"富贾"提升到了与封建地主阶级的同等甚至更高的地位,但也同样存在"死的拖住了活的"部分,即从某种程度上讲,可能正如叶世昌先生所言,仍然局限于富人经济伦理学的范畴,局限

---

① 黄海涛:《明清实学经济伦理思想研究》,云南大学出版社2012年版,第192页。

第四章 王夫之"裕国富民"的交换伦理思想

于富人可以救济和帮助穷人这个传统的角度。而且王夫之似乎还仍然局限于认为商贾应该"移于衣冠",成为新的贵族,而不是极力主张商贾把积累的财富用以扩大再生产,这意味着王夫之认识之"新"大大地打了折扣。

如果我们从王夫之提出"大贾富民,国之司命"这个命题的理性逻辑来深入分析,似乎又能看到,王夫之认知中真正的"新意"所在。下面分两部分论述。

第一,商人的一个重要作用是"流金粟,通贫弱之有无"。所谓流金粟是指商品与货币的自由流通和交换。正是因为商贾从事着买卖交易,才使得河北的滑州(今河南滑县)、浚州(今河南浚县),山东的青州、济州,山西的平阳(今临汾),陕西的泾阳、三原,河南的大梁(今河南开封)、陈州、睢州、太康,江北淮州(今江苏淮安)、扬州、通州(今江苏南通)、泰州,江南三吴滨海地区的商品自由流通、互通有无,才满足了人们多方面的需要。这都是因为金谷流通,贫弱得以交换有无。可见,能够"流金粟",是商人的主要功能,尽管那时的商人主要可能还是地主兼商人,但王夫之已经充分地认识到,在生产力发展,物质产品日趋丰硕的社会,使商品流通起来是富国裕民的根本之策。正是从这个意义上,王夫之说是"国之司命"。

第二,王夫之提出"国无富人,民不足以殖"的主张[①],表明王夫之十分正面地肯定商业及商人对社会、国家、民族的积极作用,认为大贾富民最为重要的作用就是代替国家救济穷人,以维护社会的稳定。但是王夫之也并非从商业或者商人这一独立阶层来考虑其存在之必要性,而是把商人置于如地主富人一般的立场来认同其在救助穷

---

① (明)王夫之:《船山全书》第10册,岳麓书社2011年版,第89页。

人、稳定社会中的积极作用。认为穷人在面临饥饿贫穷时，国家救济往往不能及时或者数量不够，这个时候穷人可以向富人求助，向富人借粮，或者讨生活，所谓"国之司命"就是这个意思。他对贪官污吏借打击豪右之名而获利十分痛恨，因而提出"惩墨吏，纾富民，而后国可得而息也"的主张。正因为如此，王夫之认为商人在当时的社会是不可或缺的。可见，他并不一般地反对商人求利，只是反对商人垄断利源。

至于如何正确评价王夫之关于富人能够救助穷人的思想，学界亦有过激烈的争论。有学者认为，就把商贾提升到"国之司命"这样的战略高度而言，王夫之的经济伦理思想已经具有了鲜明的近代资本主义的特色，但亦有学者对此持反对意见，其中李守庸最为典型。李守庸认为，重视商人或商业思想并不是王夫之的创见，两汉期间自桑弘羊、王符开其端，唐宋时期甚至出现过与王夫之相近的言论。唐代柳宗元的《答元饶州论政理书》中说"夫富室，贫之母也，诚不可破坏"。南宋叶适在《水心别集·民事下》中说："然则富人者，州县之本，上下之所赖也。"为何是"上之所赖"呢？因为富人"上当官输，杂出无数，吏常有非时之贵，无以应上命，常取具于富人"；为何又是"下之所赖"？因为"小民之无田者，假田于富人""得田而无以为耕，借资于富人""岁时有急，求于富人""庸作奴婢，归于富人""游手末作，徘优技艺，传食于富人"。李守庸先生据此认为，这些都应该用封建社会上升时期某一特定阶段内商品经济有所发展的事实，和思想家个人的某些特点来说明，而与资本主义生产关系萌芽问题无关。

笔者认为李守庸以上观点值得商榷。因为我们要辩证地看到，柳宗元与叶适心中的富人仅仅限于地主阶级这个范畴，并不包括富商在内，这里完全没有涉及商人在商品流通中的作用。王夫之明确地高度评价了商贾的政治作用，这是社会现实的反映，亦是其思想中的近代成分的萌芽。

二 "生民者农，戕民者贾"：商贾的弊病兼论商贾之道

纵观王夫之关于商人的言论，有学者认为他是矛盾的，既有褒商的言论，如以上所述，但也有贬谪商人的言论，如"贾人富于国，而国愈贫""贾人之富也，贫人以自富者也""志小而不知裁，智昏而不恤其安"①，以及"生民者农，而戕民者贾"等言论。② 正是因为这些极端言论，学术界有许多学者据此断定，王夫之在农商问题上并未走出传统儒家的重本抑末之局限，仍是重农轻商之范本。其实，我们通读《船山全书》，不难发现，此种评论是有失公允的。应该说王夫之已经非常明确地意识到在商品经济已经发展了的情况下，商人对社会发展的重大作用。只不过，与同时代的黄宗羲不一样：黄宗羲比王夫之更加激进，提出"工商皆本"的思想，把工商业直接提升到本业的地位。所以，有学者评价黄宗羲："无疑代表了市民阶级的心声，反映了资本主义萌芽滋生的要求，从而使'农商并重'带上思想启蒙色彩，有力地推进了农商关系思想的发展。"③ 王夫之在对待商业贸易和商贾的伦理评判上是有所保留的。社会存在决定社会意识，王夫之有所保守的观念一方面与他无法彻底割断与封建社会的脐带有一定的关系，但也与社会经济中商贾确实存在的种种弊端有直接关系。鉴于此，王夫之也对新兴的商人阶级可能给社会带来的败坏或

---

① （明）王夫之：《船山全书》第 10 册，岳麓书社 2011 年版，第 89 页。
② 同上书，第 123 页。
③ 转引自黄海涛《明清实学经济伦理思想研究》，云南大学出版社 2012 年版，第 134 页。

腐蚀之严重性具有前瞻性、超越时代性的卓见。王夫之以其敏锐的视角从以下三方面对商人的弊病进行了尖锐的或预防性或现实性批判，而这种批判同时也是隐性地提出了商贾应该遵守的基本伦理规范。

第一，批判商贾唯利是图，倡导"义利并重"。王夫之在道德情感上最痛恨小人与夷狄，甚至把小人与夷狄诅咒为"非人"，原因就在于"非人"无仁义而唯利是图。他以激烈的笔触批评道：

> 以要言之，天下之大防二，而其归一也。一者，何也？义、利之分也。生于利之乡，长于利之涂，父兄之所熏，肌肤筋骸之所便，心旌所指，志动气随，魂交神往，沉没于利之中，终不可移而之于中国君子之津涘。故均是人也，而夷、夏分以其疆，君子、小人殊以其类，防之不可不严也。①

在"好利"这点上，他认为商贾与小人、夷狄相同，商人甚至比小人或夷狄更为严重。乃至于王夫之认为，明朝灭亡、夷狄入主中原也是因为商贾追逐个人私利的结果。

> 商贾者，于小人之类为巧，而蔑人之性、贼人之生为已亟者也。乃其气恒与夷狄而相取，其质恒与夷狄而相得，故夷狄兴而商贾贵。②

又说：

> 夫夷之乱华久矣，狎而召之、利而安之者，嗜利之小人也，

---

① （明）王夫之：《船山全书》第10册，岳麓书社2011年版，第503页。
② 同上。

而商贾为其最。夷狄资商贾而利，商贾恃夷狄而骄，而人道几于永灭。无磁则铁不动，无珀则芥不黏也。①

天下最大的防范就是夷狄、小人。而商人本性亦是唯利是图，因而商人在王夫之眼里就是能利而安之、恃夷狄而骄的小人，进而认为没有商业上"利"之诱惑，社会就会安定许多。胡寄窗认为从此段话可以看出，王夫之把商贾看作小人中"最巧而贼者"，把他们当作夷狄一样来防范。事实上，游牧民族"往往正好有商业精神"，历史上以抑商著名的商鞅、韩非也不如王夫之这样痛斥商贾。王夫之仅从好利这一点把夷狄与商贾等同起来，这一认识显然存在阶级情感上的局限性。②

因此，王夫之批判商人，并认为传统社会之所以长久实行"抑末崇本"政策，主要是因为商人唯利是图、欺压百姓。

> 贾人之富也，贫人以自富者也。牟利易则用财也轻，志小而不知裁，智昏而不恤其安，欺贫懦以矜夸，而国安得不贫、民安得而不靡？高帝生长民间而习其利害，重挫之而民气苏。然且至孝文之世，后服帝饰如贾生所讥，则抑末崇本之未易言久矣。③

因此，王夫之主张，商贾应该在遵循以义取利的原则基础上，谋取正当的经济利益。

第二，批判商人奢侈淫逸，败坏社会质朴的风气，提倡谨守节俭。王夫之反对商人，主要不是反对商人的富有，而是因为商人因富

---

① （明）王夫之：《船山全书》第10册，岳麓书社2011年版，第503页。
② 胡寄窗：《中国经济思想史》，人民出版社1981年版，第502—503页。
③ （明）王夫之：《船山全书》第10册，岳麓书社2011年版，第89页。

有而产生的"骄、奢、淫、逸""商贾之骄侈以罔民"①。商人很容易因为富有而变得骄奢，败坏社会的节俭风气，"牟利易则用财也轻"。所以抑制商人不是抑制其商品贸易往来，或者抑制其财富的数量，而是要遏制其表现出来的奢靡风气。王夫之非常明确地表示："贾人不能使之弗富，而夺其富之骄。"② 王夫之对汉高帝建国之初采取措施限制商人的穿着打扮以及日常生活开支的做法大为赞赏，认为这是懂得"政本"的表现，"高帝初定天下，禁贾人衣锦绮、操兵、乘马，可谓知政本矣"。为政者要夺其富之骄，避免为富不仁，因而禁止富有的商人跨越社会等级，规定一定的礼节，对于统治者来说是为政之本。

    高帝令贾人不得衣丝乘车，重租税以困辱之。孝惠、高后虽弛其禁，然市井之子孙，不得仕宦为吏。量吏禄，度官用，以赋于民。山川园池市井租税，自天子至于封君，皆取其入为私奉养，不领于经费。③

  汉朝初年对商人的限制措施有：对商人日常生活的限制，不准穿绸缎乘坐车辆，并课以重税，以养君臣；规定市井子孙即商人子孙不得做官为吏。王夫之对以上诸种限制商人消费的政策十分认同，主要就是要"夺其富之骄"，避免商人"骄侈以罔民"。因此，他提倡商人应该遵守节俭的道德原则。

  第三，批判商人腐蚀权力，倡导廉洁自好。王夫之非常清醒地看到，封建专制时代，商人与暴君污吏之间保持的那份不可分割的裙带关系。

---

① （明）王夫之：《船山全书》第 10 册，岳麓书社 2011 年版，第 122 页。
② 同上书，第 89 页。
③ 同上书，第 123 页。

第四章 王夫之"裕国富民"的交换伦理思想

呜呼！贾人者，暴君污吏所亟进而宠之者也。暴君非贾人无以供其声色之玩，污吏非贾人无以供其缓急之求，假之以颜色而听其辉煌，复何忌哉！①

在王夫之看来，商人是暴君污吏敛财的主要工具，暴君需要商贾提供声色之玩，污吏需要商贾供给缓急之求，商人可以借此从统治者那里获得特殊利益。这样官商勾结，各有自私的算盘，有了官员的庇护，商人变得无所忌惮。这些立法执法的统治者都是不耕而食阶层，从自身利益出发，制定利商的政策就是对自身有利的政策，根本不顾及农业生产者的艰难困苦。他说：

议法于廷者，皆不耕而食，居近市而多求于市买，利商贾以自利，习闻商贾之言而不知稼穑之艰难者也。②

而且那些"议法于廷者"需要的日用物资都是从商人手中购买，他们常常利商贾而又能从商人处获利，平常多闻商人之不易却不知稼穑之艰难，官商勾结，欺压农民。王夫之的批判并不是凭空揣测，根据顾炎武的著作，晚明时期，随着商品经济的发展，物质财富的丰富，不断地刺激着掌握至高权力、处于优越地位的专制统治者的贪欲，以致"自万历中矿税以来，求利之方纷纷者乃数十年，而民生愈贫，国计亦愈窘"③。由此可见，王夫之担心的不是富人的富有，而是贾人与官吏勾结，骄横欺贫，使国贫民靡，影响社会稳定：一方面担心封建权力拜倒在金钱的石榴裙下而导致统治阶级内部的腐败；另一方面王夫之也认识到，这种钱权勾结，不仅损害生民之利益，更为严

---

① （明）王夫之：《船山全书》第10册，岳麓书社2011年版，第98页。
② 同上书，第589页。
③ （清）顾炎武著，（清）黄汝成集释：《日知录集释》，岳麓书社1994年版，第436页。

重的是统治阶级的权力将丧失其至高无上的合法性。因此，他主张商贾应该遵守廉洁自好、合法经商的道德。

正是从商人用金钱腐蚀权力、腐蚀封建帝国甚至亡国这样严峻性角度，王夫之提出"生民者农，戕民者贾"的批判观点：

> 尤要者，则自困辱商贾始。商贾之骄侈以罔民而夺之也，自七国始。七国者，各君其国，各有其土，有余不足，各产其乡，迁其地而弗能为良。战争频，而戈甲旌旄之用繁；赂遗丰，而珠玑象贝之用亟；养游士，务声华，而游宴珍错之味侈。益之以骄奢之主，后宫之饰、狗马雁鹿袨服殊玩之日新，而非其国之所有。于是而贾人者越国度险，罗致以给其所需。人主大臣且屈意下之，以遂其所欲得，而贾人遂以无忌惮于天下。故穷耳目之玩、遂旦暮之求者，莫若奖借贾人之利；而贫寒之士，亦资之以沾濡。贾人日以尊荣，而其罔利以削人之衣食，阳与而阴取者，天下之利。天子之权，倒柄授之，而天下奚恃以不贫？且其富也不劳，则其用也不恤，相竞以奢，而殄天物以归糜烂。弗困弗辱，而愚民荣之，师师相效，乃至家无斗筲，而衣丝食粱，极于道殣而不悔。故生民者农，而戕民者贾。无道之世，沦胥而不救，上下交棘而兵戎起焉。非此之惩，国固未足以立也。高帝之令，班固之言，洵乎其知本计也。人主移于贾而国本凋，士大夫移于贾而廉耻丧。许衡自以为儒者也，而谓："士大夫欲无贪也，无如贾也。"杨维桢、顾瑛遂以豪逞而败三吴之俗。濠、泗之迁，受兴王之罚，而后天下宁。移风易俗，古今一也。①

---

① （明）王夫之：《船山全书》第10册，岳麓书社2011年版，第122—123页。

第四章　王夫之"裕国富民"的交换伦理思想

王夫之认真地分析了历史上出现抑制商贾的原因：抑制商贾是因为商贾的弊病，而不是商贾的富有。汉朝初年国家之所以富足是因为实行了困辱商人的政策。正是在商贾弊病这个角度上说，农业是养民的，而商业是害民的，人主移于贾而国本凋，士大夫移于贾而廉耻丧。而恰恰有学者把以上的论述作为批判王夫之贱商思想的凭证（如李守庸），这是值得商榷的。在这个问题上，笔者同意冯友兰先生的观点，即王夫之主张"抑商""困商"，并不是一般地反对商人或者仇恨商人的富有，而只是反对"商人服务于封建制度"，导致"国民之贫"。①

正是基于商人存在以上的伦理问题，王夫之一方面极力为商贾富国裕民之伦理作用进行有力辩护，但另一方面又极力主张针对商人"祸国殃民"的行为进行有力的抑制。比如，他反对晁错主张实行入粟拜爵免罪政策，认为这只是对豪强和富贾有利，并导致"重农而农轻，贵粟而金贵"的结果。

入粟六百石而拜爵上造，一家之主伯亚旅，力耕而得六百石之赢余者几何？无亦强豪挟利以多占，役人以佃而收其半也；无亦富商大贾以金钱笼致而得者也。如是，则重农而农益轻，贵粟而金益贵。②

他也主张不能把应当由商人负担的税役转嫁到土地所有者身上：

人各效其所能，物各取其所有，事各资于所备，圣人复起，不能易此理也。且如周制，兵车之赋出于商贾，盖车乘、马牛，

---

① 王夫之：《船山全书》第16册，岳麓书社2011年版，第1137页。
② （明）王夫之：《船山全书》第10册，岳麓书社2011年版，第111页。

· 225 ·

本商之所取利，而皮革、金钱、丝麻、竹木、翎毛、布絮之类，皆贾之听操。是军器皮作火器各局之费，应责之于商贾也无疑。如曰税重则物价贵，还以病民，乃人之藉于市买者皆自度有余，而非资尘所必藉，非若粟之一日不得而卯距者也。①

这段话主要是讲要对商人苛以重税。但有人认为对商人苛以重税则会导致物价上涨，结果还是会伤害普通百姓的利益。王夫之反驳这种观点，他认为并不会如此，因为人们到市场上买东西，可以根据自己的经济实力而决定，买得起的就买，买不起则不会买了。因此，对商人苛以重税并不会导致把负担转嫁到百姓身上的后果。

因此他反对当时流行的说法，即认为征商税会提高物价，农民亦受其病之论断。

人必免于冻馁而后可有求于市，则以税故而价稍增，亦其所可堪者也。若苦于饥寒征徭，而无告知民经年而不入市者多矣，曾何损耶！②

他认为在封建社会，能够入市购买物资的应该是一些有"余资"者，而那些"苦于饥寒征徭"的农民基本是自给自足于基本的生活物资，"不入市者多"。所以，就算征商税会导致商人提高商品价格而转嫁于商品购买者，但也不会对社会底层的农民带来很大的伤害。这个议论是很中肯的，明末清初，商品经济社会分工已经有所发展，但还没有发展到大多数人都需要通过购买的方式才能满足基本生活需求的地步。我们亦可以看到，作为一个旧知识分子思想中的进步成分，王

---

① （明）王夫之：《船山全书》第12册，岳麓书社2011年版，第561页。
② 同上书，第588—589页。

夫之始终把社会底层的"庶民"放在他关心、关注和改变的范畴内。为此，他对孟子的反对征商主张作了解释，说孟子的主张只适合于列国分据时需要通过不征商来诱商的历史场景，"后世四海一家，舟车衔尾而往来"，就不怕"商贾之不来"。从他对孟子的观点的全新解释当中，我们可以看到，王夫之一直想要捍卫自己儒学正统的身份地位，表明自己才是孔孟正儒的真正传人。另外，他要征商税并不说明他轻视末业，或者消除末业，而是为了减轻农民的负担，因为商贾与官府勾结，大部分的赋役负担都沉重地压在农民身上。作为封建社会的知识分子，王夫之能够把目光放在一直被社会忽视处于最底层的劳动者，这是值得颂扬的。

三 对王夫之"商人观"的评价

通过前面两点的评述，可以看到，王夫之对商人的社会作用和其带来的消极影响均作了鞭辟入里的具体分析，这个认识是十分深刻的，在一定程度上，这也是社会现实在社会观念中的反映。其对商人的评价有十分重要的近代启蒙意义，但也存在落后的封建残余。相比之下，其近代启蒙的意义远远大于其落后部分。我们评价历史人物思想并不能看他说了多少过去一直有人在说的话，而是要看他提出了多少的"新"的观点，尽管这些"新观点"可能还是被"死的"东西狠狠地拖住了，但仍然能看出其试图冲破封建的藩篱，走向新社会的价值取向。李守庸先生在分析王夫之关于商人消极影响的论述时，就曾得出过王夫之"因而继承的传统儒家的一套传统重农轻商的见解"的结论。[①] 本书认为这个结论是片面的，王夫之的观点绝不是传统儒

---

① 李守庸：《王夫之学术论丛》，生活·读书·新知三联书店1978年版，第61页。

家传统重农轻商观点的重复，而是带有极大理论勇气的近代思想之萌芽。尽管商业对社会经济发展所起的作用，历代都有当权者或者学者作过相关论述，但无论如何都走不出重视商业却轻贱商人、视商人为低贱小人的思想局限，而这个局限恰恰是封建统治阶级意识形态的体现，也是传统的封建地主阶级捍卫专制统治的表现所在。王夫之在商人观上明显地具有突破传统的近代特色之处，就体现在他公开为商人的社会地位辩护，不仅为商人"流金粟，通贫弱之有无"的不可或缺经济地位辩护，更为重要的是，他亦为商人的政治地位辩护，这主要体现在"国之司命"命题的提出。我们可以这样理解王夫之的这个命题，既然商贾已经成了掌握国家经济命脉的重要阶层，那么就意味着，商人必将进一步影响到封建王朝的政治命运。而这个思想除了有警醒封建统治阶级的作用，还更有一种对社会发展前景的新展望，是否意味着掌握着国家经济命脉的商人将成为新的统治阶级呢？因而我们说，王夫之的这个简单而坚定的命题具有突破阶级偏见的伟大之处。

王夫之在对待商贾的评价上的局限性主要体现在两点：其一，担心商人的富足容易导致官吏对商人的崇拜和屈从，从而使封建统治丧失权威，不利于维护封建统治政权。他主张统治者应从保卫政治权力的高度遏制商人，这反映了王夫之狭隘的家国观念，使他始终走不出封建社会主流意识形态的藩篱。其二，王夫之并没有对商业发展带来的得失进行权衡比较，从而无法建设性地提出一些正确的措施。其评论似乎体现出情感驾驭理性的痕迹，由于这种情感的驱使，他在评论商人时常出现相互矛盾且难以调和的言论。王夫之生活于明末清初，资本主义经济已经在中国萌芽并发展——这是一种历史发展的必然趋势。他也非常明确地论述过经济发展规律的不可违背，可在某些言论中，却仍然能够见到他为历史上辱商、困商政策大唱赞歌，这又是其思想中"死的拖住了活的"一面的鲜明表现。

第三节 "致厚生之利而通之"：论货币伦理

货币作为商品经济时代一种普遍的交换媒介，是经济伦理学关注的一个重要课题。货币伦理作为经济伦理学的一个研究对象，属于交换伦理的范畴，它的中心议题是从经济伦理学的角度审视货币，包括货币的产生、功用及对其自觉的反思和批判等方面。王夫之货币伦理思想在中国古代经济伦理思想史上具有开创性的理论地位。他较早地从历史唯物主义视角，阐释了货币的价值幻象本质、货币与人性迷失之关系、纸币形式下的道德风险以及货币伦理问题的出路等一系列货币伦理问题。这些丰富的理论既有对传统货币伦理思想的继承和发展，亦有贴近于时代甚至超越于时代的前瞻性洞悉。认真研究王夫之的货币伦理思想对于丰富中国古代货币伦理理论以及了解古代货币伦理的近代转型都具有极为重要的学术意义和理论价值。但当前，王夫之货币伦理思想似乎尚未成为学术界的重要议题。

一 "民之所趋，国之所制，不能易矣"：货币起源论

尽管我国在几千年的历史上一直是一个自给自足的封建农业大国，商品经济一直未能得到重视与发展，但是关于货币的起源早在先秦时期的文献中就有相关记载和论述。根据文献记载，货币起源有两

种说法：一种是古代圣王为赈救受灾之民而制。《国语·周语上》中记载了单穆公劝谏周景王铸大钱的历史事件。单穆公说："古者，天灾降戾，于是乎量资币，权轻重，以赈救民。"这是说因为天灾人祸，所以圣人铸钱以救灾民。《管子·轻重篇》里也多次提到"人君铸钱立币，民庶之通施也"，这是说铸币的权力把握在国君手里，普通老百姓只是接受并使用货币。另一种说法则相对比较具有科学性了，即认为货币是生产发展产生商品交换，在商品交换的过程中自发地产生了货币。这个论述最早见于司马迁的《史记·平准书》中太史公曰："农工商交易路通，而龟贝金钱刀布之币兴焉。"这是中国古代经济理论中对货币起源较为科学的解释，但这种理论并未成为后世经济理论的主流。在后世的经济理论中，关于货币起源的种种矛盾论调仍然存在。中国经济思想史上，在货币理论方面有突出成就的思想家当数叶适，但当他在论述货币起源的时候，出现了两种互相矛盾的说法：一方面他说"钱币之所起，起于商贾，通行四方，交至远近之制，物不可以自行，故以金钱行之"①，这是说货币产生于商品流通日繁的过程中；另一方面他又说"为其无以阜通流转，则作币铸金以权之"②，把货币的发明看作先王的个人行为。事实上，这是在货币起源问题上的"圣王创制论"观点。

相比于前人，王夫之在货币起源问题上的见解是坚定而卓越的，在《宋论》中有一段详细论述货币起源过程的言论：

> 古之税于民也，米粟也，布缕也。天子之畿，相距止于五百里；莫大诸侯，无三百里之疆域；则粟米虽重，而输之也不劳。

---

① （元）马端临：《文献通考·钱币考二》，浙江古籍出版社1988年影印版，第102页。
② （宋）叶适：《水心别集·财总论一》，中华书局1989年版。

第四章　王夫之"裕国富民"的交换伦理思想

古之为市者，民用有涯，则所易者简；田宅有制，不容兼并，则所赍以易者轻。故粟米、布帛、械器相通有无，而授受亦易。至于后世，民用日繁，商贾奔利于数千里之外；而四海一王，输于国、饷于边者，亦数千里而遥；转挽之劳，无能胜也。而且粟米耗于升龠，布帛裂于寸尺，作伪者湮湿以败可食之稻麦，靡薄以费可衣之丝枲。故民之所趋，国之所制，以金以钱为百物之母而权其子。事虽异古，而圣王复起，不能易矣。乃其所以可为百物之母者，固有实也。①

王夫之从商品交易的对象、范围以及税收范围的变化等社会经济现象中，阐述货币的自然起源。最早的时候，并没有货币，物物交换是商品交换的主要形式，向国君缴纳税役也是上贡实物，为什么呢？因为，一方面，在古代，老百姓以米粟等实物来缴纳税役，尽管米粟比较重，但那个时候一个国家的土地面积还比较小，因此运送米粟等贡品给国君距离不远，也并不很难；另一方面，古代日常用品种类也比较少，数量也少，因此米粟、布帛、器械等物物交易也比较容易做到。但是后来，日常用品的种类越来越多，再加上又出现了专门为牟利而来的商人，商品交易的范围可以非常广阔。更为关键的是，由于国家的日趋统一，国家的土地面积越来越广，过去的那种以物易物的方式已经很难持续，一般等价物——货币的产生便是"民之所趋，国之所制"了。

根据该段论述，我们可以看到，王夫之已经完全抛弃了传统的圣王创制论观点，而是从唯物主义的视角，从社会经济发展的实践中探寻货币的社会起源，并认为"民之所趋"是"国之所制"的逻辑和

---

① （明）王夫之：《船山全书》第11册，岳麓书社2011年版，第111页。

· 231 ·

历史的前提。这样一来，货币的产生并不是圣人一时"起意"的结果，而是顺应民意，顺应社会经济发展之现实的结果。尽管他并没有从经济学视角直截了当地指出货币产生的经济根源乃是生产力发展的必然结果，而是从关注国用与民用之便的伦理价值角度提出货币乃是"民之所趋，国之所制"的必然结果，但在某种程度上可以说，王夫之自觉的伦理视角考量已经悄然进入了科学的经济领域，体现了其货币起源理论的深刻性。

与传统的"圣王创制论"相比，王夫之的货币起源论具有不同的时代特质且贡献出了不同的伦理维度。首先，不同的货币起源论奠基于不同的社会经济类型。用恩格斯的话说"货币圣王创制论的时代，是中国古代农业社会的时代。农业是全部古代世界的一个决定性的生产部门"[①]。而货币起源于"商品交换"过程中的观点，则反映出了人们对货币的产生及其在经济社会中的重要作用的深刻认识，而这种认识是建立在商品经济已经发展了的事实基础上。其次，不同的货币起源论凸显的伦理价值不同。圣王创制论着重强调国君或者圣人对百姓的"仁治"或者"仁政"，而王夫之的货币起源论强调人们在商品交换中自发形成的对一般等价物的认同，这种认同逻辑地蕴含着一种伦理约束关系：人们能够把自己拥有的一种使用价值兑换成货币，这就意味着一种道德上的认同。当把货币兑换成自己需要的使用价值时，又意味着自觉履行了共同的道德约定，这里面就蕴含着一种自由契约的精神，意味着交换主体双方的平等地位，而诚信的品德便成为支撑这种自由契约和平等地位的重要道德力量。自由、平等、诚信则是资本主义经济中的重要因素。由此可见王夫之在货币起源问题上的

---

① 转引自李琳等《圣王创制论的起源和影响》，《经济问题探索》2010年第10期。

崭新见解，已经接近于马克思主义的货币起源论。

同时，王夫之还在货币的材质问题上有过深刻的思考。他认为金银铜铅之所以成为货币也并不单纯是人们主观选择、共同契约的结果，而能够使人们达成一致契约的主要是因为这些金属本身具有的特性决定的：

> 金、银、铜、铅者，产于山，而山不尽有；成于炼，而炼无固获；造于铸，而铸非独力之所能成、薄资之所能作者也。其得之也难，而用之也不敝；输之也轻，而藏之也不腐。盖是数物者，非宝也，而有可宝之道焉。故天下利用之，王者弗能违也。唯然，而可以经久行远者，亦止此而已矣。①

正是因为这些金属具有珍稀、难炼、难铸、轻而不腐以及可以"久行远"等优点，所以"天下利用之，王者弗能违也"。王夫之不仅指出货币产生是商品经济的历史必然，而且把稀有金属作为货币亦是商品经济发展之必然选择，并提出作为统治者只能遵循这样的经济规律而不能违背，这体现了王夫之对商品经济发展规律的深刻认识。

从货币的产生，王夫之也思考了货币的消亡问题。他说：

> 且夫金银之贵，非固然之贵也。求其实，则与铜、铅、铁、锡也无以异；以为器而利用则均，而尤劣也；故古者统谓之五金。后世以其约而易齐也，遂以与百物为子母，而持以求偿，流俗尚之，王者因之，成一时之利用，恶知千百世而下，无代之以流通而夷于块石者乎？②

---

① （明）王夫之：《船山全书》第11册，岳麓书社2011年版，第111—112页。
② （明）王夫之：《船山全书》第10册，岳麓书社2011年版，第1055页。

此段论述的本意在于斥责那些市井小人伪造假币的恶劣行为，认为金银本不足贵，只是由于"一时之利用"而成"百物之母"，并认为货币将会有如同"块石"而"无代之以流通"的一天。这从一个侧面触及了货币作为流通媒介终将消亡的社会发展趋势，充分彰显了其远见的历史卓识和敏锐的货币伦理问题意识。

二 "金钱者，尤百货之母，国之贫富所司"：货币作用论

对于货币的社会功用问题，王夫之之前的思想家也有过探讨。比如，元末明初文学家王祎曾这样评价过货币："天下之物，以至无用而权至有用者，泉货是也。"① 这也只是认识到了货币作为一般等价物的普遍性，却从经济学的意义上错误地把货币本身当作无价值之物。与王夫之同时代的思想家黄宗羲也说过："钱币所以为利也，唯无一时之利，而后有久远之利"，"使封域之内，常有千万财用流转无穷，此久远之利也"。② 可见，黄宗羲把货币作为"财用流转"的媒介作用看作"久远之利"，没有看到或都不会认同货币作为"立国之资"的"一时之利"。

那么，王夫之对货币的社会功用持怎样的态度呢？我们可以从一个命题来分析王夫之的货币功用观。他在论述应该鼓励敌我双方贸易自由往来的观点时，说：

金钱者，尤百货之母，国之贫富所司也。③

这个命题科学地指出了货币的两个社会功用：首先，"百货之

---

① （明）王祎：《王忠文公集·泉货议》，中华书局1985年版。
② 董金裕：《明夷待访录快读·财计二》，海南出版社和三环出版社2005年版，第132页。
③ （明）王夫之：《船山全书》第10册，岳麓书社2011年版，第1058页。

母",即货币是商品的一般等价物,它是一种关系,是商品交换价值的一种符号,是衡量商品经济价值的计量单位;其次,"国之贫富所司",即货币本身是有价值的,其本身就是社会财富的代表,是衡量贫富的基本标准。王夫之难能可贵的地方在于,对于货币的两种社会作用均持肯定的态度,认为这两种社会作用结合在一起是必然规律。从某种程度上讲,王夫之的货币社会功用论,已经接近了马克思的货币作用论。马克思在探讨货币的社会作用时,指出货币除了具有价值尺度、流通手段的社会职能之外,还具有第三种职能:"货币作为财富的物质代表","在这种形式中,货币不是仅仅表现为手段,也不是表现为尺度,而是表现为目的本身"。王夫之讲货币乃"国之贫富所司",在其基本意蕴上是指马克思所谓的货币的第三种职能。

　　无疑,王夫之对货币功能的认识是十分深刻的,而这个深刻的认识只能是建立在货币经济已经日趋成熟的社会现实基础上。可见,明末清初在社会经济领域中,货币已经从一种纯粹的等价物,发展成了财富的代表。由于作为财富代表的这种内在的价值性,货币具有增殖的本性,因而理所当然地成为经济主体相对独立、不受边际效用递减规律支配而值得追求的对象。王夫之对货币功能的认识已经达到了时代的高度,从某种程度上体现了刚刚处于萌芽阶段的资本主义经济的内在要求,也为他对货币作用的伦理反思和社会批判奠定了理论基础。

　　王夫之主要从以下三个方面来论述货币的社会作用。

　　第一,王夫之从"天下交相灌输而后生人之用全,立国之备裕"的角度,认为货币是百货之母、国之贫富所司。一个国家要想"生人之用全",必须与别的地方或者别国进行贸易往来,这样才能取长补短，以有换无，互通有无，百姓生活所需才可能得到满足；要想实现"立国之备裕"即有丰富的国家物资，仅靠储存实物在当时已经是不科学的做法，拥有足够数量的货币才能保证国家在危险时刻具有足够的购买力。

第二，从货币供应量角度，认为货币供应的数量将直接影响到社会经济的发展。

> 唯钱少而银不给，故物产所出之乡留滞而极乎贱，非所出之乡阻缺而成乎贵，民之饥寒流离，国之赋税逋欠，皆职此之由，上下交患贫而国非其国矣。钱多则粟货日流，即或凶荒，而通天下以相灌输，上下自无交困。故钱法行者，非一朝一夕骤获之利，积始终、彻上下而自然以裕乎财用者也。欲钱之行无他法，唯少取息、务精好而已矣。①

此段虽然是承继前面的论点即货币对于商品流通、互通有无有重要作用，但又提出了一个新的观点：货币供应量是影响商品流通的重要因素。由上段论述可见，王夫之对社会经济中所需的货币供应量并没有一个科学的认识或者观点，他只是模糊地指出"钱少而银不给"的危害，以及"钱多而粟货日流"的益处。事实上，一个经济体的货币供应量有一个"适量"的问题，即不宜过多也不宜过少。在通货不足的情况下，会给产出丰富和产出贫乏的地区都带来伤害。对于产出充裕的地方，由于通货不足，则会导致商品滞销，价格下降；对于产出少甚至不出产的地区，则又会导致商品价格虚高而脱销。因此只有适量的货币，物产才能够顺畅流通，那么中国作为一个统一的大市场

---

① （明）王夫之：《船山全书》第12册，岳麓书社2011年版，第585—586页。

就可以交相灌输了。商品经济活跃起来了，上下就无交困，即使遇到凶荒，也可以应对。

第三，从商品与货币的关系角度，指出商品能不能转化为货币是"民日以贫"还是"民日以富"的根本原因。

> 物滞于内，则金钱拒于外，国用不赡，而耕桑织纴采山煮海之成劳，委积于无用，民日以贫；民贫而赋税不给，盗贼内起，虽有有余者，不适于用，其困也必也。①

如果老百姓丰收的物资积压储存在家里，那么这些物资就会积压无用，有些物资像粮食、牲畜就会腐烂、死亡，老百姓就会越来越贫穷，就会交不起赋税，国家因为贫穷就会出现盗贼，国家就会发生动乱。在这里，王夫之已经深刻地意识到，随着货币的产生，商品世界分化成了两极：一极是代表使用价值的商品；一极是代表价值的货币。这是商品经济中的一对尖锐的矛盾，商品只有转化成为货币，其价值才能实现，马克思称这种转化为"商品的惊险的跳跃"，并指出"这个跳跃如果不成功，摔坏的不是商品，但一定是商品占有者"。尽管王夫之关心货币的供应量，并不试图从经济学角度提出一个货币供应的科学公式，而只是从伦理的角度指出"银不足"可能带来民生问题乃至政治问题，但对这个问题的思考已经触及私有制基础上资本主义商品经济中不可调和的基本矛盾。

三　"百物之母"特性下的"价值幻相"：货币的伦理本质论

王夫之从历史唯物主义视角正确地揭示了货币的产生与起源，并

---

① （明）王夫之：《船山全书》第 10 册，岳麓书社 2011 年版，第 1058—1059 页。

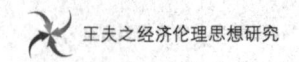

在分析货币形式不断演变的历史过程中，触及了一个深刻的话题：货币的价值幻相。

王夫之突破了古代关于货币起源的"圣王创制说"，并试图从社会经济现象本身寻找货币起源的根据（详见本书第228页）。

通过对比古今经济发展之现状，王夫之揭示了货币起源于商品经济发展、扩大的道理。在古代社会，由于生产力不发达，物质产品也非常简单，交换形式是简单的物物交换。但随着社会生产的发展，物质产品日益丰富，国土面积扩张，物物交换变得不可行，人们迫切地需要有一种特殊的商品从普通商品中分离出来，充当交换媒介，通过这种商品可以全面衡量其他一切商品的价值，于是国家确定并铸造了以金钱为代表的货币，这样货币就产生了。由此可见，王夫之非常清晰地认识到，货币作为交换媒介的产生，源于经济发展条件下交易量和交易范围扩大而造成的交易困难。王夫之从唯物主义视角、从社会经济发展实践中探寻货币的社会起源，并认为"民之所趋"是"国之所制"的逻辑和历史的前提。王夫之的货币起源论对真实地了解货币的本质、货币的作用以及货币的伦理特性，都具有十分重要的理论意义。可见，王夫之的唯物主义货币起源论具有开创性的理论意义。

值得注意的是，王夫之初步提出了货币的伦理特性——"百物之母"的特性，亦即货币与一般商品的关系是一种"以与百物为子母"的关系。[①] 所谓"百物之母"是指用以权衡其他物品的价值标准，虽与马克思所指的"一般等价物"具有内涵上的基本一致性，但更深刻地揭示了，相对于实物性商品，象征性货币则具有高高在上的财富"标志性"与"权威性"。从经济发展的角度讲，货币作为"百物之

---

① （明）王夫之：《船山全书》第10册，岳麓书社2011年版，第1055页。

母",是为了方便商品的交换和流通,或者说它作为一种交易的手段而产生,具有手段善的价值,不具有目的善的价值。但随着货币性能的扩展,它不仅成为衡量一切商品的价值标准,而且成了财富的最高象征和最终代表,即"金钱者,尤百货之母,国之贫富所司也"①。由于作为财富代表的这种外在的价值性,货币具有增殖的本性,继而成为经济主体相对独立、不受边际效用递减规律支配而值得追求的对象。这就意味着在商品世界里,货币处于价值世界的最顶端,它高高在上,成为衡量一切价值的标准,从而抹杀了不同商品之间的异质性,并最终成了人们信仰和追求的对象。尽管,王夫之所处时代,商品经济的发展并不充分,更远未进入货币经济时代,人们的生活更多地依靠商品的物理性,尚未形成拜金主义的价值观,可他前瞻性地洞穿了货币对社会"正在形成"的价值导向。

王夫之从历史唯物主义视角通过对货币历史发展过程的分析,深刻地揭示了货币作为"百物之母"特性下的"价值幻相"本质。王夫之指出,货币作为一种价值标准或者价值符号,并不是货币本身具有高价值,即"非宝也",那为什么金银铜等材质又能成为"百物之母"呢?因为它们有"可宝之道焉"(详见本书第230页)。

金银铜铅充当货币并不是它们本身有多么珍贵,而是源自它们稀有、难炼、难铸等特殊的物理特性。金属货币本身"非宝",却在经济生活中成了一切价值的代表和衡量标准,这就潜在地揭示了货币的"价值幻相"本质。而货币这种"价值幻相"的形成是建立在人们"同意"的契约基础上。因而,从某种意义上讲,如果人们一旦"不同意"这份契约,那么之前的"百物之母"将与一般商品并无二致,

---

① (明)王夫之:《船山全书》第10册,岳麓书社2011年版,第1058页。

甚至"无价值"。

王夫之接着从历史上货币形式的不断变化来进一步说明货币的"价值幻象"。社会最终选择金、银、铜等贵金属充当货币，淘汰掉了铁等贱金属，并不是因为金银本身有多么珍贵，而是因为金银具有"约而易齐"的特性；可就其实用性而言，金银甚至比不上铜铁，那怎么知道在以后的千百年里，不会有别的东西充当货币，而金银却如同卑贱的石头一样呢？如同马克思所言，货币在流通中"只执行虚幻的金的职能"①。因此，王夫之的此种论说在中国古代货币理论史上具有开创性的理论地位。

由此可见，王夫之认为，货币作为一切商品的价值衡量标准，它本身并不具有区别于其他商品的更高价值，而只是一种价值的幻象，这种价值幻象是由货币的"百物之母"的特性产生的。货币的幻相本质容易使纯良的人性迷失，并进而导致人性恶的无限膨胀。

四　对货币的伦理反思与道德批判

王夫之在科学地评价货币在商品经济中的社会功用之余，亦对商品经济发展到货币经济可能产生的悖伦理现象进行了无情的揭示，预见性地批判了货币经济带来的种种异化现象。这种对货币双重社会作用的深刻见解彰显了他最前瞻性的远见卓识。王夫之主要从以下两个方面对货币进行批判和伦理反思。

第一，货币作为财富的代表，成为被无限制追求的对象，导致人性的迷失。"天下益汲汲于金钱，徒以乱刑赏之大经，为败亡之政而已矣。"② 这是对贪婪追求货币的非理性现象的批判，正如马克思所说

---

① 马克思、恩格斯：《马克思恩格斯全集》第13卷，人民出版社1962年版，第106页。
② （明）王夫之：《船山全书》第10册，岳麓书社2011年版，第112页。

第四章 王夫之"裕国富民"的交换伦理思想

"对这一时代说来,货币是一切权力的权力"①。货币成为社会财富的代表,拥有货币的多寡便等同于拥有财富的多寡,是衡量国家、家庭、个人贫富的标准。王夫之又从社会经济发展角度,前瞻性地让我们清楚地认识到:从历史过程中看,货币的产生给人们提供了经济交往的方便和自由,是一种重要的经济手段,但在现实生活中货币的功能出现了颠倒,货币从一种经济手段"转身"而成为人们孜孜以求的"目的价值"。

王夫之非常积极地肯定了货币的经济功能(详见本书第233—234页),非常清楚地指出货币的流通功能,商品因为货币这个媒介能够及时、顺利地进行交换流通,因而不会出现商品滞销、国家财政紧张的情况。而且指出商品能不能转化为货币是"民日以贫"还是"民日以富"的根本原因。

在肯定货币带来经济繁荣景象的同时,王夫之就货币引起的人性变化进行了比较深刻的分析。

货币成为价值标准继而成为财富的象征后,人们生产或者交换的目的不再为了获得使用价值,更是为了获得更多的货币,社会出现"金夺其粟之贵"的异化现象。② 人性贪婪之恶被激发出来,出现了疯狂开采金矿以攫取金银的现象,甚至出现"烧药为金"等制造假币的丑恶现象等③,而且自此形成天下人造假的风气,连君主都受其迷惑,"自汉武帝惑于方士,而天下惑之"④"贪而愚者之不可瘳也(治愈)。……盖为伪金以欺天下,鬼神之弗赦也。"⑤ 总而言之,货币从

---

① [德] 马克思著:《资本论》第1卷,中共中央马克思恩格斯列宁斯大林著作编译局译,人民出版社2008年版,第825页。
② (明) 王夫之:《船山全书》第10册,岳麓书社2011年版,第111页。
③ (明) 王夫之:《船山全书》第12册,岳麓书社2011年版,第1055页。
④ 同上。
⑤ 同上。

衡量价值的手段变成了实现价值的目的，导致许多人通过各种不正当手段获取金银货币，以致严刑酷法也无法阻止人们对金钱的贪婪，"天下益汲汲于金钱，徒以乱刑赏之大经，为败亡之政而已矣。"①

他又说，"抑春秋之时，风俗犹淳，贪者谋食而已。食之外有陈红贯朽无用之物，以敛怨而积之，自战国始，至秦而烈，痴迷中于人心而不可复反矣。欲曰人欲，犹人之欲也；积金囷粟，则非人之欲而初不可欲者也。流俗之恶至此，乃有食淡衣粗而务此者。君子有救世之心，当思何以挽之。必不可丝毫夹带于灵府，尤不待言。"② 在王夫之看来，春秋时期，民风淳朴，贪婪者也只是多弄点吃的而已，自战国开始后，贪婪者开始贪恋一些"无用之物"。如果说贪恋食物尚属于"人欲"的范围，但贪恋金钱、把粮食囤积起来则根本不属于人应该有的欲望，而是"流俗之恶"，并认为此种"流俗之恶"是君子所不能容的。当然，王夫之将金钱视为"无用之物"，这是犯了一个经济学的错误。

王夫之深刻地洞悉到，货币成为社会财富的主要代表后带来社会价值观的变化，追逐私利的人性驱使着人们无限制地追求货币，唯利是图。一方面对金钱的过度索求，使得个人的生存价值变为可以用数字来衡量的货币价值，消解了人存在的崇高性，使人与人之间的社会关系转化为冷冰冰的纯粹功能性的交换过程。在金钱万能的价值观下，任何伤风败俗的事都能做出来，此乃"乱刑赏之大经"，亦"为败亡之政"。另一方面，货币作为"百物之母"的原初作用发生异化，如同马克思所说：货币本身是一切价值的代表，在实践中情况却真正倒过来，一切实在的产品和劳动竟成为货币的代表。这种货币经济一

---

① （明）王夫之：《船山全书》第 10 册，岳麓书社 2011 年版，第 112 页。
② （明）王夫之：《船山全书》第 12 册，岳麓书社 2011 年版，第 480 页。

第四章 王夫之"裕国富民"的交换伦理思想

且形成，将突破时空乃至等级身份的限制，在现实世界中形成统一的价值衡量体系，必将导致传统社会的等级制度被货币的抽象等价性消解，进而危及封建王朝的统治权。无疑，这也是王夫之批判人们汲汲于金钱的一个重要伦理维度，但也使他的货币伦理理论带有了无法摆脱的局限性。

第二，批判纸币"病民者二百年，其余波之害延于今而未已"。王夫之曾非常鲜明地指出了金属货币取代物物交换充当一般等价物的社会进步意义。然而，在讲到货币发展的第三个阶段，即纸币取代金属货币成为流通货币时，其态度就显得非常抵触了。中国是世界历史上最早使用纸币的国家，也是第一个终止纸币流通的国家。按照货币经济学规律，货币形式由足值的金属货币到不足值的货币符号再到以信用为基础的纸币的递进演变，几乎是不可逆转的货币经济规律。吊诡的是，宋明时期使用的纸币体系竟然在商品经济持续发展的过程中逐渐被淘汰，甚至完全退出经济舞台，明代之后重新回到金属货币时代。根据货币经济发展规律，这是一种倒退的经济现象。许多学者对宋朝纸币出现的前因后果、意义以及不同时代纸币的形式进行了广泛研究，但宋明时期纸币引退历史的深层根源未引起学者同样的研究兴趣。王夫之作为一个人文理论工作者，在前人研究和对历史、现实考察的基础上，首次从伦理视域揭示了宋明纸币短暂历史的深层逻辑，为中国古代货币伦理理论"别开生面"。

宋朝开始流通的纸币体系为何在明宣德年间（1426—1435）国家财力兴旺时突然崩溃？做这块研究的学者主要从经济学视域寻找缘由，其中以张彬村为代表。他指出，宋明时期纸币退出历史舞台的主要原因明朝实行的"不兑换纸币"和"保守退缩的发行政策"

导致。① 这个理论有一定道理，但从某种意义上讲，错误的货币政策也只能是导致纸币体系崩溃的导火索，而不是其内在根源，错误的货币政策之下更有深层的理论逻辑。王夫之就一针见血地指出："夫民不可以久欺也，故宣德以来，不复能行于天下。"② 一个"欺"字，深刻地道出了宋明以来纸币遮蔽下的社会"道德风险"，而全社会自上而下的"诚信缺失"则是纸币体系崩溃的深层伦理根源。王夫之对纸币之下道德失范导致的社会恶果的深刻揭示，一方面展现了在社会经济和道德条件还不成熟情况下，作为货币符号的纸币具有反经济性和非道德性，另一方面从另外一个视角揭示了宋明纸币从发行到消亡的内在根源。

按照马克思主义理论，纸币作为一种自身没有价值的价值符号，"只有在它作为象征的存在得到商品所有者公认的时候，就是说，只有在它取得法定存在而具有强制通用的效力的时候，它才肯定为货币材料的符号"③。由此可见，一种真正具有进步意义的纸币的产生不外乎两个条件："公认"和"法定"。从其前后两者的顺序来讲，"公认"应该是"法定"的逻辑前提和基础，即"作为与金的实体本身脱离的价值符号，是从流通过程本身中产生的，而不是从协议或国家干预中产生的"④。可见，纸币是一种以"诚信"为基础而由国家发行的货币符号。也就是说纸币与其说是一种"法定货币"，不如说是一种"信用货币"。这就意味着，"从理论上说，信用货币产生直接的逻辑前提并不是商品经济的发展，而是由商品经济所决定的信用关系

---

① 参见张彬村《明朝纸币崩溃的原因》，《中国社会经济史研究》2015 年第 3 期。
② （明）王夫之：《船山全书》第 11 册，岳麓书社 2011 年版，第 112 页。
③ ［德］马克思：《政治经济学批判》，《马克思恩格斯全集》第 13 卷，人民出版社 1962 年版，第 106 页。
④ 同上，第 104 页。

的水平"①。

那么宋朝的纸币——"官交子"又是在怎样的情况下产生的呢？纸币"官交子"产生于北宋仁宗天圣元年（1023），是由民间的"私交子"发展而来。把民间"私交子"改为"官交子"的原因，是因为民间私交子的"信用"出了问题，经常因为"私交子"不能兑换成现钱，而导致"争讼数起"，于是朝廷乘机插手，将私交子改为由朝廷强制发行的具有有限"法偿力"的"官交子"。由以上分析可见，宋朝出现纸币的主要前提并非因为商品经济发展下的"信用关系"得到发展的结果，而恰恰相反，是因为商家之间的"诚信"出了严重问题。王夫之则较早地洞察到纸币遮蔽下的"诚信问题"，并给予了以下三种辛辣的批判。

第一，纸币由于其"可造""速裂""可改"等特性，因而成为"官骗商""商骗民"的主要手段，人们之间互相欺骗进而在全社会形成"作伪"的反道德现象。

王夫之说："交子之制，何为也哉？有楮有墨，皆可造矣，造之皆可成矣；用之数，则速裂矣；藏之久，则改制矣。以方尺之纸，被以钱布之名，轻重唯其所命而无等则，官以之愚商，商以之愚民，交相愚于无实之虚名，而导天下以作伪。"② 王夫之列数了纸币的种种弊端：交子作为一种货币是用纸张和墨等原料做的，只要具备这些原料，就可以任意制造出来；纸币不经久耐用，用了几次就会缺裂；纸币还不能作为财富来贮藏，因为纸币是依靠国家强制发行流通的，一旦国家改变货币政策或者发生朝代更替这样的大变动，原来通用的纸币就会变得一钱不值。纸币掩盖的欺骗现象主要体现于纸币制作没有

---

① 包伟民：《试论宋代纸币的性质及其历史地位》，《中国经济史研究》1995年第3期。
② （明）王夫之：《船山全书》第11册，岳麓书社2011年版，第112页。

一个严格的程序和原则，导致"轻重为其所命"，政府拿来欺骗商人，商人拿来欺骗百姓，更有甚者，社会出现疯狂制造假币的现象。尽管王夫之对政府垄断金属铸币的生产持肯定态度，但对政府垄断"纸币"制造权而导致的社会问题进行了无情的批：政府堂而皇之地将纸张命令为货币，有"合法地伪造货币"之嫌，政府凭借权力可以改变货币政策，可以合法地中止纸币的偿付能力。这种权力垄断下的纸币体系不仅隐藏着严重的经济风险如通货膨胀，更隐藏着严重的"道德风险"如"欺骗"盛行。

第二，纸币成为政府解决财政需要的一种经济手段。按照一般经济规律，国家要增加政府的财政收入，其根本的手段应该是通过大力扶持社会经济发展的方式来获得。发行纸币的目的是方便交换，促进经济顺畅流通，提高商品经济的效率。但宋明时期发行纸币由最初的弥补"钱荒"之用，到最后成为政府赤裸裸地剥夺百姓财富、愚弄百姓的财政手段，不但没有提高商品经济的效率，反而抑制了商品经济的高效发展。王夫之批判说，从宋到明，统治者利用纸币"笼百物以府利于上，或废或兴，或兑或改，千金之资，一旦而均于粪土，以颠倒愚民于术中""君天下者而忍为此，亦不仁之甚矣！"[①] 王夫之的这一批判是非常正确的。事实上，自宋以来至明清时期，历朝都采用通过增加纸币发行量的方式，即扩张性的货币政策来增加政府的财政收入。在统治者的心目中，纸币的"通货"作用已退居其次，而国家的财政利益则决定了纸币发行量。

第三，纸币无限制的发行导致通货膨胀等效率现象。宋朝纸币的发明并不是商品经济发展到一定程度的产物，而是作为紧缺的金属货

---

① （明）王夫之：《船山全书》第11册，岳麓书社2011年版，第112页。

币的替代物而出现的，因此，纸币必须保证能随时兑换金属货币，才能保证纸币的不贬值。故纸币的发行量是有严格限制的，至少应该控制在社会所需通货的数量之内，否则极有可能发生严重的通货膨胀，进而影响全社会的经济效率。

在纸币发行初期，宋朝政府还有比较严格的发行限额和准备金制度，而且能遵守相应的货币制度。比如，宋神宗时期（1068—1085）为了解决西夏战争经费短缺问题朝廷采用发行交子的做法，但比较谨慎，宋神宗说："行交子，诚非得已，若素有法则，财用既足，则不须此。今未能然，是以急难无有不得已之事。"① 只是后来发现纸币发行额度与法定准备金率之间不存在完全对等的关系之后，封建统治者便开始疯狂发行纸币来缓解朝廷的经济压力或者财政压力。虽然政府可以把任意发行的纸币投入市场强制流通，但无法阻止纸币流通规律起作用，因为纸币发行量过多，通货膨胀时常发生。王夫之尖锐地批判由于滥发纸币而导致的通货膨胀现象，他说："钞之始制也，号之曰千钱，则千钱矣。已而民递轻之，而所值递减，乃至十余钱而尚不售，然而千钱之名固存也。俸有折钞以代米，乃至一石而所折者数钱；律有估物以定赃，乃至数金而科罪以满贯。俸日益薄，而吏毁其廉；赃日益重，而民极于死。仅一钞之名存，而害且积而不去，况实用以代金钱，其贼民如彼乎？益之以私造之易，殊死之刑日闻于司寇，以诱民于阱而杀之，仁宗作俑之愆，不能辞矣。"② 纸币从面值号称一千钱，慢慢贬值到十余钱尚流通不出去，揭示的就是严重的货币贬值现象。纸币贬值，官俸日益微薄导致官员贪污之风盛行，廉洁之德尽毁；物价上涨，那些被"估物定赃"的枉法之人所受刑罚愈发严

---

① （清）徐松辑：《宋会辑稿》卷221 熙宁四年三月戊子，中华书局1957年版。
② （明）王夫之：《船山全书》第11册，岳麓书社2011年版，第112页。

重。整个社会就因为纸币泛滥，积害无穷，社会经济无法健康发展，且等于"诱民于阱"，不能不说无异于一种"暴政"。

正因为以上原因，王夫之批判纸币"病民者二百年，其余在波之害延于今而未已"①。所以，王夫之认为交子的发行严重扰乱了正常的社会秩序，进而大力讴歌没有纸币的物物交易时代。一些学者据此评价王夫之为重本抑末的守旧思想家。不得不承认，王夫之对于纸币的进步性以及历史必然性认识不足，这是他的局限。但他对纸币的种种道德风险的揭示却较为深刻，并具有现代启示意义。

为了遏制货币与生俱来的伦理之恶，王夫之认为可以在"钱法"上做安排。主要从以下两个方面论述。

其一，关于"铸币权"的问题。王夫之在讲汉文帝取消《盗铸钱令》这个历史事件时，分析了自由铸币政策的弊端。他认为，国家给予民间自由铸币的权利，"文帝除盗铸钱令，使民得自铸""固自以为利民也"②，然而，事实上并不是这样的。他对"利"进行了解释："利者，公之在下而制之在上，非制之于豪强而可云公也。"③所谓"利"应当是指"公利"而非"私利"。因而，应当是由国家统一管理铸币，然后对所有人都公平，让富人操控制利之权，是不可能有"公利"可言的。他直截了当地指出，允许自由铸币是一项有利于富人的政策。很明显，有能力来铸币的，肯定不是穷人，而是富人。富人用自己铸造的货币来购买物资，一些奸富（包括商人和大地主）就会"居赢以持贫民之缓急"④，造成的社会后果是，富人因为获得自由铸币权越来富裕，而穷人却因此更加丧失了与富人争夺财富的机

---

① （明）王夫之：《船山全书》第11册，岳麓书社2011年版，第111页。
② （明）王夫之：《船山全书》第10册，岳麓书社2011年版，第101页。
③ 同上书，第102页。
④ 同上书，第101页。

会,变得越来越贫穷。所以,这项自由铸币政策只不过是"驱人听豪右之役"的弊政而已。另外,自由铸币权必然使得人们为了获得铸币的材料而自由开采矿产,甚至在某种程度上,开矿所获利益比铸钱更加丰厚,这就可能导致人们在争夺矿产时发生争斗,"又其甚者,金、银、铅、锡之矿,其利倍蓰于铸钱,而为争夺之衅端"[①]。从而影响社会稳定,甚至威胁君王的统治,因此王夫之坚决反对自由铸币权。

那么铸币权应该归谁呢?他主张,由国家来垄断铸币权以及矿产的开采权是最理想的政策。以上论述可见,王夫之在谈论铸币权的时候,并不是从纯粹经济学的角度考察,而是从"民生"和"国家存亡"等伦理关怀角度来推论。

其二,关于货币的质量问题。他说:

> 铸钱轻重之准,以何为利?曰:此利也,不可以利言也,而利莫有外焉矣。如以利,则榆荚线缗尚矣,毂杂铅锡者尚矣,然而行未久而日贱,速散坏而不可以藏。故曰,此利也,不可以利言也。[②]

货币的质量问题主要是指"重轻"问题,那么制造货币应该按照什么作为"利"的标准呢?货币之利又不同于布帛之利。布帛等农产品之利,是"以利于人之生而贵之也",是有利于人们生活之需因而显得珍贵,而金银珠宝却是因为自然陶铸生长而又稀少,被先王用来作为衡量物价的标准,"金玉珠宝之仅见而受美于天也,故先王取之以权万物之聚散""可以致厚生之利而通之"。并非它真的对人来说有

[①] (明)王夫之:《船山全书》第10册,岳麓书社2011年版,第102页。
[②] 同上书,第102页。

什么用处,"非果以为宝,而人弗得不宝也"。① 因此,他主张铸币应当根据"自然之产"的数量来确定其轻重。比如在明朝,铜钱已经处于银币的附属地位,王夫之分析铜钱日贱的原因:在自然界中铜的产量是比较高的,因为多,所以它一直被人们习惯轻贱,但由于人们把它铸造成货币,成为百货之母,它才能够与金玉珠宝"争贵",并"制粟帛材蔬之生死"。② 可是,用铜铸币既不精致又没有足够的重量,因此铜钱必然日益凋敝。

他指出,铸币要符合两个标准——精和重,"其唯重以精乎!则天物不替而人功不偷,犹可以久其利于天下"③。货币要"久其利于天下",唯有做得厚重,不偷工减料。使铸钱的成本相当于钱币面值的十之八九,这样盗铸者就无利可图,就不会出现假币或者劣币。所以铸造货币不在于利之多寡,而在于精心制造合格的货币自然利于千秋。

王夫之认为,国家垄断了货币的铸造权,就可以保证能够制造出足够重的"良币","钱一出于上,而财听命于上之发敛,与万物互相通以出入,而有国者终享其利"④,这是一项利国利民的好事情。国家垄断货币铸造权有利于建立一个稳定的货币市场,并减少劣币的出现。他极为赞赏唐玄宗开元六年(718)时,宋璟"发太府粟及府县粟十万石粜之,敛民间恶钱送少府销毁"⑤。他接着论述用粮食收买民间恶钱之利:

  恶钱之公行于天下,奸民与国争利,而国恒不胜,恶钱充

---

① (明)王夫之:《船山全书》第 10 册,岳麓书社 2011 年版,第 102—103 页。
② 同上书,第 103 页。
③ 同上。
④ 同上书,第 103 页。
⑤ 同上书,第 836 页。

· 250 ·

斥,则官铸不行;人情趋轻而厌重,国钱之不能胜私铸久矣。恶钱散积于人间,无所消归,而欲人决弃之也,虽日刑人而不可止;发粟以收恶钱者,使人不丧其利而乐出之也。销毁虽多未尽,而民见上捐十万粟之值付之一炬,则知终归泯灭而不肯藏,不数年间,不待弃捐而自不知其何往矣。恶钱不行则国钱重,国钱重则鼓铸日兴,奸民不足逞,而利权归一,行之十年,其利百倍十万粟之资,暗偿之而赢于无算,又岂非富国之永图乎?①

由以上论述可见,王夫之把政府通过收回恶钱,并保证官铸钱的重要地位,视为"富国之永图"的主要途径。但他简单地认为只要铸币保证"重以精"便可以永久地防止铸币造假反伦理现象,却不知足值货币必将走向不足值货币是货币经济的基本规律。

五 对王夫之"货币伦理观"的评价

辩证地评价王夫之的货币伦理观,我们将得出这样的结论:他正确地看到货币产生之历史必然性、进步性,却又在选择何种材料铸造货币的问题上陷入"圣王作之"的唯心史观泥潭;他非常辩证地洞悉到货币存在之伦理二重性(对社会经济发展有促进作用,又导致人际关系的异化),却始终未能明白这是商品经济时期无法逃避的必然现象,对货币之恶耿耿于怀,并试图阻止货币继续朝便捷的方向发展(如试图阻止纸币的发行)。这种种矛盾思想正是封建社会旧知识分子在商品经济大潮中不得不承认现实,却又为这种现实带来混乱的社会秩序惊慌失措的真实写照。

作为社会财富的价值代表,拥有货币者便拥有了"一种广泛的、

---

① (明)王夫之:《船山全书》第10册,岳麓书社2011年版,第836—837页。

私法领域内"的财富权力，这种"财富权力"对任何主体或在任何情境下都具有同等的有用性。这就充分说明，货币是商品交换过程合理化的规范和工具。显然，王夫之的经济理论水平无法达到这个高度，但是如果深入研究他对于货币弊端的揭示内容，又不能不惊讶于他见识之卓越，因为他天才般地预测到货币经济时代的种种罪恶，皆源于货币的发明和使用。比如他敏锐地洞察到，社会经济发展导致货币的自然产生，货币本身是作为一种"手段"而起源，可在发展过程中，却异化为支配和奴役人自身、阻碍生产发展的"目的"性存在。他也异常担心，将来的社会将是以货币论德性的社会，货币将成为最大的"善"，货币成为度量一切之标准，人以及人的生产、人的关系都将埋藏在货币关系之下，这个社会将不由人自己决定而是由货币来决定。令王夫之更加忧心忡忡的是，货币的出现，使得持有大量货币的商贾左右社会的风气和精神面貌，人与人之间的关系，尤其是官与商的关系演变成赤裸裸的金钱关系，一切主体的伦理关系均被金钱的平等关系抹平、遮蔽，从而带来人们价值观内在维度的扭曲。王夫之在货币问题上种种担心和无可奈何的理性抗拒，或许正预示着，他已经洞察到一个新社会来临的历史必然性。而在货币问题上的种种复杂情感，也只有像王夫之这样对现实有敏锐的观察力和对未来有远见卓识的思想家，才会具有的。

  认真研究和思考王夫之的货币伦理观，对于我国当前社会主义市场经济中规范货币政策，使货币在发挥其伦理之善的同时有效避免其伦理之恶，以实现货币与社会的有效互动，改变货币经济中人的精神失落等现代性问题，具有异常深刻的借鉴和启示意义。

第五章 王夫之"均天下"的分配伦理思想

分配活动是社会微观经济活动的四大主要组成部分之一，是连接生产与消费活动的重要中介环节，并在某种程度上对生产与消费产生重要影响，正如马克思所言：消费资料的任何一种分配都不过是生产条件本身分配的后果；而生产条件的分配则表现生产方式本身的性质。这说明，分配不过是生产的自然过程，分配的方式完全决定于生产的方式；所谓分配关系，是同生产过程的历史规定的特殊社会形式，以及人们在他们生活的再生产过程中互相所处的关系相适应的，并且是由这些形式和关系产生的。这些分配关系的历史性质就是生产关系的历史性质，分配关系不过表示生产关系的一个方面。考察分配伦理思想就必然涉及这些问题：分配什么即分配的对象；如何分才是正义；这种分配正义有何根据等。从分配对象上讲，以经济学视角考察"分配"的概念，是指将生产资料分配给经济生产主体或者将消费资料分配给消费者的活动。由此可见，分配的内容包括两个方面，生产资料的分配和消费资料的分配两大领域；而现代经济学又把生产资料和消费资料的分配概括为这样两个方面：收入分配和财富分配。在中国封建社会，在封建土地私有制的前提下，地主阶级依靠占有土地所有权剥削农民获得地租，农民靠人身依附于地主获得低廉的生活资料，这就是封建社会的收入分配方式。在不触动封建私有制的前提下，很少有古代思想家能够对这种收入分配方式有新的创见，王夫之也不例外。因此，本章要论述的王夫之分配伦理思想主要是指王夫之的社会财富分配思想。那么何谓财富？按照现代经济学定义，主要是指"人类能够拥有的物质财富"①，物质财富又包括两个部分：一是自然物质财富，"大地和大地上的一切东西，都是给人们用来维持他们的生存和舒适生活的。土地上所有天然生产的果实和它所养育的兽类，是自然的自发之手生产出来的，都属于人类所共有。这些东西都处于自然状态中，最初没有人对其中的任何部分拥有排斥其余人类的私人控制权。"② 二是社会的物质财富，主要是指人类劳动所创造出来的财富。根据对王夫之原著的考证，他论述的财富也主要包括自然物质财富和人类劳动财富。

众所周知，分配问题从来就不是一个纯粹经济学问题，其中的伦理意蕴非常丰富。财富本身并没有价值，它是相对于人这个主体才体现出一种手段价值或者工具价值，因此它必须关涉伦理问题。正如著名伦理学家王泽应教授所言："位为权位、职位，财即财富、财产，这是世俗人生所追求的两大价值目标。……在这追求过程中，有一个道德的命令或要求亘贯其中，并由此形成权位伦理和财

---

① 向玉乔：《财富伦理：关于财富的自在之理》，《伦理学研究》2010年第6期。
② ［英］约翰·洛克著：《政府论两篇》，赵伯英译，陕西人民出版社2004年版，第144页。

富伦理。"①

财富伦理是经济伦理学的一个重要内容，我国自先秦以来，思想家们在谈到财富问题时，必然要进行伦理的考量；先秦儒家在财富观上坚持的是一条道义论路线，坚持取财有道的伦理原则，道义在先，财富在后。比如，孔子说"富与贵，是人之所欲也，不以其道得之，不处也"②；孟子说"生亦我所欲，所欲有甚于生者，故不为苟得也"③；春秋战国之后，在儒学内部开始出现了异端的声音，即在财富伦理观上主张功利论。比如，荀子就主张财富和伦理道义同等重要，到汉初的司马迁以及桑弘羊等学者更是极端财富功利论的代表。但功利论在中国传统社会毕竟没有形成社会主流意识。随着社会经济的持续发展，社会财富的增多，财富伦理问题也日益突出，到两宋之后，学者们就义与利的关系问题进行了旷日持久的广泛辩论，一直延续到明末清初。义与利的关系问题实际上就是财富与伦理的关系问题，用现代经济学的概念表述，也就是效率与公平的关系问题。按照现代经济学的理论，合理有效的分配制度和分配行为能充分调动劳动者的积极性、主动性及创造性。一个社会合理的分配制度和分配行为主要是从正义、公正的伦理维度来定性的。也就是说，财富分配伦理关注"分配正义"或者"分配公正"，即根据什么原则或者规范进行分配才合乎正义或者公正。

本章主要论述王夫之的辩证贫富观、均天下的理想社会构建以及分配正义的价值维度等问题。

---

① 王泽应：《船山的位财论与伦理神韵》，《船山学刊》2016年第1期。
② 《论语·里仁》。
③ 《孟子·告子上》。

第一节 "天子不独富，农民不独贫"的辩证贫富观

贫富观是分配伦理思想中的一个基本问题，一个人拥有怎样的贫富观念，往往决定其分配正义观的基本取向。所谓贫富观，即对于社会因为财富占有和分配方式不同而导致的贫富不均现象的看法。那么，王夫之对于社会的贫与富现象持怎样的观点？这种观点与传统思想家的贫富观又有着怎样的异同？这种异同又彰显出王夫之分配伦理观怎样的特质？下面详细论述。

一 对贫与富的辩证理解

王夫之对造成社会贫富分化现象的根源有区别于传统儒家的远见卓识。正因为如此，他对待社会上贫穷与富裕现象的认知也是较为辩证的。那么，王夫之如何看待贫穷与富裕这样两种对立的社会现象呢？他主要从以下三个方面来论述。

第一，王夫之认为，社会上存在"贫富不均"的现象符合自然规律。他以自然界的布谷鸟为例：

> 鸤鸠之七子，有长者焉，有稚者焉，有壮者焉，有羸者焉，有贪者焉，有俭者焉，有竞者焉，有柔者焉。我知朝从上下而暮从下上。是以其仪一也。①

---

① （明）王夫之：《船山全书》第3册，岳麓书社2011年版，第380页。

布谷鸟有七个子女，这七个子女各自就有很大的区别：有长幼之别、赢壮之分、贪俭之差、竞柔之分，这是事实，也是自然界的规律。在自然界，任何事物都有长短、强弱、长幼之分别，绝对同一的事物是没有。因此，人类社会的差异现象，如强弱、贫富等现象之客观存在是必然的，这是天道。对于这种天道，我们要正确看待。

从社会层面看，他认为，社会贫富贵贱现象的出现其实也是合理的。因为这样的原因：

> 国无贵人，民不足以兴；国无富人，民不足以殖。任子贵于国，而国愈偷；贾人富于国，而国愈贫。任子不能使之弗贵，而制其贵之擅；贾人不能使之弗富，而夺其富之骄。①

国家如果没有贵人和富有人，百姓将无处谋生。我们对地位高贵的人和富裕的人进行制约，并不是要使他变得不高贵或者不富裕，而是制约他的骄奢。由此可见，王夫之对贫富分化现象并不排斥，认为是合理的。当然，王夫之把富人具有救济穷人的社会作用当作富人存在的充分根据。

第二，王夫之吸收了道家的相对论观点，从而非常辩证地分析了"贫"与"富"的相对性问题。他认为贫与富并不是绝对的，并没有绝对的界限，它们只是一对相对的范畴。他解释道：

> 封建之天下，天子仅有其千里之畿，且畿内之卿士大夫分以为禄田也；诸侯仅有其国也，且大夫士分以为禄田也；大夫仅有其采邑，且家臣还食其中也；士仅有代耕之禄也，则农民亦有其百亩也；

---

① （明）王夫之：《船山全书》第10册，岳麓书社2011年版，第89页。

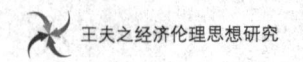

皆相若也。天子不独富，农民不独贫，相仿相差而各守其畴。①

这段话的中心命题就是说明贫富是一个相对的概念。王夫之说，在封建社会，作为一个君主，他也只拥有千里地方的土地，而其管辖内的卿士大夫还要食禄其中；而各个诸侯也只拥有一方小小的国土，而大夫还要食禄其中；同样的道理，并不是天子独富，农民独贫，只不过是一级一级各守其畴罢了。所以说"是非无富，小大无垠"，所谓贫富与贵贱在某种程度上只是个人的主观看法与心理感受，它们只是人们比较而来的一种主观意念。应该说王夫之的这一观点有其进步性，作为朴素的辩证唯物主义者，他看到了一对概念的相对性和主观性，但在某种程度上说，也有抹杀社会贫富差距、替统治者粉饰太平之嫌疑。当然，这种局限性一方面决定于其忧国忧民的爱国主义情怀，另一方面也取决于其旧知识分子的身份认同。

第三，肯定人们追求财富的伦理正当性。众所周知，王夫之的思想上承孔孟之道，而孔孟是入世的思想，因此，王夫之的思想也是主张积极入世的，加上他力倡"致用"之学，因而他对于人们追求富贵这样的入世价值，当然是赞同的。从人性即"经济人"的角度，他指出，追求富贵荣华是人的本性，"人非不欲自贵，而必有奉以为尊，人之公也"②，人没有不追求富贵的，这是一种公理。既然是公理，自然属于伦理之善。按照西方功利主义观点，个人追求功利，则自然会带来社会的繁荣和发展，那么王夫之会不会也是这么认为的呢？我们看这段话就可以得出结论："秦以私天下之心而罢侯置守，而天假其私以行其大公，存乎神者之不测，有如是夫！"③ 秦王统一国家、罢免

---

① （明）王夫之：《船山全书》第10册，岳麓书社2011年版，第194页。
② 同上书，第67页。
③ 同上书，第68页。

诸侯设置郡守，其目的是追求自己的权力和富贵，可这种主观自利的行为，却客观地带来了社会经济的发展，所以说是"天假其私以行其大公"。由此可见，王夫之已经很清楚地看到，人们自觉追求利益的行为，必然带来社会发展，这与近代西方资本主义经济学家亚当·斯密的观点近乎一致。

王夫之的辩证贫富观突出的贡献在于，他对于贫富的辩证分析，对自由争取财富行为的积极肯定，对国富与民富兼重的深刻剖析。这些思想也是他扩本开新之渊源，显示了其生生不息的理论生机，彰显了其经济思想中极为重要的启蒙特色。但其思想中的保守性时露端倪。比如他认为对于贫富不均现象问题，个人不必过于关注，因为本无所谓贫富贵贱，贫富贵贱是人自己臆想出来的。这是道家相对主义影响留下的明显痕迹。

二　社会贫富两极分化的根源

王夫之深刻地思考社会财富的分配问题，缘起于他对农民起义导致明朝灭亡历史事件的沉痛反思。王夫之认为，明朝首先亡于农民起义，其次才是趁火打劫的清军。而农民起义之根源就在于贫富两极分化、民不聊生的残酷现实。在明朝万历初年，张居正实行一条鞭法的赋役制度后，明朝社会的经济出现了极大的发展，由自给自足的自然经济开始向以交换为目的商品经济转变。活跃的商品经济的直接影响就是带来城市居民的富庶生活，但农民生活如何早就被靠农民打天下的明太祖及其子孙抛诸脑后。[①] 甚至可以说，东南士大夫阶层的富裕是以牺牲最为广大的农民利益为代价的。长此以往，东西部经济差距

[①] 萧萐父、许苏民：《王夫之评传》，南京大学出版社2002年版，第484页。

日益扩大，社会贫富两极分化已经严重到一触即发、揭竿而起的程度，加上天启、崇祯年间（1621—1644），陕西、河南饥荒频发，朝廷不但不开仓赈荒，地方官员还一如既往地向无以生存、忍无可忍的农民横征暴敛，"贪人败类聚敛以败国而国为腐"，由此，声势浩荡的农民起义掀天揭地地爆发了，导致了"一夫揭竿而天下响应"的社会剧烈动荡。这一严酷的历史现实，促使王夫之沉痛地思考农民之生计问题，并在此基础上提出了"均天下"的理念设想。

社会上为什么会存在贫穷与富裕这两种社会现象？这既是现实生活中的每个人会常常思考的问题，也是古往今来理论界学者们必然会要探讨的问题。

在《庄子解》中，王夫之提到《庄子内篇》中"子桑"与"子舆"的故事：子桑与子舆是好朋友，子桑淋了几天雨。子舆说："子桑要生病了。"于是就带饭去送给子桑吃。到子桑门前时，却听到子桑在自弹自唱，哭天抢地。子舆走进去问："你为什么这样？"子桑说："我不知道是什么使我如此贫穷。父母不会想要我贫，天地无私也不会唯独让我贫穷，不知道到底是什么让我如此窘迫，得不到答案。这大概就是'命'吧。"显然，子桑对贫富问题持"命定论"的观点。那么，王夫之是如何评价的呢？他说：

> 贫富之于人，甚矣。故人有轻生死而不忘贫富者，思其所以使我贫者而不得，则旷然矣。天地不私贫人富人，抑岂私生人死人乎！弗获已而谓之命，而非有命也。天地不以有所贫有所死而损其心，则贫富无根，生死无本，是非无富，小大无垠，哀乐无所入，浑然万化，不出其宗矣。①

---

① （明）王夫之：《船山全书》第 13 册，岳麓书社 2011 年版，第 175 页。

贫与富对于人之生存来说是一件十分重要的事情，所以才会出现人可能不关心生死，却十分关注贫与富的现状。贫与富的事情对于人来说很重要，人们对此的重视程度甚至超过了生与死，或者说，人们害怕贫穷甚于恐惧死亡。王夫之毫不夸张地指出了财富对于生民之生死的重要性。他指出"财为生民生死之枢机"，因此"财"也是"人情得失之大端"，统治者务必小心治理国家之财。王夫之深切地意识到，贫富问题不但是个体生存的焦点问题，也是社会稳定、发展之不能轻视的重大问题。任何一个朝代，贫富问题都是历代统治者或者思想家们要深深思考和警惕的问题。正是基于这样的认识，他提醒国家统治阶层要轻徭薄赋，做到"财散于下而不积于上"，使"民安其生而生聚蕃"，而且他承继了孔子的"因民之所利而利之"的思想，主张一切以"利民"为要务。

陷入贫困者如子桑则每天苦苦追问自己为什么如此贫困，却得不到答案，因此十分惆怅，就认定贫富由命。而事实上，根本没有命这回事。然而，人为什么会有贫富之别？王夫之认为，天地并没有私心于贫人与富人，又怎么可能私心于生人与死人，或者说，人之贫与富并不能怪天（因为子桑为自己的贫困"若歌若哭"，追问"父耶！母耶！天乎！人乎"）。很多人得不到就说是自己的命不好，事实上，并没有所谓的命中注定，天地并不会亏待贫人与死人。但很多人总愿意把自己的贫困归诸天，然后怨天尤人，不作任何的主观改变，这是王夫之反对的。

在贫富的根源问题上，王夫之明确地提出这样一个命题："贫富无根"。社会上很多人把贫富看作命中注定的结果，试图为人世间的贫与富寻找一个形而上的根据，实际上这只是历代统治者及其思想家们愚弄百姓的托词而已。在王夫之看来，一个人的贫与富并没有一个形而上的、自己不能掌握的根据。王夫之"贫富无根"的命题突破了传统儒家"死生有命，富贵在天"的命定观①，并包含着另外一层非常重要的含义即"贫富无常"，贫富无常意味着贫穷可以变得富有，富有也可以变得贫穷。那么，主宰这种变化的因素不是"天"与"命"，那是什么呢？王夫之论及了许多导致贫富分化的因素，对于有些因素持批判态度，而对有些因素他却持肯定态度。

阅读《船山全书》，在很多章节，王夫之都有谴责贪官墨吏盘剥导致农民贫困的言论。比如，在《诗广传·论硕鼠》一章，他严厉地指出暴君污吏"朘削其民""樵苏其民"，导致百姓"草食露处，质子鬻妻，圜土经年而偶一逸，无所往也"。② 由此可见，贪官污吏的残酷剥削是导致贫富分化、社会不公的一个非常重要的因素。王夫之把这个因素评判为道德之恶，他评价道"狡者日富而拙者日瘠，盖中国之陋壤也"③。

除此之外，王夫之认为还有两个重要原因也会导致社会贫富不均，但这两个原因却又是合理的客观存在，也是无法消除的。

第一，继承祖先之多寡而导致贫富之不均。民富与否虽说不是先天注定的，但与祖先之"藏"有很大关系，所以说"其富者必其贵者也，且非能自富，而受之天子、受之先祖者也。上以各足之道导天下，而天下安之"④。"富则贵"则表明王夫之对封建等级制度的维护，但是也表明了王夫之认同封建社会私有财产及其继承权利的正当性。既然具有正当性，哪怕是天子也不能以任何或公或私之理由随意地剥夺老百姓的财富。这一方面体现了其敢于为私有制辩护的理论勇

---

① 《论语·颜渊》。
② （明）王夫之：《船山全书》第3册，岳麓书社2011年版，第362页。
③ （明）王夫之：《船山全书》第10册，岳麓书社2011年版，第146页。
④ 同上书，第194页。

气,但另一方面又暴露了其狭隘的阶级立场:在人身依附的封建社会,占人口多数的农民是既没有祖传的产业,亦没有很多自己创立私有财富的机会。所以说,这种贫富观仍然一种变相的"命定观"。但仍然有一定的进步意义,即他试图把"率土之滨,莫非王土"一家之私的所谓公有制推向私有制的方向发展,这就给予了普罗大众拥有独立财富权以理论上的辩护。

第二,因为人们天赋差别而导致贫富不均。他说:

> 降及于秦,封建废而富贵擅于一人。其擅之也,以智力屈天下也。智力屈天下而擅天下,智力屈一郡而擅一郡,智力屈一乡而擅一乡,莫之教而心自生、习自成。①

秦之前的封建社会,社会贫穷富贵与不公平的权力世袭有紧密关系,但及至秦以后,却是以"智力"征服天下的强肉弱食的社会。由于智力之差异、勤惰之分别,才导致了社会尊贵贫富不均的现象存在,且贫富不均现象相沿已久,"莫之教而心自生、习自成"②;连在沉重剥削下的农民"且甘心焉"③,因此没有必要人为地去消除贫富。

他又说:

> 人有强赢之不齐,勤惰之不等,愿诈之不一,天定之矣,虽圣人在上,亦恶能取而一之乎!如使圣人能使其民人己心力之大同而无间,则并此井田疆界可以不设,而任其交相养矣。④

由此可见,王夫之把造成贫富分化的根源追溯到个人之强与赢、

---

① (明)王夫之:《船山全书》第10册,岳麓书社2011年版,第194页。
② 同上。
③ 同上。
④ (明)王夫之:《船山全书》第6册,岳麓书社2011年版,第44—45页。

勤与惰、愿与诈等主观因素，而且认为这些原因而导致的贫富有别就是圣人也没有办法使之齐一。这就说明，王夫之把人凭借自己的天赋聪明、勤劳等个人努力自由竞争地获取财富的方式看作一种公平的方式或者手段，这是非常深刻而又极具挑战性的思想观点。这个观点是对传统贫富命定论的否定。而且这种观点并不完全出于王夫之的理论设想，而是有着历史经验和理性主义的特质。因为王夫之熟读历史，他观察历史发现，自秦以后，尽管仍有世袭而来的富贵，但是以秦始皇、刘邦等为代表的人物创造的历史功绩完全可以证明，富贵是可以通过强力或者努力而争取的，从而证明了其"贫富无根"之说。王夫之的这一观点给予了水生火热中的普通民众一丝生存的曙光，无疑具有破块启蒙的精神特质；同时强调祖先积财对于富贵的重要意义，这在一定程度上肯定了小民私有制的合法性，在某种程度上，为私有制的进一步发展提供了宝贵的理论基础。而且这种观点与黑格尔的分配观点不谋而合，黑格尔说："分享普遍财富的可能性，即特殊财富，一方面受到自己的直接基础的制约，另一方面受到技能的制约，而技能本身又转而受到资本，而且也受到偶然情况的制约；后者的多样性产生了原来不平等的禀赋和体质在发展上的差异。这种差异在特殊性的领域中表现在一切方面和一切阶段，并且连同其他偶然性和任性，产生了各个人的财富和技能的不平等为其必然后果。"[①] 黑格尔也认同贫富分化和不平等具有必然性与合理性，因为"自然就是不平等的始基"[②]，这种"自然"包括禀赋、体质、技能、财富、理智教养和道德教养上的不平等。其合理性与必然性的基础在于人们拥有的资本以及自身的技能以及一些偶然情况。什么是偶然情况？黑格尔并没有明

---

① [德]黑格尔：《法哲学原理》，范扬、张企泰译，商务印书馆2013年版，第211页。
② 同上。

确指出，但可以将之归结于一切可能影响生产积极性的禀赋如勤惰、体质强弱。因此，黑格尔认为，"提出平等的要求来对抗这种法，是空洞的理智的勾当，这种理智把它这种抽象的平等和它这种应然看作实在的和合理的东西"①。由此可见，贫富不但没有必要消除也是不可能消除的，主要是因为人有智愚、强弱、巧拙、勤惰之别。王夫之与黑格尔这些观点几乎相同，彰显了王夫之高巧的理论思维水平和不同于传统的思维模式，也使得其理论极具近代特色。因为社会中贫富有别现象，恰恰是资本主义自由经济竞争的必然结果。

但是王夫之的观点仍有"无根"之嫌，因为在地主阶级私有制的大政治环境下，普通小民如何能有祖先遗留之产业？那是不是说，小民就应该固守其贫穷？同时在没有富业之根基的条件下，小民又如何通过自身的努力获取富贵？这恐怕是王夫之这种既急于开拓经济发展新局面，又试图稳定传统社会之秩序的知识分子难以顾及、难以自圆其说的内在矛盾所在，从一个侧面也反映了王夫之身上始终存在的阶级局限性。

第二节 "均天下"的理想图谱

王夫之主张财富分配效率与公平兼顾，更重公平的分配方式，并从理论上给予了深刻的说明。为了社会稳定、民族国家富强、人民生活富足，他热切地渴望能够实现"均天下"的理想图谱。而王夫之对

---

① [德]黑格尔著：《法哲学原理》，范扬、张企泰译，商务印书馆2013年版，第211页。

这个"均"的解释已经大大超越于中国古代社会对"均"的理解，从而使得王夫之的分配伦理思想具有了开创性的新特质。

一 对财富范畴的界定

在考察王夫之的财富分配伦理理想图谱之前，首先要了解王夫之关于"财富"的定义，这是一个关于分配对象的基础问题。为什么要首先了解这个问题呢？因为只有确定了分配对象，才能深入考察其分配思想或者分配理念的合理性所在。

王夫之对财富的定义是什么？他的财富概念与中国传统思想家的财富观念又有何不同？这种不同又体现了什么样的伦理视野？这是本小节要研究的问题。

春秋之前，人们一般认为，只有自然生长物才是财富。因为那个时候，生产力水平极为低下，人类的社会劳动产品极少；管子之后，随着社会劳动产品在数量和种类上的增加，社会劳动产品开始作为财富范畴进入人们的视野；到西汉时，桑弘羊主张重商，认为商业能使人致富，工商业产品也因此被认为是财富的重要组成部分。由此可见，财富的范畴也是随着社会生产的发展而不断扩大的。但总而言之，在王夫之之前的时代，由于社会经济生产主要体现为农产品的生产，财富的主要内容也主要是指农产品。比如，《荀子·富国篇》记载了荀子这样论述国家财富：

> 今是土之生五谷也，人善治之，则亩数盆，一岁而再获之。然后瓜桃枣李一本数以盆鼓；然后荤菜百蔬以泽量；然后六畜禽兽一而剸车；鼋、鼍、鱼、鳖、鳅、鳣以时别，一而成群；然后飞鸟、凫、雁若烟海；然后昆虫万物生其间，可以相食养者，不可胜数也。夫天地之生万物也，固有余，足以食人矣；麻葛茧

丝、鸟兽之羽毛齿革也，固有余，足以衣人矣。夫有余不足，非天下之公患也，特墨子之私忧过计也。

从这段话可以看出，在荀子时代，能够满足人们需求的财富主要是指从土地上生长出来的粮食蔬菜水果，以及"六畜禽兽"等动物。但到了明末清初，由于社会经济的发展，工商业以及货币在商品频繁流通中的重要作用，财富的外延也在不断扩大。王夫之在财富概念问题上即继承了传统的观念，但也有新的扩展。财富范畴外延的扩大，一方面体现了社会经济的发展，但另一方面也意味着新的财富分配伦理问题的出现。王夫之的财富概念主要包含以下三个方面内容。

第一，土地资源作为一项基本的农业生产资料，在自然经济仍然占主导地位的明末清初时期，仍然是王夫之眼中最为重要的财富对象。在以农业生产为主要经济形式的漫长封建社会里，土地问题是社会中各个阶层高度关注的财富问题，自然也就成了社会矛盾的中心问题，也是历史上有社会责任意识的思想家们关注的重要社会经济问题。因此王夫之在关注财富分配之现状时，自然地先关注到作为农业社会财富来源与代表的土地之占有现状问题。

事实上，在农业社会，拥有土地的多寡本身就是拥有财富多少的重要标志，也是决定其他财富获得多寡的决定性因素，因此它是决定贫还是富的主要内容。正是因为土地资源在封建农业社会的这种重要的财富象征，所以土地才会成因历代君王、官宦争夺的对象，才会成为历代农民起义"均贫富"诉求首要关注的财富对象。同样地，王夫之也视土地为重要的物质财富，因此他在考虑财富分配的时候，自然会想到土地财富分配之正义性。王夫之思考土地问题，一方面是客观条件使然，即土地在王夫之时代仍然是重要财富，另一方面是因为明末清初农民起义对土地财富的强烈诉求。王夫之明确指出，土地是人们赖以生存的重要财富，即使君主也不能夺取。

夺取人们赖以生存的土地，使财富分配极度不均，是导致农民起义的根本缘由，由于"贪人败类聚敛"，导致"土满而荒，人满而馁"，农民因被剥夺土地财富无法生活下去，以致"一夫揭竿而天下响应"的可怕局面形成。① 同时，农产品作为土地的主要产品自然也是重要的物质财富，这种物质财富直接维持着人们的生存，"五谷、丝苧、材木、鱼盐、蔬果之可为利，以利于人之生而贵之也。"②

第二，工商业产品是与农业产品一样重要的物质财富。在传统的重农轻商的社会文化下，大胆承认工商业产品的财富地位，在某种程度上说，既需要有理论勇气，又需要有对社会发展走向的远见卓识。尽管桑弘羊时期，工商业产品也被当作财富，但无法与土地资源及农产品相提并论。王夫之将工商业产品提到了与农业产品和土地财富同等重要的高度，可以说，这是王夫之对人类社会经济发展趋势的正确预测和判断。他在分析中原物产丰富，足以自足、自强时，同样郑重地列举了农工商业的物质财富。他说，

> 今夫中区之产，八谷不与赋于大农，其滂溢横射走天下全利者，鹾政为上。淮安、通、泰隶两淮者，北食陈、汝，南食长沙，利参天下之一。长芦领北海，食畿下。山东领胶东、滨、乐，并食徐、邳。解池三场食两河，届泽、沁。陕西领灵州池、障西和井，食陇右、河西。山丹红盐，居延白盐，稍食其地。浙江领许村、仁和、嘉兴、松江、宁、绍、温、台，食吴会。福建自食。广东食岭东南，海北兼食广西，北食衡、宝。云南黑白井

---

① （明）王夫之：《船山全书》第3册，岳麓书社2011年版，第472页。
② （明）王夫之：《船山全书》第10册，岳麓书社2011年版，第102页。

第五章 王夫之"均天下"的分配伦理思想

自食。四川领成都、富顺、濆川、荣昌、大昌、开县、盐亭诸井,食其地。或因其产,或因其食,隶之台治。商引料价,批杂税,割太仓之半,分畀台使。开中者听其自募,牢盆稍食稍取给焉。川、湖、六、霍,茶荈之所出也,铅、铁、铜、锡炉、甘、苎、竹有所产,吴松原蚕,滨江芦荻鱼利,山后石煤,边番互市,福、广番舶,浒墅、临清、九江、芜湖、梅岭、钱塘以放关市,船棋布丝萦者间饱渔侵。①

王夫之认同的财富有农产品,也有盐、茶叶、铅、铁、铜、锡炉、甘、苎、竹等各种工商业产品。正是由于中国地大物博,工农业产品极为丰富,所以他认为中国"足以固其族而无忧矣"。同时,他把工矿、山泽产品及海外贸易都认为是生产财富的源泉。把工商业产品视为与农业产品一样重要的财富的观点,体现了王夫之所处时代的经济变化,在某种程度上也体现了王夫之财富观的近代气息。

第三,王夫之辩证地把货币也当作一种极为重要的财富,这是王夫之财富观的一个极大的突破。王夫之认为金钱即货币是百物之母,即任何物质财富包括土地,都可以被兑换成货币,货币自然地被当作一种财富的代表而得以珍视。王夫之认为,拥有货币数量的多寡决定着国家及民众的贫与富。他在谈到商品交换的重要性时就谈到,如果不允许老百姓用物资交换货币,就会使"耕桑织纴采山煮海之成劳,委积于无用,民日以贫"。由此可见,他把货币视为财富储藏的一种手段,这证明自给自足的农业社会经济发展已经出现了新的具有近代气息的元素。王夫之敏锐地捕捉到了经济发展中出现的这种新的现象,并将之上升到理论层面进行思考,彰显了王

---

① (明)王夫之:《船山全书》第12册,岳麓书社2011年版,第518—519页。

夫之卓越的见识和较高的理论思维水平。并且，他还看到了货币与其他物质财富的不同，具有自身的优势。具体的物质财富搁置起来则会无用甚至腐烂，百姓如果拥有的是具体的物质产品，则会因为"委积于无用"，而导致"民日以贫"；而货币财富就不一样了，货币财富是"利于国，惠于民"的财富方式。但是由于重农思想的影响，王夫之还是担心货币财富会成为人们追逐的唯一对象，而使整个社会陷入不重稼穑只图牟利的不义境地，因而又主张政府采取行政手段的方式，使人们重视农业产品，不使"金夺其粟之贵"。这又是他思想中的保守一面。

二 "平天下者，均天下而已"：对"均天下"的伦理辩护

（一）"两者之气常均"："均平"的本体论根据

社会动荡的根源就在于"不均"。极为不均的社会财富分配现状导致了令人震撼的明末农民起义。王夫之的分配思想既承继传统又着眼于现实，非常笃定地提出了"平天下者，均天下而已"的命题。并进而从本体论高度论证了"均天下"的必然性和可能性。

如何为自己的"均天下"理论找到形而上的根据呢？王夫之诉诸带有自然主义色彩比附手法，通过一种直观的思维形式，形象地引申出人类社会经济活动应该遵循的基本法则：

> 两间之气常均，均故无不盈也。风者，呼吸者。呼以出，则内之盈者损矣；吸以入，则外之盈者损矣。风聚而大，尤聚而大于隧。聚者有余，有余者不均也。……所聚者盈溢，而所损者空矣。空而俟其复生，则未生方生之顷，有腐空焉，故山下有风为蛊，腐空之所酿也。……蛊及生焉，虽欲弭之，其将能乎？……

均，物之理。所以叙天之气也。①

他指出，"均"乃自然之常态，气之常理，一旦出现"盈溢"与"损空"，那么意味着为寻求达到均衡的一场新的大变动就要来临。人类社会也是如此，一旦违背"两间之气常均"的法则，豪绅地主兼并大量土地以致"土满而荒"，农民则因失去土地而致"人满而馁"，农民"枵空而怨"，必然产生揭竿而起的大变革。王夫之认为，遵循自然规律，使社会"均故无不盈"，才能保证社会的长治久安。所以，王夫之痛心地指出：

> 贪人败类聚敛以败国而国为腐，蛊乃生焉。虽欲弭之，其将能乎？故平天下者，均天下而已。均，物之理，所以叙天之气也。②

一方面，自然界因为不均，有盈有亏，这是常态，意味着王夫之也认为人类社会的不均也是常态的新观点；另一方面，王夫之看到自然界的不均可以引起地动山摇，那么人类社会的不均也必将如此。因此他从维护封建朝廷的稳定秩序出发，提出了财富分配的"均天下"理想图景，其中诸多观点已经突破了旧时代的特征，具有了启蒙的性质。

(二)"谨权量以均天下之财"："均平"的内涵

实际上，自古以来思想家们在分配问题上都持有"均平"的理念。但对于"均平"内涵的理解并不一致。战国时期商鞅所谓的"均

---

① （明）王夫之：《船山全书》第3册，岳麓书社2011年版，第472页。
② 同上。

贫富"就是令贫者富、富者贫，并认为只有这样才能使国家强盛。管子则主张统治者要能做到富而能夺，贫而能予，实现贫富有度。董仲舒主张要"制人道而差上下，使富者足以示贵而不至于骄，贫者足以养生而不至于忧。以此为度"①，他主张要按照传统儒家的等级差别进行相对的"均财富"，而不是一种绝对的平均，这种均相对于社会底层来说，仍是一种不均。不过，董仲舒所主张的不均之均主要在于限制"富人"可以示贵而不至于骄，"贫者"可以正常维持生计而不至于为生计担忧的范围内，而其制定贫富差距的正义标准即"人道"。传统儒家看到了社会不均的严重社会现象，也深刻地洞悉这种不均将给社会稳定带来的灾难，因此，主张有等级差别地"均贫富"，一方面保证平息民愤，另一方面仍然要维持固有的社会尊贵等级制。那么，传统儒家主张按照何种准则来维护这种"不均之均"呢？那就是孔子之"仁"，孟子之"义"，荀子之"礼"。孔子说："人而不仁，如礼何！人而不仁，如乐何！"②孔子把"仁"当作人之为人的基本德目，因此，在贫富的分配中，也要讲究仁，这个仁是礼之体，礼是仁之用。孟子认为贫富差距的基本准则就是要遵守"义"，他说："何必曰利？亦有仁义而已矣。"③孔子之仁、孟子之义，到了荀子那里就被表述为"礼"，荀子认为一切都应该按礼之准则来进行，当然包括贫富之差距、财富之分配。荀子说"礼者、法之大分，类之纲纪也"④，礼是天地之大纲，也是财富分配的伦理准则。荀子还进一步深刻地论述了作为贫富之界限的礼之缘起：

---

① （汉）董仲舒著，（清）凌曙注：《春秋繁露·度制》，中华书局1975年版，第281—282页。
② 《论语·八佾》。
③ 《孟子·梁惠王上》。
④ 《荀子·劝学》。

第五章 王夫之"均天下"的分配伦理思想

> 礼起于何也？曰：人生而有欲，欲而不得，则不能无求；求而无度量分界，则不能不争；争而乱，乱则穷。先王恶其乱也，故制礼义以分之，以养人之欲，给人之求，使欲必不穷乎物，物必不屈于欲，两者相持而长，是礼之所起也。故礼者，养也。……君子既得其养，又好其别。曷谓别？曰：贵贱有等，贫富轻重有称也。①

在此，荀子提出了"制礼明分"的财富分配准则。荀子认为通过"礼"来制约欲与求、争与乱，一方面既能满足统治者通过占有一定的财富以"显贵"之欲望，又使之不至于"无度量分界"，导致"争""乱""穷"等社会不稳定因素的出现。事实上，仁、义、礼三者之间只是内与外、体与用、本与末之关系，从孔子开始的传统儒家一直把"周礼"作为评判一切社会政治经济行为正义与否之标准，也是社会财富分配及贫富差距之恒常准则，故《礼记·仲尼燕居》中曰"礼之所兴，众之所治也。礼之所废，众之所乱也"。

由以上论述可见，传统儒家认为财富分配正义之实践理性即"均"贫富，对"均"义的理解并没有"绝对平均"之义，而是极力主张财富分配要遵守尊贵等级之分，在不同的等级之间实现各安其分的状态，这种状态实际上是"不均"基础上的"均"。

王夫之亦批判继承了传统各家之说，认为获得持久稳定的统治秩序，就要做到"均天下之财"以供天下之用。他说，"谨权量以均天下之财，审法度以定一王之礼"，而"恩无私也，意无偏也。国灭于凶威之兼并者，还其土以兴之"，只有这样才会"民得主"，从而

---

① 《荀子·王霸》。

"天下之民于是而归心焉"。① 王夫之 "均天下" 思想，体现了他对于社会 "公平" 的追求，"仰无私而伸公论"，则 "仁厚开国，垂之奕世而民之养生丧死无憾也"。② 他认为，像虞、夏、周、唐就是这样有公平的社会。在这里，我们需要探讨两个问题：一是王夫之的均天下思想的具体内涵及其与传统均思想之异同，即王夫之所谓的 "谨权量"，如何权量以分天下之财；二是王夫之主张采取何种有效途径实现 "均天下" 之理想图谱。下面分两部分予以论述。

1. 对传统 "均田" "限田" 思想的批判

王夫之的 "均" 观念不同于历代农民起义提出的绝对平均思想，尽管他不一定懂得 "绝对平均主义" 在经济学形式上是错误的也是不可能实现的，但是他从自己的阶级立场和思想情感上接近了这一科学主张，"由于地主阶级的立场，他从思想感情上是抗拒历史上任何形式的均田主张的"③。他拒绝承认历史上曾经存在过 "井田制" 或者 "授田制"，也反对朱熹等提出的限田主张。

> 人有强赢之不齐，勤堕之不等，愿诈之不一……今使通力合作，则堕者得以因人而成事，则奸者得以欺冒而多取。④

他不但否定授田制存在的可能，而且指出朱熹将周代百亩而彻的制度理解为 "同沟共井之人通力合作，计亩均收" 是错误的。他认为，"通力合作，计亩均收" 的情况是绝对没有的。他在 "彻" 条当中说道：

---

① （明）王夫之：《船山全书》第7册，岳麓书社2011年版，第994页。
② 同上。
③ 谢芳：《试论王夫之 "均天下" 之理念诉求》，《船山学刊》2011年第3期。
④ 王夫之：《船山全书》第7册，岳麓书社2011年版，第994页。

第五章 王夫之"均天下"的分配伦理思想

　　《集注》之言彻法,在《论语》则曰"同沟共井之人通力合作,计亩均收",在《孟子》则以都鄙用助、乡遂用贡,谓"周之彻法如此"。《集注》之自相抵牾,唯此最为可讶。意朱子必有成论,而门人所记录,或用朱子前后立说之未定而各传之,以成乎差也。以实求之,则《孟子集注》之说较长,而《论语注》合作均收之说,则事理之所必无者也。后世而欲知三代之制,既经秦火,已无可考。若周之彻法,自诗称"彻田为粮"而外,他不经见。"彻田为粮"者,言赋税之法,非言民间之农政也。作之与收无与于赋税;民自耕而自入,原不待于君之区画。君而强为之制,只以乱民之心目,民亦未有能从者也。①

　　王夫之对朱熹的前后矛盾之说提出了异议,并认为朱熹之言不足为信。他对"同沟共井之人通力合作"是这样解释的:

　　巡其稼穑,而移用其民,以救其时事,是亦各治其田,唯有水旱之急则移易民力以相救也;里宰则曰"以岁时合耦于锄,以治稼穑"。缘北方土燥水深,耒耜重大,必须两人合耦而后可耕,本家不足则与邻近相得者为耦,彼此互耕,然耦止两人,不及八家,而唯耕有耦,播扰芸获固不尔也。……此以《周礼》《周颂》参订求实,知八家之自耕其夫田,而无通力合作之事矣。……人之有强嬴之不齐,勤惰之不等,愿诈之不一,天定之矣,虽圣人在上,亦恶能取而一之乎!如使圣人能使其民人己心力之大同而无间,则并此井田疆界可以不设,而任其交相养矣。王者制法,经久行远,必下取奸顽疲懦之数,而使之自激于

---

① (明)王夫之:《船山全书》第6册,岳麓书社2011年版,第43—44页。

· 275 ·

容已，以厚生兴行，未有据以君子长者之行望愚氓，而冀后世子孙皆比屋可封之俗也。今使通力合作，则惰者得以因人而成事，计亩均收，则奸者得以欺冒而多取，究不至于彼此相推，田卒污莱，虞诈相仍……自合作者言之，则必计亩出夫，而人少者不足，人众者有余；自均收言之，则但因亩以分，而此有余，彼且不饱。使耕尽人力，而收必计口，则彼为此耕，而此受彼养，恐一父之子不能得此，而况悠悠之邻里乎！……要之，人各自治其田而自收支，此自有粒食以来，上通千古，下通万年，必不容以私意矫拂之者。而彻者赋法也，非农政也，亦不可混而无别也，尽之矣。①

在王夫之看来，农业生产中的生产协作是很难做到的，如果采取通力合作的劳作方式，会导致懒惰者和奸诈者无端获取私利；如果计亩出工，则劳动力少的农户会感觉人力缺乏，而劳动力多的农户又有多余劳动力不愿意出工；如果按户平均分配，则人口少的有余，而人口多的又吃不饱；如果各户劳动力均参加生产，而按人口分配收成，则是劳动力多的农户供养劳动力少的农户。这一切的矛盾都是由于"通力合作"而产生的，且无法解决。因此他得出结论，自有农业生产以来，人"自治其田"而"自收之"，一家一户的小农经济是永远不变的真理。他所讲的这些矛盾都是在私有制度下的矛盾，而在没有私有观念和私有制度之前，真正存在共同劳动、平均分配的现象。这段话颇有经济学的理论味道，他看到人天生有强弱、勤惰、愿诈之分，如果强行合作，然后平均分配，势必造成"低效率"的情况出现，因此他反对"合作治田"的方式。

---

① （明）王夫之：《船山全书》第6册，岳麓书社2011年版，第44—46页。

第五章 王夫之"均天下"的分配伦理思想

王夫之反对贫富两极分化,因为这是导致社会不稳定的直接导火线。但是他又认为贫富不均是难以避免的,如果强使贫富绝对平均,那是:

> 乃欲芟夷天下之智力,均之于柔愚,而独自擅于九州之上,虽日杀戮而只以益怨,强豪且诡激以胁愚柔之小民而使困于田。于是限之而可行也,则天下可徒以一切之法治,而王莽之化速于尧、舜矣。①

他旗帜鲜明地反对政府通过行政权力的方式干预社会财富的首次分配,反对政府采取强制性措施实行限田或者均田,认为这只不过是一种苟且的方法而已,是老子所讲的权术,即"高者抑之,下者无之"。而这种权术,在王夫之看来是违背天道的表现,是试图通过一种人为的力量来与天道相抗衡的术法而已。从这里可以看出,王夫之把社会的贫与富以及各种阶级等级现状看成是自然而然的。我们不得不承认,这有符合经济规律的合理性,但是如果完全排除政府的作为,在私有制的封建制度下,百姓无法通过正当的方式也没有足够的力量与封建地主和特权贵族来自由竞争,获得财富。在一定程度上说明,要么王夫之是作为一个封建中小地主阶级代表,看不到普通民族无法通过自己的力量来保护自己的现实,要么就是他不愿意触动封建统治的正常秩序。他学术的宗旨就在于维护封建统治的稳定,经济改革思想如此,政治改革思想如此,以致之所以生民之生死能走进王夫之的视野,也在于生民之生死已经严重威胁到封建的统治秩序。

他之所以反对政府采取行政手段进行"限田""均田",主要基

---

① (明)王夫之:《船山全书》第10册,岳麓书社2011年版,第194页。

于以下理论逻辑。首先,"君子均其心以均天下,而不忧天下之不均"①。按照天道,如果君主自己有平均之心,并严格要求自己,那么根据上行下效的基本社会规律,各个阶级自然会如君主一样公平公正,而不强行多要多占。他看到了统治阶级的榜样力量,认识到了一个国家的统治者之正直对于一个国家发展有多么重要。所以又说,

> 限也者,均也;均也者,公也。天子无大公之德以立于人上,独灭裂小民而使之公,是仁义中正为帝王桎梏天下之具,而躬行藏恕为迂远之过计矣。②

作为一个君主,独占天下之土,悉率天下之民,本就是缺乏公正、公平之心的表现,可是却希望他的臣民能够拥有他自己做不到的均平之德性。这样,"仁义中正"在老百姓看来,并不是一种多么美好的德性,只不过是君王拿来束缚小民的枷锁而已。这段分析是十分深刻的,王夫之看到了统治者的伪善以及对传统儒家"恕道"的违背,"己所不欲勿施于人",既然自己做不到,那也不能要求别人做到。王夫之认识到封建统治的秩序内,自上而下强行分均之不可能,而他又无法忍受一个朝代的颠覆而带来的民族灾难,所以他强烈反对限田、均田等政府干预行为。而且,王夫之认为,劫富济贫的方法也不符合经济学法则:

> 铢铢然取百姓之有余不足而予夺之,而君子棘矣。抑者日下,亢者日高,而又不能不易其道,是天下且均,而开之以不均也。③

---

① (明)王夫之:《船山全书》第3册,岳麓书社2011年版,第397页。
② (明)王夫之:《船山全书》第10册,岳麓书社2011年版,第195页。
③ (明)王夫之:《船山全书》第3册,岳麓书社2011年版,第380页。

反对政府通过行政干预的方式强行限田、均田，不希望因为这种劫富济贫的方式引起富者对政府的仇恨，从而引发社会矛盾乃至社会动荡。如果政府果真采取强制手段使社会均平了，那么又会人为地导致被抑制者"日下"，被保护者却"日高"的不均衡局面。这样的社会还是会处于一种新的不均的状况当中，引发新的冲突与矛盾，威胁社会的稳定。所以，他批评隋文帝的遣使均田政策是"乃欲夺人之田以与人，使相倾相怨以成乎大乱哉？"①并说，"为均田之说者，王者所必诛而不赦"②。

不得不说，王夫之的这种认识也确实有一定的道理：在社会进行新的利益分配时，必然会引起社会新的矛盾。而且，王夫之在思考"均"的问题时已经触及"平均"与"公平"这两个范畴的细微区别。比如，把富人的财产匀出来补给贫穷的人，这样穷人和富人两者财富差距是缩短了，但是这种做法公平吗？很显然，王夫之在思考一个严肃的问题：如果不公平，则必定会引起富者对政府、对社会的仇恨。这是他绝不愿意看到的结果。但他似乎没有正确认识到这种新矛盾存在之必然与其威胁程度之可控性之间的比例关系。或者说，王夫之并不是从经济学的角度来思考这个问题，更多的是出于国家民族情感对国家的经济政策进行伦理的考量，这也就必然导致其经济思想上显示出的某些局限甚至幼稚的特点。

王夫之强调要通过"自由竞争"的方式来实现财富分配的动态均衡。尽管他可能忽视了在土地私有制的封建专制社会，生活于底层的老百姓是否具有了自由竞争的主客观条件。但无论如何，这是处于没落地位的旧知识分子于黑暗中为"生民之生死"的一声呐喊。只是他

---

① （明）王夫之：《船山全书》第 10 册，岳麓书社 2011 年版，第 710 页。
② 同上书，第 711 页。

还是出现了"死的拖住活的"的逻辑矛盾——他说，能够富裕的人并不是自己能够致富，只是因为他承继了祖上的财富；在封建制时代，富裕是承继天子或者先祖的恩惠而来，并不是自己能够致富。所以只要君主安抚百姓各自满足现状，那么天下就太平了。这又反映了他企图维护封建等级制度的思想。王夫之认为在封建等级制时期，贫富是固定的，而不是变化的，但到秦以后即实行郡县制之后，君主治理天下不是依靠道义，而是依靠智力夺得天下。所以，在郡县制时代，每个人都可以自己努力争取到更多的财富，这个思想具有近代启蒙意义。

2. "谨权量"以"均天下"

那么王夫之关于"均"的含义到底是什么？在王夫之看来，均并不是毫无差别的、静止的、数量上的绝对均平，而是一种动态过程中的相对均衡状态，因此"均天下"并不是平均的意思，而是指均衡的意思。均衡主要寻求的是一种稳定、抗衡，而不是数量上绝对等同。这个观点是非常深刻的，也反映了王夫之经济理论抽象思维之高度。他说，"均之者，非齐之也。设政以驱之齐，民固不齐矣"①。

"均"绝不是指等同划一的"齐"，而且王夫之觉得通过行政手段追求等同划一的"齐"，会导致"刑必滥"的局面出现。按照经济运行的规则，实现绝对的平均是不可能的，如果统治者要强行通过行政手段来实现整齐划一，那也必然是违反了经济规律，不但不会促进社会的共同富有，而且会严重挫伤劳动者的积极性，导致社会出现"共马瘦"的共同贫穷的局面。所以他接着解释，"故均者，有不均

---

① （明）王夫之：《船山全书》第 11 册，岳麓书社 2011 年版，第 279 页。

第五章 王夫之"均天下"的分配伦理思想

也。以不均均,而民更无所诉矣"①。王夫之追求的"均"不是一个静态,而是一个动态的过程。他觉得应该使土地在人们的自由竞争中实现一个动态的平衡。他并不一般地反对贫与富的分化,只是反对这种分化过于极端而引起不必要的社会动荡。而且,由于社会竞争的存在进而形成一种有效竞争,"不均"总是常态,也正是由于这个常态的存在进而形成一种有效竞争,社会经济才能很好地发展。政府要做的是如何很好地维护这种良性的竞争。质言之,他并不主张把土地及其他财产进行新的平均分配,一方面这会导致社会新的动荡,这是一心维护稳定秩序的王夫之所不能容忍的;另一方面,对所有的财产进行一次新的平均分配也不符合仍然具有传统儒学特质的王夫之对等级之"礼"的极端重视。所以,他只是希望对小农加以适当保护,使广大的农民都能占有一定的土地和财富,并不至于为豪强所掠夺;减少行政干预,通过自由竞争的方式使贫富不至于过于悬殊。这样就会达到既促进社会经济发展,又稳定社会政治的目的。事实上,王夫之均有不均之"均天下"的分配正义观,与古希腊的哲学家亚里士多德的思想不谋而合。亚氏说,"分配的公正在于成比例,不公正则在于违反比例。不公正在于过多,或者过少"②。只不过到底按照什么样的尺度来衡量这个比例,亚氏没有具体论述,而王夫之则主要强调"个人智力"与"社会等级"两个方面。

由以上论述可见,王夫之的"均"思想摆脱了历代农民起义口号"均贫富"的狭隘,他诉求的是社会的相对均衡状态,不是绝对的平均,这体现了王夫之进步的经济发展观;同时,他反对"申韩之儒"

---

① (明)王夫之:《船山全书》第11册,岳麓书社2011年版,第277页。
② [古希腊]亚里士多德著,廖申白译注:《尼各马可伦理学》,商务印书馆2004年版,第136页。

的"贫疾富,弱疾强,忌人之盈而乐其祸"的弱民心理。

> 小民之无知也,贫疾富,弱疾强,忌人之盈而乐其祸,古者谓之罢民。夫富且强者之不恤贫弱,而以气凌之,诚有罪矣。乃骄以横,求以伎,互相妨而相怨,其恶惟均。①

王夫之认为,这种"疾富""疾强"的思想不是要"富民",而是在"罢民""堕民"。因为这种心理使得社会会呈现出这样一种奇怪的反历史发展之现象,即"民且以贫弱为安荣,而不知其幸灾乐祸;偷以即于疲惰,而不救其死亡",最后导致"其黠者,抑习为阴憯,伺人之过而龁啮之,相雠相杀,不至于大乱而不止"。② 据此,王夫之认为,农民起义固然与其极端贫困至难以生存有关系,但这些申韩之儒倡导疾富疾贵的谬论也是不可逃脱的帮凶。因为他认为"鸷击富强",其结果只是"贫弱不自力之罢民为之一快"而已,并没有使小民生活获得任何实质性的改善。他深刻地认识到,这种疾富的心理比起富人为富不仁来说,在"恶"之程度上是一样的。所以,他实质上是提倡贫穷者不应该生发疾富、恨富的不当情结,而是要向富裕者学习、看齐,从而达到激发劳动积极性的目的。这个思想已经不是传统儒家思想所能企及的了。从王夫之对"均"的诠释当中,也可以看出,他坚决反对传统儒家一以贯之的"历史复古主义",反对拘泥于孟子的所谓的"仁政必自经界始"的说法,而认为:

> 及汉以后,天下统于一王,上无分土逾额之征,下有世业相因之土,民自有其经界,而无烦上之区分。③

---

① (明)王夫之:《船山全书》第10册,岳麓书社2011年版,第161页。
② 同上书,第162页。
③ (明)王夫之:《船山全书》第11册,岳麓书社2011年版,第77页。

第五章 王夫之"均天下"的分配伦理思想

所以"先世之所遗，乡邻之所识，方耕而各有其塄，方获而各计其获，岁岁相承，而恶乎乱？"① 他极力反对绍熙五年（1194）朱熹任潭州（今长沙、湘潭等地）知州实行的经界法。

> 以为辨赋役之相诡射者乎？诡射者，人也，非地也。民即甚奸，不能没其地而使之无形。而地之有等，等之以三，等之以九，亦至粗之率耳。实则十百其等而不可殚。今且画地以责赋，豪民自可诡于界之有经，而图其逸；贫民乃以困于所经之界，而莫避其劳。如之何执一推排之法而可使均邪？②

朱熹的经界法并不能限制豪强兼并，而且在经济学理论上也是说不通的。王夫之说：

> 此尤割肥人之肉置瘠人之身，瘠者不能受之以肥，而肥者毙矣。兼并者，非豪民之能钳束贫民而强夺之也。赋重而无等，役烦而无艺，有司之威，不可向迩；吏胥之奸，不可致诘。于是均一赋也，豪民输之而轻，弱民输之而重；均一役也，豪民应之而易，弱民应之而难。于是豪民无所畏于多有田，而利有余；弱民苦于仅有之田，而害不能去。有司之鞭笞，吏胥之挫辱，迫于焚溺，自乐输其田于豪民，而若代为之受病；虽有经界，不能域之也。③

这种经界法最终由"均一赋"而导致"弱民苦于仅有之田，而害不能去"，并自愿将土地财富奉送给豪强的悲惨局面。由此可见，王

---

① （明）王夫之：《船山全书》第 11 册，岳麓书社 2011 年版，第 276 页。
② 同上书，第 277 页。
③ 同上。

夫之的均天下思想突破了传统思想的藩篱，提出了具有近代自由竞争特质的新东西，只不过这种新的、鲜活的东西又因为其某些言论的保守性而打了折扣。萧萐父先生认为，王夫之的均田主张是"兼顾效率与公平，实现某种动态的平衡，使贫富不致过于悬殊，从而既可避免社会动乱，又能促进社会经济发展的一种改革方案"①。这个评价比较正确地解读了王夫之的均天下思想的内涵和意义。

(三) 采取何种理性工具来实现"均天下"的伦理目的

采取何种工具理性来实现"均天下"之伦理法则？这就是一个如何"均"的问题。解决这一问题的思维方式能够真正体现王夫之经济伦理想的价值实质。王夫之对于这个问题的论述既谨慎又翔实。

从总体原则上讲，他赞同孔子"惠而不费"的主张②。并对孔子的"惠而不费"进行了新的解读。他说，所谓"惠而不费"即"以无费于己，则人不见惠，疑其无两得之道也。子曰：从政者惠民，利而已矣。而天有时，勿夺之，地有产，勿旷之；人有力，勿困之，民自利也，而何非上之利之也？斯其为惠，何尝费国家藏府之积乎？"③从这段话可以看出道家"无为"思想对王夫之经济伦理思想的深刻影响。他主张政府惠民却不用费己之力，不用政府有意地去作为，更无须"上之利之"，只要政府不去夺其天时、旷其地产、困其人力，则民自利。如果老百姓有"自得"的荣誉与能力，就一定会主动寻求发展，增加财富收入，对于所得也就"求之心安"，所求必亦非贪念。这些言论为王夫之的经济伦理思想与传统经济伦理学说之间勾画出了

---

① 萧萐父、许苏民：《王夫之评传》，南京大学出版社 2002 年版，第 485 页。
② 《论语·尧曰》。
③ (明) 王夫之：《船山全书》第 7 册，岳麓书社 2011 年版，第 996—997 页。

一道鸿沟，这道鸿沟就是：王夫之迈出了主张行权权力尽可能地减少对经济运行的有意作为之关键一步。正因为迈出勇敢的这一步，使自古以来毫不动摇的皇权之绝对权威受到了前所未有的挑战，使皇权之存在合理性受到了严重的质疑，同时使社会经济运作摆脱行政权力的制约而走向相对的自由竞争提供了理论上的辩护。

从主张"惠而不费"之"无为"原则出发，王夫之提出政府如下两个不为：

第一，反对以劫富济贫的方式实现均贫富。"贫富不均，教养无法，虽欲言治，皆苟而已。世之病难行者，未始不以亟夺富人之田为辞。然兹法之行，悦之者众。苟处之有术，期以数年，不刑一人而可复。所病者，特上未之行耳。乃言曰：纵不能行之天下，犹可验之一乡。"① 总结历史发展的规律，往往社会上一旦出现财富分配不均之极端现象，社会就会陷入战乱纷争之中，于是，无论政治家还是思想家首先想到的是剥夺富人之田以济贫。王夫之认为，这种劫富济贫的均贫富方法只能是暂时取悦大众，根本无法解决贫富悬殊的问题。不仅如此，劫富济贫也不符合经济规律。对待贫富分化最好的办法是不作为。对于政府来说，只需减轻赋役和严禁吏胥苛责，"诚使减赋而轻之，节役而逸致，禁长吏之淫刑，惩猾胥里蠹之恫喝，则贫富代谢之不常，而无苦于有田之民"②，即使算贫富无常，也无苦于农民。"钱谷者，国计之本也；赋役者，生民之命也"③，赋役问题在他的经济思想中占有重要地位。"顾人君恒于此有因仍苟且之思，责赋于民而不早计其所自出，则民之惰者散，勤者怨，而国不可为矣。经画勤于一

---

① （明）王夫之：《船山全书》第 8 册，岳麓书社 2011 年版，第 311 页。
② （明）王夫之：《船山全书》第 11 册，岳麓书社 2011 年版，第 277 页。
③ （明）王夫之：《船山全书》第 10 册，岳麓书社 2011 年版，第 718 页。

时,大法可垂于永久,此其为者必先立之规,不可缓也。……民之无念不在农,无事不为农计。"① 农业是百姓赖以生存的基础,政府要因地制宜地确定宽松的赋税政策,否则就容易导致惰者散,勤者怨,以至社会劳动的局面。

第二,反对政府开仓赈济贫民的做法。他认为:

> 赈饥遣使,民有迎候之劳,如刘思立所言者,未尽然也,所遣得人,则民不劳矣。若其不可者,饥非一邑,而生死之命县于旦夕,施之不急,则未能速遍,而馁者已死矣;施之急,则甫下车而即发金粟,唯近郭之人得逾分以沾濡,而远郊不至。且府史里胥,党无籍之游民,未尝饥而冒受;大臣奉使,尊高不与民亲,安能知疾苦之为何人,而以有限之金粟专肉白骨邪?此徒费国而无救于民之大病也。
>
> 且不特此也。饥民者,不可聚者也。饵之以升斗锱铢,而群聚于都邑以待使者,朴拙之民,力羸而恤其妇子,馁死而不愿离家以待命;豪捷轻狷之徒,则如跋扈之鱼,闻水声而鼓鬣,弃其采橡枏、捕禽鱼,可以得生之计,而希求自至之口实,固未能厌其欲而使有终年之饱也。趋使者于城郭,聚而不散,失业以相尊尙,掠夺兴以成乎大起大乱,所必然已。
>
> 夫亦患无良有司耳。有良有司者,就其地,悉其人,行野而进其绅士与其耆老,周知有无之数,而即以予之,旦给夕归,仍不废其桑麻耕种、采山渔泽之本计,则惠皆实而民奠其居,仁民已乱之道,交得而亡虞也。故救荒之道,蠲租税,止讼狱,禁掠夺,通籴运,其先务也;开仓廪以赈之,弗获已之术也。两欲行

---

① (明)王夫之:《船山全书》第8册,岳麓书社2011年版,第312页。

之，则莫如命使巡行，察有司之廉能为最亟。守令者，代天子以养民者也，民且流亡，不任之而谁任乎？授慈廉者以便宜之权，而急逐贪昏敖惰之吏，天子不劳而民以苏，舍是无策矣。①

　　这段论述十分详细地展现了王夫之对于政府开仓救济贫民之行为的四个担忧。担忧之一，政府开仓救济贫民，则势必给民众带来不必要的"迎候"之辛劳，这是一件劳民伤财的事情。担忧之二，如果万一派遣了不得力之官员，施之不急，拖拖沓沓，则那些挨饿者就会没等到救济到来已经饿死；如果施之急，一下车立马施救，则容易导致就近的人能够拿到，而离得远的人又得不到，而且那些并没有受灾的游手好闲之徒也可能冒名领取救济物资；因为那些高高在上的大臣不与民亲，难以分辨疾苦之人，如果这样的话，结果"国费"却"无救于民之大病"。担忧之三，饥民不可聚集，饥民聚集在一起领取救济物资，容易成乎大起大乱。担忧之四，担心无良之官员不了解贫民之详情，也未必能妥善地安排贫民领取物资且不使其"废其桑麻耕种、采山渔泽之本计"。尽管，王夫之提出四个忧虑是为了说明"救荒之道，蠲租税，止讼狱，禁掠夺，通籴运，其先务也"的道理，但主张政府少作为，多监督，承担守夜人而不是监护人的角色，这些观点已经接近近代资产阶级思想家关于政府职能的理论，因而在封建专制的行政气候里，犹如一声响雷，撼动着封建权力的绝对权威。由以上对政府开仓救济贫民之作为的四个担忧来看，王夫之对政府的经济作为是极为谨慎的。这些顾虑在现实生活中确实存在，但因此主张不开仓赈粮，认为仅仅减轻赋税和压迫的方法就能解决贫民问题，也显得狭隘或短视。而且，他既然担心救济过程中的种种艰难，为何就忽视在

---

① （明）王夫之：《船山全书》第10册，岳麓书社2011年版，第793—794页。

封建专权的社会里,实现"蠲租税,止讼狱,禁掠夺,通籴运"之先务的艰巨性?这又显得王夫之在这一问题上的思考过于简单。

以上论述可以看出,王夫之分配思想在很大程度上仍然沿袭了传统儒家思想的两个价值维度原则即公平与效率,但他的侧重点有所不同,他把效率原则更明显地托显出来。他的均平思想主要从两个维度解释:从纵向的社会结构视角看,他主张要按照"制礼明分"的分配原则,使不同等级的人的身份仍然得到彰显;从横向的社会层面看,财富分配要贫富均平。但王夫之对于传统儒家的分配伦理维度也有了重大突破。这个突破就是,他把人本身的天赋能力以及后天学习而来的本事也看作可参与分配的重要因素,这就意味着不管处于什么社会阶层或地位的人,只要足够努力与勤奋,也是可以获得更多的财富份额。这就为古代社会不可逾越的阶级鸿沟,提供了一种理论上可以跨越的可能性,为底层人们争取生存权利提供了一种伦理正当性的辩护。这种分配伦理思想对近代中国社会有着极为重要的启示意义。

第三节 "山外乃地之不足,可增而不可损": 王夫之分配正义观的价值维度

分配公平、分配正义既是政治哲学关注的核心命题,亦是经济哲学或者经济伦理学关注的重要议题。随着我国改革开放30多年来的飞速发展,贫富差距日益扩大,并成为当今构建和谐社会迫切需要解决的问题,"分配公平""分配正义"也因此日益成为社会各界关注的重要话题。如何实现社会分配公平、正义?除了引进西方的分配正

义、分配公平理论之外,研究中国传统文化中关于分配公平的思想亦具有现实意义。而王夫之800余万言的著述中,蕴含着极为丰富的分配正义思想,深入挖掘这些思想对当今分配正义或分配公平问题的解决具有重要的方法启示意义,其思考问题的独特视角和敢于剖析现实的精神,更有利于提高人们认识和分析分配公平的理论水平与层次。王夫之对分配公平正义的创新性诠释和价值取向对当代社会仍具有很大的理论与实践意义。

一 "取民产而定恒制":财富分配的基本理念

王夫之从国家秩序的稳定和人们正当欲望的满足两个角度,论述了合理分配财富的必要性与重要性。

第一,王夫之认为,有恒产才有恒心,这是社会合理分配财富的必要性所在。王夫之的这一思想是对孔孟思想的继承与发展。孔子认为人们关注社会"贫富之差距"甚于关注"贫与富之本身",并告诫统治者,一个国家要担心"不均"甚于担心"寡"与"贫",故曰:"丘也闻有国有家者,不患寡而患不均,不患贫而患不安。盖均无贫,和无寡,安无倾。……邦分崩离析而不能守也;而谋动干戈于邦内。吾恐季孙之忧,不在颛臾,而在萧墙之内也。"[1] 社会如果一旦出现极度"不均",则会"谋动干戈于邦内",国家则"分崩离析而不能守"。王夫之继承了孔子的观点并将之推进一步,他认为人们对"贫富差距"的重视甚于对"生死"的重视,故曰:"贫富之于人,甚矣。故人有轻生死而不忘贫富者,思其所以使我贫者而不得,则旷然矣。"[2] 章士钊先生论中国传统社会的基本特征即"士农工商四民共

---

[1] 《论语·季氏》。
[2] (明)王夫之:《船山全书》第13册,岳麓书社2011年版,第175页。

戴皇帝，五十年至一百年相杀一次以均财产"①。由此可见，财富分配不均一直被认为是传统社会发生动荡、裂变的最直接也是最本质的根源，彻底摧毁明王朝的明末农民起义军提出的"均田免粮"口号就是对社会贫富两极分化的强烈抗议。王夫之毫不夸张地指出了财富、资源等分配问题等对于生民之生死的重要性。他指出，"财为生民生死之枢机"，因此"财"也是"人情得失之大端"，统治者务必小心应付。王夫之深切地意识到，贫富问题不但是个体生存的焦点问题，也是社会稳定、发展之不能轻视的重大问题，要维护社会稳定、保障国家民族安全，关键在于解决社会严重的不平等、贫富差距过大的问题，实现财富分配的公平、正义。

王夫之尊孔孟仁学为圣学，所以在"王天下"与"霸天下"两种治平的方式中，他极力主张"王天下"。而实现"王天下"的工具性手段不外乎两端：先富之，后教之。故曰："王者治天下之大法，井田、学校，二者其大端也。"② 那么，为何要"富之"，为何要先富之？王夫之回答道："民无恒产，亦无恒心。"③ 人们没有固定的财产，便身无所安，继而心便无所寄，拥有稳定的财富以维持生存、预防不测，民身才有所寄，民身有寄，民心才会安守本分。恒产与恒心两者的关系是相因相成的，"两者有相因之理焉，则井田行而后学校可设"。④ 那么何谓"有恒产"？船山说：

> 有恒产，则俯仰之计足，而黠者不可取盈，朴者不忧不足，则仰事俯育之下，自不见异而迁。无恒产而身不安者心不固，一

---

① 萧萐父、许苏民：《王夫之评传》，南京大学出版社2002年版，第484页。
② （明）王夫之：《船山全书》第8册，岳麓书社2011年版，第311页。
③ 同上。
④ 同上。

念之天良偶动，而饥寒争夺之心又起而间之，无恒心矣。夫心者，一动而不可复静者也。苟以谋私利自全之念间其心，而使无恒，则放僻邪侈，何不可为，而陷乎罪矣。及是而刑不容贷，则是罔民也。焉有仁人在上，罔民而可为也？①

有恒产就意味着人们的生计无论怎样都能得到保障，就算愿朴之民也不要担心不足，而狡猾的人也不可能投机取巧获得更多，人们也因此不会有"二心"。没有固定的财产，人们则会"身不安心不固"，人们为争夺更多的生存资源而进行残酷争夺，"放辟邪侈"，什么罪恶的事情都能干得出来，即使统治者采取残酷的方式进行惩罚，也不能见效，这也是"王天下"的仁君不应该做的。所以，要想人们有安分守己、努力生产的毅力和决心，就必须使人们能够得到"应得"之得。

第二，王夫之从"天地之产"的价值属性与"饮食男女"欲望的正当性角度论证合理分配财富的重要性。"天地之产皆有所用，饮食男女皆有所贞。君子敬天地之产而秩以其分，重饮食男女之辨而协以其安。"② 天地之间的物产都有其使用价值，饮食男女的欲望中也有符合"天理"的正当性，所以把天地之间的物产按照一定的方式分配给人们以全生人之用，这既是对天地物产的敬畏，使之恰如其用，也是对饮食男女正当欲望的尊重，使之安身安心。只有这样，社会才会呈现出人与自然、人与社会和谐共生的景象来。

在论述合理分配财富的必要性及重要性基础上，王夫之提出了"取民之产而定其恒制"的基本分配理念。在王夫之看来，合理分配

---

① （明）王夫之：《船山全书》第8册，岳麓书社2011年版，第312页。
② （明）王夫之：《船山全书》第3册，岳麓书社2011年版，第374页。

财产使人们有恒产的正当方式就是"定恒制",故曰:"是故欲求民心而使之有恒,必先取民产而定其恒制。"①要制定稳定、正义的财产分配制度来保护人们拥有长久、永恒的财产所有权。通过"定恒制"的方式既保证黎民百姓有固定、长久的财富,又保证社会分配不出现严重的"差距",实现"均天下"的目的。"均天下"是"定恒制"的根本目的,也是王夫之分配正义观的价值取向。但对于什么是"均天下"、如何"均天下"等分配正义的问题,王夫之有不同于传统的看法和主张。

二 "设政驱之以齐"则"害且无穷":对传统分配理论的审视与批判

针对社会贫富极度分化所导致的社会动荡,自先秦以来就有学者或者政治家为此提出解决的对策或方法,出现了不乏理想主义色彩的理论构想,其中以"设政驱之以齐"的理论构想为主要代表。

历代农民起义大多都会提出"均田""均贫富"等口号,主张社会实现绝对的平均主义,这是对社会极度分配不均的"矫枉过正",因为实现绝对的"均平"是完全不可能的,正如列宁所说绝对均平"在经济学的形式上是错误的"②。为了解决贫富分化这个社会隐患,一些思想家们试图提出实现均平的措施,其中有两种"设政驱之以齐"的方式。一种就是朱熹提出的"通力合作,计亩均收"之复古法,主张"通力合作,计亩均收"的分配方案:人们在一起劳动,干多干少一个样,一概按人均田亩分配,以实现绝对的"齐平",缓解

---

① (明)王夫之:《船山全书》第8册,岳麓书社2011年版,第313页。
② [苏]列宁著:《列宁选集》第2卷,中共中央马克思恩格斯列宁斯大林著作编译局译,人民出版社1995年版,第432页。

社会矛盾。另外一种"设政驱之以齐"的方式，就是如西汉大臣赵广汉为"刻核得民誉"而实行的"鸷击富强"、劫富济贫的平均大法。

王夫之对以上"设政驱之以齐"的分配理论提出了以下两个方面的深刻批判。

第一，"绝对平均主义"是违反自然规律的分配法则，因为自然界（包括人类以及社会）本身即一种差异性存在。因而，作为差异性存在的一种具象，分配及其分配结果存在差异性或者存在贫富的差别是一种必然性的现象，因而也是合理性的存在。他用比附的方式来说明世界存在是一种差异性存在。他以布谷鸟为例：

> 鸤鸠之七子，有长者焉，有稚者焉，有壮者焉，有羸者焉，有贪者焉，有俭者焉，有竞者焉，有柔者焉。我知朝从上下而暮从下上。是以其仪一也。我不知强以多求者之抑而啬之，弱以寡求者之亢而丰之也，是以其仪一也。故曰："天无忧，圣人无为，君子无争。"屑屑然取百物之高下而轩轾之，而天困矣。营营然取百官之敏钝而宽严之，而王者惫矣。故裒多益寡者谦也，谦者德之柄也，德之柄虽犹德与，其去术不远矣，操柄以持天下，谦虽吉，君子以为忧患之卦也。①

布谷鸟有七个子女，这七个子女各自就有很大的区别：有长幼之别、羸壮之分、贪俭之差、竞柔之分，这是事实，也是自然界的规律。在自然界，任何事物都有长短、强弱、长幼之分别，决然同一的事物是没有的。因此，人类社会的差异现象，如强弱、贫富等现象之客观存在是必然的，这是天道，如果我们"取百物之高下尔轩轾之"，

---

① （明）王夫之：《船山全书》第3册，岳麓书社2011年版，第380页。

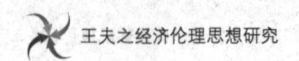

则"天困矣",唯一的办法便是"圣人无为"。

而且不同地方存在异质、异候、异种、异形等种种差别(详见本书第180页第三章第三节反对行政权力干预经济的第一段引文),这种差异性存在是一种客观现实,因此,人及其分配也必然存在差异性,故社会上存在"贫富不均"的现象符合自然规律和社会规律。如果无视这种客观现实,而正图人为地"设政驱之以齐",实为"害且无穷"。

但王夫之也清醒地认识到,这种差异性存在不宜扩大,应该保持在一定的范围之内,这个范围即是"安民"。一旦出现极大的差距,则离乱世不远了(详见本书第三章第二节解释《诗经·大雅·柔柔》中引文)。

王夫之认为,世界存在差异性,但只要人们不人为地干预,便会自然而然地控制在一定的范围之内,故曰:"两间之气常均,均故无不盈也。"正是在以上分析基础上,王夫之对分配正义要实现的价值目的"均天下"命题作了"开生面"的解读:"均之者,非齐之也。设政以驱之齐,民固不齐矣。"[①] 均不等于绝对的齐平,通过行政手段强行干预,人们的贫富差距会越来越大。

第二,王夫之认为,"绝对平均主义"违背"效率"原则和分配正义中的"应得"原则。一方面王夫之认为,分配正义首先需要顾全效率原则,社会的发展需要鼓励人们通过正当的方式努力劳动,促进经济效益增长。前文提到朱熹等提出的"通力合作,计亩均收"的复古方式,使人们在一起劳动,按照田亩的数量平均分配给每一个人,实行干多干少一个样"吃大锅饭"的平均分配原则,最后只能导致社

[①] (明)王夫之:《船山全书》第11册,岳麓书社2011年版,第279页。

会陷入"共船漏,共马瘦"的共同贫穷境地,严重地违反了社会经济发展的"效率原则"。《四书训义》中有孟子的这样一段话:

夫物之不齐,物之情也;或相倍蓰,或相什百,或相千万。子比而同之,是乱天下也。巨屦小屦同贾,人岂为之哉!①

王夫之解释道:

孟子言物之不齐乃其自然之理,其有精粗,犹其有大小也。若大屦小屦同贾,则人岂肯为其大者哉!今不论精粗,使之同贾,是使天下之人皆不肯为其精者,而竟为滥恶之物以相欺耳。②

夫物之不齐而价不一,固人情为之,而非人情为之也。用由贵贱焉,制有坚脆焉,取其材者有难得易得之分,而成其事者有难成易成之别;实有之而实不容齐之,物之情实所固然也。是以名同而实异,实同而用异。……设使巨小同价,则人必舍巨而为小,而天下无巨屦;使精粗同价,则人必舍精求粗,而天下皆粗屦。③

事实上,这段话有如下伦理意蕴:基于"平等"的伦理价值,每个人都希望得到同他人一样多的收入,但如果每个人不管干得多与少、好与坏,都能确信得到与他人一样的收入,那么他就会丧失为获取更多财富而努力劳动的"内在动机"。这种分配方式既不符合增进个人福利的价值之维,也不符合促进社会发展的价值之维。因此,为了不断提高人们生活水平,促进社会经济持续发展,应该采取适当的

---

① 《孟子·滕文公上》。
② (明)王夫之:《船山全书》第8册,岳麓书社2011年版,第328页。
③ 同上书,第342页。

手段以激励人们努力劳动。而能够激励人们努力劳动的最有效的方式，就是给予人们物质上的奖励，使人们的劳动效率与收入息息相关。如果这样，人们得到的分配量就必然会变得"不平等"。

而"申韩之儒"如赵广汉者采取的"鸷击富强"的方式，只不过是为"刻核得民誉"而实行的一种"罢民"陋政，对此，王夫之有深刻的批判，他说：

> 赵广汉，虔矫刻核之吏也，怀私怨以杀荣畜而动摇宰相，国有此臣，以剥丧国脉而坏民风俗也，不可复救。乃下狱而吏民守阙号泣者数万人。流俗趋小喜而昧大体，蜂涌相煽以群迷，诚乱世之风哉！
>
> 小民之无知也，贫疾富，弱疾强，忌人之盈而乐其祸，古者谓之罢民。夫富且强者之不恤贫弱，而以气凌之，诚有罪矣。乃骄以横，求以忮，互相妨而相怨，其恶惟均。循吏拊其弱而教其强，勉贫者以自存，而富者之势自戢，岂无道哉？然治定俗移而民不见德。酷吏起而乐持之以示威福，鸷击富强，而贫弱不自力之罢民为之一快。广汉得是术也。任无藉之少年，遇事蜂起，敢于杀戮，以取罢民之祝颂。于是而民且以贫弱为安荣，而不知其幸灾乐祸，偷以即于疲惫，而不救其死亡。其黠者，抑习为阴憯，伺人之过而龁啮之，相雠相杀，不至于大乱而不止。愚民何知焉，酷吏之饵，酷吏之阱也。而鼓动竞起，若恃之以为父母。非父母也，是其喉以噬人之猛犬而已矣。①

王夫之指出扰乱社会、蛊惑人心的有两种人：一种是"罢民"，

---

① （明）王夫之：《船山全书》第 10 册，岳麓书社 2011 年版，第 161—162 页。

第五章 王夫之"均天下"的分配伦理思想

"罢民"有疾富疾强、幸灾乐祸、企图杀富以均天下的不劳而获的心理，不利于社会发展与和谐；另一种就是"富人"，富人常常"为富不仁"，"以气凌人"，也影响社会和谐。但就"罢民"与"富民"对社会的危害程度而言，"富民"是"诚有罪"，而二者交恶，"其恶维均"，罢民的疾富疾强、要求绝对齐平的心理对社会的恶更甚于富民的为富不仁。

由以上可见，王夫之认为分配存在"差异性"，这是分配正义中的"效率原则"起作用的结果。像赵广汉那样采取打击富强，"敢于杀戮"，只不过是为了"取罢民之祝颂"的沽名钓誉之伪善行径。只能养成全社会以"以贫弱为安荣"的病态心理，而使罢民把精力放到与富人"相仇相杀"，最终导致社会"不至于大乱而不止"。正是从这个意义上，他提出了"国无富人，民不足以殖"[①]"大贾富民，国之司命"的伟大命题[②]。

另一方面，王夫之认为，分配正义同样要求遵守"应得"原则。有学者指出，所谓分配正义是指"社会资源在社会成员中间的分配应该最大限度地体现公正性"[③]。那么何谓公正分配，王夫之认为取决于历史性原则即"过去的状况和人们的行为"，依靠自身各种条件或者优势，多劳者多得便是符合分配正义中"应得原则"。而那种"鸷击富强""哀多益寡"等填平补齐的方式恰好违背了"应得"原则，王夫之从经济学角度直截了当地批判其谬误之处："此尤割肥人之肉置瘠人之身，瘠者不能受之以肥，而肥者毙。"[④] 此种"乃欲芟夷天下

[①] （明）王夫之：《船山全书》第 10 册，岳麓书社 2011 年版，第 89 页。
[②] （明）王夫之：《船山全书》第 12 册，岳麓书社 2011 年版，第 530 页。
[③] 向玉乔：《社会制度实现分配正义的基本原则及价值维度》，《中国社会科学》2013 年第 3 期。
[④] （明）王夫之：《船山全书》第 11 册，岳麓书社 2011 年版，第 277 页。

之智力，均之于柔愚"之法，不过"仁义中正为帝王桎梏天下之具"而已。①

王夫之从事理与经验事实双重层面驳斥传统"高抑下亢"、设政驱之以齐的陈腐观点，认为这是违背经济规律与分配正义的下策。

三 "山外乃地之不足，可增而不可损"：分配正义实现的价值维度

在批判传统"高抑下亢"、寻求"齐平"分配理论的基础上，王夫之认为分配存在差异或者不平等，正是"均天下"的常态，它强调的是一种动态平衡，而且这种"不平等"恰恰是通向平等之"路"。事实上，王夫之主张的正义分配模式，是一种按自由竞争原则的市场分配和按平等原则的社会制度分配合理结合的分配模式。下面分两个部分予以论述。

第一，王夫之主张按"自由竞争"原则进行市场分配。对此，王夫之探讨了两个问题：一是哪些因素导致了分配不平等；二是其中哪些因素具有道德的合理性，而哪些又不具备道德合理性。这是实现分配正义的理论基础。王夫之认为，导致人们分配差距出现的因素大致有如下四个：其一，家庭出身，继承祖先之多寡而导致贫富之不均。民富与否虽说不是先天注定的，但与"祖先之藏"有很大关系，所以说"其富者必其贵者也，且非能自富，而受之天子、受之先祖者也。上以各足之道导天下，而天下安之"②。在封建社会，人们的财产都源于天子或者先祖，但凡富有者都是政治地位尊贵者，并不是富有者自己能够富有，"贵而富"是封建社会财富分配的基本法则。其二，贪

---

① （明）王夫之：《船山全书》第10册，岳麓书社2011年版，第194页。
② 同上书，第194页。

第五章　王夫之"均天下"的分配伦理思想

官墨吏盘剥导致农民贫困。在《诗广传·论硕鼠》一章，他严厉地指出暴君污吏"朘削其民""樵苏其民"，而导致百姓"草食露处，质子鬻妻，圜土经年而偶一逸，无所往也"。① 由此可见，贪官污吏的残酷剥削是导致贫富分化、社会不公的一个非常重要的因素。其三，人们智力和体力天赋存在差别而导致贫富不均。其四，勤惰与愿诈（抱负）也是导致分配差异性存在的重要因素，勤劳者和有抱负者往往比较容易获得更多的财富。

在导致分配不平等的四个因素中，王夫之认为依靠智力天赋因素，以及因为勤惰与抱负等原因而获得更多的财富，符合道德上的"应得"原则，这是任何一个阶级都不会反对的分配原则（详见本书第五章第 275 页关于"同沟共井之人通力合作"的引文）。

但对于前面两个因素即家庭的社会身份地位以及酷吏的盘剥而导致分配不平等现象，王夫之认为是不合理的，因而需要政府采取行政手段进行纠正，以实现分配正义原则。在王夫之看来，家庭出身的尊贵卑贱是偶然性的，没有人天生应该出生在卑贱者的家庭，而且这种依靠贵而富的等级分配制度的不合理性，更在于形成了"阶级固化"现象："士之子恒为士，农之子恒为农，而天之生才也无择，则士有顽而农有秀；秀不能终屈于顽，而相乘以兴，又势所必激也。"② 士人的子孙世代都是士人，地位尊贵，经济富庶，而出身农民家庭的子孙则世代为农，地位卑贱，经济贫乏。王夫之指出这种依靠封建世袭制度而得来的"尊与富"，在以"智力擅天下"的时代，没有道德的合理性。因为，出生于士族之家的人不一定优秀，而农民之子也有优秀者，因而不凭借能力而仅仅依靠出身的尊贵获得更多的财富，在分配

---

① （明）王夫之：《船山全书》第 3 册，岳麓书社 2011 年版，第 362 页。
② （明）王夫之：《船山全书》第 10 册，岳麓书社 2011 年版，第 67—68 页。

原则上，违背了"得之应得"的原则。另外，由于贪官墨吏的盘剥所导致的贫富分化，王夫之把这个因素直接评判为道德之恶，他评价道"狡者日富而拙者日瘠，盖中国之陋壤也"①。针对这两个原因而导致的不平等则需要纠正，以实现分配正义。

由以上所述可见，王夫之主张合理的分配模式既要体现出"合理的差异"（这种合理差异正是市场经济所要求的具有激励作用的内生动力因素），又要兼顾不使这种差异的存在导致社会情绪失衡，即使之限制在弱势群体如农民"同意"的范围内。也就是说，一种"不平等"的分配要符合正义合理原则，只有这种"不平等分配得到社会弱势群体的同意"，才被认为是合理的、可取的，因而也才符合正义原则。这是王夫之主张的按自由原则进行的市场分配。

第二，王夫之又主张按平等原则进行社会制度的合理分配。那么社会制度应该从何种维度来调整由市场原则分配而导致的差距呢？对此，他提出社会制度实现分配正义的价值维度："山外乃地之不足，可增而不可损"，即采取增加或者改善弱势群体或者贫者福利的方式，而不是采取"裒多益寡"的取长补短的方式，使贫富差距保持在一定的范围内。这一思想体现在他对《周易》谦卦的疏解中。《周易》"谦"卦曰："象曰：地中有山，谦，君子以裒多益寡，称物平施"，船山注解曰："地中有山者，谓于地之中有山也。山者，地之高也，非地之外别有山也。……人见山之余于地，而不知山外乃地之不足，可增而不可损也。"② 人们往往只是看到了高者之"高"，故想削平高者，以共"下"，这不符合经济发展的原则，而应该换个角度看到"下者"之"不足"，因而想办法"增益""不足者"。又说：

---

① （明）王夫之：《船山全书》第10册，岳麓书社2011年版，第46页。
② （明）王夫之：《船山全书》第1册，岳麓书社2011年版，第171页。

第五章 王夫之"均天下"的分配伦理思想

> 地道周行于天以下,时有所施化,多者裒聚之而益多,寡者益之使不乏,固不厚高而薄下,抑不损高以补下,各称其本然而无容私焉。故高者自高,卑者自卑,而要之均平。君子施惠于民,务大德,不市小恩。不知治道者,徇疲惰之贫民,而铲削富民以快其妒忌,酿乱之道也。故救荒者有蠲赈而无可平之粟价;定赋者有宽贷而无可均之徭役。虽有不齐,其物情之固然也。不然,则为王莽之限田,徒乱而已矣。①

按照"地道"法则,多者会越积越多,而贫乏者也有办法使之不断丰富而不至于堕于贫瘠,所以自然界固然不会"厚高而薄下",但也绝不会"损高以补下",而是要不断增进弱势者利益,使彼此仍然保持一种"高者自高,卑者自卑"的动态均衡。由此段话可见,他称"高者自高,卑者自卑"之"本然"状况为"均平",这种"均平"观念并不是传统的绝对"平等"而是有差异性的不均之均,即一个动态的平衡状态。如果这个动态平衡被打破,形成一个严重的差距,那么解决这个差距的好的方法不是削平高者,而是采取措施使弱者不断受益,即补不足而不是损有余。只有这样,社会经济整体才会发展进步,人们的生活水平和福利才会得到实质性的提高。而且这种分配方法会得到任何阶级的同意,这就说明,这种"可增而不可损"的分配方式是实现分配正义的正确价值取向和路径选择。事实上,"一个公正社会应该保护强势群体的分配利益,更应该增进弱势群体的分配利益。它应该保护和增进所有社会成员的分配利益。"② 也可以说,这是王夫之为避免因为极端措施引起社

---

① (明)王夫之:《船山全书》第1册,岳麓书社2011年版,第171页。
② 向玉乔:《社会制度实现分配正义的基本原则及价值维度》,《中国社会科学》2013年第3期。

会动乱,为维护社会既得利益集团(封建官僚和地主)而采取的一种妥协的分配方法。

四 "无所大损于民,而天下固已大均":通向分配正义之路

那么如何从"可增而不可损"的价值维度,既增进社会弱势群体的利益,又不打击富人,以促进社会经济整体利益长足发展呢?王夫之指出,只要政府不做损害人民利益的事,就可以实现大致均平。他说:

> 约略其凡,无所大损于民,而天下固已大均矣。均之者,非齐之者也。①

那么,如何才能做到不损害人民利益呢?王夫之主要从两个方面来说明。第一,要求行政权力减少对经济的干预,允许人们凭借天赋、智力、勤奋等自由竞争,天下就自然而然会把持在一定的动态均衡状态。这个结论,基于如下理由:"天之生才也无择,则士有顽而农有秀"②,无论是达官贵人,还是布衣庶民,就天赋才智来说是平等的,优秀和劣质的概率也是相同的。因此,如果排除行政有偏向性的干预,使人们的经济活动置于"自由竞争"状态,社会就会平等,依自身能力得所当得便是分配正义,正所谓"不言而一任其自然,此齐物之术也"③。

所以,王夫之指出,只要政府不夺农力、农时,宽之于公,人民自然可以自给自养。他说:"上唯无以夺其治生之力,宽之于公,而

---

① (明)王夫之:《船山全书》第11册,岳麓书社2011年版,第277页。
② (明)王夫之:《船山全书》第10册,岳麓书社2011年版,第68页。
③ (明)王夫之:《船山全书》第3册,岳麓书社2011年版,第471页。

天地之大，山泽之富，有余力以营之，而无不可以养人。"① 这是强调经济活动的"自由原则"。而自由与差异性分配原则存在紧密的内在之关系：自由以劳动者个体差异性存在为前提，而认同自由原则，则必然认同分配的差异性原则。王夫之认为由自由而导致分配的差异性有两个特点：从理论上讲，如果没有行政干预，这种差异性不可能非常严重；同时，排除行政干预的自由竞争是能够被弱势群体阶级同意的。按照美国劳工领袖约瑟夫·斯坎伦提出的关于"正义"的观念：人们就正义原则达成一致，不是因为每个人都有理由接受它，而是因为任何人都没有理由拒绝它。从这个意义上讲，由自由竞争而导致的分配差异性具有正义的特质。

第二，改革不合理的赋税制度，做到"善取民者虑民"。所谓"取民"即取财于百姓的制度，或税收制度政府通过税收等方式既增加国家财政收入，亦可以灵活运用多种政策调节社会财富初次分配差距过大的缺陷；所谓"虑民"，是指从民生角度出发，充分考虑税收征收方式、额度等，以使百姓基本生存得到保障。

贤明的君主一定会做到"取于民有制"②，即"取民有度"，指要有一定的规范约束，不能无限制地取之于民，要做到"恭俭"二字，"恭则能以礼接下，俭则能取民以制"③。为什么呢？因为人民的财产是有限的，必须保证百姓拥有一定的恒产，才有恒心，"是故欲求民心而使之有恒，必先取民产而定其恒制"④。那么，这个"取民之恒制"如何制定？一个总体的原则就是"早计其所自出"，要考虑百姓每年生产的产品及数量情况，量力而征，如果不考虑老百姓的实际情

---

① （明）王夫之：《船山全书》第10册，岳麓书社2011年版，第710页。
② （明）王夫之：《船山全书》第8册，岳麓书社2011年版，第305页。
③ 同上。
④ 同上。

况盲目制定征收种类和标准,就会使"堕者散""勤者怨""国不可为"。①

那么在政府调节收入时该如何"虑民"呢?下面这段话比较全面地反映了王夫之在再分配问题上的基本观点和价值取向:

> 善取民者,视民之丰,勿视国之急。民之所丰,国虽弗急,取也;虽国之急,民之弗丰,勿取也。不善取民者反是,情奔其所急,而不恤民之非丰;苟非所急,虽民可取,缓也;苟其所急,虽无可取,急也。故知取勿取之数者,乃可与虑民,不穷于取矣。顺逆者,理也,理所制者,道也;可否者,事也,事所成者,势也。以其顺成其可,以其逆成其否,理成势者也。循其可则顺,用其否则逆,势成理者也。故善取民者之虑民,通乎理矣;其虑国,通乎势矣。②

这段话说明了两个问题。其一,就"虑民"的内容而言,在征收税收时,要把老百姓的实际情况摆在首位,要视老百姓的情况来确定取之数,应该根据民产之丰歉来决定征收多少,而不应该根据国家所需的急与缓。这体现了王夫之对"民生问题"的高度关注。王夫之从治国之理与势的高度,探讨"取民"之道,这个取民之道即"视民之丰,勿视国之急"。当老百姓富足时,就是国家并不急需,那也要多征收;但如果民不丰,就算是国家处于急需的特殊时期也不可以取。唯有养民、裕民,民族国家才能长治久安。而不善取民者则刚好相反,只顾国家之急,而从不考虑民众之苦,这样做不但国家无法实现财政的正常收支,百姓也会深受其害,影响社会的稳定。在某种程度

---

① (明)王夫之:《船山全书》第8册,岳麓书社2011年版,第312页。
② (明)王夫之:《船山全书》第3册,岳麓书社2011年版,第420—421页。

上，王夫之把生民个人利益放到了国家整体利益之上，颠覆了传统儒家视家国利益为至高无上之古训，把"民利"摆到了不容忽视的崇高位置，这是极富近代意义的创见。其二，从"虑民"的方式而言，政府干预社会财富再次分配的方式，绝对不能采用行政强力的方式，而应该是通过与各个利益主体一样的平等的市场参与行为。比如，在百姓丰收时，即使国家不匮乏，国家也要通过市场行为购买百姓的农业产品，一方面保证百姓的正常财富收入，另一方面也保证国家与百姓在荒年时有足够的消费品；而在百姓歉收时，国家则应该减少征收，以保证百姓的正常生活不受影响。

由以上论述可见，王夫之有非常丰富的关于分配正义的思想，这也是他经济伦理思想中近代性特质的凸显。他提出"均之者，非齐之者"的命题，是对分配正义富有创见的理解；他主张不"厚高而薄下"，也不"损高而补下"，以"可增而不可损"的价值维度来实现分配正义，开创了缩小贫富差距、实现分配正义的新视角；他倡导的"无大损于民，则天下固大均矣"的理论设想，固然不乏理性主义色彩，却"一语中的"地道出了导致社会贫富悬殊的致命性因素。总而言之，王夫之分配理论中有诸多新颖的问题维度和解决问题的新视域，其中以"民生为公义……把维护老百姓的利益当作公义"的伦理立场[①]，更是可以成为当今中国社会实现利益再分配、利益再调节的宝贵理论资源，值得深入挖掘、借鉴。

---

① 谢芳等：《王夫之政治伦理的价值诉求、工具理性及其现代启示》，《湘潭大学学报》2016年第4期。

第六章 王夫之"俭奢有度"的消费伦理思想

有人曾经敏锐地指出：在当今西方世界中，"消费"是意识形态的"首领"（埃文，1976）。不仅如此，从某种程度上讲，消费已经成了全世界意识形态的首领。如今，社会消费已经成了一种引领几乎一切的风尚，许多伦理学家们都纷纷走进这个充满神奇色彩的消费领域，用一种批判审视的态度来探寻消费现象的道德意义。因为消费风尚不仅有社会价值观的引导，它也时刻体现一个社会个体的价值取向。同时，消费环节在社会经济生产、分配、交换、消费四个环节中占据着至关重要的地位，其价值取向几乎将决定整个社会经济发展的价值维度。因此，消费伦理问题始终是伦理学家与经济学家关注的重点领域。

消费问题不仅是一个经济问题，更是一个伦理的问题，或者说消费活动自身有一个内在的伦理维度。中国著名伦理学家万俊人先生认为："人类道德生活是一个具有不同层次结构的综合性系统，即终极信仰的超越层次、社会实践的交往层次和个人心性的内在人格层次。……在伦理学的理论构成中，终极信仰的超越层次属于道德形而上范畴，社会实践的交往层次属于普遍性社会道德规范范畴，而个人心性的内在人格层次则属于美德伦理或个人道德的范畴。"① 根据万俊人先生的这一解释可知，对于人们的消费行为，消费伦理不仅要探寻个体消费行为是否适当，并提出相应的个体消费行为要遵循的道德基本规范，还要涉及消费实践与生活目的之间的关系问题。此外，从研究的对象上讲，消费伦理除了要研究个体消费行为之外，也要研究作为一个整体的国家之消费行为。

从中国传统文化视角看，先秦以来，儒家在很大程度上，把消费问题当作一个身心修养的伦理问题来对待。而王夫之对传统儒家的突破则在于，他不仅仅把消费中的节制、节俭当作一个修身养性的伦理问题来看待，他更是从国家富强和个人生活幸福的角度考量消费的伦理价值尺度，同时在科学地遵循经济发展自身的规律基础上，思考消费合理性问题。因此，王夫之不仅从个体消费层面设定了基本的道德规范，而且从国家消费或者国家支出层面设定了国家应该遵循的财富分散之原则，并从理论上指出"絜矩之道"是厘定俭与奢、聚与散的基本准则。

第一节 "俭以恭己"与"奢不违礼"：个体消费的伦理维度

"奢俭观"是消费伦理思想的一个核心内容，"奢"与"俭"是其中两个重要的范畴。在中外历史上，均有学者对这两个概念及其价

---

① 万俊人：《寻求普世伦理》，商务印书馆2001年版，第42—43页。

值合理性进行过深刻论证，其中既有严重偏向于节俭的观点，亦有严重偏向于奢靡的观点，但也不乏主张两者要有度的辩证观。我国传统文化是一种尚俭的文化，其基本价值取向是贬奢尚俭。比如，《左传》曰："俭"德之共也；"侈"恶之大也。墨家更是提出：俭节则昌，淫逸则亡。道家老子则曰："吾有三宝，保而持之：一曰慈，二曰俭，三曰不敢为天下先。"宋明理学对"俭"的推崇更是到了极致，提出了"存理灭欲"的口号。从这些言论可见，中国古代思想家在俭奢问题上的鲜明立场：黜奢从俭。思想家们均把"俭"当作一种"善德"，"慎乃俭德，惟怀永图"①，而把"奢"当作一种"恶德"。这与中国传统自给自足的农业经济有很大关系，在商品交换经济还不发达，人们主要依靠天地间自然生产的资源求生存的时候，财富上的"开源"是受到极大限制的，因此"节流"就成为人们积累财富的重要举措，这样的经济现状反映到消费实践上来，就自然而然形成了"节俭"之美尚，并为历代思想家所赞颂。正因为尚俭的消费理念有其存在的经济基础，所以说，中国历史上尚俭的消费伦理具有其存在的合理性。但同时，在崇俭的消费观被普遍接受的情况下，在中国历史上也间或存在过倡导奢侈的消费思想，如战国之管子、西汉之桑弘羊，北宋之范仲淹和沈括等，均有明确地倡导加大消费力度以促进生产发展的超越时代之进步思想。例如，管子说："饮食者也，侈乐者也，民之所愿也。足其所欲，赡其所愿，则能用之耳。今使衣皮而冠角，食野草，饮野水，孰能用之？伤心者不可以致功。"② 主张俭、奢并重，总体来说，平常情况下崇俭，但在经济不振的情况下就要鼓励侈靡。当然，除了上述经济条件限制的原因外，传统思想家强

---

① 《尚书·商书·太甲上》。
② 《管子·侈靡》。

调"崇尚节俭",还有另外一层深刻含义,即节俭利于"修身"。

那么,古代思想家是按照何种标准来划分俭与奢的呢?孔子说:"礼,与其奢也,宁俭;丧,与其易也,宁戚。"① 荀子说:"节用以礼,裕民以政。彼裕民,故多余。裕民则民富,民富则田肥以易,田肥以易则出实百倍。上以法取焉,而下以礼节用之。"② 从这些言论可以看出,古代思想家在衡量俭与奢之规范时,都要求符合当时的"礼制",合乎礼制的俭才称得上俭德,否则就成了吝啬,超过礼制的消费才成为奢。周康王曰:"我闻曰:'世禄之家,鲜克由礼'。以荡陵德,实悖天道。敝化奢丽,万世同流。兹殷庶士,席宠惟旧,怙侈灭义,服美于人。骄淫矜侉,将由恶终。虽收放心,闲之惟艰。资富能训,惟以永年。惟德惟义,时乃大训。""国奢则示之以俭,国俭则示之以礼。"③ 孔子曰"恭俭庄敬而不烦,则深于礼者也"④,康王有感于世家子弟游手好闲,破坏礼制,故说,世代相袭,安享俸禄的家族,往往不遵从礼制,为所欲为,这是违背天道的。孔子也认为要"深于礼",都主张以"礼"或礼制来度量俭奢范畴。

那么王夫之在俭奢观上又是如何承继传统又超越传统并体现出新时代特色的呢?

一 王夫之对传统俭奢观的突破与超越

王夫之的俭奢观建立在其人性论、理欲观基础之上,其俭奢观的特点表现在:既有承继中国传统俭奢观中"崇俭黜奢"的一面,又有由于时代经济发展带来的重视消费、重视人们生活水平提高的一面,

---

① 《论语·八佾》。
② 《荀子·富国篇》。
③ 《尚书·周书·毕命》。
④ 《礼记·经解》。

传统与时代的特色在王夫之的俭奢观里并存，并被深刻地辩证融合。下面试从两个方面来予以论述。

第一，王夫之正面肯定了"节俭"作为中国传统之一的内在价值。从个体生存角度讲，这是治道之美。俭之善主要体现在三个方面：一是"俭以留余，使其用不匮焉，无恶也"①。节俭是为了使有盈余，以备不时之需，不至于因为匮乏而冒险作恶。二是"俭于欲亦俭于德"②。节俭就是对人欲的克制，合理克制了人的欲望，也就是在道德修养方面前进了一大步，这是一个"内圣"的过程。"俭"是人的德性生成之源泉，并进而提出"俭以生慈，慈以生和，和以生文"的观点。③ 养成节俭的习惯，就能培养人的仁慈之德，仁慈的人就可以和谐共处，从而使社会不断文明进步。三是"夫俭与勤，于敬为近，治道之美者也。恃二者以恣行其志，而无以持其一往之意气，则胥为天下贼"④。勤与俭是治道之德，一个勤与俭的人一定是心有敬畏的人，相反则会恣意妄为，成为罪人。因而说，人能够借此休养生息的三个字即慈、俭、简，"民之恃上以休养者，慈也、俭也、简也"⑤。人们如果都俭以克己，有较高的道德修养，那么这个社会就不会乱了，就能实现和平共处。另外，从国家经济发展的角度讲，简朴的社会风气有助于促进社会经济的可持续发展。事实上，无论是在传统自给自足的农耕社会，还是在商品经济较为发达的近现代社会，人们都需要坚守适当简朴的生活原则。这一方面是因为大自然界的资源总是有限的，有限的资源无法满足人们日益膨胀的物欲和虚荣心；另

---

① （明）王夫之：《船山全书》第 7 册，岳麓书社 2011 年版，第 998 页。
② （明）王夫之：《船山全书》第 10 册，岳麓书社 2011 年版，第 88 页。
③ （明）王夫之：《船山全书》第 11 册，岳麓书社 2011 年版，第 21 页。
④ 同上书，第 93 页。
⑤ 同上书，第 47 页。

一方面，不节俭的消费容易使人产生虚荣心，有虚荣心就会有攀比、斗富等不良的社会现象，所以说"俭困而骄生"①，进而引发社会贫富之间的仇恨心理，不利于社会的稳定。况且，更多的消费意味着更多垃圾的产生，给地球生态将带来沉重的负担，进而必定影响人们的生活水平和生活质量。

王夫之在赞美汉高祖的辱商政策时就说，商人因为有钱容易生骄奢之心，并会因此败坏社会的风气，国家也会因此而逐渐衰败，因此他提出这样一个观点，即"富庶原于节俭"②，国家的富庶强大源自民众的俭德。应该说这个观点是十分中肯的，因为它适用于任何社会。事实上，王夫之这种"崇俭"的观点是对传统经济伦理原则的继承与发展。

另外，王夫之认为要做到节俭，把节俭当作生活的一种稳定的习惯，要做到二点：一是要有"不忍之心"，"不忍之心所以句萌甲坼，而枝叶向荣矣。……不忍于物之珍，则俭"③。不忍之心也就是儒家所讲的仁慈之心，有了仁慈之心，就会萌生不忍之心，不忍之心使人不忍心浪费财富、不忍心肆意杀虐动物。二是要有"固志"，就是说，要一以贯之，持之以恒。王夫之说唐太宗确实是有节俭之德，但是却没有一以贯之的意志来坚持，以致半途而废，给国家带来横祸，"唐太宗之慈与俭，非有异心也，而无固志"④。

第二，王夫之对"俭"的内涵作了超越于前人又适合时代的诠释。那么什么是俭呢？为了能准确地说明"俭"的含义，把"俭"与"吝啬"进行区分很有必要。在现实生活中，很多人也错误地把吝

---

① （明）王夫之：《船山全书》第11册，岳麓书社2011年版，第47页。
② （明）王夫之：《船山全书》第10册，岳麓书社2011年版，第122页。
③ （明）王夫之：《船山全书》第11册，岳麓书社2011年版，第49页。
④ 同上书，第47页。

啬当成了一种美德,这绝对是错误的。

那么,俭与吝啬又有什么不同呢?这是王夫之对传统俭奢观有极大突破的地方。他说:

> 俭之过也则吝,吝则动于利,以不知厌足而必贪。勤之亟也必烦,烦则责于人,以速如己志而必暴。俭勤者,美行也;贪暴者,大恶也;而弊之流也,相乘以生。①

由这段论述可见,吝为俭之过,这样说来,节俭也有一个限度问题,在这个限度之内是节俭,超过了则是奢侈,而不及则是吝啬了。在王夫之看来,吝啬就不是什么美德了。接着,他对吝啬的心性进行了深刻的分析,"吝似俭……吝者贪得无已,何俭之有!"② 吝啬的人往往守着一己之利,永不知足。由于人的欲望是无穷的,长此以往,人就会形成"贪念",可是靠自己的努力也难以满足自己的贪心,那势必强迫别人来满足己之贪愿,这样就会有施暴的恶行出现。而贪暴是世之大恶,是由于对财物的吝啬而产生的恶行。他以申韩为例,指出申韩并不以贪暴为目标,却最终走向贪暴,就在于他们把勤德与俭德推向了一个极端,不知道勤与俭也有个度的问题,也需要节制,要掌握一张一弛之道。"于其弛,不敢不张以作天下之气。于其张,不敢不弛以养天下之力。"③ 申韩之徒正因为不懂节制,不懂张弛之道,才"用其一往往意气,以极于俭与勤之数,而不知节耳。若夫敬者,持予主心之谓也"④。王夫之在解释孔子的"奢则不孙"时说:"恶其不孙,非恶其不啬也。传曰:'俭,德之共也。'俭以恭己,非俭以守

---

① 王夫之:《船山全书》第 11 册,岳麓书社 2011 年版,第 93 页。
② 王夫之:《船山全书》第 12 册,岳麓书社 2011 年版,第 484 页。
③ (明)王夫之:《船山全书》第 11 册,岳麓书社 2011 年版,第 94 页。
④ 同上。

财也。"① 孔子痛恨奢侈并不是因为奢侈者不吝啬，而是因为奢侈的生活容易使人变得玩世不恭；主张节俭而不是主张吝啬，节俭是为了修养自身，而不是为了聚财或者守财。

> 传曰："俭，德之共也；侈，恶其大也。"所谓德之共者，谓其敛耳目口体之淫纵，以范其心于正也，非谓吝于财而积之为利也。所谓恶之大者，谓其荡心志以外荧，导天下于淫曼也，非谓不留有余以自贷也。俭于德曰俭，俭于财曰吝，俭吝二者迹同而实异，不可不察也。吝于财而文之曰俭，是谓贪人。谚曰："大俭之后，必生奢男。"贪吝之报也。若果节耳目、定心志、以恭敬自持，勿敢放逸，则言有物，行有恒，即不能必子之贤，亦何至疾相反而激以成侈哉？隋文帝之俭，非俭也，吝也，不共其德而徒厚其财也。富有四海，求盈不厌，侈其多藏，重毒天下，为恶之大而已矣。②

这段话对节俭的价值取向作了非常明确的剖析。节俭是所有德性的共性，节俭的价值取向不是为了把财物当作"利"储存起来、搁置不用，使身心受苦。保持节俭的目的是使耳目之欲受到一定的约束，从而端正身心。而且他认为，历史上人们从节俭到吝啬再到贪婪是随着社会经济条件的改变而发展的。可见，王夫之对节俭之德与奢侈之恶的分析是十分深刻的，而且为节俭与奢侈之标准的划分作了很好的理论铺垫，对今天仍有很大的启示。至此，王夫之深刻地认识到了节俭与吝啬的本质不同，并从学理上把节俭与吝啬辩证地区分开来。这不仅从学理上批判了宋明以来的禁欲主义理论，而且在实践中为人们

---

① （明）王夫之：《船山全书》第11册，岳麓书社2011年版，第96页。
② （明）王夫之：《船山全书》第10册，岳麓书社2011年版，第714—715页。

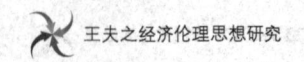

正常的消费行为提供了理论支持。

在比较俭奢失中的危害性时,他说,"奢、俭俱失中,而奢之害大"①。这句话意味着,在一般意义上,主张适当的节俭和适当的奢华,但当奢与俭都失范时,失范之奢比失范之俭危害更大,那么理由是什么呢?王夫之是这样解释的:

> 今夫人之欲奢也,但以侈一时之观美,则不期乎僭逾而犯分也。然苟欲奢焉,则理所不可,而可以美观。亦无不可为焉,将灭上下之等威而不孙矣。若夫人之尚俭者,但以惜物力之可继,初不期为执己而拒物也。然但俭焉,则虽情所必通,而有所甚惜,亦不暇顾焉,将专一己之私而固执矣。夫奢者自以为能通乎情,俭者自以为不逾乎理,其自以为得者,皆不足论。乃即其弊而思之:不孙则干名犯分,而人道之大经以乱;固虽于物而无能达情,而不至为大分大伦之害。则与其不孙也,无宁固乎!不孙宁固,则与其奢也无宁俭也,明矣。②

过于节俭与过于奢侈都不是达德,奢者往往挥霍浪费以图一时感官之乐,这还不是奢侈之害,奢侈的罪恶之大就在于"灭上下之等威",触犯封建等级制度将威胁到封建统治,且常常会超越名分而干出伤天害理之事,违背人道之大经,属于"大不正",危害甚大。这体现了王夫之仍然维护传统封建等级制度的守旧思想。崇尚节俭的人只是珍惜物力,并不是想要把物占为己有,满足一己之私欲;但过于节俭的人则是过分惜财,并视财物为满足一己之私的工具。因此,两者对人本身以及社会来说都是不明智的,各有自己的偏弊之处。但是

---

① (明)王夫之:《船山全书》第7册,岳麓书社2011年版,第521页。
② 同上书,第522页。

相比较而言，节俭虽有过分惜财之嫌，然而对于大分大伦却是没有什么伤害的，因而"君子之所甚恶者在奢而不在俭"①。

王夫之进一步指出，君子与小人的节俭也是不同的，君子节俭是因为不喜欢奢侈，也不想过奢侈放纵的生活；而小人节俭的目的是为了能过上奢侈的生活，却苦于没有条件，所以就通过储藏财物的方式来满足自己的"贪欲"。他说：

> 所贵乎俭者，无侈心也。业已有侈心，而姑从而啬之，非人之甚细者不能。故君子之俭，恶奢而不欲也；小人之俭，欲奢而不果也。今我不乐，日月其除，悼不能奢而悲之以死也。然而，姑从而啬之，为利吝而已矣。为利吝而悲之以死，则将苟可以死易利而蔑不为。②

这里主要是分析了俭奢与人之德性的内在联系，有德性的人能收放自如地把握俭奢之尺度，反之则不然。"奢者因之以侈其嗜欲，吝者因之以卑其志趣。"③ 奢侈的人是为了满足自己的耳目之欲，而吝啬的人则往往因为自己没有高雅的志趣，而做了财物的奴隶。其实，在王夫之分析俭奢与人之心性之内在关联的时候，他已经从理论上触及了消费的异化现象，即人的异化与物的异化。而王夫之这种理论上的审视诱发于明末清初社会士大夫阶层的消费实践。在明朝中后期，人们通过消费财物的种类及数量来彰显自己的社会地位，通过极力积聚财富的方式来满足自己的贪欲。正如马克思所言，消费对人来说不过是满足他的需要即维持肉体生存的需要的手段，是满足他的需要即维

---

① （明）王夫之：《船山全书》第7册，岳麓书社2011年版，第522页。
② （明）王夫之：《船山全书》第3册，岳麓书社2011年版，第364页。
③ （明）王夫之：《船山全书》第10册，岳麓书社2011年版，第76页。

持肉体生存。异化了的消费主要是通过吝啬和奢侈体现出来，无论吝啬或奢侈，均不仅仅为了满足肉体的需要，更为了满足一种"贪欲""贪念"，消费对人来说不是一件快乐幸福的事情。对吝啬者来说，每一次消费意味着痛苦。对于奢侈者来说，过度的消费也必将给身心带来痛苦。这就是典型的消费异化现象。王夫之的这种剖析是十分到位的，直到今天仍给我们启示。

二 "俭奢有度"的消费理念之构建

王夫之在批判地继承传统儒家崇俭斥奢的基本消费理念的基础上，对自己所处时代人们的消费行为提出了新的消费理念，把传统的崇俭斥奢观念改造成为"俭奢有度"的消费伦理理念。主张节俭但反对吝啬、守财，以避免"金死于藏，粟腐于庾"，提倡适当合理消费，但又反对铺张浪费。他认为，只有坚持这样的消费伦理价值导向，才有利于社会经济的发展。在对俭与奢的辩证分析中，充满着民生主义的因素，充分显现了具有近代启蒙色彩的一面。

那么，"俭奢有度"之消费理念的构建依据是什么呢？

第一，从其建构的"形上层面"来看，理欲合性的人性论必然导致俭奢有度的消费实践论。"俭奢有度"的消费理念是王夫之辩证理欲观之发用，是理欲观在消费领域的运用。消费伦理理论建构的逻辑起点，即你是如何认识人性中的理与欲的，便会形成怎样的消费观念。在中国传统伦理思想中，有一种把理与欲对立起来的倾向，直至宋明理学，终于把理与欲绝对地对立起来，甚至提出了"存天理，灭人欲"的极端口号。对此，王夫之从学理上对宋明理学的禁欲论进行了彻底的清算，并在审视社会经济发展和政治现实的基础上，在一个更为广阔的问题域内，把理欲理论推向一个历史

第六章 王夫之"俭奢有度"的消费伦理思想

发展的新高度,即继承了不违天理的人文传统,但肯定自然人欲存在之合理性。在王夫之看来,正常消费是满足人的物质需要、维持人的肉体生存的基本物质前提。消费既然是维持人的肉体生存的基本物质前提,因此要主张消费。但也不宜过度消费,对消费行为要进行适度的节制,而这个节制的规范即天理或者社会的道德规范。自然,这个道德规范是有阶层等级之分的。王夫之遵循孔孟思想,同样反对在消费行为上出现僭越身份、地位、阶级的不合理现象。所谓俭奢有度,即俭奢均不违礼。王夫之这个观念的合理性,在于他看到了人欲的合理性存在,主张适当消费,不仅能满足人的基本需求,同时适当消费,还能促进社会经济的良性发展;但其阶级局限性也体现得很明显,他仍然试图在消费领域维护封建等级制度的稳定。

第二,从"社会实践"层面上讲,俭奢有度的社会便是良性稳定发展的社会;反之,俭奢失中则会酿成恶果。以"三代"为例:

> 三代之治,其详不可闻矣。观于聘、燕之礼,其用财也,如此其费而不吝;饮、射、烝、蜡之制,其游民也,如此其裕而不烦。天子无狗马、声色、玩好之耽,而不以宵旦不遑者督其臣民;长吏无因公科敛、取货鬻狱之恶,而不以寝处不宁者督其兆庶。故皇华以劳文吏,四牡以绥武臣,杕杜以慰戍卒,卷阿以答燕游,东山咏结缡之欢,芣苢喜春游之乐,皆圣王敬以承天而下宜乎人者。其弛也,正天子之张于密勿以善调其节者也。①

三代统治呈现一片祥和景象的主要原因之一,就是人们的日常消

---

① (明)王夫之:《船山全书》第11册,岳麓书社2011年版,第94页。

费"费而不吝""裕而不烦"。统治者以身作则，不贪图声色犬马之享受，老百姓自然仿效也不贪图奢侈；各级官吏不损公肥私、中饱私囊，因而百姓也安居乐业。这段话有一层意思是说，统治者要以身示范，做好百姓的表率；另一层也包含了统治者的消费要做到既不吝啬也不铺张，这样可以带来国家社会的繁荣发展局面之意。事实上，一个社会无论是倡导过度节俭即吝啬，还是倡导铺张浪费即奢侈，都将带来无穷的恶果。在王夫之看来，不仅理论上如此，这也是被历史不幸地证明了的事实。前面讲过，王夫之认为，相对于每个普通民众来说，奢侈比吝啬更为可恶，但他又认为是相对于当政者个人来说，吝啬比奢侈更为祸害百姓，为什么这么说呢？因为一个国家的国君根本不需要担心会出现财富不足的问题。就整个国家来说，财富总是足够供一个国家及国民运转的，"天之时、地之泽、人之力，以给天下之用者，自沛然而有余。乃患贫而愈窘于用，则崔浩之言审矣"。① 因此，如果哪个国家出现了贫穷状态，那必然是统治者的贪暴造成的，而统治者的贪暴又必然是大臣们的"错误引导"所致，"国之贫，皆贫国之臣使之然也"。② 王夫之认为，导致国家贫穷的奸臣有二种：导之以侈和诱之于吝。

> 贫国之臣有二：一则导君以侈者，其奸易知也；一则诱君于吝者，其奸难测也。诱君以吝者，使其君以贫告臣民，而使为我吝，君一惑之，则日发不足之欢，言之熟而遂生于心，必不以帑藏之实使其臣知之。君匿于上，奸人乃匿于下，交相匿而上不敢下之奸，浸淫日月，出入委昏，且使其君并不知有余不足之实。

---

① （明）王夫之：《船山全书》第10册，岳麓书社2011年版，第558页。
② 同上。

猝有大兵大役饷赏赐之急需，皆见为不足而吝于出纳，而国事不可言矣。①

在王夫之看来，"诱君于吝"比"导君以侈"更为可怕和邪恶。因为引导君主吝啬财物，并告诉自己的臣民国家很贫穷，这样就是使君主不敢把自己实际拥有的财物告诉自己的大臣而"匿于上"，大臣们自然也会如此仿效而"匿于下"，这样君主与大臣交相匿藏，但最终君主敌不过奸臣之奸，到最后连自己的国家实际的财力都无法知晓。这样有三种恶果：其一，一旦遇到"大兵大役馈饷赏赐之急需"，则大臣们都以贫穷为借口而不愿意为国出资，这样，国家就没有办法稳定运转了，混乱必然而至。这是吝啬导致上下交相匿，而国事不可言的局面。其二，统治者吝啬则必然贪婪，从而利用手中的权力暴敛百姓财富，这些财富自然不会被用来发展生产，而是将之"置之无用之窖藏"，百姓的正常物质生活条件无法获得满足，社会矛盾必然激化，以致广大人民因为生活不下去而揭竿而起。其三，统治者对外宣称节俭，倡导百姓生活极度节俭甚至吝啬，可实际上自己却穷奢极欲，挥霍无度，内申韩外儒术的消费两面观更是祸国殃民。因此，针对宋朝统治者守财奴式的财政吝陋，王夫之提出了要"资于民"而"还用于其地"的思想。他说"夫官资于民，还用于其地，则犹然民之得也"。②

那么，何谓"俭奢适度"？这个"度"到底是什么呢？王夫之认同儒家以礼为评判俭奢与否的标准，僭越了礼的等级而消费则视为大逆不道的行为。他说，"先王重用民财，而重用之于礼"③。比如，在

---

① （明）王夫之：《船山全书》第10册，岳麓书社2011年版，第558页。
② （明）王夫之：《船山全书》第11册，岳麓书社2011年版，第96页。
③ （明）王夫之：《船山全书》第10册，岳麓书社2011年版，第303页。

婚葬之事上，他说"家贫而厚葬，非礼也"。[1] 王夫之一贯反对嫁娶丧葬之事节俭从简，原因是婚葬是人一生的大事。但是，如果家境贫寒却又实行厚葬，则是"非礼"，应该受到道德谴责。"喻贤者以俯就，使无以不备物为哀而伤其生也"。[2] 由此可见，王夫之所谓的"礼"的标准已经不同于传统孔孟的标准，他主张的"礼"标准，主要是指不损害"活人的生活质量"，即"以纾生人之急"。把个体的生存利益放到首位，从个体消费能力的角度来制定消费之"礼"，这是近代人文主义关怀的突出表现。从统治者角度说，"惜财而不轻费，亲戚贵宠未尝横有所及，其赏赐勋绩死事之臣则无所吝，用财之道，尽于此矣"[3]。统治者什么时候应该节俭，什么时候应该大度呢？王夫之从国家存在与发展的高度出发，认为日常开销必须节俭，而赏赐勋绩死事之臣则要舍得而无所吝啬，这才是极致的用财之道。天之时、地之泽、人之力，以给天下之用者，自沛然而有余，所以也不必担心财物供给不足的情况出现。当然，这种自足的自然观念是狭隘的，他没有预设人口的增长与自然资源之间可能形成的巨大张力。

第二节 "财聚"与"财散"：国家消费伦理维度

王夫之除了从个体消费角度（百姓和统治者两个层面）论述了消费的基本理念之外，更是从"国家消费"层面论述了应该遵守的基本

---

[1] （明）王夫之：《船山全书》第10册，岳麓书社2011年版，第303页。
[2] 同上。
[3] 同上书，第558页。

伦理规范。所谓"国家消费",主要是指国家的财政收入与开支方面,则是指以节俭的名义来积累财富,置之于"无用之地","聚者,既不使之在民,又不使之给用,积之于一帑,而以有用者为无用也"①;"散",则是指通过财政开支的方式,使财富用得其所,用之于民。在谈到国家消费理念时,王夫之强调要做到"聚散合理"。下面分三个小节予以论述。

一 "财聚则民散":聚财的伦理之恶

从国家层面讲,王夫之反对国家把老百姓的财富聚敛于上、置之无用,认为财富就应该用在该用的地方,由百姓自己掌控和使用自己的财富,并对国家聚敛财富的危害进行了伦理批判。

王夫之批判"聚财"之行为为"大患"。"患"在何处呢?财聚,则国亡。

> 夫财之所大患者,聚耳。天子聚之于上,百官聚之于下,豪民聚之于野。聚之之实,敛人有用之金粟,置之无用之窖藏。聚之之心,物处于有余而恒见其不足。聚之之弊,犟之以入者不知止,而窃之以出者无所稽。聚之之变,以吝啬激其子孙,而使席丰盈以益为奢侈。聚之之法,掊克之金人日进其术,而蹈刑之穷民日极于死。于是而八口无宿舂,而民多捐瘠;馈饩无趋事,而国必危亡。然且曰:"君臣上下如此其俭以勤,而犹无可如何也。"呜呼!劳形怵心以使金死于藏,粟腐于庾,与耳目口体争铢两以怨咨。操是心也,其足以为民上,而使其赤子自得于高天

---

① (明)王夫之:《船山全书》第 10 册,岳麓书社 2011 年版,第 1013 页。

广野之中乎？①

王夫之从"聚之实""聚之心""聚之弊""聚之变""聚之法"五个层面详细地剖析了"聚财"行为的实质。从"聚之实"层面讲，聚财实质上就是把有用的物质财富堆积起来，使之无用、闲置，从这个意义上理解，很显然，聚财是违背"天道"的，即违背自然规律；从"聚之心"层面上讲，为什么会无端生出"聚财之心"呢？是因为总看不见"物有余"的时候，只看见物不足的一面，总认为物质财富是短缺的；从"聚之弊"层面讲，敛财时不知止，贪得无厌，导致一旦财富被窃走却无从查证；从"聚之变"层面讲，以"吝啬"这样错误的观点教育子孙，结果却因为财物丰盈反使之生侈靡之心；从"聚之法"层面讲，搜刮钱财的小人聚财的本领越来越高，可那些遵纪守法的穷民却濒临死亡境地。国家极尽聚敛之能事则必然使百姓无可度日之食，亦无多余之粮食上交，那么国家则必然面临灾难。从此段论述可以看出，王夫之鲜明反对国家过度聚财。聚财之心、之法、之实都说明了聚财招怨、官逼民反的道理。

又说：

积财可以养士，而士非待余财以养也。谢玄用北府兵以收淮北，刘宋资之以兴；郭子仪用朔方兵以挫禄山，肃宗资之以振。岂有素积以贸死士哉？非但拔起之英，徒手号召，百战而得天下也。盖兵者，用其一旦之气也，用其相习而不骇为非常之情也，用其进而利、坐而不足以享之势也。恃财积而求士以养之，在上者，奋怒之情已奄久而不相为继；在下者，农安于亩，工安于

---

① （明）王夫之：《船山全书》第11册，岳麓书社2011年版，第95页。

第六章 王夫之"俭奢有度"的消费伦理思想

肆,商安于旅;强智之士,亦既清心趋于儒素之为;在伍者,既久以虚名食薄糈,而苦于役;应募者,又皆市井慵惰之夫,无所归而寄命以糊口。国家畜积丰盈,人思猎得,片言之合,一技之长,饰智勇以前,而坐邀温饱,目睨朝廷,如委弃之余食,唯所舐龁,而谁忧其匮?一日之功未奏,则一日之坐食有名,稍不给而溃败相寻以起,夫安所得士而养之哉?锱铢敛之,日崩月坼以尽之,以是图功,贻败而已矣。①

这是论述朝廷并不需要积累太多的财富,一是会导致统治者的子孙恃财骄奢淫逸;二是导致民众丧失斗志,安于现状;三是导致国家畜积丰盈,人人想尽奸计而掠取之,一切灾害皆为财之累也。所以王夫之又说:"聚钱布金银于上者,其民贫,其国危,聚五谷于上者,其民死,其国速亡。"② 意思是说统治者聚敛金银,则百姓会陷入贫困,国家会陷入危险,统治者聚敛粮食,则百姓会面临生存危机,国家离灭亡也就不远了。

王夫之进一步论述敛财聚财之祸害:

吾之积之,将以有为也,而后之人不能知吾之所为,而但守吾之所积,以为祖德。其席丰而奢汰者勿论矣;驯谨之主,以守藏为成宪,尘封苔蔽,数无可稽,犹责填入者无已。奸人乘之,窃归私室,而不见其虚。变乱猝生,犹将死护其藏,曾不敢损其有余以救祸。迨其亡,徒赠寇仇,未有能藉一钱之用,以收人心而拯危败者。财之累,于斯酷矣!岂非教积者之作法于凉哉?③

---

① (明)王夫之:《船山全书》第11册,岳麓书社2011年版,第41—42页。
② (明)王夫之:《船山全书》第10册,岳麓书社2011年版,第726页。
③ (明)王夫之:《船山全书》第11册,岳麓书社2011年版,第42页。

或许首先积聚财富者，本来是为了将来用作某个用途，但后代却不知道祖先的原本意图，也跟着节俭积蓄以为祖德，以致积聚的财富众多无法计算；"奸人"就会有机可乘，据为己有，且无人知晓；以至于国家变乱仍死守聚财，不肯拿出来"救难"，等到国破家亡，却白白地把积聚的财富送给寇贼。

因此，王夫之称"聚财强国"为"流俗之恶"。"夫神宗之误，在急以贫为虑，而不知患不在贫，故以召安石聚敛之谋，而敝天下。然而无容怪也，凡流俗之说，言强国者，皆不出于聚财之计"。① 宋神宗的错误就在于他以为国家的困境就是因为贫穷，所以急于请王安石变法敛财，导致宋朝摇摇欲坠。

财聚，则"民散"。什么是民散呢？王夫之将"民散"解释为两种：其一，把"民散"解释为"老百姓离开原来的国家"。"民散云者，诗所谓'逝将去女，适彼乐土'者也"。② 对于这一点，王夫之认为倒没什么担忧的，因为实行郡县制之后，国家统一了，老百姓只有死或者叛乱，没有"散"一说，因为百姓也没有别的地方去。其二，把"民散"解释为"民心"散，即对君主和朝廷没有认同感和归属感了，这是最为可怕的。王夫之认为，财聚则民散即财聚则民心涣散。所谓"聚"，就是指统治者把社会财富聚集于上，不让老百姓手中有多余的可支配的财富，同时积聚的财富又不让它发挥应有的物用，财富积聚于中央，则会"废万事之用而任天下之危"，并会使君王及其子孙养成骄奢淫逸的习惯，为天下人所诟病。招致民怨。他以宋真宗和宋神宗为例，

---

① （明）王夫之：《船山全书》第 11 册，岳麓书社 2011 年版，第 158 页。
② （明）王夫之：《船山全书》第 6 册，岳麓书社 2011 年版，第 444 页。

第六章 王夫之"俭奢有度"的消费伦理思想

积财既广，既启真宗骄侈之心以奉鬼神，抑使神宗君臣效之以箕敛天下，而召怨以致败亡，则财之累也。①

宋真宗、宋神宗现代君臣敛财天下，骄奢淫逸，最后招致百姓怨恨而亡。"是故上唯内末而聚财，敛之于民而积之于上，财聚于上以空于下，则民无以生而叛散必矣。"②。"民财竭，民心解"③，老百姓没有财富，则民心即散，"夺民之财，其以乱天下也无疑"。④因此，国家最忌讳的就是"畜聚敛"。就是一个普通百姓，拼尽全力积蓄财富，把粮食囤积起来任其腐烂，则必然殃及自身，把金银藏在土里，则必然损毁土质，则会断子绝孙。因此，如果国家把有用的财富积聚起来搁置起来，会招致天下人怨恨，连上天都会愤怒，何况天下百姓。

王夫之也从个人生存、社会生产以及个人与国家命运三个角度论证个人消费中存在的极为节俭的聚财行为之危害。首先，从个体生命的生存角度看，人只有满足正常的消费需要，才能补充继续正常工作的能量，否则就会危及个体生命的持续。其次，要使社会生产能够得到可持续的发展，就必须刺激正常的民众消费，没有消费就没有生产的动力，这一点已经触及了市场经济中生产与消费之间的辩证关系。最后，民众以至各级官员都奉行节俭聚财的消费原则，那么就会使社会以及君臣之间在各自的财富信息方面互相欺骗，导致君臣各自暗怀鬼胎，私敛财富，在国家危难之时也不愿意把钱财用于救济国难，明朝崇祯皇帝就是典型。

---

① （明）王夫之：《船山全书》第 11 册，岳麓书社 2011 年版，第 41 页。
② （明）王夫之：《船山全书》第 7 册，岳麓书社 2011 年版，第 91 页。
③ （明）王夫之：《船山全书》第 10 册，岳麓书社 2011 年版，第 1133 页。
④ 同上书，第 1158 页。

这里值得我们关注的是,王夫之强烈反对"积聚财富",主要是因为积聚财富容易导致"民散""国乱""奸贼倭寇众生",虽然是从维护封建统治的立场出发,但潜在地为刺激消费,促进资本主义经济发展从理论上扫清了障碍。

二 "财散则民聚":散财的伦理之善

既然财聚则民散,那么如何处理国家财富呢?王夫之认为,应该"散财",才能获得民心,保国家之安平。

什么是"散财"?

> 故曰"财散则民聚"。散者,非但百姓之各有之也,抑使郡邑之各有之也。"财聚则民散"。……散则以天下之财供天下之用,聚则废万事之用而任天下之危。贪吝之说,一中于君相之心,委生人之大计,为腐草块石以侈富,传及子孙,而骄淫奢溢,为天下僇,不亦伤乎!故有家者,恶其察鸡豚也;有国者,恶其畜聚敛也。庶人尽力以畜财,囷粟而朽蠹之,则殃必及身;窖金而土坏之,则子孙必绝。以有用为无用,人怨之府,天之所怒也,况有天下者乎?[①]

所谓"散",就是指让每个老百姓有私人财富可以支配,也使各个地方政府有自己的财政可以掌控,即不让财富积于中央而委于无用。"财散",国家就能凝聚民心,故曰"民聚"。把百姓的劳动成果分配给百姓使用,则会使百姓信服政府、服从政府,忠诚于政府。而且他认为,倘若国家凭借权力垄断财富,便会引起争夺。

---

① (明)王夫之:《船山全书》第10册,岳麓书社2011年版,第1013页。

第六章 王夫之"俭奢有度"的消费伦理思想

王夫之对"散财"的实质还有一种解释就是"取之于民,用之于民"。

> 夫官资于民,而还用之于其地,则犹然民之得也。贡税之入,既以豢兵而卫民,敬祀而佑民,养贤而劝民;余于此者,为酒醴豆赐之需,而用之于燕游,皆田牧市井之民还得之也。通而计之,其纳其出,总不出于其域,有费之名,而未尝不惠。较之囊括于无用之地者,利病奚若邪?子曰:"奢则不孙。"恶其不孙,非恶其不啬也。传曰:"俭,德之共也。"俭以恭己,非俭以守财也。不节不宣,侈多藏以取利,不俭莫大于是。而又穷日殚夕、汲汲于簿书期会,以毛举纤微之功过,使人重足以立,而自诧曰勤。①

国家财富都是百姓通过贡税的方式缴纳上来,国家将之用作祭祀,是为了乞求上苍佑民;将之用作豢养军队,是为了保卫国家人民;将之用作供养圣贤的花费,是为了使民有教。总而言之,都是"取之于民",而"用之于民"。如果将国家财富视为一己之物,而试图将之窖藏起来,使之无用,则是最大的错误。

由此可见,王夫之主张国家正确的财政开支或者财富消费,应该是将财富大胆地用之于民,即敢于"散财"。王夫之认为,从宏观的国家层面看,国家根本不会缺少财富。这个思想也是荀子曾经在国民财富的多寡方面表达过的乐观主义思想(详见本书第266页第五章《荀子·富国篇》引文)。

荀子批判墨子"节用"的思想,认为自然界自然会物产丰饶,根

---

① (明)王夫之:《船山全书》第11册,岳麓书社2011年版,第96页。

本不需要人为"节俭"。但值得注意的是，荀子在这里提到一个前提："人善治之"，即物产丰饶的前提是人要能够善于管理或者治理这些财富。那么，如何治才是善治？荀子并没有细说。王夫之则比较翔实地论述了"善治"的途径，即合理聚散财富，使之用于有用之途。整体上而言，王夫之"认为食淡衣粗而从事积金困粟的节约储蓄行为是流俗之恶"。①

事实上，王夫之反对的不是积蓄，而是过度积蓄；他反对过度积蓄，是为了践行俭奢有度的消费观念。无论是从个人消费角度，还是从国家消费角度，俭奢有度始终是一个应该坚持的正确消费理念。从经济学角度看，这种消费理念具有极大的进步意义。因此，在消费实践中，无论是国家还是个人都应该秉承俭奢有度的基本理念，根据社会实际的经济现状，做到合理消费。只有这样，个人的生存才有价值，社会生产才能顺利持续进行，个人与国家才能共度危难，民心才会恒定，社会才能稳定，国家才能富强。

三 财聚财散，张弛有道

王夫之认为国家层面的财富积聚应该遵循张弛有道的原则，主要从以下两个方面论述。

第一，王夫之认为，国家没有必要一味地积聚财富，而置之"窖藏"。

> 天下之财，自足以应天下之用，缓不见其有余，迫不见其不足。此有故存焉：财盈，则人之望之也奢；财诎，则人之谅之也定。见有余者，常畏其尽；见不足者，自别为图。利在我，则我

---

① 胡寄窗：《中国经济思想史》（下），上海人民出版社1981年版，第491—492页。

有所恋，而敌有所贪；利不在我，则求利于敌，而敌无所觊。向令宋祖乘立国之初，兵狃于战而幸于获，能捐疑忌，委腹心于虎臣，以致死于契丹，燕云可图也。不此之务，而窃窃然积金帛于帑，散战士于郊，曰："吾以待财之充盈，而后求猛士，以收百年已冷之疆土。"不亦迷乎！翁妪之智，畜金帛以与子，而使讼于其邻，为达者笑。奈何创业垂统思大有为者，而是之学也！①

这段话是进一步论述统治者无须积攒过多的财富，因为天下之财自能应天下之用，利不在我，则会向敌人讨利，那么敌人就不会觊觎我的国土；如果利在我，则我会贪念财富，敌人也会如此。当然，这段话有局限性：如何才是积累财富的限度？人人都做到利不在我而去求利于敌，使敌无所觊，合理性何在？仅仅为了让敌人不觊觎我而让利于敌？或者说，利在敌时，敌就一定不会觊觎我吗？这些论断缺乏合理的根据。

第二，财散，也要做到张弛有道，而不是一味散财。那么这个"道"是什么？

> 任之以其道也，兴之以其贤也，驭之以其礼也，黜之陟之以其行也。而赋税、狱讼、工役之属，无冗员，无兼任，择其人而任之以专。择吏治之请，岂犹有虑，而必芟之夷之，若芒刺在体之必不能容邪？乃若无道之世，吝于俸而裁官以擅利，举天下之大，不能养千百有司。而金蚀于府，帛腐于笥，粟朽于窌，以多藏而厚亡。天所不佑，人所必雠，岂徒不足以君天下哉？君子所弗屑论已。②

---

① （明）王夫之：《船山全书》第11册，岳麓书社2011年版，第42页。
② 同上书，第40页。

政府各项开支包括政府官职的设定，官员的薪酬数量等都要遵循一定的"道""礼"。根据需要设定，不能为了吝啬"钱财"而任意裁官以获取利益，使得钱财置于无用之地；但也不能肆意增加国家不必要的开支，要做到"无冗员""无兼任"，做到"任之以专"。国家的财政开支即国家的消费选择，需要遵循一定的原则和标准，这个原则和标准即是"礼""道"。当然，王夫之在这里并未明确指出这个"礼"与"道"到底是什么，而只是指出"有道""有礼"的思想，但在后面的相关论述中，他提出了一个"絜矩之道"的概念，可以作为为消费之道、之礼的合理根据。

第三节 "絜矩之道"：通向"适度消费"之路

王夫之从个人和国家消费角度，提出了俭奢适度的消费伦理理念，主张以"礼"为俭与奢、聚与散的分界线，消费要讲究礼节，不能僭越；又从俭与奢内在的价值取向，剖析了俭之善德与奢之恶德，使节俭与奢侈两个本来模糊不清的概念顿时明白清晰。事实上，凡事均要讲究"明礼制分"，这是传统儒家以及程朱理学共同的要求。但不同之处在于，王夫之没有把"礼"或者"道"作为约束人的行为的消极外在工具，而是明确指出礼乃出自人性之仁。

《易》曰："显诸仁，藏诸用。"缘仁制礼，则仁体也，礼用也；仁以行礼，则礼体也，仁用也。体用之错行而仁义之互藏，其宅固矣。人之所以异于禽兽，仁而已矣；中国之所以异于夷狄，仁而已矣；君子之所以异于小人，仁而已矣。而禽狄之微明，小人之夜气，仁未尝不存焉；唯其无礼也，故虽有藏焉者而不能显，虽有显焉者而无所藏，故子曰："复礼为仁。"大哉礼乎！天道之所藏而人道之所显也。①

由此可见，王夫之主张的"礼"，是以"仁"为体，以"礼"为用。根据人性之仁制定实践之"礼"，这样"礼"就成了人性内在的一部分，是目的，而不是单纯压制、约束人的工具性东西。

那么，如何能制定出符合"仁体"的"礼"呢？王夫之提出了一个著名的命题："絜矩之道"。絜矩之道作为制礼的基本法则，突出了对人性的深厚关怀，从而使之与传统儒家的"制礼明分"的理念具有了明显的差异性。在关于消费的俭奢有度、聚散有道的问题上，王夫之的逻辑进路是：俭奢有度、聚散有道—以礼为标准—以絜矩之道制礼。由此可见，王夫之要制定消费中符合仁义的礼的标准，不是纯粹的政治规范，更多的是突出人文关怀。本节我们需要了解，王夫之构建普遍化的符合人性的消费伦理标准"礼"的准则是什么？"絜矩之道"的具体内容是什么？该原则得以构建的理论根据为何？

一 "絜矩之道"的内涵

做任何事情都要按照一定的规矩，正所谓无规矩不成方圆，消费活动也是如此。消费不仅体现为个体的行为，也体现为一个国家的行为，人们应该按照什么标准消费，统治者应该怎么消费，又应该允许人民怎么消费，等等。就这些问题，王夫之试图构建一个具有普遍化的消费准则，以使社会各阶层能够和谐相处，不产生矛盾。那么这个准则是什么呢？王夫之提出了一个超越于前人的概念"絜矩之道"，

---

① （明）王夫之：《船山全书》第4册，岳麓书社2011年版，第9页。

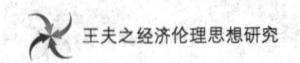

他把"絜矩之道"视为衡量俭奢与聚散是否失中的基本准则。

那么什么是"絜矩（音 xié jǔ）之道"呢？"絜，度也。矩，所以为方也。"① 絜是个动词，度量的意思；矩是个名词，即标准的意思。

夫所谓絜矩之道者何也？物之有上下四旁，而欲使之均齐方正，则工以矩絜之。君子之应天下，亦有然者。有位吾上者，无礼于我，我所恶也，则以此絜之，知在下者之不必欲也，毋以使下，而临之必以礼焉。有位吾下者，不忠于我，我所恶也，则以此絜之，知在吾上者之必不欲也，毋以事上，而奉之必以忠焉。乘时而在吾前者，贻不善以待我，我所恶也，则以此絜之，知继吾后者之必然，而毋留不足以倡先之焉。继起而在吾后者，操异志以毁我，我所恶也，则以此絜之，知居吾前者之必然，而毋矫前为以率从之焉。与我并列，势较便而在吾右者，夺我以自为，我所恶也，则以此絜之。而知吾之交于左毋若此，而左得以行其志焉。位稍逊而在吾左者，持我之所为，我所恶也，则以此絜之，而知吾之交于右若此，而右得以尽其能焉。夫上下异分，事使异道，前后异时，先后异用，左右异职，所交异宜，而以此谐彼，则理有必同，而所以谐之者唯此一心，谐之一国而矩在焉，谐之天下而矩在焉，以治以平，夫岂有不相因而并得平？然则能谐与不能谐，岂非人情得失之枢乎？②

王夫之认为，君子治理天下就应该用一个尺子来规范天下事物，使事物均齐方正。那么这个尺子如何来确定呢？比如，有地位比我高

---

① （明）王夫之：《船山全书》第 7 册，岳麓书社 2011 年版，第 80 页。
② 王夫之：《船山全书》第 7 册，岳麓书社 2011 年版，第 88—89 页。

的人对我无礼,我很痛恨,那么这个时候,"君子必当因其所同,推以度物"①,以自己痛恨的为标尺,推己度物则知道比自己地位低的人也必然不喜欢被无礼对待,因此就也不会对地位低于自己的人无礼;有地位比自己低的人,对我不忠诚,我很痛恨这种人,那么,以人同此心,心同此理,以此为"矩"则知道地位比我高的人也不喜欢被我背叛,因此,也不背叛地位比我高的人。王夫之强调"以此絜彼,则理有必同,而所谓絜之者唯此一心,絜之一国而矩在焉,絜之天下而矩在焉"②。这其实就是传统儒家所倡导的"恕道",即"己所不欲勿施于人",概括起来说即"所恶于上,毋以使下;所恶于下,毋以事上;所恶于前,毋以先后;所恶于后,毋以从前;所恶于右,毋以交于左;所恶于左,毋以交于右。此之谓絜矩之道"③。

由此可见,絜矩之道是一种均衡事物的方式,其目的是要使事物"均齐方正",不偏不倚,为此就需要制定一个规矩或者称之为标尺作为规范,所有事物都以这个规矩或规范作为标准来限制规模。实质的意思就是,任何事物都要有一个标准,不能没有标准,也不可以针对不同的人设置不同的标准。④ 可见,王夫之的絜矩之道里面包含着对公平与公正的价值诉求。所谓"絜矩之道",是指"与民同好恶,而不专其利"。⑤ 在社会政治、经济治理中,坚持絜矩之道,就会"亲

---

① 王夫之:《船山全书》第 7 册,岳麓书社 2011 年版,第 80 页。
② (明)王夫之:《船山全书》第 7 册,岳麓书社 2011 年版,第 89 页。
③ 同上书,第 80 页。
④ 根据嵇文甫先生的解释:"他教人'合上下前后左右'各方的'欲'立出一个'矩'来,以'整齐其好恶而平施之'。他并不迁就逢迎每个私人的'欲',而只注意一个大公至正的'矩',而这个'矩',却又是由斟酌调剂各方的'欲'而来的。他这种絜矩论并不像后来戴东原所讲的'以情絜情',乃纯用一种理智态度,而归宿于格物致知。把'以情絜情'的恕道和'絜矩'明显分开,这一点似乎比东原剖析得更精。"(《船山全书》第16 册,第 1012—1013 页)
⑤ (明)王夫之:《船山全书》第 7 册,岳麓书社 2011 年版,第 98 页。

贤乐利，各得其所，而天下平矣"①。

在有着森严等级制度的封建社会大环境中，这样的价值诉求，不能不说，是中国有良知的知识分子在黑暗中给予广大民众的一点曙光，给予人类的一点曙光，充分展现了王夫之思想的近代民主意识。

二 "絜矩之道"的根据

王夫之提出的"絜矩之道"具有两重性，一是公平性，二是经常性。

就"公平性"而言，就要分析王夫之的"立矩"源头。那么何以为"矩"？或者说"絜矩之道"之"矩"源自哪里呢？王夫之在这里两个说法：一个解释是，认为"矩"源自"人心"，强调以己之心去度人之心。"其理同者，人心之顺逆、天理之存亡同也。……于是而知理有同然而可通，心有同然而必感也。"② 他从德性主义的视角出发，认为人同此心，心同此理，主张以己之好恶去度人之好恶，那么"己之好恶"便是"矩"。"而所谓絜之者唯此一心"；但王夫之又强调不能仅仅局限于一己之私，必须做到"以人之好恶为好恶，而己无私焉……以己之好恶忘人之好恶，而不能公焉，则菑且及身"。③ 由此可见，己之好恶有公私之别，只有己之好恶同于人之好恶时，己之好恶才是公，才可以作为"矩"，即"絜矩同民之好恶"。在论述"矩道"之根源时，王夫之仍然传承传统儒学的抽象的人性说，认为"心同理同"。另外一个解释是，认为"矩"源自"民心"，强调以"民心之好恶为好恶"，以"人之心"去约束"己之心"，"絜矩而以民心

---

① （明）王夫之：《船山全书》第7册，岳麓书社2011年版，第98页。
② 同上书，第87页。
③ 同上书，第95页。

为己心"①，所谓民心即是指民之好恶之情，"民之所好好之，民之所恶恶之"②。但凡是人必有自己的所欲与所不欲，"民有所欲得者焉，有所欲用者焉，皆其好也"。因此君子要"絜之以心，而知其为民之公好，则心亦欣然而为民行之；有欲失者焉，有所欲舍者焉，皆其恶也"，君子要"絜之以心，而知其为民之公恶，则心亦拂然而为民去之。则是民之情喻乎君子，而君子之情唯念夫民"③。老百姓的好恶就是天下之"公好恶"，在做任何决策时，都要以公好恶为标准而不是以个人私好恶为标准，"则所以絜矩而与民同欲者"④，才能得民心，"能絜矩者，能公好恶者也，好恶公，则民情以得"⑤。能做到絜矩，则能够有一个普遍化的公好恶，这样就能得到民众的拥护。而要做到这一点，君子就需要"去其私"，如果"不慎而私意以行，则民情以失"，因为不能去私心，则必然导致"不均不平"，这就违背"民之好恶以行其私"，那么"民皆视之倾危以致快矣"⑥。王夫之从稳定国家统治秩序的角度，提出统治者实行絜矩之道的重要性，"絜矩而民情以亲，不絜矩而民情以叛，民心之离合，而国势之兴亡系焉"⑦。

那么民情又是什么呢？老百姓的所有好恶都能聚于一点，即"维财之聚与散也"⑧。王夫之一针见血地指出人们的好利之心："盖财者人之所同欲，不能絜矩而欲专之，则民亦起而争夺矣"⑨，这样国家就会大乱，甚至灭亡。因此王夫之警告说，"在上者人所仰瞻，不可不

---

① （明）王夫之：《船山全书》第7册，岳麓书社2011年版，第81页。
② 同上。
③ 同上书，第89页。
④ 同上书，第82页。
⑤ 同上书，第89页。
⑥ 同上。
⑦ 同上书，第90页。
⑧ 同上。
⑨ 同上书，第82页。

谨，若不能絜矩，而好恶徇于一己之偏，则身杀国亡，为天下之大戮矣。"① 如果一国之君不能絜矩与民同好恶，却"好人之所恶，恶人之所好"，这是违背人性的表现，违背人性必然会"菑必逮失身"。所以要平定天下，就只有培养自身的德性"正心诚意"，"以慎好恶而达民之情"。②

由以上分析可见，王夫之主张"合上下前后左右"各方之"欲"，以立天下消费之"矩"，注重大公至正的原则制定，反对以某个人的私欲为矩。这个理论与清代戴东原所谓的"以情絜情"之恕道不同，他用一种纯理性的态度把恕道与絜矩明确的区分开来，就这一点上说，王夫之比戴东原的理论更为精致。

就"经常性"而言，就要分析王夫之所谓"大公至正"的实质内容。他把"大公至正"称之为"天理"，并对天理的"经常性"进行了论证，

> 今夫天，彻乎古今而一也，周乎六合而一也，通乎昼夜而一也。其运也密，而无纭然之变也；其化也渐，而无猝然之兴也；穆然以感，而无荧然之发而不可收也。③

这是说明天理的恒常性、渐变性。而民之视听即民之欲也是如此。他说：

> 然则审民之视听，以贞己之从违者，亦准诸此而已矣。一旦之向背，惊之如不及，已而释然其鲜味矣。一方之风尚，趋之如恐后，徙其地而漠然其已忘矣。一事之愉快，传之而争相歆羡，

---

① （明）王夫之：《船山全书》第7册，岳麓书社2011年版，第81页。
② 同上书，第87页。
③ （明）王夫之：《船山全书》第2册，岳麓书社2011年版，第330页。

旋受其害而固不暇谋矣，教之衰，风之替，民之视听如此者甚夥也。①

王夫之指出，旋起旋灭的人欲不能算作天理，只有那些"民无不宜，天无不宁，则推之天下，推之万世而无敝"的人欲才叫天理，故曰"天视听自民视听，民视听自天视听"。② 那么按照"絜矩之道"的公平性和经常性特点，王夫之所立"矩"之根据的合理性，就非常明显了。

三 "理财为同民好恶之大端"：絜矩之道作为消费的伦理准则

絜矩之道的政治原则同样适用于经济生活中的消费实践。王夫之强调首先要根据"恕道"的原则，己所不欲勿施于人，然后要以民欲为天理，对民欲要给予道德上的尊重和保护，这是一种公好恶的思想。公好恶的目的就是要实现好恶的普遍化，以实现个人利益和他人利益、集体利益的和谐共生。由此可见，王夫之始终关注着社会各个阶层的正当需要的满足，认为无论是个人消费还是国家消费都不能以牺牲他人消费为代价。要做到合理消费，这个合理的标准便是"礼"，而"礼"源头并不是传统的按照封建等级建立起来的有尊卑差异性的阶级属性，而是"同心同理"与"民之公好恶"。

可见，关于个人消费中的俭与奢，国家消费中的聚与散的标准并不是一个固定或者僵死的标准，而是随着社会生产的发展、经济的繁荣、物产的丰饶程度而有所变化的；消费是否适度关键是看能不能满足人民合理的生活需要。人民的利益需求始终是衡量俭与奢、聚与散的根本准则，"合而言之，用人理财为同民好恶之大端，而唯好利之

---

① （明）王夫之：《船山全书》第2册，岳麓书社2011年版，第330页。
② 同上书，第331页。

主则用小人，小人既用，而利谋益进。可以见得失在于一心，而大道归于一理。仁义也，忠信也，慎德也，絜矩以同民也，皆人心理之同然，而教自此立，政自此修者也。"①

综上观之，"絜矩之道"准则体现了对个人利益的可贵维护，是为底层人们寻求公平正义的呐喊，体现了王夫之可贵的民本主义意识。但我们也不可过高地估计王夫之的这一思想，因为封建的等级观念仍然使王夫之均平方正的思想走不了多远。也就是说，这个公平正义以及个人利益的维护仍然是局限在高低贵贱之礼的范畴。比如，他说："慰民之情而民之戴者也，其如民也如父母焉，有生之育之之恩，而敬之爱之之不忘矣。"② 由这段话可以看出，在王夫之的思想里，统治者充当的仍是民之父母的角色，统治者实施的"絜矩之道"是对人们的恩赐，人们自然会也应该会感恩戴德，从而拥护君主。这样看来，王夫之所谓的公平正义还是受到等级的限制，与我们今天提倡的公平正义是不能同日而语的。但其能够站到了个人利益的角度思考国家治理问题，这已经是一个很大的进步。

---

① （明）王夫之：《船山全书》第7册，岳麓书社2011年版，第98页。
② 同上书，第89页。

第七章　王夫之经济伦理思想的历史地位及现实启示

王夫之经济伦理思想的有关论述涉及面较为广泛，但是从理论上讲，还远没有形成一个完整的理论体系，有些经济伦理理论在逻辑上不免有前后矛盾甚至相互冲突之处。另外，由于王夫之亲历了国破家亡的惨痛历史，他思考问题时更多是从如何维护封建原有的等级制度以及个体德性修养的层面来谈论经济问题，而较少从经济社会发展的效率角度来探讨，这也使其经济伦理理论在某种程度上缺乏科学性，因而在实践中也相应地缺乏可操作性，仅仅体现为一种理论上的构架。从已有的对王夫之经济理论研究的相关文献资料来看，有关王夫之经济伦理思想的价值评价还是一个争论较多的问题，而这些争论的问题域也恰恰体现了其经济伦理思想的创新性特征，这些创新性特征也是其近代启蒙性质的主要表征，并在学理上开启了近代中国经济伦理思想由道义性向功利性的转型。研究王夫之的经济伦理思想不仅具有重要的学理价值，而且对当前我国社会主义市场经济的伦理精神建设亦具有重要的实践意义。

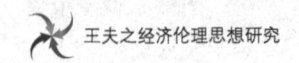

第一节 "六经责我开生面":王夫之经济伦理思想的理论特质

王夫之时代的政权更替、民族矛盾、阶级斗争等问题极其尖锐地、无情地、不容回避地摆在了像王夫之这样具有深刻族类生存意识的知识分子面前。面对这一天崩地解的社会变故,他力图探寻造成这一变故的根源,深刻的矛盾、残酷的现实迫使他必须冷静地对待和分析现实,不容得有丝毫的幻想,这也使得其思想有可能突破封建传统的价值框架,对传统的价值规范作出新的估价。

一 "研几趋时"与"以民为本"的新经济伦理发展观

王夫之把"研几趋时"的哲学思想运用到考察社会经济伦理发展的问题上来,便形成了他具有一定的科学性和进步意义的社会经济伦理发展观。

王夫之的宇宙生成论是建立在实体之"气"基础上的,宇宙生成的过程是有主体参与的随着时间延伸而展开的"神化"过程。"研几"是功夫之最高境界,研几即"存神","其几,气也。其神,理也"。[1] "研几"即审视气之氤氲变化之机,"几者,动之微"。[2] 即气的运动变化之机。

---

[1] (明)王夫之:《船山全书》第12册,岳麓书社2011年版,第434页。
[2] 同上书,第89页。

> 诚斯几,诚几斯神。"诚无为",言无为之有诚;"几善恶",言当于几而审善恶也。无为而诚不息,几动而善恶必审;立于无穷,应于未著,不疾而速,不行而至矣,神也。①

这段话是说,对于主体来讲,"诚"即"通心","诚几"便能达到"存神"状态,通过"诚几""存神"便能审善恶,至于无穷,应于未著。可见,"研几"是圣人思诚、存神的功夫,"几"贯通主客体,并随着时间的往前推移而不断地推陈出新。圣人掌握了"几"之道,则可以运用这样的法则趋时而外王,即可以在政治经济领域有所作为。

> 天地之德不易,而天地之化日新。今日之风雷非昨日之风雷,是以知今日之日月,非昨日之日月也。风同气,雷同声,月同魄,日同明,一也。抑以知今日之官骸非昨日之官骸,视、听同喻,触、觉同知耳,皆以其德之不易者类聚而化相符也。其屈而消,即鬼也;伸而息,则神也。神则生,鬼则死。消之也速而息不给于相继,则夭而死。守其故物而不能日新,虽其未消,亦槁而死。不能待其消之已尽而已死,则未消者槁。故曰"日新之谓盛德",岂特庄生藏舟之说为然哉!②

天地之间运行的基本规律不会改变,但是天地之气的氤氲变化却是日生日新的,天地万物日新月异,那么我们处理对待事物的态度以及方法也要改变,否则就是守着一个早已槁死的东西。掌握日新的规律性对人来说则是最高的德性。在这里,王夫之提出了"研几趋时"

---

① (明)王夫之:《船山全书》第12册,岳麓书社2011年版,第403页。
② 同上书,第434页。

的辩证发展观,"研几"是一种认识论功夫,是指要客观地观察事物的变化,并掌握其变化运动之"几"。"趋时"是一种方法论功夫,是指顺应时势的变化,"时者,莫能违者也"。① 在王夫之那里,并不存在朱子所谓的"用力之久,而一旦豁然贯通焉"的状况②,因而也就不存在长久不变之道,因此说"日新盛德,《乾》之道,天之化也。……后日之德非倚前日之德……时已过而犹执者,必非自然之理"③。王夫之以易学为基础的日新观,与传统道学的复归三代或循环论的历史观以及天不变道亦不变的守旧论,是不可同日而语的。他将这种"研几趋时"的哲学方法论运用到了经济伦理领域,对生产、分配、交换、消费等领域的伦理审视都具有研几趋时的方法论特质。

首先,王夫之一以贯之地反对历史发展的所谓"不如三代"之倒退历史观,始终坚定地认为,人类经济社会的发展方向是前进的,而不是相反。因此他认为,自秦统一中国实行郡县制以来:

> 以渐统一于大同,然后风教日趋于画一,而生民之困亦以少衰。"④

且"伦已明、礼已定、法已正之余,民且愿得一日之平康,以复其性情之便,固非唐、虞以前茹毛饮血、茫然于人道者比也"⑤。王夫之肯定秦汉以后的社会,在政治、经济、文化等各个方面均比以前有较大进步,因此"困民"的情况越来越少。王夫之这种社会发展进步论是符合历史事实的。正是基于这样一个正确的历史发展观,他在诸

---

① (明)王夫之:《船山全书》第1册,岳麓书社2011年版,第375页。
② (宋)朱熹:《四书章句集注》,中华书局2012年版,第7页。
③ (明)王夫之:《船山全书》第12册,岳麓书社2011年版,第195页。
④ (明)王夫之:《船山全书》第10册,岳麓书社2011年版,第754页。
⑤ 同上书,第694页。

多经济伦理问题上都有契合时宜甚至超越时代的见解。

其次,"以民为本"是王夫之"研几趋时"历史发展观的集中体现。谷方认为,"以民为本的思想是王夫之政治理论的重要内容,也是王夫之作为我国早期启蒙思想家的重要标志之一"①。事实上,"以民为本"思想亦是王夫之经济伦理思想的重要内容。尽管王夫之对经济伦理领域的考量基于"立于无穷,应于未著"的动态性诠释,但其并没有将经济伦理推向不可预测的神秘方向。其思想高明之处在于,他找到了以"不变"应"万变"的两个伦理尺度:"生民之生死"与"族类之存亡"。王夫之指出,"而生民之生死,公也"②,"生民的生死"始终处于义利观之顶端,社会的一切矛盾与问题皆由民生问题引起,一切政策的制定皆以民生问题的妥善解决为旨归。对民生问题的深切关注,不仅由于他处于"大动荡"的特殊历史时期,使他亲身经历了民众力量之可敬、可畏,更由于他在研几趋时的经史子集的学术研究中,深刻认识到民心不可侮的道理,因而主张统治者治理国家当"扶危定倾,以得人心为本务"③ 深刻地分析了"无德于民,不足以兴;积怨于兵,则足以亡"④ 的道理。

当然,"以民为本"的思想并不是王夫之的独创,自先秦以来就有诸多思想家反复论述过这个道理,但他绝对不是简单地重复,而是赋予了这些民本思想"趋时"的新内涵。在某种程度上说,王夫之始终以"从事实际生产活动的人"为其经济伦理思想的出发点和归宿点,把对"生民生死"的关注提到了战略性高度,才使得其理论从传统"民本"思想的抽象性、虚无性落实到了具象化和真实性,从而也

---

① 谷方:《论王夫之的民本思想》,《江汉论坛》1982 年第 4 期。
② (明) 王夫之:《船山全书》第 10 册,岳麓书社 2011 年版,第 669 页。
③ 同上书,第 464 页。
④ 同上书,第 754 页。

使其思想具有了一定的创新性。正因为此，王夫之的经济伦理思想极度彰显了"以民为本的人本主义精神"，在研究经济伦理现象时，始终是心念"生民之疾苦"①，并形成了有系统的民生伦理之主张。

王夫之痛心疾首地勾画了自秦王朝以来的广大民众备受煎熬的苦难历程。他立足于人的现实需要，批判劳动者贫困和统治者奢靡的不公平状况（详见本书第154页引文）。

王夫之发出了"悲哉！乱世之民；愚哉！乱世之君"的悲愤激越的呼喊②，进而指出统治者的统治地位之合理性与合法性来源在于改善民生、关注民生，"圣人之所甚贵者，民之生也"③。这是王夫之思想中"珍生"思想的光辉体现，也使王夫之经济伦理思想"在一定程度上表现了启蒙的精神"。④ 传统文化中，在君权与民生的关系问题上，君权神圣不可侵犯，民生则不可同日而语；而王夫之则把民生置于君权之上，提出"一姓之兴亡，私也；而生民之生死，公也"的公私原则。⑤ 具体说来，王夫之在经济伦理领域提出的"以民为本"的伦理原则主要指如下三个方面。

第一，主张保民，即保护民众的生命财产安全。"长民者，固以保民为道者也。"⑥ 他强烈地反对天子、百官聚敛财富，随意地剥夺百姓的财产，置百姓于朝不保夕的死亡之地，他说："聚之之法，掊克之金人日进其术，而蹈刑之穷民日极于死。于是而八口无宿舂，而民多捐瘠；馈饟无趋事，而国必危亡。"⑦

---

① （明）王夫之：《船山全书》第10册，岳麓书社2011年版，第338页。
② 同上书，第942页。
③ 同上书，第723页。
④ 王泽应：《船山伦理与西方近代伦理比论》，国际展望出版社1991年版，第1页。
⑤ （明）王夫之：《船山全书》第10册，岳麓书社2011年版，第669页。
⑥ （明）王夫之：《读通鉴论》，《船山全书》第10册，岳麓书社2011年版，第1141页。
⑦ （明）王夫之：《船山全书》第11册，岳麓书社2011年版，第95页。

第二，主张养民。"民之情，饮食男女而已矣"①。老百姓的基本需求即穿衣吃饭等物质需要必须有保障。为此，必要的生产资料的获得是前提，如土地。所以，王夫之从各方论证"土地民有"的自然法则之合理性，"制民田里，教之树畜，免从其政，不饥不寒，而使得养其老，本也。王者既厚民之生，使有黍稷、酒醴、丝絮、鸡豚可以养其老矣"②。主张使民众手里有钱有粮，重视农业生产并重视产品的合理使用，使民老有所养。

第三，主张安民。"安民也，裕国也，兴贤而远恶也，固本而待变也，此大纲也。大纲纪而民怨于下，事废于官，虚誉虽腾，莫能掩也。"③民安则圣贤兴而邪恶远，故本固则邦宁，这是治理国家之大纲。为了实现安民，则首先需要富民，民富则民安，民安则国安，国安则国强。所以，他主张国家从生产、交换、消费等各个领域，采取各种实际措施，来实现裕国富民的目的。

二 多维度、多层次的新义利观

义利之辨是中国传统思想史上一个贯穿始终的伦理问题，也可以说，义利问题也是一个涉及政治、经济和文化等领域的核心问题，这是一个具有价值导向的问题，对这个问题的不同回答决定政治、经济等其他具体思想的伦理维度。因此，义、利及其相互关系问题自古以来就是思想家们争论或者探讨的中心，它是解决其他一切问题的基础，也是解决其他一切问题的根据，正所谓"是非之外无祸福焉，义利之外无昏明焉"④。因此，深入研究王夫之的义利观及其特点，对于

---

① （明）王夫之：《船山全书》第3册，岳麓书社2011年版，第654页。
② （明）王夫之：《船山全书》第10册，岳麓书社2011年版，第254页。
③ 同上书，第398页。
④ 同上书，第439页。

了解其经济伦理思想的根本价值维度具有重要意义。

(一) 义、利概说

王夫之的义利思想不同于传统义利观，它有超越传统并彰显时代精神的崭新特质。王泽应教授认为，王夫之义利观的一个突出特点就是，"王夫之对义利概念做了不同含义与层次的区分"。① 那么，王夫之对义与利作了怎样不同于传统的理解呢？

《中庸》把"义"解释为："义者，宜也。"义是指适宜的意思，主要指符合人、物之理。《礼记·礼运》："义者，仁之节也。"又说："仁者义之本也。"义是行仁的方法或者途径，通过义来彰显仁德，因此又说仁是义的本源，仁为体，义为用。又说："父慈、子孝、兄良、弟弟、夫义、妇听、长惠、幼顺、君仁、臣忠，十者谓之人义。"可见，传统儒家对"义"的解释主要是把它放在与"仁"相对应的位置，认为"义"之用是"仁"之体的合理展开。宋明理学对"义"的认识有了新发展。比如，朱熹就认为，"义者，心之制，事之宜也。"② 张立文教授认为，朱熹认为的"义"即天理之所宜，是心之制；义是与天理相适宜的，并且发明于心之端，为心所把握；朱熹之"义"源于其先验的人心所固有之"仁"；朱熹主要从主体和客体的应然性角度来阐述"义"之内涵，较之传统孔孟先验地谈论仁义，他对"义"的解读更向经验世界推进了一步；不管是孔孟儒家或者宋明理学，都把对待义利的态度作为区分君子小人的重要标志，认为"义"乃君子之道。

王夫之基本赞成传统儒家"立人之道曰义"的观点，但又在扬弃

---

① 王泽应：《王夫之义利思想的特点和意义》，《哲学研究》2009年第4期。
② （宋）朱熹：《四书集注·孟子·梁惠王章句上》，岳麓书社1988年版，第291页。

第七章　王夫之经济伦理思想的历史地位及现实启示

宋明理学的基础上,对义作了更为精细的区分。在王夫之的伦理视野中,"义"有"公义"与"私义"之分,有"天下之大义"与"吾心之精义"之分,亦有"一人之正义""一时之大义"与"古今之通义"之分。那么,"义"的众多层面之间到底存在着怎样的逻辑结构呢?

"有一人之正义,有一时之大义,有古今之通义"①。王夫之认为,从根本上讲,应该将孔孟以来所讲之"义"分为三个层次,这三个层次的划分更有利于把义与利辨正开来。这三个层次的"义"有"轻重"和"公私"之别,"一时之大义"相对于"一人之正义"是重,是公义,而相对于"古今之通义"则是轻,是私欲,故曰:"轻重之衡,公私之辨,三者不可不察。以一人之义,视一时之大义,而一人之义私矣;以一时之义,视古今之通义,而一时之义私矣;公者重,私者轻矣,权衡之所自定也。"② 由此可见,在义的三个层次中,古今之通义是最具有"公"性质的义,它统领义的其他两个层次。

当然,三个层面轻重不一、公私有别的"义"有时候也能够达到高度一致,达成一致的条件则是"一人之正义"要吻合于"一时之正义","一时之正义"要吻合于"古今之通义"。王泽应教授认为,"古今之通义的基本内涵是通过一人之正义和一时之大义的对比中显现出来的,它是贯穿古今的根本到一和至上道义,是中华民族整体利益、根本利益和长远利益的集中体现,是中华民族核心价值观和道统精神的凝聚、积淀与内化,反映着中华民族、中国文化、中华伦理价值观的核心要义、精髓和精华。"③ 三个层级的"义"达成一致则是

---

① (明)王夫之:《船山全书》第10册,岳麓书社2011年版,第535页。
② 同上。
③ 王泽应:《王夫之"古今之通义"的深刻内涵与价值建构》,《船山学刊》2015年第3期。

有道之"治世",但人类社会的发展过程会经常出现"正义""大义"与"通义"不能一致的情况,这个时候,就要合乎伦理地进行取舍:"不可以一时废千古,不可以一人废天下。执其一义以求伸,其义虽伸,而非万世不易之公理,是非愈严,而义愈病"①。始终要以"古今之通义"为最高价值导向,以"一时之大义"引领"一人之正义",以"古今之通义"引领"一时之正义",否则就会出现"一时之义伸,而古今之义屈矣"的糟糕局面。②王夫之"明确地指出'生民之生死'、'族类之存亡'就是处于'义'之顶端的'通义',一切政治行为或政治政策都要以'生民之生死'为圭臬,而一切政治正义在'生民'与'族类'的存亡面前都是私义或私利。这是王夫之先进的历史发展观在'义'场域的运用"③。王夫之进一步举例说:

> 事是君而为是君死,食焉不避其难,义之正也。然有为其主者,非天下所共奉以宜为主者也,则一人之私也。子路死于卫辄,而不得为义,卫辄者,一时之乱人也。推此,则事偏方割据之主不足以为天下君者,守之以死,而抗大公至正之主,许以为义而义乱;去之以就有道,而讥其不义,而义愈乱。何也?君臣者,义之正者也,然而君非天下之君,一时之人心不属焉,则义徙矣;此一人之义,不可废天下之公也。……为天下所共奉之君,君令而臣共,义也;而夷夏者,义之尤严者也。……不以一时之君臣,废古今夷夏之通义也。④

---

① (明)王夫之:《船山全书》第10册,岳麓书社2011年版,第535页。
② 同上书,第536页。
③ 谢芳:《王夫之政治伦理的价值诉求、工具理性及其现代启示》,《湘潭大学学报》2016年第4期。
④ (明)王夫之:《船山全书》第10册,岳麓书社2011年版,第535—536页。

第七章 王夫之经济伦理思想的历史地位及现实启示

　　臣子忠诚于君主，这是"义之正也"。然而，如果事奉之君主不是天下当共奉的宜主，那就是一姓之私。所以，子路为卫辄而死，就不是正义，而是"私"。在君臣、夷夏关系问题上，"夷夏之辨"是"古今之通义"，国家民族的生死存亡是高于一切的大公至上之"通义"，一切都要以国家民族利益为重，不能因为其他利益而损害国家利益。正是从这个意义上，王夫之极端痛恨农民起义。同时，王夫之也认为"宜君"为"天下共奉之君"，选择合适的君主是为了黎民百姓的生存发展，如果臣子为了维护一姓之私君，而阻止明君易位，那就是私，而不是公义。"若夫国祚之不长，为一姓言也，非公义也。秦之所以获罪于万世者，私己而已矣。斥秦之私，而欲私其子孙以长存，又岂天下之大公哉！"①为一姓国君辩护，不是公义，秦朝之所以于万世有罪，就是因为以一己之私为义，为一姓之子孙长存而损天下黎民百姓之利益，就不是天下之大公。王夫之举例说：

　　　　夫既以名义为初心，则于义也当审。为先君争嗣子之废兴，义也；为中国争人禽之存去，亦义也；两者以义相衡而并行不悖。如其不可两全矣，则先君之义犹私也；中国之义，人禽之界，天下古今之公义也。不以私害公，不以小害大。②

　　　　为中国争人禽之存去，亦义也；……中国之义，人禽之界，天下古今之公义也。

　　　　人禽之大辨……绳以古今之大义。③

　　由以上之论述，可见，"一人之正义""一时之大义"与"古今

---

① （明）王夫之：《船山全书》第10册，岳麓书社2011年版，第68页。
② 同上书，第589页。
③ 同上书，第487页。

· 349 ·

之通义"相比较而有轻重、公义和私义之别；三个层级的义都可以称之为"大义"，而当人们在以"大义"之名举事之时，必须符合"吾心之精义"。怎样做才能真正符合"大义"？王夫之把义分为"天下之大义"和"吾心之精义"，"吾心之精义"是指一切以义为义，不掺杂私利之欲。当行"天下大义"之名时，为了不使大义沦为"贼仁之斧"，需要以"吾心之精义"以制之、守之，使大义之名亦符合"吾心之精义"，即不是借"义"之名，而谋个人私欲之实。所以，为了验证"天下之大义"是否符合"吾心之精义"，仍然要把"义"放到历史长河中进行检验，为了社会发展的"义"才是"吾心之精义"。由此可见，王夫之对"义"的诠释既传承了自孔孟以来至朱熹的传统儒家思想，而其对义范畴探赜索隐的阐发，则彰显了王夫之思想中"开新"的特质，对近代学术思想乃至政治革命的实践影响深远。

王夫之说：

> 以大义服天下者，以诚而已矣，未闻其以术也；奉义为术而义始贼。义者，心之制也，非天下之名也。心所勿安而忍为之，以标其名，天下乃以义为拂人之心而不和顺于理。……借义以为利，而吾心之恻隐亡矣。……夫义，有天下之大义焉，有吾心之精义焉。精者，纯用其天良之喜怒恩怨以为德威刑赏，而不杂以利者也。……此三代以下，以义为名为利而悖其天良之大愿也。①

义是什么，义就内心的诚明。在这里，王夫之把义与名进行分辨，"义"举不是为了博"一时之名"，行"义"是出自内心有所安；

---

① （明）王夫之：《船山全书》第10册，岳麓书社2011年版，第84页。

第七章 王夫之经济伦理思想的历史地位及现实启示

另外，以天下之义为名，而实争个人之私利，内既不诚于心，外亦不顺于理，这个时候，"义"之名就会成为"贼"之实，以义之名而谋一己之私利，义就是贼。"义非外也，信诸心者，无大疚焉斯可矣。"① "好义之心苟不敌其私利之情，则其气先馁；好义之心与私利之情相半，即不相半而不能忘，其神必乱；气馁神乱，耳目不能自主，周旋却顾，示人以可疑，则愈密而愈疏，故义利交战于胸者，必交受其祸。"② 如果好义之心最后因为私情而动摇，则他就会首先丧失了气势；好义之心与私情参半，则其思想必然混乱，势必给自己招致灾祸。"甚哉名义之重也，生乎人之心，而为针铓剑刃以刺人于隐者也。故名以生实，而义不在外。"③ 名义之重在于人心，要做到名义一致。

关于"利"范畴，孔孟学说的道义论对"义"论述较多，而对"利"并没有直接给出确定的界定。仅荀子在《荀子·荣辱篇》中提道："凡人有所一同：饥而欲食，寒而欲暖，劳而欲息，好利而恶害，是人之所生而有也，是无待而然者也，是禹桀之所同也。目辨白黑美恶，耳辨声音清浊，口辨酸咸甘苦，鼻辨芬芳腥臊，骨体肤理辨寒暑疾养，是又人之所常生而有也，是无待而然者也，是禹桀之所同也。"又说："为事利，争货财，无辞让，果敢而振，猛贪而戾，牟牟然唯利之见，是贾盗之勇也。轻死而暴，是小人之勇也。义之所在，不倾于权，不顾其利，举国而与之不为改视，重死，持义而不桡，是士君子之勇也。"④ 从以上论述可见，传统儒家所谓"利"即人"欲"之利包括事利与财货以及持义而桡，孔子也把"义"分为"小利"和

---

① （明）王夫之：《船山全书》第10册，岳麓书社2011年版，第213页。
② 同上书，第292页。
③ 同上书，第118页。
④ 《荀子·荣辱篇》。

"大利","子曰：'无欲速，无见小利，欲速则不达，见小利则大事不成'。"① 可以看到，孔子并不一般地反对利，只是反对求小利，而失大利。荀子则从人性相同角度指出，"好利恶害，是君子小人之所同也"②，只是强调要"欲利而不为所非"③。

宋明理学家朱熹则直接指出，"利"是人欲之私的范畴，人是禀气而成形之后而有欲，因此说"利者，人情之所欲"④。人情之所欲的基本特点就是：只关心对自己是否有利，而不去关心是否符合道义上的"应当"；朱熹把关心义还是关心利，当作区分君子与小人的标准之一。同时，朱熹说，"人欲者，此心之疾疢，循之则其心私而且邪……私而邪者，劳而日拙，其效至于治乱安危，有大相绝者，而某端特在夫一念之间。"⑤ 张立文认为，朱熹对人欲的看法基本是贬义的，朱熹把人欲当作心的毛病，是心被嗜欲所迷。

王夫之对利的理解既有继承前人亦有超越前人的地方。首先，王夫之认为"生人之用曰利"⑥。把"利"一般地解释为"生人之用"，这一点是对孔孟至宋儒传统的继承，利是人生存的基本生活需要如财富等，没有利，人将无法生存，"出利入害，人用不生"⑦。王夫之在"利"范畴上有超越前人的贡献就在于，他从与"害"相对立的角度提出"利"的概念，认为要求人不要"谋利"，那就是置人于"有害"的处境，因为人完全不计较利益，将会无法生存。王泽应教授认为，"王夫之提出了两种'利'的概念：一种是'益物而和义'意义

---

① 《论语·子路》。
② 《荀子·荣辱篇》。
③ 《荀子·不苟篇》。
④ （宋）朱熹：《四书集注·论语·里仁》，岳麓书社1988年版，第102页。
⑤ （宋）朱熹：《晦庵先生朱文公文集》，上海书店1989年版，第118页。
⑥ （明）王夫之：《船山全书》第2册，岳麓书社2011年版，第277页。
⑦ 同上。

上的'利',另一种则是'滞于形质'意义上的'利';前者为善,后者则为恶。'益物而和义'意义上的'利',是一种与人民大众的福祉相一致且能够促进人民大众福祉实现的'利',也是国家人民之公利。"① 实际上,王夫之也将"利"分别为"乾之利"与"坤之利"两种类型:

> 乾始能以美利利天下,不言所利,大矣哉!……美利,利之正也。利天下,无不通也。不言所利,无所不利之词,异于坤之利……当其始,倚于一端,而不能统万物始终之理,则利出于偏私,而利于此者不利于彼,虽有利焉而小矣。……乾之始万物者,各以其应得之正,动静生杀,咸恻隐初兴、达情通志之一几所函之条理,随物而益之,使物各安其本然之性情以自利;非待既始之余,求通求利,而唯恐不正,有所择而后利。此其所以为大也。②

"乾之利"是一种"美利",其特征就在于天地滋生万物,都是"以其应得之正""随物而益之",万物无不有自求自利而生存的本能,即万物均"各安其本然之性情以自利"。乾之利是"利天下",是"不言所利,无所不利"的"大利"。换言之,所谓"乾之利"是从形而上的角度为"公利"或者"公欲"寻求根据,实质上乾之利就是公利。公利与公欲不同于狭隘的"私利",它属于"义"的范畴了。而"坤之利"则有"偏私"的特质,主要表现在"利于此者不利于彼",一人之利的获得是以损害他人之利为代价的,因此它不能"统万物始终之理""虽有利而小矣"。利有乾道之利与坤道之利的区

---

① 王泽应:《王夫之义利思想的特点和意义》,《哲学研究》2009年第8期。
② (明)王夫之:《船山全书》第2册,岳麓书社2011年版,第69页。

别，乾之利是美利，在于它利万物而不损，是"大利"或者"公利"；坤道之利，是"偏私"，利一物而损一物，因此是"小利"或者"私利"。结合前面的论述可见，在利的分辨上，王夫之超越前人的地方有二：其一，所谓大利与小利不是传统儒家所谓眼前利益和长远利益而言，而是指"利天下"与"利一人"而言的，即从公利与私利层面上说；其二，王夫之并不如宋明理学一般地反对"利"，而是反对小利而主张追求大利，反对私利而主张追求公利。

（二）义利关系论

王夫之对"义"范畴与"利"范畴的多维度、多层次的诠释较之传统儒家有更加合理的因素。对义、利概念的清晰厘定是合理辨正义、利关系的前提与基础，也为其明确义利价值取向奠定了基础。"从整体上讲，船山仍然坚持儒学正统对于道的重视，但船山关于'义'的思想又在承继中国传统义利观的基础上进行新的突破与创新。"[①]

中国自先秦以来就有关于义利关系的论述，其中典型的观点就是传统儒家的"重义轻利"说。比如，子曰："放于利而行，多怨。"[②]"见利思义"[③]"王亦曰仁义而已矣，何必曰利？"[④]"保利弃义谓之至贼"[⑤]。至西汉时期董仲舒罢黜百家、独尊儒术，儒学成为国家占统治地位的意识形态之后，把儒家"重义轻利"的道义论思想推进到一个

---

① 谢芳等：《王夫之政治伦理的价值诉求、工具理性及其现代启示》，《湘潭大学学报》2016年第4期。
② 《论语·里仁》。
③ 《论语·宪问》。
④ 《孟子·梁惠王上》。
⑤ 《荀子·修身篇》。

新高度，提出"正其谊不谋其利，明其道不计其功"①。到宋代程朱理学更是将道义论推向极致，公然提出"存天理，灭人欲"的极端道义论思想。传统儒家高度强调义而笼统地排斥利的极端道义论思想，在中国古代社会长期发挥着重要的社会利益调节作用。随着社会经济的发展，其中也出现过对义利关系稍显辩证的思想论述。比如，明代李贽从另一个极端强调利对义的逻辑优先性和主导性，提出"私利即公义"的极端功利论观点。

王夫之的义利关系辨正是在批判继承前人的基础上，结合明末清初经济社会发展的现实和趋势提出的。因此，王夫之的义利关系论，显示出了更加辩证而合理的成分，是古代极端道义论和极端功利论的辩证统一。他既看到了义与利之间存在的内在逻辑联系，也看到了其中存在的外在张力，因此更深层次地揭示出义与利不但有性质的区分，还有量的区分，即义利之度及其之间存在着微妙的辩证关系。下面分两部分来论述。

第一，义与利之理论逻辑。

要弄清楚义与利的理论逻辑，首先要弄清楚两个概念：理论及其理论逻辑。所谓"理论"是指"一组逻辑地联系着的假设"，是"借助一系列概念、判断、推理表达出来的关于事物的本质及其规律性的知识体系"。②"所谓理论逻辑，产生于理论抽象过程的终点，是滤掉了具体事实、具体情境、具体过程等而留下来的一般，一句话，是抽离了事物、活动的一切特殊性或非本质特性，而剩下的所谓对一般规律或普遍法则的刻画。"③ 王夫之首先从理论逻辑的角度概括了义利之

---

① （汉）班固著，颜师古注：《汉书·董仲舒传》，中华书局1999年版，第1918页。
② 冯契：《哲学大辞典》，上海辞书出版社1992年版，第1409页。
③ 杨小薇：《教育理论工作者的实践立场及其表现》，《教育研究与试验》2006年第4期。

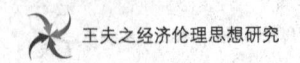

间存在的形上关系。

"利",主要是指谋取社会物质财富的实践活动,而"义"主要是指某种社会的伦理道德规范。当考察人们从事的谋取物质利益的社会实践活动时,总是会问这样的问题:应当或不应当?在多大的程度上应当或不应当?比如商人的谋利行为。这就意味着任何的谋求物质利益的活动,自然地存在道义上应当还是不应当的问题。正是因为这样,所以古往今来的思想家们总把义与利作为不可分割的部分联系在一起讨论。传统思想家们都看到了义与利之间存在内在逻辑联系,可是在具体论述到两者之间的关系时,却常常把两者割裂,要么主张只要"义"不要"利",要么主张只要"利","利"即"义",陷入极端的独断论,而未能真正客观辩证地看到两者之间存在的内在逻辑。王夫之对此从以下三个方面作了相当详细的诠释。

其一,从义与利两个概念的厘定来看,义与利有明确之界限。

> 是与非原无定形,而其大别也,则在义利。义者,是之主;利者,非之门也。义不系于物之重轻,而在心之安否,义利之辨,莫切于取舍辞受,推之于进退存亡,亦此而已。①

很明显,从一般意义上讲,是与非本没有确定的界限,分别是非的标准在于义利。义为是之端,而利为非之门,所以义利之辨,即在于取舍、进退、存亡之间,义与利是有完全不同发展方向的两个概念。

其二,从主体之存在视域看,义与利又是人的社会性存在必须同时具备的两大前提。

---

① (明)王夫之:《船山全书》第8册,岳麓书社2011年版,第249—250页。

第七章　王夫之经济伦理思想的历史地位及现实启示

马克思主义认为人的存在具有二重性："一方面，任何人都是一个个体的存在物；……另一方面，任何人又不是纯粹的个人……是一种社会的存在物"①。因此，人既是"个人的存在"，"同时又是社会存在物"，这就决定了人是一种"只有在社会中才能独立的动物"。人存在的二重性决定了人的需要的二重性，人作为一种个体的存在物，每个个体都有维持生命的生存与发展的需要，即需要正当的个人利益；同时人作为一个社会存在物，当他在谋取个人利益的时候，总会与别人的利益获得相关联（因为从大的方面讲，地球的资源是有限的；从小的方面讲，一个社会共同体的共享资源也是有限的）。这里面就存在一个"义"与"不义"的道德问题。所以马克思主义认为，人作为宇宙间一种特殊的存在，既有利益需要亦有道德需要。对此，传统儒家自孔孟以来就有朴素的认识。比如，《孟子·告子上》中就有这样的说法："食色，性也。仁，内也，非外也；义，外也，非内也。"至中国传统儒学的集大成者和终结者王夫之，对于人之存在二重性有了更深刻的认识和论述，他说：

> 立人之道曰义，生人之用曰利。出义入利，人道不立；出利入害，人用不生。智者知此者也，智如禹而亦知此者也。②

"生人之用"在于"利"，人要生存就要有基本的物质需要，这是非常简单的道理，但物质需要是与其他动物共有的特点，如何使人与其他动物相别，以立"人道"呢？王夫之认为，"立人之极"在于"义"，义与不义是人与其他物种的根本区别，"无是非之心非人也，

---

① 唐凯麟：《伦理学》，高等教育出版社 2001 年版，第 31 页。
② 王夫之：《船山全书》第 2 册，岳麓书社 2011 年版，第 277 页。

非人则禽也"①，没有是非之心则不是人而是禽兽，所以人作为一种自然性的存在，需要生存就需要有物质利益。同时，人作为一种不同于其他动物的存在，又需要道义。王夫之把义与不义作为区分君子小人、人禽的根本标志，故曰"君子小人之大辨，人禽之异，义、利而已矣"。②由此可见，义与利作为主体人的两种需要具有先验的内在逻辑一致性。

其三，从"义"之概念判定，"利"乃"义"题中必然之义。

> 义非以为利计也，而利原义之所必得；义非徒以其名也，而名为实之所自生。③

> 如使义而不利，利而可以为利，犹可言也。乃义亦何尝不利，但又国者不知以义为利尔。④

> 义利之际，其为别也大，利害之际，其相因也微。夫孰知义之必利，而利之非可以利者乎？夫孰知利之必害，而害者不足以害者乎？……出乎义入乎害，而两者之外无有利也。易曰："利物和义。"义足以用，则利足以和。和也者合也，言离义而不得有利也。⑤

王夫之提出"义之必利""利原义之所必得"等深刻的观点，这里面包含两层意思：一是利是义必然带来的结果，但不是义之主旨。也就是说，我们讲道义的时候并不以获取利益为目的，"义非以为利

---

① （明）王夫之：《船山全书》第10册，岳麓书社2011年版，第541页。
② 同上书，第687页。
③ （明）王夫之：《船山全书》第8册，岳麓书社2011年版，第27页。
④ （明）王夫之：《船山全书》第7册，岳麓书社2011年版，第96页。
⑤ （明）王夫之：《船山全书》第2册，岳麓书社2011年版，第277页。

计也，而利原义之所必得"。二是，王夫之从对"义"之概念解释出发，揭示义中利之存在。什么是义？正如前面解释，义是利之义，即适宜，什么才算是宜呢？各方面利益分配比较合适，即是"利足以和"的状态，或者说"利物和义"。又说，"义者，利之合也。知义者，知合而已矣"。① 所以，"义"之主旨是各方面利益的适宜分配。在现实生活中，当我们每个人都能讲义，就能保障每个人的正当利益，反之，则会损害每个人的利益。"出乎义而入乎害，而两者之外无有利也。《易》曰：利物和义。义足以用，则利足以和。和也者合也，言离义而不得有利也。"② 众所周知，在社会实践中不讲道义，只谋求利益，将适得其反，这是社会关系规律的结果，因为当一个人把个人利益置于他人、集体或社会利益至上时，必然会遭到其他利益主体的反抗而遭受损失。

第二，义与利之实践逻辑。

何谓实践及其实践逻辑？法国著名社会学家布迪厄认为"实践逻辑并不严密，也并不完全合乎逻辑，是先于'理论逻辑'的逻辑"或"不是'理论逻辑'的逻辑。"③ "实践逻辑强调行为体的行为受实践情境、背景知识以及身、心、物在一定时空条件下交互作用所推动，它是情境的、联系的、辩证的、开放的逻辑"④。在本体论上，实践逻辑属于在实际情景中具有合理性的一种逻辑，因而较之理论逻辑，它具有"先在性"。布迪厄的实践逻辑理论阐释了其独特的实践观。布迪厄认为，实践本身经常要面临复杂现实的紧迫性，使行为者必须迅速决策和反应，当然这种快速决策和反应也并非完全是"即兴"的活

---

① （明）王夫之：《船山全书》第5册，岳麓书社2011年版，第268页。
② （明）王夫之：《船山全书》第2册，岳麓书社2011年版，第277页。
③ ［法］皮埃尔·布迪厄著，蒋梓骅译：《实践感》，译林出版社2009年版，第83页。
④ 朱立群：《中国与国际体系：双向社会化的实践逻辑》，《外交评论》2012年第1期。

动。实践逻辑具有物质性,任何社会的实践活动都是在物质情景中并使用我们生产出来的物质产品而进行的。因而,实践逻辑就是事物之发展逻辑,任何实践都不能离开事物本身而得到发展,如义利的具体关系不能离开具体的物质利益来论述。实践逻辑具有即时性,"任何社会实践都是完全内在于持续时间的,是在时间中展开的,因而是与时间紧密联系在一起的"①。从来就没有离开时间维度的实践,时间不是单一的,也不是脱离历史的,有过去、现在、将来三种形式,而且这三种形式可能同时存在同一时空。任何实践都是在一定的时间之中进行的,还承载着过去,指向未来,因此它不可能完全遵循理论逻辑来开展。

王夫之在《春秋家说》里就对义利关系作了一个较为辩证的论述,这个论述就是从实践逻辑的角度来梳理的。"义之与利,有统举,无偏收;有至极,无中立。恶不义者,非以名也;舍不义者,非以害也。"②从理论上讲,义是利之合,义必生利,但是在实践中,由于社会实践条件、历史背景以及物质条件等各个方面的变化,义与利之间关系会出现两种情况:一致或相悖。

"利非义"。这是从私利的意义上说的,"利于一事则他之不利者多矣,利于一时则后之不利者多矣,利于一己而天下之不利于己者至矣"③。由此可见,这里的利指私利,一己私欲。"智愚之分,义利之别;义利之分,利害之别。民之生死,国之祸福,岂有爽哉!"④这种私利是与义截然不同和对立的,这种私利就是害。在这种情形下,利就是私利不是义。王夫之说:"天下之大防二:中国、夷狄也,君子、

---

① [法]皮埃尔·布迪厄著,蒋梓骅译:《实践感》,译林出版社2009年版,第126页。
② (明)王夫之:《船山全书》第5册,岳麓书社2011年版,第141页。
③ (明)王夫之:《船山全书》第7册,岳麓书社2011年版,第382页。
④ (明)王夫之:《船山全书》第2册,岳麓书社2011年版,第280页。

第七章 王夫之经济伦理思想的历史地位及现实启示

小人也。"① 而两个大防的归结点即义利之分，"以要言之，天下之大防二，而其归一也。一者，何也？义、利之分也"②。归根到底，义是君子才具有的品质，或者说义与不义是评判君子小人的根本标准。这是对孔子君子喻于义、小人喻于利思想的继承和发展。

"利即义"。所谓的利即义，并不同于管仲、李贽等人"以利为义"的极端功利论观点。在王夫之看来，在社会实践活动中，由于实践的物质性和情景性特点，有时候利即是义。那么，什么样的利即义呢？或者在什么情境下利是义呢？"义者，正以利所行者也，事得其宜，则推之天下而可行，何不利之有哉？"③ 王夫之认为，按照事物"应当"的样子去做，并且可以此推行于天下，那就是义，而这种义也就给各方都带来了利。这个利指的是普天之下的"公利"而不是"私利"，是社会发展的长远利益和整体利益，而不是眼前的个人利益，"灭大家而以利其私……贼也"④，只有公利才不会损害道义，又说"利不损名，权不损道，虽君子弗能夺之"⑤ 谋利不能损害道义。他说：

> 义之与利，其途相反，而推之于天理之公，则固合也。义者，正以利所行者也。事得其宜，则推之天下而可行，何不利之有哉？但在政教衰乱之世，则有义而不利者矣。乃义或有不利，而利未有能利者也。利于一事，则他之不利者多矣；利于一时，则后之不利者多矣，不可胜言矣；利于一己，而天下之不利于己者至矣。夫所谓义者，唯推而广之，通人己、大小、常变以酌其

---

① （明）王夫之：《船山全书》第10册，岳麓书社2011年版，第502页。
② 同上书，第503页。
③ （明）王夫之：《船山全书》第7册，岳麓书社2011年版，第382页。
④ （明）王夫之：《船山全书》第5册，岳麓书社2011年版，第288页。
⑤ 同上书，第310页。

所宜，然则于事无不安，情无不顺。……故曰：义者天理之公，利者人欲之私。①

这段话详细地剖析了义利的辩证关系。义与利从价值取向上讲是相反的，但如果从"公理"角度来说是又合二为一的。所谓义，就是通过正确的方式得到利。只要人们的行为合乎义，怎么可能不生出利来呢？但在政教衰乱之世，义与利可能处于绝对对立的局面。不管怎样，遵守道义可能不能生利，但如果不讲义只讲利就从来没有真正获得过利。所以，王夫之指出，讲公利就是要遵守道义。

他进一步解释道：

言治道者讳言财利，斥刘晏为小人。晏之不得为君子也自有在，以理财而斥之，则倨骄浮薄之言，非君子之正论也。夫所恶于聚财者，以其殃民也。使国无恒畜，而事起仓卒，危亡待命，不能坐受其毙，抑必横取无艺以迫民于死，其殃民又孰甚焉？故所恶于聚财之臣者，唯其殃民也，如不殃民而能应变以济国用，民无横取无艺之苦，讵非为功于天下哉？②

这段话是说，一谈到治国安邦，人们都忌言利。王夫之则认为，这不是君子应当有的行为。王夫之说，我们憎恨聚财的人，是因为他聚财伤民，并不是因为聚财这个行为本身。一个国家如果上下都忌言利，国家没有积累起来财富，一旦遇到紧急战事，只能坐以待毙。只要把积聚起来的财利用于国家百姓日用，就应该提倡。但"公利"又不能直接称为利，公利只能用"义"来描述，这点与程朱相同，但他

---

① （明）王夫之：《船山全书》第7册，岳麓书社2011年版，第382页。
② 王夫之：《船山全书》第10册，岳麓书社2011年版，第901—902页。

第七章 王夫之经济伦理思想的历史地位及现实启示

反对程朱"以义为利"的极端道义论观点，认为义从长远来看应该是维护长远利益和国家民族的整体利益为圭臬的。

"义而生利"与"义而不利"。王夫之认为，义可以生利，"循天理，则不求利而自无不利；循人欲，则求利未得而害已随之"，"唯仁义而不求利而未尝不利也"①。只要按照天理而行，则不主动求利而利至。"义非以为利计也，而利原义之所必得；义非徒以其名也，而名为实之所自生"②。义不是为了得利，但利却是义中之必然义。"守义以自王"③"不疚于天，则天无不祐；不愧于人，则人皆可取。正义以行乎坦道，而居天下之广居；无所偏党，而赏罚可以致慎而无所徇；得失之几，在此而不在彼，明矣。不然，舍亲贤，行诱饵，贱名器，以徇游士贪夫之竞躁，固项羽之所不屑为者也。"④从统治者的立场来说，坚持正义可以守天下，服百姓，国运畅通。但由于实践的情景性，义亦有不利的时候，在"治世"，义便能实现理论上的利，但是在"乱世"，即政教衰乱之世，则有义而不利者矣。这是对传统儒家义以生利观念的创造性发展。王夫之强调，个人正当利益的满足是维护生命体存在的基本物质前提。但是，当个人正当利益与国家民族长远利益发生冲突时，就应当"舍生取义"。"将贵其生，生非不可贵也；将舍其生，生非不可舍也，生以载义，生可贵；义以立生，生可舍"⑤，即认为：生命是宝贵的，生命的可贵就在于它能够身体力行道义；当生命与道义不能兼得的时候，崇尚道义的君子不会为了苟且偷生而伤害道义，而只会选择牺牲生命以成全道义。

---

① （明）王夫之：《船山全书》第8册，岳麓书社2011年版，第26页。
② 同上书，第27页。
③ （明）王夫之：《船山全书》第10册，岳麓书社2011年版，第71页。
④ 同上书，第78页。
⑤ （明）王夫之：《船山全书》第2册，岳麓书社2011年版，第363页。

(三)王夫之义利观的"开新"特质

义利观是经济伦理思想的核心范畴,王夫之继承了传统的义利思想,并在新的时代条件和历史境遇下有创造性的发展,使其思想不仅具有传统性,更具有超越时代的近代倾向。这些创造性发展为鼓励人民追求正当权益、为主张个人、社会、国家尽力保持利益的一致性、为促进资本主义工商业经济的发展等摇旗张目,并使其经济伦理思想从整体上彰显出超越时代的近代特色。

王夫之极力反对自汉儒以来"正其谊不谋其利,明其道不计其功"的极端道义论思想,通过对义、利范畴的重新诠释,提出了义之必利、义乃利之合、利物和义等先进思想。王泽应教授认为,"王夫之从'贞生死以尽人道'的价值视角出发,提出'珍生'、'务义'的伦理价值思想,主张既要珍重和珍惜生命,又要使生命焕发出最耀眼的光芒。……人是目的和手段的合一。"[①] 王夫之的义利思想在他发展工商业、振兴国家经济、实现裕国富民等一系列主张中具有工具善的意义。尽管他的思想还是被旧的重本抑末的思想所束缚,但在某种程度上,他为一种新的生产关系的出现提供了伦理道义上的支持。

中国封建社会末期,由于封建专制统治的疯狂掠夺,土地兼并肆意横掠,使得生活于社会底层却又是封建国家主要依靠力量的农民阶层生活异常艰辛,于是造反之心与日俱增,同时萌芽中的资本主义经济在封建专制的夹缝中缓慢发展,又为封建地主和特权贵族培养了一种异己的力量。于是,通过发展经济,限制封建特权,缩小贫富两极分化,成为当时社会有志之士的共同诉求。但已经处于腐朽堕落末期

---

① 王泽应:《王夫之人的尊严论及其深远影响》,《船山学刊》2014年第4期。

的明王朝却仍然沉醉于至高无上的皇权统治之中，无视百姓利益，无视国家存亡，兼并农民土地、压制商人，严重阻碍社会经济的发展。王夫之非常清醒地看到当时社会问题的症结所在，在无法触动封建专制统治的前提下，极力主张民众积极谋利，并在理论上为农民争取土地、商人谋取利益进行伦理辩护，反对封建传统教条对百姓寻求经济利益上的束缚。因此，在生产伦理领域，他提出了"土地民有"的新观点，在交换伦理领域，他提出了"自由"的新概念；在分配伦理领域，他主张效率与公平兼顾的新思想；在消费伦理领域，他提出了以民为矩的絜矩之道消费准则。这些思想是其新义利观在经济领域中的贯彻运用，也是传统社会没有或者没有被凸显的新思想。

三 "富国为富民""民富即国富"的新国富民富论

关于国富与民富的问题，一直是传统经济伦理思想关注的核心问题。在这个问题上自先秦诸子百家以来，就有诸多论述。传统孔孟思想中有许多关于"富民"思想的论述，在与冉有对话时，孔子就明确表示，治理庶民的方法有二：富之、教之。首先，就要使百姓富裕，而富民之缘由则是因为"民无信不立"，如果老百姓不富裕，那么统治者就难以得到老百姓的信任，要取得民众的拥护，当政者就不得不去关注民众的切身利益。在孔子的视野里，这些普通民众都是小人，故曰"小人怀土""小人怀惠""小人喻于利"。按照孔子的逻辑，当政者要关注民众的切身利益，并"富之"，有其不得已的根源，即统治者需要用利益来收买人心，以维护统治者的稳定统治。从这个意义上讲，孔子所谓的"富民"，关注的并不是民众的利益，并不具备目的论意义，而只具有一种维护政治统治的工具论意义。为了实现富民之目的，孔子在经济领域提出了一系列的伦理主张"节用而爱人，使民以时""废山泽之禁""减轻赋税"等，提倡采取措施发展农副生产及鼓励商品流通的政策。另外，在国富与民富的关系问题上，孔子认为，一个国家富裕与否，主要是看其民众是否富裕，即"百姓足，君孰与不足？百姓不足，君孰与足？"① 老百姓富裕了，这个国家自然就是富裕的，老百姓很贫穷，能说这个国家是富裕的吗？由此可见，孔子的主张是"民富即国富"。但是值得注意的是，孔子所谓的"民富即国富"，并不是"藏富于民"的意思，而是从国家财源的角度来说的。关于这一点，荀子论述得更为详细。荀子说：

> 足国之道：节用裕民，而善臧其余。节用以礼，裕民以政。彼裕民，故多余。裕民则民富，民富则田肥以易，田肥以易则出实百倍。上以法取焉，而下以礼节用之，余若丘山，不时焚烧，无所臧之。夫君子奚患乎无余？故知节用裕民，则必有仁圣贤良之名，而且有富厚丘山之积矣。此无他故焉，生于节用裕民也。不知节用裕民则民贫，民贫则田瘠以秽，田瘠以秽则出实不半；上虽好取侵夺，犹将寡获也。而或以无礼节用之，则必有贪利纠譑之名，而且有空虚穷乏之实矣。此无他故焉，不知节用裕民也。②

荀子从富国之道的角度来谈"富民"，让老百姓富裕了，那么土地就可以多生产成倍的粮食出来，统治者则可以依法"取之"，满足国家各项开支需要，而百姓以礼节用，这样则会出现"民富而国富"的局面；反之，百姓贫穷，土地就会越发贫瘠，每年的稼穑之获则会很少，即使各级官吏巧取豪夺，也获之甚少。

---

① 《论语·颜渊》。
② 《荀子·富国篇》。

第七章　王夫之经济伦理思想的历史地位及现实启示

孔子之后的孟子更是富民论的积极鼓吹者,"圣人治天下,使有菽粟如水火。菽粟如水火,而民焉有不仁者乎?"①孟子亦是从统治者得民心的角度出发,认为得民心者得天下,而要得民心,则要"所欲与其聚之,所恶勿施尔矣"②。关于富民的方法,孟子认为"易其田畴,薄其税敛,民可使富也。食之以时,用之以礼,财不可胜用也"③。质言之,孔孟之道都主张"富民",理由是民富则国富、富民则得民心。

而《管子》关于富民方面,则提出了一个新颖的观点,即主张"藏富于民",主张国富与民富并举。其一,只有富国,才能算得上治理好的国家,也才能管理好民众,"国多财则远者来,地辟举则民留处"④。其二,《管子》认为富民亦很重要,"民可使富"才是"明王之务"⑤。由此可见,《管子》如孔孟传统儒家一样,也是从国家安定秩序的角度上来谈富民的重要性,其主要目的是要维护封建国家的统治。但在国富与民富的关系问题上,《管子》则鲜明地指出了国富与民富的一致性,民富即国富,国富要通过民富来体现。正因为此,它主张要藏富于民,"民足有产,则国家丰矣"⑥,并指出"富上而足下,此圣王之至事也"⑦。即让上至君王下至平民百姓都富足,这是圣王的作圣之事。

但是先秦儒家的民富与国富并重,甚至从逻辑上讲民富优先于国富的思想并没有得到当政者实实在在的践履,相反,另一种国富民富

---

① 《孟子·尽心上》。
② 《孟子·离娄上》。
③ 《孟子·尽心上》。
④ 《管子·牧民》。
⑤ 《管子·五辅》。
⑥ 《管子·君臣上》。
⑦ 《管子·小问》。

· 367 ·

论则在历代统治中大行其道。这观点就是：在国富与民富的关系问题上，主张"国富"优先于"民富"，并从理论逻辑和实践逻辑两个层面论证这一似乎亘古不变的"真理"。比如，先秦法家代表韩非子就曾明确指出，"欲富尔家，先富尔国"。此后，"富国"似乎成了"富民"的逻辑基础和前提条件。因而，古往今来，在"国家利益"这样一个大视野下，"个人利益"被缩小，甚至常常被忽略。即使某些朝代也曾采取过"轻徭薄赋"等休养民生的方式来增加个人财富，但终究也不过是作为维持封建王朝稳定的权宜之策而最终被取消。因此，在中国漫长的封建社会中，民众的生活似乎从未得到过统治者作为一种目的价值的关注，"水深火热"始终是对中国民众生活最真切的描述。也正因为此，封建王朝与人民大众的矛盾也从未得到真正的调和过，而此起彼伏的"民岩"事件则导致了中国历史上一个又一个朝代的兴衰更替。

王夫之熟读经书，通晓历史，他深刻地意识到：历代农民起义（他尤其关注明末农民起义）的根由即"民穷"，而且是太穷了。可封建国家却常常富可流油，封建统治者包括皇帝个人甚至在国破家亡之后，还留下无数财富，却拱手让给了灭亡自己的敌人（如明末的崇祯皇帝）。王夫之痛恨封建社会流传下来的这种财富分配现状，他在国富与民富的关系问题上有超越传统的创见。尽管，王夫之的思想总体上承继了传统孔孟之道，但他的可贵之处，在于他研几趋时的创新与对传统的突破。具有说来有以下三点。

第一，在关于"国富"问题上，王夫之主要讲了两个问题：一是国家要不要富裕？二是怎样保持国家富裕？

关于国家要不要富裕的问题，王夫之认为，国家没有必要拥有大量的财富。原因有二：其一，因为国家本来就是富有的，没有必要通过拥有财富的数量来证明富有。从自然资源的角度，王夫之认为，国家不要担心富裕或者贫穷问题，因为国家地大物博，资源丰富。他说："天下之财，自足以应天下之用，缓不见其有余，迫不见其不足。"这里的"天下"相当于今天的国家或者政府。这里面包含如下含义：国家不必担心财富不足的问题；国家积聚或者掌握财富应该是为了"应天下之用"，而不是为了满足君主或者少数特权阶层的需要。正是在这个意义上，王夫之认为国家掌握的资源不必过多，而应该散之于民。为什么呢？一方面，如果国家掌握的财富资源过多，则会导致某些特权者为了无偿霸占国家财富而拼命争夺，从而激发统治者内部矛盾，而国家总财富却不会增加，经济也不会发展。"此有故存焉：财盈，则人之望之也赊；财诎，则人之谅之也定。见有余者，常畏其尽；见不足者，自别为图。"这个观点深刻而大胆，是从皇权（朝廷）至上，破茧而出走向关注个人利益的一次大胆的理论构想。

其二，如果国家集聚大量财富，统治者又以国家财富为天子个人财富，那么就会出现以下两种情况。

第一种，如果君主人为地去"据之以为天子之私"，则相对来说国家还是贫穷的，一旦国家出现旱涝饥荒或者战争，仍然没有足够的"公财"予以抵抗灾难。若果这样，那么国家就危险了，其民众就会动乱，故曰"国贫以危，其民乱"。① 王夫之以唐宣宗（847—858年在位）为例：

> 自德宗以还，代有进奉，而州郡之积始亏。然但佞臣逢欲以邀欢天子，为宫中之侈费；未尝据以为法，敛积内帑，恃以富国也。宣宗非有奢侈之欲，而操综核之术，欲尽揽天下之利权以归

---

① （明）王夫之:《船山全书》第 3 册，岳麓书社 2011 年版，第 349 页。

于己。白敏中、令狐绹之徒，以斗筲之器，逢君之欲，交赞之曰："业已征之于民，而不归之于上，非陈朽于四方，则侵渔于下吏，尽辇而输于天府者，其宜也。"于是搜括无余，州郡皆如悬罄，而自诩为得策，曰："吾不加敛于民，而财已充盈于内帑矣。"乱乃起而不可遏矣。唯其积之已盈也，故以流艳懿宗之耳目，而长其侈心。一女子子之死，而费军兴数十万人之资。帛腐于笥，粟陈于廪，钱苦于砌。狡童何知，媚子因而自润，狂荡之情，泰然自得，复安知天下之空虚哉？一旦变起，征发繁难，有司据空帑而无可如何，请之于上，而主暗臣奸，固不应也；号呼已亟，而或应之，奏报弥旬矣，廷议又弥旬矣，支放转输又弥旬矣。兵枵羸而不振，贼乘敝以急攻，辇运未集，孤城已溃，徒迟回道路，为贼掠夺，即捐巨万，何当一钱之用哉！①

这段话，以经验叙事的方法，详尽地说明君子以国家集体的名义积聚财富而导致国贫民乱的结局。唐朝奸臣以"富国"为名，大肆掠夺地方政府乃至百姓财富归诸皇宫内廷来"流艳懿宗之耳目"，结果却导致在发生内乱之时再无财力准备战事。

第二种，如果君主视天下之财为私财，则会想尽一切办法把国家财富积聚下来留给子孙后代，代代固守财富，而对于天下之大用，则会任其盈虚。"有天下者而有私财，则国患贫以迄于败亡，锢其心，延及其子孙，业业然守之以为固，而官天地、府万物之大用，皆若与己不相亲，而任其盈虚。"② 如果这样的话，那么国家掌握的财富资源并没有用于发展社会经济和生产，不但民众会因此而贫穷，并进而起义

---

① （明）王夫之：《船山全书》第10册，岳麓书社2011年版，第1030页。
② 同上书，第76页。

造反，而且国家也没有得到应有的发展而衰落，却给敌国可乘之机。

由以上分析可以看出，王夫之对传统的"富国"论定论持鲜明的反对态度，而这种鲜明的态度源于他对历史和现实的经验的反省与总结。因为他清醒地认识到，封建国家的财富常常被君主或者官吏据为己有，而导致真正意义上的"国贫"。正是基于以上理由，他认为国家不需要拥有大量的财富来显示富裕，只要掌握适度的财富就可以了。王夫之非常卓越地认识到：国家的财富不是君主或者某些官吏私有之物，它本应是取之于民、用之于民的公天下之财；既然如此，如果使财富直接分散于百姓手中，一方面是真正发挥了财富的作用，另一方面也不会使某些统治者起贪心，而使国家困于内耗。王夫之经济伦理思想的卓越之处，正在于他对个人利益的重视。

第二，在关于民富问题上，王夫之认为财富掌握在谁的手里比较有利于国家经济的发展和社会的稳定呢？

王夫之鲜明地主张富民。理由有以下两点。其一，其关于富民的主张，同样有维护统治者的稳定统治之诉求。他认为民穷必然动乱，这是历史的经验事实，明王朝走向灭国的可悲命运，亦是因为民不聊生，遂"揭竿而起"导致。其二，但更多理由则是王夫之对民众现实生活之疾苦的同情。他用忧郁、沉痛、愤懑的笔调控诉了封建社会中民众生活之艰难。他说，秦统一天下以来，"守令浮处其上，而民非其民"，由于贪官墨吏的残酷盘剥，使民众"草食露处，质子鬻妻。"甚至处于"一日未死，一日寄命于硕鼠也"的悲惨境地，最后发出"天地之生，几无余矣，不亦痛乎"[1]"悲哉！乱世之民；愚哉！乱世之君"的深切哀叹。由此可见，王夫之提出要使民富，并不仅仅出于

---

[1] （明）王夫之：《船山全书》第3册，岳麓书社2011年版，第362页。

工具性目的，还有其十分合理而深刻的目的论意义。他是站在"人的生存"的角度或者人性关怀的角度来思考财富分配的，他认为民众同样为人，应该具有一种天生的平等性，不应该过这样一种悲惨的生活。这不能不说是王夫之经济伦理思想中特别突出的"新"创见，也是其富民论与传统富民论之本质区别所在。在这里，王夫之不再高高在上地视追求物质利益的民众是小人，而是直截了当地承认这种物质利益之必要性。这源于王夫之对时代发展趋势的自觉意识，是进步而有启发性的。他主张要加强贸易流通，其目的也在于富民，"金钱去彼即此，尤百为之所必需，以裕国而富民，举在是乎？"① 认为以货币为流通媒介的商品贸易，可以裕国富民。

第二，在富国与富民的关系问题上，王夫之的认识十分辩证。"民之为道也，有恒产者有恒心，无恒产者无恒心。苟无恒心，放辟邪侈，无不为已。及陷乎罪，然后从而刑之，是罔民也。"② 只有民富了才有忠诚于国家的恒心，如果采取病民的政策，使百姓陷入贫困，只能导致国破家亡的严重后果。

又说：

> 国贫以危，其民乱；国富以安，其民淫。将欲止乱，则勿使民贫而厝以安；将欲止淫，抑勿使民富而试之危乎？此弗待有识者而知其不可。则奚以不可邪？曰：国富以安而民淫，非果富而能安也，贫之未著而危仅未亡也。贫未著，不可谓不贫；危未亡，不可谓不危。中虚而外不载，尚有其生而无以自遂，故淫生焉，则郑是已。③

---

① （明）王夫之：《船山全书》第10册，岳麓书社2011年版，第1059页。
② （明）王夫之：《船山全书》第8册，岳麓书社2011年版，第305页。
③ （明）王夫之：《船山全书》第3册，岳麓书社2011年版，第349—350页。

第七章 王夫之经济伦理思想的历史地位及现实启示

传统观点认为，国家贫穷以至危险，老百姓就会动乱，国家富裕安逸，老百姓又会奢侈淫逸。那么，统治者为了防止民众动乱，则会想办法使百姓不贫穷而使之得到妥善安置。那么，是不是说，为了防止百姓骄奢淫逸，就不使百姓富裕而试图将之推向危险境地呢？王夫之以郑国为例，明确地反对"勿使民富而试之危"的做法，因为民淫并不真的是"国富以安"的结果，只是贫穷还不是那么的显著，因而危险还没有到国亡的境地罢了。虽然贫穷没有显著地体现出来，但不能说就不是贫穷，百姓愈来愈贫穷而没有解决办法，所以也会奢侈淫逸，即贫穷也可能出现"民淫"的情况。因此，统治者不要被表面现象蒙蔽了。这个观点十分深刻，这是从人性的角度作出的解读，对当今现实亦有重要启示意义。比如，郑国表面看起来"瘠生乐兵亟战"①，其实百姓十分贫穷，"所不贫者，免于道殣已尔，所未危者，免于易子析骸已尔"②。如果真的使百姓"富而能安"，百姓一定会"静好之乐取之室家，余于欲而修其礼，奚以淫哉？"③ 只有民不足，则"莫能自乐，爱日而玩之，流荡其思，死且不恤，贫与危无与为警，而偷以淫焉，奚待之安富之余也！"④ 这是从民贫导致民淫的角度谈使民富的重要性。

> 故善治心者，广居以自息，善治民者，广生以息民。民有所息，勿相恤而志凝焉。进冶容、奏曼音于其耳目之前，视之若已餍之余肉，而又奚淫？⑤

---

① （明）王夫之：《船山全书》第3册，岳麓书社2011年版，第350页。
② 同上。
③ 同上。
④ 同上。
⑤ 同上书，第351页。

因此善治民者，一定要使百姓休养生息，这样才能凝聚人心，众志成城，又怎么可能会出现百姓骄奢淫逸的情况呢？

王夫之非常辩证地推论出"民贫，则民恤，民恤则民昵，民昵则民淫，民淫则国亡"的逻辑结论，因此，他极力主张"审情之变，以夙防之，欲嗇其情，必丰其生，乐足不淫而礼行焉"。王夫之认为人民只有富足了才会讲礼节。

由以上论述可见，王夫之在富国与富民的关系问题上，其基本的价值取向是主张"藏富于民"，反对国家与民争利。一方面，国家贫富与否主要是通过民富民贫来体现；另一方面，民富则能保障国家的稳定和强大。他反对传统"富国优先于富民"的思想，而强调富民优先于富国，富民是富国的先决条件，这种国富民富关系论甚至在今天仍具有借鉴意义。

他以民族国家的强盛富强为目标，以国民的富裕幸福为基础，将国家利益与人民利益放到了同样的高度。王夫之也是中国古代史上，在私有制等级制度框架内，首次倡导国家利益与国民利益一致的先行者。只是这种主张试图在维持原有制度框架内得以实现，只能是王夫之一厢情愿式的理论构想而已，注定是无法成为现实的。

第二节　王夫之经济伦理思想的历史地位和作用

在中国的明清王朝交替之际，王夫之既没有像传统道家那样作老庄式的逸民而隐居，也没有如方以智那样托身僧侣而逃避时代的潮流，借用他的话说，就是在"活埋"中担负起拯救生民与民族的责任。他以历史为依据、以现实为基点,对社会经济问题和经济现象所做的伦理思考,在历史上具有重要的作用和地位。萧萐父曾经对王夫之经济思想的历史地位和理论贡献有一段较为客观而科学的论述:

> 如果我们承认上述思想是王夫之经济思想的主导方面,是王夫之提供给当时中国社会的新思想的话,那么,这种遵循自然法则以发展生产、流通和解决人民生计的思想只要能被付诸实践,其结果就只能是使中国进入一个自由竞争的市场经济的社会。他的这些思想不仅在当时具有进步意义,而且至今也能给人们以有益的启迪。然而,我们也看到,王夫之的经济思想中也有许多自相矛盾的言论,当"新的突破了旧的"的时候,旧传统的无形之手总是试图把他拉向后转,因而他也重复过许多前人说过的落后的、保守的话。但在思想史研究中,我们遵循这样的原则,即主要看他提供了哪些前人没有提供过的新的东西,这才是评价他的思想贡献的主要依据。[①]

那么,在经济伦理思想领域,王夫之提出了哪些前人没有的思想?这些东西又对后来的中国学人或革命者提供了怎样的有益借鉴呢?

一 学界关于王夫之思想是否具有"启蒙"性质的争论

王夫之对经济现象的伦理审视,恰好反映了中国经济从传统的以自给自足为主要特征的自然经济向近现代资本主义经济发展的历程,但这种经济伦理思想又是在试图维护中国传统的伦理价值观的

---

① 萧萐父、许苏民:《王夫之评传》,南京大学出版社2002年版,第495页。

前提下进行的。因此，其经济伦理思想中经常出现"旧"的传统因素与"活"的近代因素相互纠缠的现象就不足为怪了。王夫之经济伦理思想提出的新东西主要是指其中含有"启蒙性"因素的活的部分。

在分析王夫之经济伦理思想的新因素之前，首先有必要探讨当前学界关于王夫之学说是否具有"启蒙性质"的争论问题。关于王夫之思想是否具有"启蒙"性质的问题争议较大，至今仍无断论。"启蒙说"的代表人物有侯外庐（船山"以一位哲学思想家开启了中国近代的思维活动"，1958），萧萐父（船山是"中国明清之际早期启蒙思潮的哲学代表"，2010），李守庸、唐凯麟（船山"具有近代启蒙主义经济伦理思想的色彩"，2004），王泽应等；"反启蒙说"代表人物有蔡尚思（王夫之"不可能具有近代反封建传统的思想"，1985），张岱年（"他是站在小地主和农民方面来反对大地主的""在基本上他是不代表商人阶级的"，1954），苏联学者布罗夫（认为侯外庐"带着明显的把王夫之现代化的特征"）。还有介于两者之间的代表人物如嵇文甫、陈来等。比如，说"他所代表的还是地主，虽然是开明的地主"（嵇文甫，1962）；又说船山不是反传统而是重建正统，但在重建儒学正统中有"超越的"新特质（陈来，2004）。而当前一批新起的船山学后秀如陈力祥、陈赟等基本持"启蒙论"立场论述船山的某些经济观点。

"反启蒙说"所持的根本观点是：王夫之是站在何种角度或者立场来反对封建特权的，如果站在市民阶层或者商人的立场则具有启蒙性质，否则，顶多只能算作传统中的"异端"。

这种观点有独断之嫌，理由有二。其一，从理论上讲，启蒙与传统这两个因素紧密相连而不是绝对分离。正如成中英先生所言：

"传统与现代化之间具有非常复杂，甚至可以称为'辩证的'关系。不仅传统之中涵有近代性的因子，而且现代化本身亦绝非全属现代，其中也有脱胎于传统的成分。……事实上，任何传统都不是静止的，也不是单纯的；传统本身便包含着内在的矛盾，而足以导致改变。就传统和现代化的关系来说，传统内部自有其合理的成分，并能继续吸收合理性，因而可以与现代化接榫"[1]。这段话明确地说明了传统中何以会存在近代性（现代性）因素萌芽的原因，那就是因为"传统本身便包含着内在的矛盾"，这种矛盾就蕴含着向前发展的进步性因素。王夫之经济伦理思想中蕴含的诸多矛盾甚至冲突的观点，恰恰彰显了他试图冲破旧传统的约束走向近代社会的种种努力，尽管这种努力有时候是非常不彻底的，常常出现"死的拖住了活的"的反复，也反映了封建社会一位有进步意识的知识分子亲身体验的前所未有的"无奈"。其二，关于王夫之到底是站在哪一个阶级立场说话的问题存在以偏概全、一叶障目的缺陷。我们知道，王夫之的思想体系极为庞杂，由于自身以及社会等诸多因素，他的思想体系常常出现许多矛盾甚至相悖的命题，而且其辩证法水平已经到了一个新高度，所以他有许多并不是矛盾而是非常辩证的观点。而"反启蒙论"者往往抓住其中的一个方面或者某个观点（当然可以确认为代表旧地主阶级的观点），如"生民者农，戕民者贾"，由此分析他代表农民、地主，而反对商人，而不知他有更为惊人的大胆的理论，如"大贾富民，国之司命"。王夫之思考的任何问题都源于他强烈的爱国情感和民族意识，这导致了他对很多经济伦理问题的分析并不是仅仅从社

---

[1] 转引余英时《中国思想传统的现代诠释》，江苏人民出版社1989年版，第106—107页。

会经济发展的角度，更多的是从维护社会稳定和民族存在与发展之视角而开展的，这决定了其经济伦理思想中新与旧交织、创新与落后并存的状态是不可避免的。要客观地、实事求是地评价王夫之的经济伦理思想，就不能因为其中的某些观点契合了新兴市民阶级就说他是市民阶级的代表，也不能因为其中诸多的落后守旧思想，而把他当作一个封建落后的地主阶级，看不到他开明、与时俱进的进步一面。可以说，王夫之在对社会政治经济之现实问题的思考上，尚未以新兴社会阶级的面貌出现，这既是一个现实，也是一个时代之必然，但是其在形而上层面的理论思考中，却体现了卓越的超越意识和前瞻的胆略。

二 王夫之经济伦理思想的历史地位及影响

王夫之无论是对历史经济问题，还是对其所处的明末清初的实现世经济问题和经济现象，均开展了深入的思考和尖锐的批判，这些思想与批判对中国近现代社会的发展产生过重大影响。萧萐父说："十九世纪中叶以后，伴随着中华民族在深重灾难中觉醒，《船山遗书》应时刊布，流播日广，船山思想乃被广泛重视，或挹其精华，或取其糟粕，谭嗣同、杨昌济等剥石以取玉，曾国藩及何键之流买椟而还珠，同声褒扬，而用心各异。"[①] 王夫之经济伦理思想的历史地位及影响，具体来说有以下四点。

第一，对封建行政权力过多干预经济运转的反思与批判，奠定了商品经济中"自由精神"的伦理基础。对此，萧萐父先生曾有一段详细的论述："判断一种经济思想有没有近代意义，不是看它表面上是

---

① 陆复初：《王夫之学案》，湖北人民出版社1987年版，第3页。

重农还是重商，而是看它如何对待行政权力与社会经济运作之间的关系。三千年中国君主专制主义得以长期延续的奥秘之一，就是行政权力直接干预社会经济运作；而一起近代经济学说的根本特征，就在于使社会经济运作最大限度地摆脱行政权力的直接干预，使经济得以按其发展的自然规律运行。正是在这一点上，我们认为，无论王夫之有多少重农的言论，抑或有多少重商的言论，二者又如何自相矛盾，但他毕竟在使社会经济运作摆脱行政权力的过多干预上迈出了关键性的一步，使他的经济思想与传统的经济学说之间划出了一道比较明显的界线，从而初步具有了近代经济思想的特征。"①的确，尝试对封建行政权力展开批判，这是王夫之经济伦理思想最具启蒙特色的问题域。无论是英国的古典政治经济学家，还是马克思、恩格斯都深刻地批判过东方社会行政权力直接干预社会经济运作导致东方社会发展长期陷于停滞的现实。英国古典政治经济学的代表人物亚当·斯密认为：自由是资本主义经济健康正常运行的必要条件，他把劳动权当作个人的私有财产，然后从私有财产神圣不可侵犯的角度出发，论证自由经济的必然性。而王夫之没有如亚当·斯密受到当时成熟的自由主义思想的影响，因而其对自由的论述主要不是形而上层面而是形而下层面的：一方面，他认为"天地之大""山泽之富"，皆"宽之于公"，足够养活天下人，根本用不着担心物产匮乏的问题，这自然是时代局限所致；另一方面，他从人都有自求生存的欲望和本能等抽象的人性论出发来论证"人则未有不自谋其生者也，上之谋之，不如其自谋"的观点，认为行政权力越是干预经济运行，就会"夺其治生之力"，越使百姓"生计愈蹙"。他反对历代专制统治者自以为他们养活了老百

---

① 萧萐父、许苏民：《王夫之评传》，南京大学出版社2002年版，第458页。

姓的思想。王夫之一针见血地指出，正是由于统治者使用权力时的僭越，才导致了百姓的困苦和贫乏。同时，他还反对运用行政权力来干预市场价格。王夫之似乎看到了市场及其背后看不见的手的作用，他不是从理论上而更多的是从历史的事实中看到市场规律运作的不可违背性。萧萐父先生认为，这是王夫之经济思想中"值得珍视、具有现代性的理论资源"①。

中国近现代革命人士继承发扬了王夫之的经济自由理念，为推动中国社会的近代转型奠定了理论基础。谭嗣同对当时洋务派采取官办、官督商办的工矿企业的经营模式极力反对，认为他们这样做的目的不是为了促进经济发展，而是试图更加稳固封建主义的统治力量，所以他主张行政权力减少对工商业的限制，使之"专趋散利于民一类"②，并对封建权力强行干预经济发展给予了辛辣的讽刺，"中国所以不可为者，又上权大重，民权尽失，官权虽有所压，却能伸其胁民之权，昏暗残酷胥本于是，故一闻官字即蹙额厌恶之"③。另外，他还对封建统治者采取种种手段阻碍资本主义经济发展给予了尖锐批判。比如，反对对民族资本主义征收厘金，他说："今之厘金局不废去，则商务日坏，民生日棘，诚无能为矣。故言理财，必自废厘金始。"④这些都证明王夫之的自由经济思想已经深刻地影响着近代革命人士。

第二，对传统道义论和功利论的辩证批判，奠定了个人"个人利益"的合法地位。王夫之经济伦理思想的启蒙特色还表现在他对个人

---

① 萧萐父、许苏民：《王夫之评传》，南京大学出版社2002年版，第469页。
② （清）谭嗣同：《谭嗣同全集》，生活·读书·新知三联书店1954年版，第443页。
③ 同上书，第442页。
④ 同上书，第99页。

利益的维护上。① 作为一个曾经试图谋取封建社会功名却被农民战争警醒的知识分子，他思考问题的路径是双向的：既站在统治阶级的立场，也站在普通民众的立场。站在统治阶级的立场，他看到了普通民众对于稳定封建统治秩序之重要性；站在百姓立场，他体会到了因为贫困、饥荒、压迫而被迫"揭竿而起"的艰难处境。正是由于这样的双向立场，他敏锐地却也辩证地看到了维护个人私利的合理性与必然性。我们知道，在古代社会，"政治的身份有优先权，有这些身份随后才获取或才能获取财富"，"一切获取追求都是由'与身份相符的生计'的观念来决定衡量和限定的"。② "与身份的相符的生计"才是合伦理的，不受身份限制的经济动机是不合理的，采取手段满足"不合理的"经济动机的行为则是非法的，是"在生活康庄大道之外的旁沟暗角里搞些冒险活动"。"从传统社会向近代社会转变的一个关键因素是，使以往被视为'不正常'或'不正当的'经济动机变成'正常'和'正当'的。"

那么，王夫之试图使哪些过去被视为不正常、不正当的经济动机变得正常和正当呢？首先就表现为对"现世欲求"的合理性辩护。从理欲合一的人性论辩证，到"人则未有不自谋之心"的经济人假设，

---

① 中国传统儒家的在义利观上的基本思想就是道义论，把义与利截然相分。孔子认为讲义是君子的特征，讲利是小人的特征。孟子认为利是亡国的祸根，义是王天下之根本；董仲舒则主张"正其谊不谋其利，明其道不计其功"，绝对地肯定道义的至上价值，否定功利的价值，从根本上否定了个体私人利益追求的正当性与合理性，把人纯粹化为精神的实体，而持这种观点的立场显然是统治阶级，是封建专制主义维持稳定剥削制度的根本途径。明代开始，在思想界又出现片面地强调个人私利的声音，以人均有趋利避害的本能出发，对传统儒家的道义论思想作了摧枯拉朽式的批判，揭露了传统儒家道义论名义实利的虚伪面孔，强调追求个人私利的合理性。持这种观点的显然是当时处于被压迫被统治地位的普通民众，他们过分地强调个人的私利，而忽视社会公利即道义遵守之必然性。显然，这样的观点仍然停留在中国传统农民战争的窠臼之中。

② [德] 马克斯·舍勒著：《资本主义的未来》，罗悌伦等译，生活·读书·新知三联书店1998年版，第10页。

王夫之在批判继承传统道义论和功利论的基础上，为人的"自利欲望"或"自利动机"进行合法性和合伦理性辩护。在某种程度上，王夫之似乎意识到"精神界就是不折不扣地服从利益规律"的经济生活定律。① 在王夫之的伦理思想中，对经济利益的追求就成了主体行为的原动力而得到了肯定和辩护。这种思想把超越"符合身份的维持生计"的经济行为从"不道德性"的价值评价中解放出来。逐渐地，在王夫之的整个思想体系中都出现了一个细微的转向，即从传统儒家以关注社会整体、群体利益到关注个体利益的转向，尽管这个转向并非出于理论上的主动构建，而是迫于农民战争之残酷现实，但这种对个人正当权益的重视已经披露了其思想之启蒙因素。他不仅从个体的层面论证了追求个体利益的正当性，而且从社会整体的发展角度论证了其合理性，认为个人的自利行动必将自然导致社会整体的进步与国家的繁荣。这一观点，与亚当·斯密有近似之处。

第三，对传统重本抑末思想的辩证批判，合理奠定了商人的"至上"经济地位。萧萐父先生认为，王夫之经济伦理思想的近代性主要表现就是"新的突破了旧的"，这其中之一就表现在王夫之"具有保护和促进商品经济之发展的思想"。② 事实上，在农商本末的关系问题上，尽管中国传统思想史上的主流观点是重农弃商、重农轻商再到重农抑商，但其中也出现过，甚至西周时期就出现过许多重视商业发展的社会现实和声音。例如，西周每年都要举行"籍田"大礼，以传承"重农"之传统；但西周并不轻商，表现在，把从事商业贸易作为一项正当的社会职业，西周社会把社会职业划分为九个，其中商业就属

---

① 北京大学哲学系外国哲学史教研室编译：《十八世纪法国哲学》，商务印书馆1963年版，第460页。

② 萧萐父、许苏民：《王夫之评传》，南京大学出版社2002年版，第470页。

于第六个职业,曰"六曰商贾,阜通财贿"①。《诗经·大雅》甚至说:"如贾三倍,君子是识。"这证明商人获利得到当时社会承认的现实。在思想理论上,也不乏替商人与商业辩护者,如西汉时期的司马迁与桑弘羊等人,则力倡重商思想。那么,我们要思考的是,为什么萧萐父先生认为王夫之保护和促进商品经济的思想具有近代启蒙性呢?因为,他公开地对商业和商人经商牟利的"个体行为动机"作了合伦理的辩护。中国传统社会在伦理观念上,从维护封建社会整体的统治秩序角度,对商业活动有许多的禁忌、限制甚至贬斥,即使鼓励发展商品经济的言论也多是以国家整体利益的角度为出发点。而根据当代德国学者科斯洛夫斯基的观点,商业的动机结构"从宗教和文化的联系中被解放出来却是现代的特征,它不仅是一种资本主义的特征,而且预示着经济时代的到来"②。使商业活动从文化和意识形态准则中脱离出来,本身就有使"经济独立化"的理念诉求,而这个理念诉求则预示着新的经济时代的到来,这是传统社会与现代社会的一个重要区别。诚然,王夫之对商业及商人也存在一些偏见,但从总体上讲,他已经能够从促进经济发展和人们生活需要方面论证商业贸易的合法性、合理性,论证商人存在对社会的"功效"性。

王夫之不仅像前人一样深刻认识到了商人及商品交换给百姓及国家带来的经济繁荣和巨大利益,而且对此提出了许多创见。他的创见主要表现在:他敏锐地意识到了中国社会即将进入一个"大贾富民,国之司命"的新时代;他清楚地意识到社会经济发展的潮流是无法逆转的历史事实,他敏锐地看到了经济的发展之大趋势,大贾富民不仅

---

① 《周礼·天官·冢宰》。
② [德]科斯洛夫斯基著:《资本主义的伦理学》,王彤译,中国社会科学出版社1996年版,第7—8页。

不应当被诅咒，而是应该被扶持，而且在将来必将关系到国家的生死存亡。正如恩格斯所说，商人对于从前一切停滞不前、可以说由于世袭而停滞不变的社会来说，是一个革命的要素。在传统世袭的封建国家中，农民、地主以及城市工商业主都是通过"世袭"的方式继承祖上遗留的一切。但是，自从社会中以从事商品交换为专门职业的商人出现，这种传统的、根深蒂固的世袭制度将会不可避免地受到冲击，所以"现在商人来到了这个世界，他应当是这个世界发生变革的起点"[①]。对于大量商人的出现，商品贸易的频繁而可能给这个传统的"世袭"社会带来的深刻变化，王夫之是有深刻认识的。正是在正确认识商人经济地位的前提下，在获取社会地位和社会财富途径分析中，王夫之格外强调因强弱、聪愚及勤惰等个人禀赋不同而导致的差别，并肯定这种差别的正当性，这就为商人获利和商业贸易作了非常有益的理论辩护。

王夫之的这些敏锐的创见不是凭空想象，而是基于这样的社会现实：商品经济的发展带动了城市经济的发展，封闭的消费性区域被开放性的商品贸易城市所取代。为此，他突破了传统的四民划分中以商人为最卑贱的偏见，肯定了"歙、休良贾移于衣冠"的政治现实。为了使封建专制制度能够适应必将来临的商品经济的发展，他提出了许多具体经济主张，主张打破地区之间经济贸易的限制，"以通天下之货贿，可无用关也"[②]。同时，旗帜鲜明地提出"惩墨吏、纾富民"的保护商品经济之主张。

第四，对传统俭奢观鞭辟入里的批判继承，奠定了以"絜矩之

[①] [德]马克思著：《资本论》第3卷，中共中央马克思恩格斯列宁斯大林著作编译局译，人民出版社2008年版，第1019页。
[②] （明）王夫之：《船山全书》第8册，岳麓书社2011年版，第910页。

道"为评判标准的新民本主义消费观。传统社会中,人们通常会把积累物质财富多少、金银的多少或者货贿的多少作为衡量富裕与贫穷的主要标志,这也适合以农耕为主的自然经济社会。但王夫之敏锐地意识到:一个国家的富裕不仅意味着单纯财富的积累,更意味着生产和交换的扩大;富国富民的根本不在于金银的采掘,而在于生产的发展和生活必需品的丰富。这个观点与亚当·斯密的经济学观点是一致的。因此,王夫之在消费理念方面提出了新的创见:既要适当节俭又要适度消费。适当节俭的目的不是积累无用的金银,而是为扩大生产提供资本,而正当消费也是为了要刺激经济的发展。他把传统的提倡节俭、反对奢侈的观念改造成反对吝啬守财、反对侈者藏以取利的观点,提倡适度消费,以利国利民。因此王夫之的消费观里面渗透着强烈的新民本主义精神。

王夫之的消费观直接地影响了中国近现代革命人士。谭嗣同以王夫之俭奢论为理论基点,鉴于当时清朝的经济发展现实,指出封建地主阶级为了保存体现他们特殊利益的封建经济制度,故意制造出一种"崇俭"理论。谭嗣同认为,封建地主阶级宣扬崇俭不是真正为国家发展,人民生活着想,而是醉翁之意不在酒,他说"俭至于极,莫如禽兽。穴土栖木以为居,而无宫室;毛羽蒙茸以为燠,而无衣裳;恃爪牙以求食,而无耕作贩运之劳,以视世人,谁能俭者?"[1] 封建地主阶级崇俭,实际上是要求社会经济生活停滞于原状的表现。他尖锐地揭示封建统治阶级崇俭的虚伪性:表面上提倡节俭,但实际上他们为了追求物质利益,满足物质生活欲望,凭借自己的政治权势,残酷地榨取人民的脂膏;更为恶毒的是,他们借口崇俭,反对人民追求正当

---

[1] (清)谭嗣同:《谭嗣同全集》,生活·读书·新知三联书店1954年版,第38页。

的物质利益。他说"故私天下者尚俭，其财偏以壅，壅故乱；公天下者尚奢，其财均以流，流故平"①。谭嗣同主张富民要奢，并揭示奢的重要性，但他并不是主张铺张浪费，而是希望改变地主阶级固守财产不思改变的态度：一方面他揭示这种累积财物，"紧握生民之大命"而最终必将激起农民的反抗，造成毁灭自己的结局；另一方面他科学的预测，这种藏财于已的做法将会使社会经济停滞不前。因此他坚决要求采用资本主义的经营方式，把积累的财富用于兴办各种企业，鼓励拥有大量财富的地主，积极投资于新式的工业生产，从而自觉地完成封建经济向资本主义经济的转向。

革命党人章太炎在俭奢之辨中的立场也深受王夫之思想的影响，他极力提倡奢侈消费，反对节俭。但他首先为"侈靡"正名，认为"侈靡"并非穷奢极侈地挥霍物质财富，只是"适其时之所尚，而无匮其地力人力之所生"②。他又指出，随着物质生产的发展，人类正常的消费水平也必然相应地提高，"天地之远，愈久而愈文明，则亦不得不愈久而愈侈靡"③。他又力证侈靡反过来对物质生产和物质文明的巨大刺激作用：侈靡消费推动了百工技艺的进步。从而得出了一个结论："是故侈靡者，工艺之所自出也"④。百工技艺进步了，"一方或有余，而一方或不足"，在生产和供应上的不平衡就此出现，于是"商贾操之以征贵贱"，侈靡就这样又成为刺激商业发展的根本动力。"侈靡者，轻重之本，而泰西商务之所自出也"⑤。章太炎崇奢既反映了中国资产阶级以消费促生产和流通的迫切要求，同时反映了企图借

---

① （清）谭嗣同：《谭嗣同全集》，生活·读书·新知三联书店1954年版，第44页。
② 章太炎：《章太炎全集》卷三，上海人民出版社1985年版，第43页。
③ 同上。
④ 同上。
⑤ 同上。

此与西方商战来救亡图存的强烈愿望。梁启超更认为，对俭和奢的不同观念造成了东西方或贫或富的不同结果。"西人愈奢而国愈富"，而在"尚俭"的东方诸国，则因"举国之地利日湮月塞"，不得开发，以致"穷蹙而不可终日"。他说，"所最恶者则癖钱之好，守财之房……此真世界之蟊贼、天下之罪人也"。① 不仅如此，梁启超还主张征收赋税以"便民"为原则，实行轻税、平税政策，反对与民争利的"国民所急而税"的传统观点。毛泽东则从人民群众的角度，以王夫之的理欲观为基础来思考消费问题，在他的《讲堂录》中曾这样说道："志不在温饱，对立志而言，若言作用，则王道之极亦只衣帛食粟、不饥不寒而已，安见温饱之不可以谋也""乐利者，人所共也。惟圣人不喜躯壳之乐利，而喜精神之乐利。"他在《读〈伦理学原理〉批注》中说道"个人有无上之价值，百般之价值依个人而存，使无个人（或个体）则无宇宙，故谓个人之价值大于宇宙之价值可也。凡有压抑个人、违背个性者罪莫大矣。故吾国之三纲在所必去，而与教会、资本家、君主、国家四者，同为天下之恶魔也。"

值得注意的是，王夫之对于历史或现实经济问题的思考服务于挽救民族危亡和稳定封建等级秩序的目的，甚至可以说维护传统的封建等级制度，是王夫之经济伦理思想的主旋律。他主张行政权力不要干预经济运作，却只是在维持现存的封建等级专制制度的现有框架内；他主张要维护每个个体的正当利益，却没有寻找到解决这个问题的根本途径；他主张发展商业和保护商业的自由发展，却又因为担心商人对社会及封建政权的腐蚀作用而又设置了种种的人为限制；他认为金银的作用不如物产，又恰恰显示了他对自然经济留恋的一面。他坚持

---

① 梁启超：《梁启超文集》卷一，北京出版社1999年版，第9页。

高度辩证的政治伦理原则：一时之大义高于一人之正义，而古今之通义又高于一时之大义。按照这样的伦理原则，族类之存亡、生民之生死，始终是他政治经济思想中关注的焦点。因而他的一些政治经济观点，尽管既有十分辩证的思维过程，又有实践的检验，但我们既无法说他明确地代表中小地主阶级，也无法说他是有意识地代表新兴市民阶级的。从某种程度上讲，他超越了阶级的意识，而这些超阶级的思想意识却又潜在地契合了近现代的人道与民主。只是王夫之的这种无意识地脱离阶级的思维方式是否是有科学价值的或者是可实践的，值得我们思考。正如侯外庐先生所言："夫之的理论是从个人出发的，他的最高理想是圣之功。……他的进步思想多从进化观点上出发，没有阶级意识的历史实践与革命实践的观点，因而他的形式理论就不能不是代数学似的抽象语言。"[1] 离开阶级的观点或历史的观点去研究人性，就一定会露出破绽，这种抽去历史的、阶级外壳的人性，也只是抽象的人性观念，抹杀了人与人、统治者与被统治者之间的差别，因而最终只能流于形式。

第三节　王夫之经济伦理思想的现代启示

王夫之在"民族复兴"梦想的引领下，结合明清之际的社会现实，对六经进行别开生面的新诠释，"究天人之际，通古今之变"，终于成"一家之言"。在当今新的条件下，我们更应该学习王夫之的文

---

[1] （明）王夫之：《船山全书》第16册，岳麓书社2011年版，第1195页。

化自觉精神，"'即事穷理''入德以凝''要变以知常'，对当今中国乃至世界的问题予以'会参其伍'，'通其错综'式的考察……只有这样才能真正做到'为往圣继绝学，为万世开太平'，建构不忘本来、面向未来的中国特色的当代哲学社会科学，造福于中华民族复兴的宏大志业。"①

一 "义利观"对构建当代社会主义"公平效率观"的启示

义利问题是中国伦理思想史的基本问题之一，也是中国经济伦理思想史中不可绕过的重要问题。义利问题之实质就是如何处理个人利益与国家、民族利益之间的关系问题。一个社会的义利观不仅会影响该社会人们道德生活的价值取向，而且会对这个社会的经济发展方向产生决定性的影响。正因为如此，历代的思想家们都极为关注义利关系的辨正问题，都试图对义利问题作出合理的解释。义利问题是任何时代都要面对的问题，在当前我国社会主义市场经济迅速发展的条件下，义利问题既是国家层面需要面对和解决的问题，亦是个人层面需要面对的问题。而王夫之在传统儒家思想基础上，对义利问题所作的深入思考，进而对义与利多维度和多层次的剖析，对构建当代社会主义市场经济的公平效率观具有深刻的启示意义。

社会主义建设的实践经验证明，如何处理义与利的关系问题是直接关系到社会主义改革、发展成功与否的重大问题。历任党和国家领导人均十分关注这个问题的正确导向。尤其十一届三中全会以来，在大锅饭的分配状况被打破之后，如何正确处理义利的关系问题史无前例地摆在了党和国家领导人面前。党的十四届六中全会决议明确提出

---

① 王泽应：《船山思想对建构中国特色哲学社会科学的贡献与启示》，《船山学刊》2016年第4期。

"形成把国家和人民利益放在首位而又充分尊重公民个人合法利益的社会主义义利观"①。至此，国家利益优先、国家利益与个人合理利益一致的新型义利观形成。新型社会主义义利观贯穿于社会主义各个领域而成为最为核心的价值指导，而社会主义义利观在经济领域的贯彻，则具体表现为公平与效率的关系问题。

在公平与效率关系问题上，我党进行了长期而艰苦的摸索。党的第一代领导集体在建国成功后，十分准确地认识到加快发展经济、提高社会主义国家竞争力的重要性，因此提出诸多提高经济效率的途径和方法，同时正确处理了国家、民族以及个人利益之间的关系，提出调动各方面积极因素发展社会主义经济的正确的指导原则。但由于"左倾"思想的盛行，使经济发展走向了脱离实际的追求虚高、虚快的赶超模式，其结果是效率低下，实体经济发展极为缓慢，导致在分配领域，实行按劳分配名义下的平均分配。从经济学的角度讲，绝对平均主义的分配方式是极为不公平的。因此可以说，在建国初期的一段时间，我国经济领域既无效率也无公平。因而，社会主义义利观是落空的。但这种无效率无公平的现状在十一届三中全会后被打破，经济领域在如何正确处理效率与公平的问题上进行了大胆的新尝试。邓小平同志对什么是社会主义作出了科学的回答："社会主义的本质，是解放生产力，发展生产力，消灭剥削，消除两极分化，最终达到共同富裕。"②"共同富裕"这个范畴既是对社会主义本质的回答，亦是对社会主义效率与公平作出的完整的诠释。它深刻地解释中国历史验证的这样一条规律：没有经济发展的效率，就没有真正惠民的公平。

---

① 《中共中央关于加强社会主义精神文明建设若干重要问题的决议》，《人民日报》1996年10月11日。
② 邓小平：《邓小平文选》第3卷，人民出版社1993年版，第373页。

也就是说，现代社会新的公平观应该是建立在有经济效率基础之上的，否则只能是共同贫穷。所以，党的十三大明确地将这种"共同富裕"的原则归纳为八个字即"效率优先，兼顾公平"，这是社会主义新型义利观在经济领域的具体体现。党的十七大又进一步指出："把提高效率同促进社会公平结合起来，初次分配和再分配都要处理好效率和公平的关系，再分配更加注重公平。"在社会主义市场经济体制下，初次分配必定遵循效率优先的原则，或者说，效率优先对于市场经济来说，本身就是一种公平的体现；而在再分配领域，更加注重公平，这是因为，"当前收入差距过大，要加大再分配的力度，适当提高收入均等化的程度"。[①] 从党的十三大到十七大，我党对效率与公平关系的认识，实现了从"唯平等论"向"平等与效率并重论"，再到"效率优先，兼顾公平"的转向。应该说，这种认识是正确的，是适应社会主义市场经济发展的基本规律和社会主义基本国情的正确认识。正是由于这种正确认识以及基于这种正确认识而制定的各项经济政策，才促进我国国民经济的持续、健康地发展与增长，因而人民生活水平也有了巨大的改善和提高。所以我们说，在社会主义市场经济发展初期，"效率优先，兼顾公平"的价值导向无疑是正确的。

但是，在当前的社会主义市场经济持续发展进程中，效率与公平似乎出现了前所未有的矛盾与冲突，出现了重效率而忽视公平的不良倾向，主要表现在这样三个方面：其一，社会经济越来越发展，物质产品越来越丰富，但是人们之间贫富差距的鸿沟越来越大，居民收入的差距越来越大。根据2013年国家统计局对我国基尼

---

① 蔡继明：《公平、平等与效率：何者优先，何者兼顾》，《中国青年报》2014年3月3日第2版。

系数的统计，从改革开放前的0.16已连续10年超过0.4的国际警戒线，达到0.47。这里面主要包括人们整体上收入差距过大；城乡居民之间收入差距过大；垄断行业与非垄断行业之间的收入差距过大；城市居民与农民工之间的收入差距过大，等等。这些问题日益引起思想界及各阶层持续地普遍关注。其二，消费者与商品的和服务的生产者以及销售者之间激烈的冲突。商品生产者及销售者为了在激烈的市场竞争中仍然获取高额的利润，有的采取以假乱真、以次充好的手段，甚至不惜以牺牲消费者身心健康为代价，赚取高额利润，当前在食品行业存在的一些不卫生甚至有害食品就是明证，而且屡禁不止。而缺乏相关专业知识的消费者对商品和服务缺乏辨识能力。其三，少数商品和服务的生产者及销售者之间形成了一个恶性的竞争体系，不仅破坏了市场经济的正常秩序，也严重损害了社会经济的健康发展。

　　针对近几年来市场经济发展的诸多失衡现状，很多人开始批判"效率优先，兼顾公平"的价值导向，主张重新回到公平优先的轨道上来。这无疑是违背市场经济规律的，也不可能真正实现社会的公平原则。要解决这诸多问题，需要有新的视角和新的智慧，而本书认为，王夫之义利观的新视角可以为解决当前问题提供新的思路。

　　王夫之主张"利"，我们需要探究的是，他是从何种视角来寻求"利"的，又是主张采取何种方式来实现利的追求的？王夫之主张的"利"有两层：第一层是从"族类之存亡"即民族国家层面讲的，国家要想方设法发展经济，实现富国强国的梦想。这是由于明王朝被异族（蛮夷）灭亡的惨痛经历，使王夫之意识到，在世界上，一个民族国家要想长久稳定地存在并接续发展，必须有与异族争胜的实力，而这个实力首先就表现为经济实力。王夫之把"夷夏之辨",即维护民族国家的独立富强,放到了"古今之通义"的高度加以强调,认为民族国家的利益是"义",而且是至高无上的"大义",是没有什么可以与之颉颃的至上主义。而"一人之正义""一时之大义"相对于它而言只不过是"私利"而已。从理论上讲,这是一个亘古不变的真理。第二个层面是从"生民之生死"即个人的正当物质利益层面讲的,王夫之主张要保护、维护百姓个人的正当利益。王夫之之所以对于个人正当权益极力辩护:一方面是处于个人强烈的同情感,生活于社会中下层的王夫之,目睹了农民生活之艰辛,常常为生民之多艰而潸然泪下;另一方面,作为一个极具社会责任感的知识分子,他亲身经历了农民因为生活困苦、民不聊生,最后揭竿而起的大起义。在王夫之看来,正是因为农民大起义,才导致了明王朝覆灭。总体上讲,王夫之主张保护个人正当权益,既有出于人性关怀的考虑,也有出于封建政权稳定团结的忧心忡忡。正因为此,他提出了国富必须民富、民富才能国安的基本逻辑。所以,他呼吁实现国家利益与人民利益的一致。

那么,他主张如何实现国家民族利益与个人正当利益的一致呢?他认为,这种一致性不是一下子就能实现的,而是一个缓慢的实现过程。个人的正当利益获得也会因为个人禀赋的差异而出现不均的情况,而这是正常的经济现象。朝廷(国家)可以有所为,也要有所不为。有所不为主要表现在:应该减少行政权力的经济干预,允许自由竞争。有所为:国家要尽可能地减少赋税,减低生产成本,同时严厉打击贪官墨吏的贪污腐败行为。王夫之甚至认为,在某种程度上,百姓生活的困苦主要是由于这些贪官污吏的残酷压榨造成的。

在当前我国社会转型升级，人民内部有些紧张的形势下，我们用王夫之的义利观来审视当前的一切乱象，应该能找到解决的有效方法。

"效率优先，兼顾公平"的价值导向是正确的。无论是对于国家的独立富强还是对于公民个人生活水平的提高，还是市场经济本身的发展逻辑，"效率"始终是第一位的。没有了效率，所谓富国强民最终只能是一句空话。在财富初次分配领域，依据效率分配，这本身就是一个具有相对合理性的选择，因而也是一个相对"公平"的措施。再分配领域，把"公平"放在重要位置，通过行政手段，重新调节收入，在适当的范围内，使收入分配呈现出相对均衡的状态。但我们必须认识到，这种调节只能使公民收入处于相对的均衡状态。而从经济学的角度讲，收入差距仍然是在所难免的。国家要做的是，把这个差距控制在人民可以容忍的程度，不致使富者"骄奢淫逸"。如果真正做到了"效率优先，兼顾公平"这八个字，贫富分化就不会较大。现实社会存在贫富差距，少数富者为富不仁的情况，很多人据此归咎于"效率优先，兼顾公平"这个基本的价值导向，主张重新回到"效率、公平兼重"的唯平等论方向上来。事实上，市场经济出现的一系列乱象，并不是因为坚持了八字导向，恰恰是因为既没有实现有效率的发展，也没有实现兼顾公平而导致的。真正的效率一定是建立在国家、个人利益一致上的效率，任何以损害国家或者公民个人正当权益的经济发展都是低效率的，甚至无效率的。而这种不良现象一定会使获得者遭到同样的惩罚，比如市场上以假乱真、以次充好的行为，虽然表面看来，生产者和销售者获利，但是，这种获利是建立在严重丧失消费者的"信任"而得来的。我们知道，市场经济是一种诚信经济，一旦商家丧失了消费者的信任，它便也丧失了自己的品牌的内在德性，失去消费者,其自身的崩溃也必定是指日可待的事情了。当前许多商家难以为继就是明证。实践证明,一个健康的经济环境一定是建立在互惠、公平、信任等德性基础之上的。

同样,真正的公平一定是建立在有效率发展基础上的公平,不鼓励劳者多得,不鼓励劳动生产的积极性,于社会是不公平的,于个人亦是不公平的。我们既要正确认识当前我国收入分配的差距,同时又要警惕这种差距的扩大,并寻求差距无限扩大的根源。在当前社会,能够获取暴利的无非有两种人:一是贪官墨吏,一是不法商家。因此,如果国家切实实施国家治理的法律手段,控制不良分配的源头并搞好再分配,使经济发展在良性竞争的环境中进行,使每个集团或个人的经济行为都在法制的范围内,即在"义"或"公平"的范围内,那么贫富分化就会自动得到缓解,市场经济中的多数矛盾都可以得到有效解决。

由此可见,要真正化解当前市场经济的乱象,我们有必要重新审视老祖宗给我们留下的宝贵精神财富,用王夫之的义利范畴来重新审视"效率"与"公平"两个概念,并在实践中采取相应的措施,就能有效缓解市场经济中"唯利是图"的乱象。

如何真正实现国强民富似乎还是一个期待真正落实的问题,如何保障改革开放的胜利果实被每一个公民共享,还是一个悬而未决的问题。因此,深入挖掘王夫之义利思想的基本精神,并进行现代诠释,合理转化,对促进和确保社会主义市场经济沿着正确的轨道上健康发展,具有极其重要的现实意义。

因此本书认为,我们应该借鉴王夫之的义利观,从以下三个方面真正处理好社会主义效率与公平的关系。其一,遵循"患不均"的原则,切实改变当前社会贫富差距较大的现状,彻底改变贫困的面积及贫困的程度，以实现社会主义和谐可持续性发展。其二，在发展经济，提高效率的状况下，着力改善人民生活生存的环境，一切以牺牲生活环境为代价的发展都是不公平的，也是不道义的。其三，社会主义公有制为实现人民的共同富裕准备了制度前提，社会主义市场经济亦获得巨大发展，但仍有部分人处于贫困状况，而导致少数人贫困的主要因素，恐怕正如王夫之所言，贪官污吏在其中起了不少的作用。因此，反腐败的工作要持之以恒的进行，保证改革开放的成果真正地为大多数人所共享，这是社会公正之实质所在。

二 "自由、公平、均贫富"等经济伦理理念对正确奠定社会主义市场经济伦理精神的启示

社会主义市场经济体制的健康发展需要依赖健康、有序的市场经济秩序，而健康、有序的市场经济秩序除了需要有明确的法律法规规约，更需要构建一套完善的社会主义市场经济伦理精神或者伦理基础。所谓社会主义市场经济的伦理精神或伦理基础，是指社会主义市场经济条件下，经济主体从事经济活动时所应当遵循的基本伦理原则。这些伦理原则是社会主义市场经济中最根本、最核心的伦理原则。在市场经济体制运行过程中，法的规范与伦理的规范互相补充地发挥着制约市场经济主体的巨大作用。就法与伦理精神的相互关系来说，伦理精神是法的哲学内涵，是法之伦理依据，亦是人们内化法的道德基础。从某种意义上讲，法是形式，道德是内容；法是末，道德是本。由此可见，市场经济的基本伦理精神是市场经济秩序得以建立和健康运行的精神基础。

改革开放30多年来，我国的市场经济发展十分迅速，主要表现为，社会物质财富的积聚越来越多，人们生活水平不断地得到提高，

国民收入在逐年增加，国家综合实力在国际上越来越强。但是在社会主义市场经济迅速发展过程中，在功利目的不断实现的过程中，市场经济领域的伦理失范却在不断积累，市场经济内部的各种矛盾在加深，并有被激化的趋势。在我国市场经济快速发展的过程中，一些违反社会主义基本伦理精神的现象涌现出来，如权钱交易、权权交易，从而导致社会资源配置的不公，财富分配的不公。这些现象也成了当前我国腐败滋生的温床，不仅严重地腐蚀着社会道德，而且必将严重地阻碍社会主义市场经济的可持续健康发展。究其原因，主要是因为，近几十年来，由于一些人急功近利，把经济的数字增长摆在首位，把"利"的实现放到前所未有的高度，尽可能地以低投入、低成本换取高额回报。但是经济主体在适应市场经济对功利的追逐的同时，却忽视了社会主义市场经济之本质要求，即社会主义的市场经济应该是符合社会主义道德的市场经济，社会主义的道德应该是我国市场经济的基本伦理精神或者伦理基础。我国市场经济伦理精神失范导致当前市场经济秩序建设中出现一些"吊诡"现象：一方面，社会主义市场经济的法律法规日益完善；另一方面，经济主体偷税漏税、行贿受贿、以假充真、以次充好的违法犯罪行为层出不穷。这充分说明，没有被经济主体内化的法最终只能走向穷途末路，它无法有效约束被贪欲、私利占满头脑的经济主体。事实证明，重新奠定社会主义市场经济之伦理精神或伦理基础不仅有逻辑上的必要性，而且有实践上的紧迫性。

重构社会主义市场经济的伦理精神，是当前政治界和思想界乃至经济界人士均在主动深入思考的重大时代课题。然而如何有效重构却仍然在摸索之中。本书认为，如果借鉴王夫之对经济发展中伦理精神之建构的方法，应该会有很大的启示意义。

根据王夫之对经济问题的思考，我们可以看出，他在构建经济发展中的基本伦理精神的时候，主要考虑两个因素：一个是如何让经济得到迅速发展。在王夫之看来，这是使民族国家迅速强大的唯一途径。一个是如何在国家经济发展过程中，保证人民的利益，使人民真正享受到自己劳动的成果。这是安定人民，构建和谐社会环境的必然选择。为此，王夫之提出了经济发展过程中必须坚持的基本伦理理念，即自由、公平与均贫富。而这样的基本伦理精神仍然适合当前的社会主义市场经济，原因在于以下三点。

第一，自由是社会主义市场经济的基本伦理基础。这个自由主要是指微观经济主体的生产自由，尽可能地减少政府的直接行政干预。这种干预就今天来讲，主要是指政府的各种批复手续。按照王夫之的逻辑，行政权力如果直接干预经济生产，必然导致"生计愈蹙"。因为，行政权力干预经济，存在这样一些经济弊端：导致经济投入的过程缓慢，生产成本提高。同时存在这样的伦理道德弊端：导致权权交易、权钱交易、权色交易等贪污腐败现象滋生。因此，政府应该真正做到简政放权。遵循市场经济的合理自由原则是当前市场经济的基本伦理诉求。自由是市场经济最本质的伦理精神，经济自由是人要获得最基本自由，只有经济领域有了自由，在其他领域才会有真正的自由。

第二，要建立"公平"的市场经济的竞争法则。公平是市场经济的内在之含义，也是市场经济可持续发展的必要保障。社会主义市场经济的公平不应当是结果的公平。王夫之认为，结果公平是培养懒惰者的法则，王夫之的这一思想仍然适应于社会主义市场经济。社会主义市场经济的公平应该是机会公平、权利的公平和竞争法则的公平。也就是说，通过建立一系列的法律法规，培养人们的公平竞争意识，要避免一些人为因素而导致的不平等。

　　第三，要以实现"共同富裕"为价值目标。王夫之从稳定统治的角度提出要"均贫富"，所谓均贫富并不是要求收入或财产的绝对平等，而是允许在一定范围内存在差距的一个有先有后的过程。从社会主义的角度看，"共同富裕"是我国社会主义市场经济题中应有之义。如果说王夫之的"均贫富"只是具有一种工具论价值，那么社会主义的共同富裕则具有目的论价值，因为社会主义的本质就是要发展生产力，实现全体人民的共同富裕。只有把实现共同富裕作为市场经济的发展目标，才能真正地把社会主义市场经济与资本主义市场经济彻底区分开来。另外，王夫之认为"均贫富"并不是完全平等，均有不均在，因为，每个人的禀赋不一样，如能力、才智、掌握的技术等，而且每个人的主观努力也不一样，这样，在自由竞争的法则下，必然会出现不均等的现象，而这恰恰体现了公平的原则。因此所谓的均贫富，从经济学的角度讲，要允许一定程度内的贫富差距。据此，社会主义市场经济的共同富裕也必然是一个有先有后、有快有慢的进程。因此，在市场经济中出现贫富差距是必然的，这种差距也是市场经济公平性的一个体现。但社会主义的性质决定了，这种贫富差距不应该过大，因为社会主义坚持的集体主义原则、人道主义原则、公正原则以及互帮互助原则，必然应该采取措施，使先富帮后富，快富帮慢富，使全社会有秩序、有步骤地走向富裕之路。因此，社会主义市场经济体制下，需要培养已经富裕起来的经济主体有互帮互助的奉献精神，在已经满足自己利益追求的情况下，把道义摆在首位。这不仅符合社会主义道德精神，也符合个人利益可持续性增长的功利主义精神。

三 "俭奢絜矩"的消费伦理理念对当前消费主义及其伦理困境的启示

众所周知,随着社会主义市场经济的迅速发展以及西方文化的大规模渗透,我国社会在某种程度上,已经成为一种"消费型社会"。人们常常将消费主义作为一种核心价值观。中国的现代化过程伴随的是世界经济全球化的过程,在这一过程中,西方消费主义文化强有力地侵入以节俭为美德的中国传统文化模式,这种消费主义文化特征表现为没有任何批判意识地沉溺于消费,把尽量多地占有和消耗物质当作美好生活和人生追求之目的,使消费本身成为人们一种必不可少的精神需求。人们占有和消费的不再仅仅是物质的使用价值,更多的是物质代表的社会地位的符号价值。正如弗洛姆所言"现代的消费可以用这样一个公式来表示:我所占有的和所消费的东西即是我的生存"[1]。正因为此,人们消费的不再是维持人之生存需要的物质,而是消费者自身永远也难以满足的欲望。人们通过消费来表达自己的生存之价值,通过消费选择的自主性来替代社会高度分工带来的生产自主性的丧失,从而使"消费由一种工具价值上升为人的本质,成为人的本体论中不可或缺的一个环节",而从伦理角度审视这种消费,"人日益成为一种异己的存在,成了'物',是'物'在'生活'"[2]。至此,中国传统消费观念中那些合理的、积极的因素被搁置,消费者的欲望被各种因素空前激发,消费行为出现极度扭曲的现象。这种极端的消费主义不仅在一定程度上破坏了生态环境,而且使人们的生活变

---

[1] [美]埃利希·弗洛姆著:《占有还是生存》,关山译,生活·读书·新知三联书店1989年版,第32页。

[2] 张剑:《消费主义批判的生态之维——基于马克思主义视角的一种解读》,《南京社会科学》2010年第4期。

得压力重重，幸福生活似乎随着物质的增加而渐行渐远。当前，消费主义已经成为一种生活方式，奢侈型消费愈演愈烈，以占有财富的数量为目的，社会媒体尽可能向受众灌输"消费就是生活，幸福生活就是应该有能力购买更多的物品和服务"的理念；适当的超前消费变为过度的超前消费，这种消费以分期付款、信用卡支付等为代表。此种超前消费如一把双刃剑，一方面它为扩大内需，为经济合理发展提供新生动力；另一方面，如果这个超前的量不能得到很好的控制，那么将给人们的工作生活带来无穷的压力。现实证明，许多人正在为没有控制的超前消费承担着前所未有的压力，甚至整个社会体系尤其是中产阶级似乎已经陷入这样的怪圈：过度消费——努力工作——努力偿还。而泛滥的公款消费曾经成为引领消费主义文化的领头羊。幸而这种情况在强势反腐之下得到遏制。

消费主义给人们带来的伦理困境主要表现在以下两个方面。其一，社会生产力的发展，物质产品的极大丰富，个人消费品的数量和质量不断增加、提高，但是人们心理上和生理上的满足感并没有呈现出上升的趋势；相反，前所未有的压力感、焦虑感、空虚感如海啸般向现代人迎面袭来。西方马克思主义代表人物马尔库塞曾一针见血地指出，造成这种精神颓废现象的主要原因，是当前的消费主义价值观要满足的不是需要，而是欲求，欲求超过了生理本能，进入心理层次，它因而是无限的需求；这种无限的需求并不是人真正的需求，而是一种虚假的需求，这种虚假的需求注定没有满足的时候。人在这种追求过程中注定会失败，继而转向颓废。这种颓废的生活状况更带来了各种"离轨"的消费，如酗酒、赌博、吸毒、卖淫嫖娼等各种成瘾性消费在社会泛滥成灾。其二，消费主义导致社会价值观畸形。消费主义遵循的是资本的逻辑，主张视消费为人生的根本价值所在。它使人们在很大程度上将消费的对象和数量当作体现自我价值的工具或手段，人们通过消费来获得身份的社会认同。对消费对象缺乏本质性认识，缺乏人文关怀，消费就成为浪费，成为玩物丧志的途径，它使人的精神空虚、人性迷失、德性堕落。人被异化为物，人际关系被异化为物物关系。

面对市场经济条件下，消费主义的盛行给社会及个体带来的伦理困境，重新回顾中国传统文化中优秀消费理念将会带来极大的启示。应该说，王夫之在其经济伦理思想中，关于消费伦理方面的论述是极为丰富的，其理论既有传统的优秀因子，又具有近代的革命气息。认真领会王夫之"俭奢有度""絜矩之道"的消费理念和消费原则，对于当前我国社会走出消费主义带来的伦理困境将具有以下两个方面的启示。

第一，王夫之主张"资万物"是为了"备生人之用"的观点，对我们认识"消费"之本质、树立正确的消费价值观具有启发意义。王夫之从"理欲合性"的人性论出发，肯定人们对欲望的追求和满足具有合理性。那么，消费是为了什么？王夫之明确提出，消费是为了生存。他说：

> 天地之塞，成吾之体，而吾之体不必全用天地之塞。故资万物以备生人之用，而不以仁民之仁爱物。天地之帅，成吾之性，而吾之性既立，则志一动气，斟酌饱满，以成乎人道之大用，而不得复如天地之帅以为帅。故喜怒哀乐有权，而生杀不可以无心为用。①

---

① （明）王夫之：《船山全书》第 12 册，岳麓书社 2011 年版，第 407 页。

人资用"天地万物"是为了"生人",即为了人的生存所需。从这个角度说,消费是人类维持自身生存最为基本的自然过程,人类通过消费维持其在自然界中周而复始的生存及传宗接代的自然过程。人类在消费物质产品的过程中,必然需要消费其他动植物。这样,人类的消费必然要涉及两个方面,一个方面是人自身,一个方面是地球上的其他物种。在消费的过程中,就存在着如何处理好消费与自身,以及消费与其他物种之间的伦理关系问题。王夫之认为,在消费与人自身方面,我们既要消费以维持自身延续,如果过于节俭,必将损害人的身心;但又不能过度,因为人的生命体能够承受的消费品是有限度的,过犹不及对人的身体都是一种伤害。在消费与其他物种之间的关系方面,王夫之主张既要"不以仁民之仁爱物",即我们人类不得不以其他物种为消费对象,来维持自身的存续;但是又要"生杀不可以无心为用",要有节制,因为世界上的资源毕竟是有限的。根据王夫之对消费本质的揭示,我们知道,消费是人类延续下来的必要手段。随着社会的发展,我们消费的对象在不断增多,但始终要坚持以人之身心健康为原则,一切的消费行为都是为了增进人的身心健康以及人的全面发展;消费不具有目的价值,只具有工具价值,一切的消费行为应该以寻求"幸福生活"为目的,所以过度节俭或者奢侈的行为都是不可取的。

第二,王夫之主张"絜矩之道"的消费伦理准则对当前我国自上而下修正消费观念,引领社会走向健康消费之路具有重要启示意义。王夫之认为,国家尤其是当权者的消费行为对社会具有很强的示范作用。那么,当权者应该按照什么样的消费原则消费才是合理的呢?王夫之提出了"絜矩之道",这个絜矩是指民心,为了维护社会的稳定秩序,当权者应该是"民之所好好之,民之所恶恶之",而不应该实行分别对待的政策，对老百姓要求节俭，而自己却铺张浪费。可以说当前消费主义模式的泛滥与当前我国某些领导干部和高收入者公款奢侈浪费有十分紧密的关系。所以，作为国家的治理者和高收入者，更应该以"民心之所好恶"确立自己的消费标准和消费原则：既要有良好的制度来维护和满足民众的普遍的合理的消费需求，并身体力行地合理消费，以示范和带领人民合理消费；同时要规范媒体的行为，对蓄意恶性制造人们扩张性消费需求的媒体行为进行严厉打击。只有这样，消费主义文化才能得到有效遏制，消费主义给社会带来的伦理困境才能得以解决。

结　语

王夫之"是中国哲学史、思想史、学术史上最重要的人物之一……甚至在整个人类思想史上也应占有一定的地位"[①]。尤其是他的哲学和史学思想更是得到了学界泰斗的高度重视，"唯物主义和辩证法是王夫之的哲学思想的主要的一面"，其哲学体系是"后期道学的高峰"（冯友兰，1988）。船山庞大的思想体系足以成为他之后时代的代表，"从而在思想史的历史标尺上具有……典型意义"（陈来，2004）。前辈学人的丰硕成果，为当前船山学研究提供了非常宝贵的思想资源。但笔者在梳理船山学研究成果的过程中，发现王夫之思想还有新的宝藏可以深入挖掘，即经济伦理思想。事实上，他的史学和哲学理论上的成就绕不开他的经济思想，有学者指出，"王夫之把他的……哲学观点运用到对中国历史问题的考察上，形成了他具有一定科学因素和进步意义的社会经济发展观"（李守庸，1987）。

本书研究之目的在于如下三个方面：其一，通过对相关文献资料的收集整理，系统地爬梳船山经济伦理思想、观点，试图从生产伦

[①] 方克立：《王夫之：从古代湘学过渡到近代湘学的关键人物》，《船山学刊》2003年版，第1期。

理、交换伦理、分配伦理及消费伦理四个主要方面建构一个关于王夫之经济伦理思想的系统性逻辑体系。其二，运用辩证唯物主义和历史唯物主义方法，辩证地剖析他的经济伦理思想中保守及创新的成分，以合理厘定其在中国经济伦理思想史中的作用、地位和贡献。其三，从传统哲学的现代价值研究出发，探讨王夫之的经济伦理观点对于解决当代经济新常态下的社会经济问题的实践意义。而重点则在于：按照一定的逻辑体系聚散为整、构建王夫之经济伦理思想的理论体系问题；对王夫之经济伦理思想中"守旧"与"创新"并存现象之内在关联及其深层逻辑的探究问题；王夫之经济伦理思想的理论贡献、历史定位及现实启示问题。

王夫之经济伦理思想主要是通过以史立论，以论带史的方式展开论述。这在他的两部史论巨著《读通鉴论》《宋论》以及《黄书》《噩梦》等中均表现得非常鲜明，主要通过对历史事件的论述立论，侧重于有针对性地为现实的经济社会问题提供借鉴。王夫之经济伦理思想的这些特点决定了我们的研究方式和叙述方式，通过文献研究法和文化诠释相结合的方法梳理和掌握船山经济思想的第一手和第二手资料，为进一步深入理论研究提供素材；以辩证唯物史观为指导，综合运用经济学、伦理学、社会学、政治学等学科研究方法分析船山对生产、交换、分配、消费等领域中应该遵循的价值准则和伦理规范的新见解；在前人研究的基础上，运用比较研究法揭示船山经济伦理思想中超越于传统和同时代的理论特质；理论联系实际，挖掘现代价值，将船山先进的经济伦理思想、观点和方法引入当代社会经济问题的解决当中。

本书主要从四个方面系统构建了王夫之经济伦理思想的理论体系，从大的框架上讲，从四个方面即生产伦理、交换伦理、分配伦理以及消费伦理展开。

历史背景及其学术渊源是深入理解王夫之经济伦理思想的前提和基础。在明末清初的大动荡格局中，政治矛盾和民族矛盾被空前激发，腐朽的明王朝一朝倾覆，百姓生活水深火热，农民起义风起云涌，国家民族处于危难边缘，可宋明以来一直处于统治地位的理学仍然沉浸于纯粹理论的虚构之中，面对一系列的现实问题既熟视无睹也无能为力。于此国破家亡之际，"实学"思潮风起云涌，王夫之就是在这样的历史背景下来思考国家的经济发展等伦理问题的。另外，王夫之经济伦理思想理论主要建立在对中国传统文化的全面批判总结之上，如以孔孟为正统，以张载的气论立论，全面清算老庄、释老虚无主义学说的弊端并借鉴其中的方法论，以及对程朱理学的批判继承等等。

本书分析了王夫之在土地所有制问题上的独特见解：对"普天之下莫非王土"的封建土地所有制的伦理批判和对"土地民有"的伦理论证；在生产与行政权力之间关系问题中的探索，认为应该减少行政权力对生产行为的干预，给予生产者更多的自由权利，这样才能使百姓富裕起来等。同时，本书也对王夫之自由生产理论的局限性进行深入探讨，王夫之既主张要维持原有的封建专制制度，又要求行政放权，这就使得其"自由生产"理论只能是一种理论上的设想，并不具有可实践性。

本书探讨了王夫之对发展商业贸易的必然性和重要性给予高度关注背后的理论逻辑，分析了王夫之对商人的社会地位和作用既给予高度肯定又极力批判的深刻蕴意，探寻了王夫之对货币功能与作用的创新认知。王夫之认为，商业贸易的发展是一件利国利民的大事；同时，把商人在社会中的地位放到了一个前所未有的高度，即"国之司命"的位置，但也尖锐地指出商业可能给封建权力和社会带来的破坏性影响，从而主张在一定程度上抑制商人。他对货币的本质及功能有非常深刻地认识，认为社会的发展离不开金钱的流通，但同时非常深刻地认识到货币仅仅是一种流通的媒介，并明确指出，随着社会的发展货币将会失去其功用。

本书分析了王夫之贫富观的新特色，探讨了王夫之在公平与效率之间的辩证抉择，揭示了王夫之提出的"均天下"分配图景的内在新意。王夫之从形上层面和实践层面论证了贫富的相对性和可改变性；在分配原则领域主张效率与公平兼顾的分配原则，同时提出建设"均天下"的理想型社会。

本书深度剖析了王夫之对俭与奢的新诠释，洞悉了其在批判传统"黜奢崇俭"观念基础上提出的"俭奢有度"观念的时代蕴含，揭示了王夫之的"絜矩之道"观念提出的理论逻辑。从个人消费角度，王夫之主要论述了"俭与奢"的概念及其相互关系的把握；从国家消费层面，王夫之主要论述了"聚财"与"散财"之间的逻辑关系及其深刻蕴意。王夫之更是从政治的高度，论证了"絜矩之道"对于权衡"俭与奢""聚与散"之间微妙关系的标尺作用。

王夫之在生产、交换、分配、消费等各个伦理领域进行的深入思考和提出的深刻见解，体现出了其理论上的诸多特点，如研几趋时的经济发展观、辩证的义利观、民富即国富的国富民富论等。王夫之经济伦理思想的这些特点不仅具有学科理论之意义，亦能为经济新常态下的社会主义市场经济提供至少三点支持。其一，其多维度、多层次划分义与利的方式为构建社会主义新的效率公平观提供理论参考。其二，其经济伦理思想中贯穿始终的"自由、公平、均贫富"的精神可以为正确奠定社会主义市场经济之伦理精神提供理论渊源。其三，他运用于经济生活的政治原则"絜矩之道",亦能为当前的消费主义社会解决伦理困境提供有益的启示。

　　就王夫之经济伦理思想研究而言,本书只是系统性研究的第一步。更进一步的研究可以从以下两个方面展开:王夫之与同时代的顾炎武、黄宗羲经济伦理思想的比较研究非常值得另立篇幅进行深入探讨。另外,清代戊戌变法、洋务运动及辛亥革命时期对王夫之经济伦理思想的评价亦可以作些专题研究,这对进一步合理确定王夫之经济伦理思想的历史地位具有深刻意义。

参考文献

一 古籍与专著（按作者姓名拼音为序）

A

[印] 阿马蒂亚·森著：《伦理学与经济学》，王宇等译，商务印书馆 2000 年版。

C

程颢、程颐：《二程集》，中华书局 1993 年版。

陈来：《宋明理学》，华东师范大学出版社 2004 年版。

陈来：《诠释与重建——王夫之的哲学精神》，北京大学出版社 2013 年版。

蔡尚思：《王夫之思想体系》，湖南人民出版社 1985 年版。

陈远宁：《王夫之认识论范畴研究》，湖南人民出版社 1982 年版。

陈赟：《回归真实的存在：王夫之哲学的阐释》，复旦大学出版社 2003 年版。

陈焱：《几与时：论王夫之对传统道学范式的反思与转化》，上海人民出版社 2016 年版。

陈远宁：《中国古代易学发展第三个圆圈的终结——船山易学思

想研究》，湖南大学出版社2002年版。

D

戴震：《戴震集》，上海古籍出版社1980年版。

邓潭洲：《王夫之传论》，湖南人民出版社1982年版。

邓辉：《王夫之历史哲学研究》，岳麓书社2004年版。

邓辉：《王夫之道论研究》，湘潭大学出版社2010年版。

E

[德] 恩德勒等著：《经济伦理学大词典》，王森洋译，上海人民出版社2001年版。

F

冯友兰：《贞元六书》，华东师范大学出版社1996年版。

冯友兰：《中国哲学史新编》，人民出版社1988年版。

冯友兰：《中国哲学的特质》，生活·读书·新知三联书店1988年版。

方克：《王夫之辩证法思想研究》，湖南人民出版社1984年版。

费孝通：《中华民族一体多元格局》，中央民族学院出版社1989年版。

[美] 弗兰克·梯利著：《伦理学导论》，何意译，广西师范大学出版社2002年版。

G

顾炎武著，黄汝成集释：《日知录集释》，岳麓书社1994年版。

H

黄宗羲：《宋元学案》，中华书局1986年版。

黄宗羲：《明儒学案》，中华书局1985年版。

侯外庐：《船山学案》，岳麓书社1982年版。

侯外庐、邱汉生:《宋明理学史》,人民出版社1984年版。

侯外庐:《中国古代思想学说史》,岳麓书社2010年版。

侯外庐:《中国思想通史》,人民出版社2011年版。

胡适:《中国思想史》,华东师范大学出版社2015年版。

胡发贵:《王夫之与中国文化》,贵州人民出版社2000年版。

胡寄窗:《中国经济思想史》(下),上海人民出版社1981年版。

[德]黑格尔:《法哲学原理》,范扬、张企泰译,商务印书馆2013年版。

J

嵇文甫:《船山学术论丛》,生活·读书·新知三联书店1962年版。

嵇文甫:《晚明思想史论》,东方出版社2013年版。

蒋维乔:《中国近三百年哲学史》,岳麓书社2011年版。

K

[德]康德:《纯粹理性批判》,邓晓芒译,人民出版社2004年版。

L

(明)刘宗周撰,吴光主编:《刘宗周全集》第2册,浙江古籍出版社2007年版。

(宋)陆九渊:《陆九渊集》,钟哲点校,中华书局2008年版。

陆复初:《王夫之沉思录》,云南人民出版社1991年版。

梁启超:《清代学术概论》,岳麓书社2010年版。

梁启超:《中国近三百年学术史》,湖南人民出版社2010年版。

梁漱溟:《东西方文化及其哲学》,中华书局2013年版。

李守庸:《王夫之经济思想研究》,湖南人民出版社1987年版。

罗正钧：《船山师友记》，岳麓书社 1982 年版。

林安梧：《王夫之人性史哲学之研究》，东大图书股份公司 1987 年版。

廖建平、谢芳：《儒学与修身》，华东师范大学出版社 2012 年版。

骆祖望等主编：《经济伦理通论》，河南人民出版社 2009 年版。

吕世荣：《义利观研究》，河南大学出版社 2000 年版。

厉以宁：《经济学的伦理问题》，生活·读书·新知三联书店 1995 年版。

[美] 罗尔斯著：《正义论》，何怀宏等译，中国社会科学出版社 2006 年版。

M

《马克思恩格斯全集》（1—4 卷），人民出版社 1995 年版。

马克思：《资本论》（1—3 卷），人民出版社 2008 年版。

马克思：《1844 年经济学哲学手稿》，人民出版社 2008 年版。

[德] 马克斯·韦伯：《经济与社会》，阎克文译，上海人民出版社 2010 年版。

[德] 马克斯·韦伯：《新教伦理与资本主义精神》，于晓等译，生活·读书·新知三联书店 1987 年版。

蒙培元：《理学的演变——从朱熹到王夫之、戴震》，福建人民出版社 1984 年版。

Q

钱穆：《宋明理学概述》，九州出版社 2010 年版。

钱穆：《中国经济史》，联合出版公司 2014 年版。

钱穆：《中国思想史》，九州出版社 2012 年版。

钱穆：《中国近三百年学术史》，中华书局 1986 年版。

R

任继愈主编:《中国哲学发展史》,人民出版社 1985 年版。

S

宋小庄:《读〈读通鉴论〉》,云南人民出版社 1991 版。

[荷] 斯宾诺莎:《伦理学》,贺麟译,商务印书馆 1983 年版。

沈剑英:《因明学研究》,中国大百科全书出版社 1985 年版。

T

[法] 托马斯·皮凯蒂:《21 世纪资本论》,巴曙松等译,中信出版社 2015 年版。

唐君毅:《中国哲学原论·原教篇》,中国社会科学出版社 2006 年版。

唐凯麟、张怀承:《儒家伦理道德精粹——成人与成圣》,湖南大学出版社 1999 年版。

唐凯麟等:《中国古代经济伦理思想史》,人民出版社 2004 年版。

唐凯麟、张怀承:《六经责我开生面——王夫之伦理思想研究》,湖南人民出版社 1992 年版。

唐凯麟:《伦理学》,高等教育出版社 2001 年版。

W

(明) 王夫之:《船山全书》第 1—16 卷,岳麓书社 2011 年版。

(明) 王阳明:《王阳明全集》,上海古籍出版社 1992 年版。

王泽应:《船山伦理与西方伦理比论》,国际远望出版社 1991 年版。

王泽应:《义利观与经济伦理》,湖南人民出版社 2005 年版。

王泽应:《伦理学》,北京师范大学出版社 2012 年版。

王泽应:《义利并重与义利统一——社会主义义利观研究》,湖南人民出版社 2001 年版。

王泽应：《中华民族道德生活史》，东方出版社 2014 年版。

王小锡：《经济的德性》，人民出版社 2002 年版。

王小锡、王露璐等主编：《面向实践的中国经济伦理学》，南京师范大学出版社 2011 年版。

王小锡等：《中国经济伦理学 20 年》，南京师范大学出版社 2005 年版。

王小锡：《中国经济伦理学》，中国商业出版社 1995 年版。

万俊人：《道德之维：现代经济伦理导论》，广东人民出版社 2011 年版。

王兴国：《船山学新论》，湖南人民出版社 2005 年版。

王之春：《船山公年谱》，中华书局 1989 年版。

王兴国主编：《王夫之学术思想讨论集》，湖南人民出版社 1984 年版。

汪学群：《王夫之易学——以清初学术为视角》，社会科学文献出版社 2002 年版。

汪洁：《中国传统经济伦理研究》，江苏人民出版社 2005 年版。

X

（汉）许慎：《说文解字》，中华书局 2010 年版。

许冠三：《王夫之致知论》，香港中文大学出版社 1981 年版。

熊十力：《原儒》，岳麓书社 2013 年版。

熊十力：《十力语要》，上海书店出版社 2009 年版。

熊十力：《新唯识论》，中华书局出版社 1985 年版。

萧萐父、许苏民：《王夫之评传》，南京大学出版社 2002 年版。

萧萐父、许苏民：《哲学史家文库：明清启蒙学术流变》，南京大学出版社2013年版。

萧萐父：《船山哲学引论》，江西人民出版社1993年版。

Y

杨清荣：《儒家传统伦理的现代价值》，中国财经经济出版社2003年版。

杨伯峻编著：《春秋左传注》（四），中华书局1990年版。

叶世昌：《中国经济思想史》（中），上海人民出版社1983年版。

晏辉：《市场经济的伦理基础》，山西教育出版社1999年版。

［英］亚当·斯密著：《国富论》，谢祖钧等译，商务印书馆2007年版。

［古希腊］亚里士多德著：《尼可马克伦理学》，苗力田译，中国社会科学出版社1990年版。

Z

（清）张廷玉：《明史》，中华书局2015年版。

朱熹：《四书集注章句》，中华书局1983年版。

朱熹：《朱子语类》，中华书局1986年版。

张西堂：《王夫之学谱》，商务印书馆影印本2015年版。

张岱年：《中国哲学大纲》，中国社会科学出版社1982年版。

张岱年：《文化与哲学》，教育科学出版社1998年版。

张立文：《正学与开新——王夫之哲学思想》，人民出版社2001年版。

张立文：《宋明理学研究》，人民出版社2001年版。

张怀承：《王夫之评传——民族自立自强之魂》，湖南师大出版社2004年版。

张学智：《明代哲学史》，北京大学出版社2000年版。

章海山：《经济伦理及其范畴研究》，中山大学出版社2005年版。

赵靖：《中国经济思想通史》，北京大学出版社1991年版。

赵纪彬：《论语新探》，人民出版社1976年版。

周中之、高惠珠：《经济伦理学》，华东师范大学出版社2002年版。

周发源、刘晓敏、王泽应等主编：《船山学刊》，岳麓书社2015年版。

周俊敏：《〈管子〉经济伦理思想研究》，岳麓书社2002年版。

朱迪光：《王夫之研究著作述要》，湖南大学出版社2010年版。

朱汉民：《湖湘学派史论》，湖南大学出版社2004年版。

朱林等：《中国传统经济伦理思想》，江西人民出版社2002年版。

二 学术论文（按作者姓名拼音为序）

[苏]布罗夫：《王夫之学说的历史命运》，《王夫之研究参考资料》1982年8月。

陈来：《二十世纪思想史研究中的"创造性转化"》，《社会科学文摘》2017年第1期。

陈来：《从道德的"抽象继承"转向"创造的继承"——兼论诠释学视野中的文化传承问题》，《文史哲》2017年第1期。

陈来：《守望传统的价值》，《社会主义核心价值观研究》2016年第4期。

成中英等：《经济正义与道德正义——论儒家道德政治经济学中的"均、和、安"》，《江海学刊》2014年第2期。

成中英等：《论义利之辨与天人合一》，《中国社会科学院研究生院学报》1998年第1期。

陈力祥：《王夫之义利观辩证》，《江淮论坛》2006年第6期。

邓潭洲：《论王夫之的经济思想》，《湘潭大学社会科学学报》1981年第4期。

冯友兰：《王夫之的唯物主义哲学和辩证法思想》，《北京大学学报》1961年第3期。

方克立：《王夫之——从古代湘学过渡到近代湘学的关键人物》，《湘潭大学学报》2003年第1期。

冯契：《王夫之的辩证逻辑思想》，《中国社会科学》1982年第4期。

冯契：《中国近代伦理思想研究的五个问题》，《道德与文明》1990年第2期。

龚天平：《论经济自由》，《华中科技大学学报》2014年第3期。

龚天平：《经济伦理如何通达现实——从亚里士多德到当代思想家的思想撷英》，《武汉大学学报》2016年第5期。

宦再：《王夫之的贫富、聚散和侈吝观》，《船山学刊》1994年第1期。

李锦全：《论王夫之历史观的内在矛盾》，《中山大学学报》1983年第3期。

李锦全：《论黄宗羲民主启蒙思想的历史地位》，《求索》1987年第5期。

刘含若：《王夫之经济思想散论》，《求是学刊》1982年第4期。

李守庸：《王夫之经济思想中的近代特点》，《经济研究》1983年第9期。

彭传华：《王夫之关于分配正义的论说》，《武汉大学学报》2015年第4期。

唐凯麟：《传统文化与当代社会治理研究专辑》，《湖南大学学报》（哲学社会科学版）2017年第1期。

唐凯麟：《现代化的前鉴——几种与财富伦理建构有关的理论述评》，《道德与文明》2016年第5期。

唐凯麟：《加强财富伦理研究》，《光明日报》2016年8月17日。

唐凯麟：《简论王夫之的道德教育论和道德修养论》，《郑州大学学报》（哲学社会科学版）1988年第2期。

王泽应：《船山的日新观及其当代意义》，《船山学刊》2017年第1期。

王泽应：《论王夫之的理欲观》，《哲学研究》2013年第3期。

王泽应：《王夫之义利思想的特点和意义》，《哲学研究》2009年第4期。

王泽应：《命运共同体的伦理精义和价值特质论》，《北京大学学报》2016年第5期。

王泽应：《中华伦理文明绵延发展原因论》，《道德与文明》2016年第2期。

王泽应：《正确义利观：构建当代国际关系伦理的基本精神》，《湖南师范大学学报》2016年第5期。

王泽应：《船山思想对构建中国特色哲学社会科学的贡献与启示》，《船山学刊》2016年第4期。

王泽应：《船山的位财论与伦理神韵》，《船山学刊》2016年第1期。

王泽应：《船山依人建极的人本主义思想》，《船山学刊》2016年第3期。

王泽应：《船山依人建极的人本主义思想》，《道德与文明》2015

年第4期。

万俊人：《如何传承中华优秀传统文化精神》，《中国国家博物馆馆刊》2015年第6期。

王博：《王夫之〈诗广传〉中的理欲观》，《武汉大学学报》2014年第2期。

萧萐父：《传统·儒家·伦理异化》，《江汉论坛》1988年第2期。

萧萐父：《中国哲学启蒙的坎坷道路》，《中国社会科学》1983年第1期。

许苏民：《王夫之与儒耶哲学对话》，《武汉大学学报》2012年第1期。

许苏民：《论王夫之的历史进化论思想》，《江苏社会科学》2007年第2期。

许苏民：《论王夫之法律思想中的近代性因素》，《吉首大学学报》2006年第6期。

杨国荣：《王夫之的伦理思想略说》，《船山学刊》2014年第3期。

杨国荣：《合理分配缺位　正义难免乌托邦》，《解放日报》2016年5月3日。

张怀承：《简论王夫之夷夏之防的思想》，《伦理学研究》2009年第6期。

张岱年：《天人之道辨析》，《中华文化研究》1998年第4期。

张岱年：《论宋明理学的基本性质》，《哲学研究》1981年第5期。

张岱年：《论王夫之哲学的基本精神》，《社会科学战线》1983年第3期。

张岱年：《王夫之的历史地位》，《中国哲学史研究》1983年第3期。

止戈：《船山启蒙思想问题讨论综述》，《船山学报》1984 年第 2 期。

郑行巽：《王夫之之经济思想研究》，《民铎》1910 年第 3 期。

三　博士学位论文（按作者姓名拼音为序）

陈赟：《回归真实的存在——王夫之哲学的阐释》，华东师范大学，2001 年。

陈屹：《王夫之人性生成哲学研究》，武汉大学，2012 年。

刘梁剑：《际：对王船山的形而上学阐明》，华东师范大学，2006 年。

聂文军：《亚当·斯密经济伦理思想研究》，湖南师范大学，2003 年。

裴圣军：《萨缪尔森经济伦理思想研究》，中共中央党校，2014 年。

王玉生：《中国传统经济伦理思想的近代演变》，湖南师范大学，2004 年。

余达淮：《马克思经济伦理思想研究》，南京师范大学，2002 年。

曾召国：《阿玛蒂亚·森的经济伦理思想研究》，武汉大学，2012 年。

后　　记

　　《王夫之经济伦理思想研究》是在我的博士论文基础上修改而成的。

　　记得在2017年度的博士论文答辩会上，万俊人教授（清华大学）、李建华教授（浙江师范大学）、葛晨虹教授（中国人民大学）、唐凯麟教授（湖南师范大学）、刘湘溶教授（湖南师范大学）、向玉乔教授（湖南师范大学）都提出了许多深度、中肯与批判性意见；导师王泽应教授不但一如既往地督促我将这些意见融化于博士论文的后续修改中，而且还亲自赐序；我既万分荣幸，又衷心感谢。

　　完成博士论文撰写到著作出版，"如释重负"于我而言，似乎并不妥当，"诸多感慨"倒是真实存在。

　　王夫之是明清之际一位伟大的思想家，他的伟大不仅在于著述丰富，更在于超乎寻常的敏锐和智慧，船山虽然已经离我们远去，但他却给这个世界留下了熠熠生辉的思想；他的伟大不仅在于站在历史高处，穷究天人之际，通古今之变，成一家之言，更在于为后

后 记

代留下了足以使民族复兴的文化血脉；他的伟大不仅在于崇高的人格力量和热爱真理的牺牲精神，更在于终其一生坚定操守，始终不渝地为国家民族大义奔走呐喊；他的伟大不仅在于有远大的学术志向和政治抱负，他临终前为自己撰写的墓志铭——"抱刘越石之孤忠而命无从致，希张横渠之正学而力不能企"——这正是他的政治志向和学术志向的生动写照，更在于他终其一生为实现抱负而作的艰苦卓绝地努力。

试着走近船山及其思想，得益于恩师王泽应先生在我硕士毕业之际的一次谈话；他说：你是衡阳人，应该有研究、传播伟大的船山思想这种学术责任和担当。当时只是听听，并未多想。来到船山故里——衡阳师范学院工作之后，或许是出于船山精神的感召，竟然自觉地开始了对船山思想的研究和思考，冥冥之中跟随了老师的指导和教诲。参加博士生升学面试时，我向面试的老师们表达了自己的学术志向，尊敬的唐凯麟先生对我的研究方向表示了赞赏，但也对我是否有能力完成这个课题表达了担心。在此后开展研究的过程中，所经历的艰难与挫折让我深深懂得了唐凯麟先生之前的"语重心长"。船山思想博大精深，著述十分丰富，且因为竖排、繁体字、生僻字等原因，每每遇到不认识的字，都需要停下来查阅字典以帮助理解，阅读文献的过程极为艰辛；而且船山无系统的经济学著作，其经济思想与论说十分零散地分布在他的所有著作中；因此，厘定论文的框架、构建王夫之经济伦理思想体系的过程也并非易事。正因为此，论文框架与内容虽几经修改，但仍差强人意。不过，研究船山思想的过程仍然令我受益匪浅，尤其是船山先生历经险阻仍不改的爱国情怀、身陷囹圄仍顽强不屈的精神品格，常常感染、鼓舞、震撼着我的灵魂。

· 423 ·

每当我情绪低落、灵魂疲惫时，每当麻烦接踵而至、内心苦不堪言时，都会在船山精神的鼓舞下勇敢前行。

做文章亦如同过人生，沮丧、忧郁、痛苦各种情绪常涌上心头，这一路走来，可算是"筚路蓝缕"。生活与科研道路上所经历的艰难曲折难以言表，幸得恩师和师母陈晓敏女士的默默守护和不倦教诲。恩师不仅个人修为可谓学生楷模，且学贯中西、思维敏捷、思想深邃；凡在论文写作过程中遇到了瓶颈，恩师轻轻点拨便能使我茅塞顿开、醍醐灌顶。师母是位善良贤淑的传统女性，她给予我的可谓言传身教。跟随恩师求学数载，既学作文章也学做人；这十余年来，恩师和师母所给予我和我家庭的帮助又岂是这三言两语足以表达！——因为有您的鼓励，所以我勇敢地承受了磨难与打击；因为您的鼓舞，所以我超越了自己；因为有您的搀扶，所以我缎铸了"轻舟已过万重山"的勇气。衷心感谢师恩！亦希望有一天，我能无愧于做您的学生！

同时，我还要衷心感谢唐凯麟先生，先生学识渊博，敦厚宽容。自从我选择做船山思想研究，就得到先生的大力支持与鼓励，从论文开题、答辩到著作修改，先生均提出了宝贵的意见和建议，我受益匪浅。衷心祝愿先生健康、幸福！

衷心感谢道德文化研院副院长向玉乔教授一直以来对我学业上的指导和帮助，向院长学贯中西，且思想先进，他常常会在研究方法上予以点拨，使我开阔眼界、拓展视阈，对完成博士论文的撰写及修改帮助巨大。衷心感谢论文开题之际张怀承教授、李桂梅教授对著作框架整体构建提出的指导与点拨。衷心感谢李伦教授、彭定光教授、邓名瑛教授、文贤庆副教授的深度修改建议与宝贵意见。衷心感谢论文盲审老师给予的非常中肯的评价与建议。另外，在筹备论文开题、预答辩以及答辩的工作中,王一帆老师、余露老师、黄泰轲博士和刘飞博士为我做了很多服务和准备工作,公管学院的马秋丽老师、李霞老师以及陈怡老师为我们默默付出,正是由于你们的关心和帮助,才使我能够心无旁骛地完成博士论文的写作,在此一并感谢!

衷心感谢湖南省船山学研究基地首席专家——朱迪光教授的学业指点与经费支持,以及廖建平教授的无私帮助与关怀。衷心感谢中国社会科学出版社的郭晓鸿编辑、刘峰编辑的敬业精神及其所付出的辛勤劳动。衷心感谢我的工作单位——衡阳师范学院对我的培养!

——正是由于你们的关心和帮助,才使我能够心无旁骛地完成博士论文撰写、后续修改及著作出版的种种工作,在此一并表示感谢!还要感谢我身边的朋友们,以心相伴,我感觉到了安全,所以,我才敢于拼尽全力!感谢你们对我学业的支持和帮助!

同时,还要感谢我的家人给予我的鞭策与激励!特别想对女儿说:不知不觉,你已经长大,为了自己的学业和事业,在你成长的黄金岁月里,我没有付出足够的耐心和细心,也没有细细体会陪伴你长大的幸福与快乐!或许这是我此生无法弥补的遗憾。幸而你还是如此优秀!并是我此生最大的骄傲!

本以为博士毕业之后会有更多时间,静下心来认真地修改论文;然而,作为职场女性,工作、家庭与杂务又常常占据着我大部分的时间,致使论文"臻至完美"仍是遥遥无期;修改尽管始终在路上,但遗憾之处总是不少。此次著作出版,有幸得到了湖南省哲学社会科学基金(《王船山经济伦理思想及其当代价值研究》[16YBA044])、湖南省社会科学成果评审委员会[《王船山义利观研究》（XSP18YBC282）]、衡阳师范学院高层次人才引进启动基金[《王船山伦理思想研究》17D25]的课题立项，以及湖南省船山学研究基地的全力资助。作为相关课题的结项成果，我衷心期待能得到方家们批评指正，并引出更多的"玉"来。

谢 芳

初稿于2017年5月18日湘江河畔，

再改于2018年10月26日清华大学

  《王夫之经济伦理思想研究》是在我博士论文基础上修改而成的。我的导师王泽应教授给我的博士论文后续修改提出了许多建设性意见；在博士论文答辩会上，万俊人教授（清华大学）、李建华教授（浙江师范大学）、葛晨虹教授（中国人民大学）、唐凯麟教授（湖南师范大学）、刘湘容教授（湖南师范大学）、向玉乔教授（湖南师范大学）也给了我非常有深度的建议，我充分地考虑并吸收了他们的意见，修改并充实了全书的部分内容。得承恩师王泽应教授为本书赐序，我非常荣幸亦万分感谢。

  本以为博士毕业之后会有更多的时间静下心来认真地修改论文，但工作、家庭事务又常常占据着我大部分的时间，致使论文修改仍无法如意，遗憾之处不少。此次拙著出版，得到了湖南省船山学研究基地的全力资助，尤其感谢《衡阳师范学院学报》主编朱迪光教授一直以来对我的关心和帮助，感谢衡阳师范学院法学院廖建平教授对我的支持和帮助，感谢衡阳师范学院对我的培养；同时得到了中国社会科学出版社的大力支持，其中郭晓鸿编辑与刘峰编辑为本书的编辑出版付出了辛勤劳动，尤其是刘峰编辑的敬业精神更是令我感动，小至一个标点符号，大至局部的内容逻辑顺序，他都提出了建议。在此表达我最诚挚的谢意！

谢 芳
2018 年 6 月 24 日于锦绣山庄 31 栋